本来的孟子

——《孟子》新解

甘霖 著

中华书局

图书在版编目(CIP)数据

本来的孟子:《孟子》新解/甘霖著. —北京:中华书局,2022.7
ISBN 978-7-101-15763-5

Ⅰ.本…　Ⅱ.甘…　Ⅲ.①儒家②《孟子》-注释③《孟子》-译文　Ⅳ.B222.5

中国版本图书馆 CIP 数据核字(2022)第 101646 号

书　　　名	本来的孟子:《孟子》新解
著　　　者	甘　霖
责任编辑	石　玉
责任印制	管　斌
出版发行	中华书局
	(北京市丰台区太平桥西里 38 号　100073)
	http://www.zhbc.com.cn
	E-mail:zhbc@zhbc.com.cn
印　　　刷	三河市宏达印刷有限公司
版　　　次	2022 年 7 月第 1 版
	2022 年 7 月第 1 次印刷
规　　　格	开本/880×1230 毫米　1/32
	印张 14⅛　字数 320 千字
印　　　数	1-6000 册
国际书号	ISBN 978-7-101-15763-5
定　　　价	48.00 元

目　录

绪　论

司马迁说："余读孔氏书，想见其为人。"孔氏指孔子。这句话同样适用于孟子。欲了解中华文化，不能不了解孔子，也不能不了解孟子，否则，孔孟之道无从谈起，中华文化也无从谈起。欲了解孟子，不能不读懂《孟子》。历来解《孟》者千万，但歧义百出，特别是在一些要害观点、关键概念上并没有取得一致，很难说真正读懂了《孟子》，明白了孟子。

本书在前人的基础上做了一点儿新的尝试。这里，先集中说一说有关的几个问题，其余随文解义，见于全书。

一、孟子其人

史书关于孟子事迹，最早出自《史记·孟子荀卿列传》，只有寥寥几行字：

孟轲，驺人也。受业子思之门人。道既通，游事齐宣王，宣王不能用。适梁，梁惠王不果所言，则见以为迂远而阔于事情。当是之时，秦用商君，富国强兵；楚、魏用吴起，战胜弱敌；齐威王、宣王用孙子、田忌之徒，而诸侯东面朝齐。天下方务于合从连衡，以攻伐为贤，而孟轲乃述唐、虞、三代之德，是以所如者不合。退而与万章之徒序《诗》《书》，述仲尼之意，作《孟子》七篇。

　　据此,孟子姓孟名轲,字则不传。东汉赵岐作注时,称"字则未闻也"(《孟子题辞》)。后出"子车""子居""子舆"等,都不可靠。

　　孟姓据说来自鲁国的孟孙氏。《史记》失载。赵岐云:"或曰:'孟子,鲁公族孟孙之后,故孟子仕于齐,丧母而归葬于鲁也。'三桓子孙,既以衰微,分适他国。"(《孟子题辞》)孟子自齐葬于鲁之事,见《公孙丑章句下》第七章。三桓子孙衰微,孔子当年就曾断言,见《论语·季氏篇》。孟子谈到自己的身世,说"君子之泽五世而斩",可能就是指此,见《离娄章句下》第二十二章。不过,从鲁国三桓专政,到孟子出生时,其间经过了两百余年,他的家庭地位已经下降到统治阶级的底层。可能他的父亲和孔子一样,只是一个士的身份,他也继承了这个身份。他应该还是出生在鲁国,并在那里长大。年轻的时候父亲去世,就葬在了鲁国,后来母亲随他在齐国的时候去世,归葬于鲁,与父亲合葬。乐正子说他以士的规格办了父亲的丧事,反映的是他年轻时的情况;又说他以大夫的规格办了母亲的丧事,反映的是他中年时的情况,见《梁惠王章句下》第十六章。父亲死后,他举家移民邹国,可能是为了出仕,即"仕非为贫也,而有时乎为贫"(《万章章句下》第五章)。周游列国后,最后的归宿也在邹国,所以称为邹人。

　　对于孟子是邹人,历史上少有疑义者。但此"邹"是邹国还是鲁国的邹邑,却有不同的说法。从《孟子》本书来看,"邹人与楚人战"(《梁惠王章句上》第七章),"邹与鲁鬨"(《梁惠王章句下》第十二章),邹与楚、邹与鲁,显然是国与国的关系,则此"邹"还是邹国。至于邹国后为鲁国所并,或为楚国所灭,成为邹邑,那是另一回事。所以,孟子是邹国人。

　　关于孟子的生卒年,这里阙如。直到宋元以后,出现一些说法。

今人张培瑜通过对天文历法的考查和论证,认为有关的史料记载、孟子宗谱和家世相传的诞辰、卒年、忌日、享年是一组严密、自洽的纪年体系,是唯一可能的一组年月日数据,认定孟子生于公元前372年3月12日己未,卒于公元前290年12月25日壬子,享年82周岁,实岁83,虚岁84(《孟子的生辰卒日及其公历日期》,《孔子研究》2011年第1期)。若按这个说法,孟子出生时,距孔子生年(前551年)180年,距孔子卒年(前479年)108年;孟子去世时,距秦始皇统一六国70年。

关于孟子的师承,太史公说他受业于孔子的孙子子思的学生,可谓孔门一脉嫡传。可是孟子自己说:"予未得为孔子徒也,予私淑诸人也。"(《离娄章句下》第二十二章)前半句已经明确否定了与孔门的师承关系,则"私淑诸人"之人,应是与孔门一脉无直接关系的其他人。《孟子》全书论及子思的地方不下六七处十数句,但无一处一句提及子思的门徒,没有任何师承关系的痕迹。相反,孟子似乎将自己与子思看得一般齐,如他说:"子为长者虑而不及子思。"(《公孙丑章句下》第十一章)长者为自称。这合于他所说的"乃所愿,则学孔子也"(《公孙丑章句上》第二章),即他认为自己的思想是直承孔子的。孟子的话应该是可信的。但孟子的思想与子思或"子思之儒"的思想有着密切的关系,下文还要专门论及。

孟子学问的来源,从学习孔子这条线来看,主要有三个渠道。一是利用"近圣人之居"的便利,了解孔子的思想。他讲到的许多关于孔子及孔门弟子的故事当来自于这个渠道。据《史记·孔子世家》记载,孔子去世后,孔门弟子集体守孝三年,"三年心丧毕,相诀而去",但子贡继续坚守了六年才走。这大概只是就七十子中有代表性的人而言,其他弟子应该有始终留在那里的,何况孔子的孙子子思还在。直至西汉景帝时，孔子旧居被拆，于墙壁中发现许多书简，后来孔子的十世孙孔安国对这些书简进行了整理。可见"圣人之居"就是一个文化圣殿。二是从《论语》中学习。孟子称引孔子的话，有的明显是从《论语》中来的，如《滕文公章句上》第四章、《离娄章句上》第十四章、《尽心章句下》第三十七章"孔子曰"。其他"孔子曰"可能来自前一种渠道，也可能是《论语》当时有而后来被移出或流传过程中佚失的内容。由此可以肯定，《论语》在孟子时已有定本流传。本书作者曾说，"《论语》最后成书，大约在战国初年"（《本来的孔子：〈论语〉新解》），大致不差。不过，孟子没有提到《论语》这个书名，可能当时还没有这个书名。三是学习"七十子及其门人"的有关作品。

　　但孟子的学问不限于孔门，这也是可以肯定的。最大的影响当来自稷下。齐国都城临淄有一个城门叫做稷门，稷下就是稷门附近的一个区域，是当时的知识分子（"士"）居住和聚会的地方。《史记·田敬仲完世家》云："宣王喜文学游说之士，自如驺衍、淳于髡、田骈、接予、慎到、环渊之徒七十六人，皆赐列第为上大夫，不治而议论。是以齐稷下学士复盛，且数百千人。"说"复盛"，可见这种学士汇聚的盛况是以前早就有的。这个学宫到战国末还很兴盛，荀子还主持过这个学宫。秦灭齐，这个学宫便也消失了。"稷下先生"们的一部分作品收集在《管子》一书中（参冯友兰《中国哲学史新编》第三章第二节）。司马迁列举的稷下先生名单里没有孟子。《盐铁论·论儒篇》则说："齐宣王褒儒尊学，孟轲、淳于髡之徒受上大夫之禄，不任职而论国事。"孟子先后于齐威王和齐宣王时居住齐国，至少与稷下先生颇有交往。《孟子》有两章记载孟子与稷下先生的代表人物淳于髡的对话，充满思想交锋的味道。孟子也明显受到稷下黄老思想的影响(见《公孙丑章句上》第二章注释)。也许可以说,孔子属鲁学,是鲁国的风格;孟子属齐学,是齐国的风格。孔子说:"齐一变,至于鲁。鲁一变,至于道。"(《论语·雍也篇》)明显是以鲁国为复礼的标杆;孟子说:"孔子登东山而小鲁,登泰山而小天下。"(《尽心章句上》第二十四章)显然,孔子"小鲁"不是事实,"小天下"却是孟子的夫子自道。

"道既通",指孟子学有所成。但道是怎么通的,这个学习的过程没有一个字的交代。"孟母三迁"的传说,反映了他小时候有个艰苦求学的经历。他曾对齐宣王说:"夫人幼而学之,壮而欲行之。"(《梁惠王章句下》第九章)说的未必是别人,可能就是他自己。这里"幼"包含了少年和青年时期,"壮"指三十岁以后(《礼记·曲礼》:"人生十年曰幼,学;二十曰弱,冠;三十曰壮,有室。"《仪礼·丧服》郑玄注:"子幼,谓年十五已下")。可能他从三十岁左右起,开始出游其他国家,寻找更多发展的机会。他所游说过的诸侯,太史公点了齐宣王和梁惠王,这是两个大国的国君。其他诸侯,从《孟子》书中看,邹穆公之外,似乎只有滕文公。去过的国家,还有鲁国和宋国。青少年时期,当以鲁国对他影响最大,这是因为他出生在鲁国,即使迁居邹国,两地密迩,他应该经常回到父母之邦,还因为他要到圣人之居——孔子的家乡去参观学习。壮年以后,当以齐国对他的影响最大。齐国是当时东方最强大的国家,孟子将自己"王天下"(在天下实现仁道)的理想寄托在齐王身上:"以齐王,犹反手。"(以齐国的条件推行仁道于天下,就像手掌翻过来翻过去那么容易。见《公孙丑章句上》第一章)

不过,他的理想破灭了。除了滕文公对他曾一度言听计从之外,没有哪个国君或执政者重用他,或采纳他的主张,原因就是司马迁所说的,"见以为迂远而阔于事情"。不得已,他回到邹国,不再出游,专心著述。

二、《孟子》其书

太史公说,孟子"退而与万章之徒""作《孟子》七篇"。赵岐认为《孟子》就是孟子自著的:"此书,孟子之所作也,故总谓之《孟子》。"但又说:"于是退而论集所与高等弟子公孙丑、万章之徒难疑答问,又自撰其法度之言,著书七篇。"(《孟子题辞》)可以说,《孟子》一书,是孟子在万章等一众学生协助下编撰而成的,说是孟子自著不为过。正因如此,全书风格总体上一致,而且逻辑非常严密。宋代朱熹说:"熟读七篇,观其笔势如熔铸而成,非缀缉所就也。"(《朱熹集》卷五十二《答吴伯丰》)

这里所谓风格一致、逻辑严密,集中到一点,就是全书贯穿着他的特有的人性论(所谓"特有",是他对"人性"的定义与众不同)。他的政治理想、政策主张、处世态度、个人修养,无不体现人性本善思想;时君世主、后学今人,对孟子其人其书误会最多的地方也在于此。人性本善思想便是贯穿《孟子》全书的红线,在这个意义上,《孟子》一书中的孟子思想,确如"熔铸"一般。

说《孟子》是孟子自著,还可从《孟子》与《论语》的不同特点去看。朱熹说:"《论语》多门弟子所集,故言语时有长长短短不类处。《孟子》疑自著之书,故首尾文字一体,无些子瑕疵。不是亲自下手,安得如此好?"(同前书)元代何异孙说:"《论语》是诸弟子记诸善言而编成集,故曰《论语》,而不号《孔子》。《孟子》是孟轲所自作之书,如《荀子》,故谓之《孟子》。"(《十一经问对》)清代阎若璩说:"《论语》成于门人之手,故记圣人容貌甚悉。七篇成于己手,故但记言语或出处耳。"(《孟子生卒年月考》)魏源也说:"七篇中无述孟子容貌言动,与《论语》为弟子记其师者不类,当为手著无疑。"(《孟子年表考第五》,《魏源集》)

以上是就《孟子》的总体风格、逻辑线索而言。若从细节论,尚有不少参差的地方。那时的书写方式和记录工具,是墨书于简牍,记载、誊录、编辑、保存都不容易。有些是弟子在跟随孟子的过程中随手记下的,和孔子时"子张书诸绅"(绅是束在腰间且垂下一段的大带,见《论语·卫灵公篇》)相似,可能主要记在竹简上,编辑时可免誊录。这样的编辑方式,留下了孟子思想看似有矛盾实则为前后演变的轨迹。如《公孙丑章句上》第六章记孟子曰:"恻隐之心,仁之端也;羞恶之心,义之端也;辞让之心,礼之端也;是非之心,智之端也。"《告子章句上》第六章所记就有差异了:"恻隐之心,仁也;羞恶之心,义也;恭敬之心,礼也;是非之心,智也。"依前文,四心只是仁、义、礼、智之端耳,尚需扩充之;依后文,四心即是仁、义、礼、智。两者的内在差异,反映了后者比之前者主观性更强。在这个意义上,清代周广业说"此书叙次数十年之行事,综述数十人之问答,断非辑自一时,出自一手"(《孟子四考》之四),是有道理的,但与孟子最后统一编订并无矛盾。有些明显是作为助手的万章、公孙丑当时或过后留下的痕迹,如称乐正子、公都子、屋庐子等,以门人的身份不当称子,以同门的身份称子则无妨。有的文字可能是孟子过世后弟子们根据需要改动的,如梁襄王、齐宣王死在孟子后,书中称谥,就是后加的。也不排除个别章节是在后世的流传过程中窜入的,如"齐人有一妻一妾"章,与全书其他章不类。

三、孟子与孔子

孟子的家世与孔子有密切关系。孟子愿学孔子,洵非无故。孟子的先人孟孙氏,是著名的鲁国三桓之一。孔子从正名出发,对三桓多有批评,但主要针对三桓之首的季孙氏,与孟孙氏几代人的关系反倒不错。在他之后,他的弟子如曾子也与孟孙氏来往密切(详《离娄章句下》第二十二章注释)。虽然到孟子时,没有条件拜孔门某人为师,但他"乃所愿,则学孔子也",而且对孔门的事情知道得很多,不能不说与这种历史渊源密切相关。

孟子与孔子有诸多相似的地方,略举有五:

一、没落贵族,少年艰困。孔子先世是商代王室,武王伐纣之后,成王封纣王的庶兄微子启于宋。《史记索隐》引《家语》称:"孔子,宋微子之后。"他的先人在宋国的内乱中出奔鲁国,他的父亲还做过郰邑的大夫,到他自己,由于父亲早逝,生活艰难。孟子的身世与孔子相似。传说中,两人都得益于母亲,才得以从困境中脱颖而出。

二、好学不倦,学无常师。孔子的弟子子贡说他的老师:"夫子焉不学,而亦何常师之有?"(《论语·子张篇》)孟子自言:"予未得为孔子徒也,予私淑诸人也。"他俩应该都没有正式拜过师,可能在当时的贵族子弟学堂学过一些,家族的传承哪怕是儿时的故事也有重要作用,但主要是自学:随时向人求教,随处留心向学。

三、影响很大,门徒众多。孔子所处的春秋末叶,礼坏乐崩,原有秩序加速垮塌;孟子所处的战国中叶,战乱四起,旧的已破新的未立。这是一个剧变的时代。生活的极度不确定性,需要确定性的思想、主张甚至是某种解释来抚慰人心、指示出路。于是像孔子、孟子这样虽然破落但有贵族家世,更重要的是有知识传承,并结合时势提出思想、主张和解释的人,便有不少人跟随他们学习,司马迁说孔子"弟子盖三千焉"(《史记·孔子世家》),彭更说孟子"后车数十乘,从者数百人"(《滕文公章句下》第四章)。这些人,在老师周游列国的时候鞍前马后服务,晚年则做传道、著述的助手,过世后办理后事并传播其思想主张。

四、所如不合,以文传世。孔子一生,遍干诸侯,希望有人采纳他的救世主张,并给他提供实践的岗位。但除了在鲁国做了几年不大的官之外,诸侯们大都虚与委蛇。最后的结果,孔子"去鲁凡十四岁而反乎鲁","鲁终不能用孔子,孔子亦不求仕"(《史记·孔子世家》)。在这过程中,孔子始终坚持自己的主张,不因利害而屈意逢迎统治者。晚年的孔子,以整理古代文献和教授学生为业,他死后,学生们将他"应答弟子、时人及弟子相与言而接闻于夫子之语"(《汉书·艺文志》)整理出来,是为《论语》,由此成就了他在中国历史上文化宗师的地位。孟子由于碰上一个各国争相吸引知识分子的时代,他的遭遇看起来比孔子好得多。所到之处,各国国君一般都要好生招待,又是送钱又是送物;在齐国,先后受到"列大夫"和客卿的待遇;诸侯们也总要虚心求教,如梁惠王说"寡人愿安承教"(《梁惠王章句上》第四章),齐宣王当面承认"吾惛",诚恳表示"愿夫子辅吾志,明以教我"(《梁惠王章句上》第七章)。但最后的结果比孔子好不到哪儿去,以攻伐为贤的国君们哪里有意愿有能力去实践"平治天下"的主张。孟子又是一个坚守自己思想和主张的人。他认为孔子是"圣之时者",表示要向孔子学习,其实以他的性格,恰恰是"时"这一点,他很难学到。晚年的孟子,整理自己的思想,着重在"述仲尼之意",著书以立说,为千年之后崛起为仅次于孔子在中国历史上的文化宗师地位,埋下伏笔。

五、仁为核心,始终不渝。孟子思想与孔子思想确有许多相通相似乃至相同的地方,最重要的是他俩思想的核心概念都是"仁",

都奉行"仁者爱人"的理念。他俩的思想合称"孔孟之道",是有依据的。孔子曰:"志于道,据于德,依于仁,游于艺。"(《论语·述而篇》)又云:"君子无终食之间违仁,造次必于是,颠沛必于是。"(《里仁篇》)孟子引孔子曰:"道二,仁与不仁而已矣。"(《离娄章句上》第二章)又云:"仁也者,人也。合而言之,道也。"(《尽心章句下》第十六章)。他把"仁"从孔子的实践观念上升至本体理念。这是后世形成"孔孟之道"的根本。

孟子与孔子也有许多不同之处。大略有五:

一、出身不同,性格有别。孔子为商人后裔。商人是被周人征服的部族,也是长期被防范的对象。孔子之不得志,这是首要原因。他有"知其不可而为之"的一面,是指对仁道的坚持和奉献:"朝闻道,夕死可矣。"(《论语·里仁篇》)在这个前提下,他又是极其现实的,"无可无不可"(《微子篇》)。他的处世原则是:"危邦不入,乱邦不居。天下有道则见,无道则隐。"(《泰伯篇》)处世态度是:"孔子于乡党,恂恂如也,似不能言者;其在宗庙、朝廷,便便,言唯谨耳。"(《乡党篇》)既享受简朴的快乐:"饭疏食饮水,曲肱而枕之,乐亦在其中矣。"也享受高雅的快乐:"子在齐闻《韶》,三月不知肉味。"(《述而篇》)孟子为姬周后裔,根红苗正,虽说已没落,多少还有影响。他的行事风格,与孔子相比,颇有不同。对此,程、朱看得很清楚。朱熹引程子曰:"孟子有些英气。才有英气,便有圭角,英气甚害事。如颜子便浑厚不同,颜子去圣人只毫发间。"(《孟子序说》)程、朱在颂扬孟子及孟子思想的同时,明确指出其"甚害事"的一点,是实事求是的。但这不同于颜子(实际上指孔子)"浑厚"的"英气",恰恰是孟子的特点和优点。这种"英气"在他身上在在都有表现,如"居天下之广居,立天下之正位,行天下之大道。得志,与民由之;不得志,独行其道。富贵不能淫,贫贱不能移,威武不能屈"的大丈夫气概;如"王如用予,则岂徒齐民安,天下之民举安"(《公孙丑章句下》第十二章)以及"夫天未欲平治天下也,如欲平治天下,当今之世,舍我其谁也"(同上篇第十三章)的极度自信;如"残贼之人谓之一夫。闻诛一夫纣矣,未闻弑君也"(《梁惠王章句下》第八章)的正名勇气;如"行一不义,杀一不辜,而得天下,皆不为也"(《公孙丑章句上》第二章)的凛然大义;如"君之视臣如手足,则臣视君如腹心;君之视臣如犬马,则臣视君如国人;君之视臣如土芥,则臣视君如寇仇"(《离娄章句下》第三章)的大无畏精神,等等。孟子可能也意识到自己的性格太过"硬气"("英气"),不够"浑厚",他很羡慕孔子"可以仕则仕,可以止则止,可以久则久,可以速则速"(《公孙丑章句上》第二章),而他自己做不到。

二、时代不同,志趣有别。孔子的时代,礼坏乐崩,突出表现在周天子作为天下共主的权威下降。孔子志在恢复西周政治秩序,他认为"天下有道,则礼乐征伐自天子出"(《论语·季氏篇》)。所以,凡是有利于建立这种秩序的行为,他都予以赞赏。比如对管仲辅佐齐桓公"九合诸侯,不以兵车"给予高度评价:"如其仁! 如其仁!"(《宪问篇》)无非是因为齐桓公"挟天子以令诸侯",还保留了周天子的名分。孟子的时代,周天子完全丧失了影响力,建立新的政治秩序是当时思想家思考的主要问题。孟子志在建立天下思想统一于"仁",政策统一于"仁政"的王道秩序。他对管仲的评价就与孔子截然不同了,不愿别人将自己与管仲相比,甚至说"仲尼之徒无道桓、文之事者"(《梁惠王章句上》第七章)。这是因为齐桓公的霸道与他所主张的王道相反。

三、同为仁道,取向有别。孟子继承了孔子"仁"的思想,并作为他的思想的核心。但在仁的实现方式上，由于时代的不同，两人的取向不一样。孔子仁礼并称，志在恢复真正的周礼。礼为仁的外在规范，"克己复礼为仁，一日克己复礼，天下归仁焉"（《论语·颜渊篇》）。他之"述而不作"（《述而篇》），就是因为志在复礼。所述的对象，是周文王和周公。后世说"仲尼祖述尧舜，宪章文武"，是不大合于实际的。祖述尧舜的是孟子："孟子道性善，言必称尧舜。"（《滕文公章句上》第一章）而孔子对于周武王还不无微词："（子）谓《武》：'尽美矣，未尽善也。'"（《论语·八佾篇》）在大的框架上，他是以"述"为复，而在具体内容上，则有"作"的成分。他认为礼乐应有仁的内涵："人而不仁如礼何？人而不仁如乐何？"（《八佾篇》）孟子仁义并举："居仁由义。"在他看来："仁，人之安宅也；义，人之正路也。"（《尽心章句上》第三十三章）仁是不变的准则，义是合乎仁道而又因时制宜的路径，礼乐规范则是动态的，周礼只能作为三代礼制的一部分以为参考，取舍标准在于是否合乎仁政和王道，归根结底在于是否合乎仁义原则。在这个意义上，孟子是有述有作，以"作"为主。

　　四、前后递进，浅深有别。孔子以仁道救世，从"为仁由己"出发，推己及人，"己欲立而立人，己欲达而达人"（《颜渊篇》）。这里"人"与"民"有别，前者指士以上贵族阶级，后者指介乎贵族和奴隶之间的平民。能够推己及"人"，是谓"仁"；能够推己及"民"，即"博施于民而能济众"（《阳货篇》），是谓"圣"。孔子认为做到"仁"就非常不容易，至于"圣"，就是像尧舜那样伟大的帝王都难以做到。孔子的仁道主义，可以说是现实主义的道德实践论。孟子继承了孔子以仁道救世的古道热肠，出发点也同于孔子的"为仁由己"，推己及人，爱由亲始。但不同于孔子的是，孟子的"仁者爱人"指爱所有的人,没有"人"和"民"的差别。他认为每个人的人性都是一样的,而且人性本善:"君子所性,仁、义、礼、智根于心。"(《尽心章句上》第二十一章)他也认为现实生活中每个人都有可能实践人性之善:"人皆可以为尧舜。"(《告子章句下》第二章)孔子不从人性上着眼,只说了一句:"性相近也,习相远也。"(《论语·阳货篇》)孟子的人性论,解决了仁道的形而上根源和依据问题,是其超越孔子之所在。孟子的仁道主义,可以说是理想主义的道德本体论。

五、至圣亚圣,先后有别。孔子生前,就有人称他为"圣者"(《子罕篇》)。孟子称孔子为"圣之时者","孔子之谓集大成",即集另外三个圣人伯夷、伊尹、柳下惠的优点(清、任、和)于一身(《万章章句下》第一章)。评价孔子为"至圣",是司马迁的创论:"孔子布衣,传十余世,学者宗之。自天子、王侯,中国言六艺者,折中于夫子,可谓至圣矣。"(《史记·孔子世家》)从此,"至圣"为孔子的定评与定名,讫于上世纪初的新文化运动。孟子的"亚圣"名号出现较早,赵岐注解《孟子》时称他为"命世亚圣之大才者也"(《孟子题辞》),但在两宋以前,他的地位一直不高,只被看作一般的儒家学者,《孟子》也只能归于"子部"一类。那时,一般都是"周(公)孔"或"孔颜(回)"并提,鲜见有"孔孟"合称的。唐玄宗时,"亚圣"的名号还曾被授予颜回。自唐代韩愈揭开"孟子升格运动"的序幕,至宋代,孟子的地位节节上升,其名被厕于孔子之后,其人被朝廷封赏爵号并配享孔庙,其书被增入儒经之列,成为中国士人必读的教科书。孟子"升格",是儒家思想抗衡佛、道特别是外来佛教思想挑战的需要,也是其结果。孟子思想中的辟杨墨、尊王贱霸、"道统论",特别是性善说、养浩然之气等道德本体论的内容,成为儒学经过中衰之后自身改造更新的重要思想资源,催生了儒学的新形

态——宋明理学和心学(详徐洪兴《唐宋间的孟子升格运动》,《中
国社会科学》1993 年第 5 期)。就这一点来说,孟子所起的作用大
于孔子。所谓亚圣,毋宁说是用孔子框住了孟子。

还要指出的是,孟子在唐宋以前,虽则其名号在政治、学术领域
尚未响亮,但实际的影响力可能远大过其名号,特别是在对汉儒的
影响方面。蒙文通有"汉儒之学源于孟子"说(《汉儒之学源于孟子
考》,《蒙文通全集·儒学甄微》)。他对后世言学,每以宋人之学直
接孟子、汉儒之学多渊源荀卿的看法不以为然。他指出:"夫圣人之
学二端耳,内圣则性道之精微,外王则损益之恢宏,凡孟氏所论,若
汉儒悉能举之,而近世今文家言,尚未之能发也。"不但汉儒的外王
之说、内圣之学"大体悉源于孟氏",而"荀氏不与焉",而且孟子"以
性善明内圣,以革命明外王",其义高于汉代大儒董仲舒。由此明了
近世今文家宗董子,言改制不言革命,是其局限之所在。若蒙先生
此说立得住,则还原本来的孟子大有价值,孔孟之道也应予重新
认识。

四、孟子与子思

前面说过,孟子认为自己的学问是通过"私淑诸人"的途径直
承孔子的,与子思及其门人并无师承关系。史书关于子思的事迹,
最早出自《史记·孔子世家》:

> 孔子生鲤,字伯鱼。伯鱼年五十,先孔子死。伯鱼生伋,字
> 子思,年六十二,尝困于宋。子思作《中庸》。子思生白,字子
> 上,年四十七。(中略)武生延年及安国,安国为今皇帝博士,
> 至临淮太守,蚤卒。

司马迁详细列出了孔子的后代世系。值得注意的是,安国即著名的经学家孔安国,司马迁曾向他学习过。自孔子以来的世系如此清晰,当根据孔安国提供的第一手资料,可靠性是很大的。但其中有不确切的地方,或许是传抄致误。如子思"年六十二",与父亲伯鱼死之年(约前483年)、有君臣之谊的鲁缪公在位之年(约前407年至前377年)不协。子思生卒年至少在公元前483年至前406年之间,昔人以为"六十二"为"八十二"之误,近是。子思过世后三十余年,孟子出生。

至于说"子思作《中庸》",不能确定说得对还是错。如果司马迁所见之《中庸》为《小戴礼记》之《中庸》,那么,依冯友兰意见,此书当是《汉书·艺文志·六艺略》礼类中的《中庸说》,"它可能是发挥《子思》中的《中庸》的思想,但并非一个人的著作,也不是一个时期的著作"。而《汉书·艺文志·诸子略》所著录的儒家著作《子思》中可能有《中庸》1篇(《中国哲学史新编》第二十八章第七节)。现在看来,司马迁所见之《中庸》,只能是这个《中庸说》,冯先生认为"似秦汉时孟子一派之儒者所作",又说"《中庸说》之作者,名其书为《中庸说》,必系所谓'子思之儒';但其中又发挥孟子之学说,则又为所谓'孟氏之儒'"(《中国哲学史》第十四章之八)。

"子思之儒""孟氏之儒"的说法,见于《韩非子·显学》,是所谓"儒分为八"中的两家。而这些孔子后的儒家支派,"取舍相反"(据王先慎《韩非子集解》说改,或作"取舍不同")。早于韩非的荀子看法则不同:"案往造旧说,谓之五行。""子思唱之,孟轲和之。"两人围绕"五行"一唱一和而不是"取舍相反"。"五行"具体指什么,荀子没有说,通常说的木火土金水五行与《中庸》《孟子》都搭不上。有人为此费过不少笔墨和口水,但说不清楚,因为没有依据。

上世纪九十年代,在湖北省荆门市郭店楚国贵族墓,出土了一批战国时期的竹简,下葬时间在公元前 300 年左右,约当孟子去世前十年左右。其中的儒家文献,如《缁衣》《五行》《性自命出》等,论者多以为是孔子后学即所谓"七十子及其门人"的作品。其中,《五行》(本书称楚简《五行》)被许多学者认为是子思的作品。对比之下,孟子的思想,显然受到这一类文献特别是《五行》思想的影响。从孔子"罕言性"到孟子"道性善"并以之为其思想的主线,其间的演变轨迹,过去是不清楚的,现在以《五行》为中间环节,可以大致串联起一个思想的脉络来。同时,《孟子》中的有些概念或说法很独特,过去是十分费解的,现在因为有了《五行》,可知是渊源有自的。荀子说"五行"是"子思唱之,孟轲和之",看来不是无的放矢。"五行"就是楚简《五行》的"仁义礼智圣"。

在楚简《五行》出土之前,1973 年,长沙马王堆三号汉墓出土一批帛书。其中,《老子》甲本卷后第一篇古佚书,其"经"的部分居然与后出的楚简《五行》基本相同,后来也定名为《五行》(本书称汉帛《五行》)。庞朴最早根据这篇帛书指出,书中表达的五行思想,即是荀子所批评的子思和孟子一派的"五行"说(详《马王堆帛书解开了思孟五行说之谜》,《文物》1977 年第 10 期)。

楚简《五行》和汉帛《五行》在 20 年间重见天日,岂止是无巧不成书,其意义不啻漫漫长夜中阳光霎时喷薄而出,在中国古代文献史上是划时代的事件,对重构早期儒家思想史尤显意义非凡。这里,试就楚简《五行》在孔子和孟子之间搭起的桥梁作用,做简要的分析。

《五行》的开头部分是其思想纲领:

> 仁形于内谓之德之行,不形于内谓之行;义形于内谓之德

之行,不形于内谓之行;礼形于内谓之德之行,不形于内谓之
行;智形于内谓之德之行,不形于内谓之行;圣形于内谓之德之
行,不形于内谓之德之行。德之行五和谓之德,四行和谓之善。
善,人道也;德,天道也。(从庞朴释文)

这里人的行为被区分为两类:德之行和行。前者具体有五种,为仁、
义、礼、智、圣。这五种都是"行",称作"五行"。所谓"德之行",意
即合乎"天道"的行为。后者有四种,显然是指"不形于内谓之行"
的那四种,称作"四行"。"圣"不在"四行"的范围内,因为"圣"是
闻而即知天道的,形于内或不形于内,都是合乎天道的,所以都可以
叫做"德之行"而非仅是"行"。显然,这与后世流行的有关德或德
行的观念,是很不一样的。《周礼·地官·师氏》注:"德行,内外之
称。在心为德,施之为行。"这种德行观念,把"德"称为"内",把
"行"称为"外",有德的行为自然是内心之德施行于外的结果;反
之,善的行为应该合乎内心之德,是后者的印证。但在《五行》的作
者看来,"在心为德,施之为行",只是"形于内"的"德之行",从内至
外,没有内外的区隔;另一方面,不是从内心生发,徒有其外在的行
为,即"不形于内"的"行",也可以是善的即对他人是正面的、积极
的行为。这是什么逻辑?

　　这种逻辑所具有的观念,应该是有现实针对性的。子思的目
的,可能是试图从根本上解决他的祖父孔子想解决的问题。《论
语·为政篇》:

　　　　子曰:"道之以政,齐之以刑,民免而无耻;道之以德,齐之
　　以礼,有耻且格。"

"道之以政,齐之以刑,民免而无耻",是说人们受到政令的驱使和

刑罚的约束,不会犯过错,但内心没有廉耻感,意思是说一旦没有了外在的约束,就会作奸犯科。"道之以德,齐之以礼,有耻且格",是说人们受到道德的引导和礼仪的规范,内心有廉耻感,会自觉匡正自己的行为。前一种情况,大致相当于《五行》"不形于内"的"行";后一种情况,大致相当于"形于内"的"德之行"。只不过,子思试图用"天道"的"绝对命令"为其时的"人道"开辟和指引到达"天道"的康庄大道。

楚简《五行》与《论语·为政》的问题联接起来是否成立?这里,引用陈来对如何理解"德之行"与"行"的解释,可资说明。他说:"什么是形于内?'形'我们简单解释就是'发',发于内,如果人的行为是发于内心,这叫德之行,如果不是出于内心的自愿,只是服从一种外在的道德义务,这样做出来的行为虽然也是人的行为,但是这叫行,不叫德之行。"(《竹简〈五行〉篇讲稿》第13页)

需要指出的是,孔子讲"道之以德,齐之以礼",首先是对作为统治者的君子自身讲的。他说过:"君子之德,风;小人之德,草。草上之风,必偃。"(《论语·颜渊篇》)子思在楚简《五行》中的思想,就是以君子为对象的:"五行皆形于内而时行之,谓之君子。士有志于君子道,谓之志士。"君子是天道的人格化,士是以君子人格为追求目标的。

子思的观念提出后,当给人耳目一新的感觉。但其逻辑,人们可能一时理解不了。所以荀子在批评"五行"说"甚僻违而无类,幽隐而无说,闭约而无解"的同时,并不对"五行"的具体所指做任何说明,表明当时"五行"说有一定影响。出现汉帛《五行》那样对楚简《五行》进行解说的专门著作,并非偶然。

荀子说"子思唱之,孟轲和之",部分合乎事实:孟子上承孔子

"仁"的观念并以之作为自己学说的核心观念,中接子思"五行"思想并加以发挥,从而形成自己的学说体系。部分不合乎事实:"孟轲和之"并不是简单的继承和发挥,而恰是如韩非所说的"取舍相反":不是如子思那样,试图以天道的"绝对命令"引导"人道"的方向,而是反过来以"人道"融摄"天道",成为思想和实践的主体。表面上看,似乎回到了孔子"罕言"天道的轨道,实则"天道"已通过性—命、命—性的转换,变成了"人道"的内在根据。比之孔子,孟子人道思想的内涵大不相同了。其转换的轨迹在《孟子》书中清晰可见。《尽心章句下》第二十四章:

> 孟子曰:"口之于味也,目之于色也,耳之于声也,鼻之于臭也,四肢之于安佚也,性也;有命焉,君子不谓性也。仁之于父子也,义之于君臣也,礼之于宾主也,智之于贤者也,圣之于天道也,命也;有性焉,君子不谓命也。"

第一次转换,从"性也"到"有命焉",否定了当时以告子为代表的"生之谓性"的流行观念。第二次转换,从"命也"到"有性焉",用他自己的"君子所性,仁义礼智根于心"的观念替代了"命"或楚简《五行》"天道"("德之行五和谓之德","德,天道也")的正统地位(参见《尽心章句下》第二十四章注释)。他在为我所用的基础上,将楚简《性自命出》的"性自命出,命自天降"的观念反转,得出"尽其心者,知其性也;知其性,则知天矣。存其心,养其性,所以事天也"(《尽心章句上》第一章)的结论,把人的思想和行为的重心完全转移到"尽心""知性""存心""养性"的基础之上。可以说,孟子轻轻拈出"心""性"两个字,就把《五行》如何"形于内"的问题彻底地解决了。而孟子的"德",就不再指天道,而就是指人的道德。对于孔

子的两种国家治理方式的轻重顺序,他完全心领神会。《公孙丑章句上》第四章:

> 孟子曰:"仁则荣,不仁则辱;今恶辱而居不仁,是犹恶湿而居下也。如恶之,莫如贵德而尊士,贤者在位,能者在职;国家闲暇,及是时,明其政刑。虽大国,必畏之矣。

这一章,针对的是诸侯国的内政。在它的前一章(第三章),则主要针对的是当时的国际关系,孟子提出"以力假仁者霸""以德服人者王",即所谓霸道、王道的观念。这是孔子关于两种天下(包括国家)治理方式的思想的发展,路线仍是一致的。孟子尊王黜霸,走上了"道之以德,齐之以礼"的王道路线,此为一线,也可以说是一端。韩非尊君黜仁,走上了"道之以政,齐之以刑"的霸道路线,此为另一线,也可以说是另一端。汉惩秦二世而亡,天下的治理方式转向两条路线的融合,最后呈现的面貌是"霸王道杂之"或"儒表法里"。

　　总的看来,对于子思的"五行"思想,如果说"孟轲用之",倒是实有其事,而"孟轲和之",并非事实,不但《孟子》全书没有出现"五行"的字样,而且在观念上恰是韩非所说的"取舍相反"。真正对子思"和之"的是孟子的后学——孟氏之儒。汉帛《五行》,"经"的部分与楚简《五行》基本相同,"说"的部分大量引征《孟子》文句,庞朴据此设想:"《五行》篇早先本来无'说'无'解',如竹简所示,亦如荀子所指责的那样;帛书所见的'说',是后来弟子们奉命或主动缀上去的。"庞先生又说:"'说'文完成的时间,当在孟子以后乃至《孟子》成书以后,是由弟子们拾掇老师遗说补做出来的。而弟子们之所以要出来续貂,一个很大可能的原因是,为了回敬荀子的批评。"(《竹帛〈五行〉篇校注及研究》第 103 至 104 页)从汉帛《五行》的内容分析,可以得出三点与庞说有同有异的结论:第一,楚简《五行》或汉帛《五行》"经"的部分,文义自足:"'经'文说理清楚,自我圆满,无须多加解说,也没有为'说'文有意留下什么。"第二,汉帛《五行》"说"文是孟子的弟子用孟子的观念解读子思思想的作品。第三,"说"文成文当在孟子之后、荀子生前,因为内容庞杂,"表现得十分拘谨,乏善可陈",所以受到荀子的批评,而非回应荀子批评之作。孟子对子思思想"取舍相反",又以继承孔子思想自居;弟子们欲弥缝罅隙但内涵不足,弄巧成拙,惹得荀子严厉批评。这两点,可能是《五行》后来失传的重要原因。

从《五行》与《中庸》比较来看,后者至少部分内容是子思的后学,所谓"子思之儒"的作品,是对老师思想的阐发。例如魏启鹏指出:"(简文)'仁义,礼所由生也',与《中庸》'仁者,人也,亲亲为大;义者,宜也,尊贤为大。亲亲之杀,尊贤之等,礼所生也',可以互证。今本《中庸》所论,不啻是对'礼生于仁义'之阐释发挥。"(《简帛〈五行〉笺释》第35至36页)

通过上述分析,总体判断,先秦并不存在所谓"思孟学派",只存在如韩非所说的"子思之儒"和"孟氏之儒"两个支派。也许孟子的弟子们真的看到了子思思想是孔子思想和孟子思想之间不可或缺的一环,想做一些关联的工作,他们努力了,但没有成功。这个机会留给了两千年后的今人。

五、孟子的思想

孟子的思想,以继承于孔子的"仁"为核心概念,以取法于子思"德之行"观念而成的"人性"思想为理论红线,串起人性论、人本论、人格论、民贵论、治乱论等思想的逻辑链条,颇具自身特色和系统。下面所论,详于人性论(及其产生根源)而略于其他。

(一)人性论

人性论是关于人类特性与本质问题的理论,是人类的自我意识发展到较高阶段的产物。从这个意义上说,孟子思想与孔子思想相比,应该是后来居上。

人是一种类存在物。所谓人性,是指人类作为大千世界的存在物之一,与其他类存在物相比,所具有的独特性质。孟子的人性论包括两个方面,一方面是自然性,就是"人之所以异于禽兽者";一方面是社会性,就是"君子之所以异于人者"。《离娄章句下》第十九章:

> 人之所以异于禽兽者几希,庶民去之,君子存之。舜明于
> 庶物,察于人伦,由仁义行,非行仁义也。

几希,微不足道也。孟子认为,人与动物的区别是极其微小的。然而,就是这极其微小的区别所在,决定了人之所以为人的特性,即"人性"。那个时候的人,自然不懂得人是从动物界演变过来的,但从对人与动物的行为特征的观察和比较中,不难发现两者有很多相似之处,很多时候,人与动物的行为方式简直差不多,人兽界限是模糊的。孟子的人性论,就是使这模糊的界限鲜明起来,以区别"人"与"非人"(以禽兽为代表)。孟子说:

> 人皆有不忍人之心。先王有不忍人之心,斯有不忍人之政
> 矣。以不忍人之心,行不忍人之政,治天下可运之掌上。所以
> 谓人皆有不忍人之心者,今人乍见孺子将入于井,皆有怵惕恻
> 隐之心,非所以内交于孺子之父母也,非所以要誉于乡党朋友
> 也,非恶其声而然也。由是观之,无恻隐之心,非人也;无羞恶

之心,非人也;无辞让之心,非人也;无是非之心,非人也。恻隐之心,仁之端也;羞恶之心,义之端也;辞让之心,礼之端也;是非之心,智之端也。人之有是四端也,犹其有四体也。有是四端而自谓不能者,自贼者也;谓其君不能者,贼其君者也。凡有四端于我者,知皆扩而充之矣,若火之始然,泉之始达。苟能充之,足以保四海;苟不充之,不足以事父母。(《公孙丑章句上》第六章)

“几希”是什么？就是指“不忍人之心”。不忍人之心,无法忍受别人受苦遭难之心也,即恻隐之心,也就是同情心。恻隐之心是仁的发端,在上述“四心”“四端”中处于核心的地位。正如张载所说:“仁不得义则不行,不得礼则不立,不得智则不知,不得信则不能守,此致一之道也。”(《张载集》第274页。按:“信”另当别论)所以,孟子有时直接以“仁”规定人,如说“仁也者,人也”(《尽心章句下》第十六章);或规定人心,如说“仁,人心也”(《告子章句上》第十一章)。很多时候只说“仁”,等同于说仁义或仁义礼智。

严格说来,人性并不是指仁、义、礼、智(所谓“四德”),而是指恻隐之心、羞恶之心、辞让之心(或“恭敬之心”)、是非之心(所谓“四心”)。后者分别是前者之“端”。孟子说“君子所性,仁、义、礼、智根于心”(《尽心章句上》第二十一章),把这个意思说得很清楚了。“根于心”,所以是“端”。既然是“端”,就已经是仁、义、礼、智了,孟子也直接说:“恻隐之心,仁也;羞恶之心,义也;恭敬之心,礼也;是非之心,智也。仁、义、礼、智,非由外铄我也,我固有之也。”(《告子章句上》第六章)但从定义上说,是大不相同的。因为只是“根”,只是“端”,所以才是“几希”的,也才是不容易保存的,只有君子才做得到,而且"存心"不易,常常变为"放心"(存而复失)。

几希,虽然从数量上看,极其微小,从界限上看,模糊不清,但就是这一微小、模糊的区分,把"人"和"非人"区别开来:不但把人和动物区别开来,更重要的是,把人自身内在的"人性"和"兽性"区别开来。人身上的"兽性"或者说"动物性"是什么?就是"口之于味也,目之于色也,耳之于声也,鼻之于臭也,四肢之于安佚也"。人与生俱来的感官欲望或爱好或本能,与禽兽是一样的。

认为人是集"人性"与"兽性"(孟子就叫"禽兽")于一身的存在物,人的"人性"部分才叫"人性"(孟子常常叫作"性"),人的"兽性"部分不属于"人性",也不能叫做"人性",是孟子人性论的独特之处。他反对告子"生之谓性"的观点,因为在他看来,告子把人身上的"人性"和"兽性"混为一谈了。比如告子所说的"食、色性也",孟子认为不成立,食、色只是人与动物相同的本能而已,不属于"人性"。

当时人及后世之人,在人性问题上,绝大多数持有的是告子的观点。今天的人,对于孟子的"人性"概念,除了不免于与告子的观点混淆之外,还容易出现的一个误区,是将"自然性"与"社会性"的概念套用其上,将"兽性"等同于自然性、"人性"等同于社会性。实则既然叫"人性",性即生,与生俱来,就只能是自然性。如果用进化论的思维解释,可以这样描述:在人类生命自然演化史上,在绝大多数的时间里,人类的动物祖先处在孟子所说的"禽兽"阶段,只具备纯粹的"兽性"即动物性;在某个特定的时刻,人类的动物祖先开始有了孟子所说的"人性","它"开始变成"他",即开始成为"人",但人的"兽性"仍在。不妨说,人是具有"兽性"的人,是具有"人性"的兽。人类仍在进化,但显然不能说人身上的"人性"与"兽性"是此长彼消的,只有人的社会性即文化可以起发挥"人性"而抑制"兽性"的作用。描述只能到此为止了。在孟子看来,人的"人性"是"分定"(分量确定不易)了的,所以环境、条件等后天的各种因素,无论好坏,影响的只是后天行为"为善"还是"为不善",并不能影响"人性"的一分一毫:"君子所性,虽大行不加焉,虽穷居不损焉,分定故也。"(《尽心章句上》第二十一章)

孟子的"人性"定义,是伦理学的,也是认识论的。部分是伦理学的,因为是可论证的,他举出的"今人乍见孺子将入于井,皆有怵惕恻隐之心,非所以内交于孺子之父母也,非所以要誉于乡党朋友也,非恶其声而然也"的例子就是。部分是认识论的,因为有一个如何定义的问题,孟子的逻辑是将人的自然性截然分为"人性"与"兽性",他的论证是根据这种定义进行归类。在伦理学的意义上说,孟子的逻辑是混乱的("无类");在认识论的意义上说,孟子的论证是强词夺理的("好辩")。但是,在伦理学和认识论结合的意义上,即在人的社会性或文化的意义上说,孟子的论证是经验的,逻辑是先验的。孟子的人性论,未尝不是一种强有力的学说。

说到这里,对于"性善"这个概念,也要略作分析。如果基于孟子对"人性"的严格定义,孟子的人性学说最好就叫"人性论";今天所说的人性,通常不是孟子定义的"人性",所以叫"性善论"也是可以的。还要注意的是,孟子所谓"性善",意思是说"人性是善的",不是说"人性是善"。详见《滕文公章句上》第一章注释。

以上说的是孟子人性论的一个方面:人之所以异于禽兽者;接下来说说另一个方面:人之所以异于人者,孟子叫"君子之所以异于人者"。

"人之所以异于禽兽者"的"人",是指人类,即所有人、每个人。

"分定"，是说所有人的、每个人的"人性"都是一样的，从这个意义上说，"人皆可以为尧舜"。孟子的理想社会也就很容易实现：仁、义、礼、智之"端"既然是每个人天生具备的，"思则得之"，每个人又都可以设身处地、力所能及地去做。孟子说："尧舜之道，孝弟而已矣。子服尧之服，诵尧之言，行尧之行，是尧而已矣。"（《告子章句下》第二章）对治人者来说，治理天下不难："老吾老以及人之老，幼吾幼以及人之幼，天下可运于掌。"（《梁惠王章句上》第七章）

但是，社会的实际情况是等级分明、阶级分明、千差万别的，这个应该怎么看待？孟子的解释是：人之所以异于禽兽者，即"人性"，在人出生的时候是一样的，很小的时候也几乎一样（他用孺子或赤子的行为论证"人性"的存在），以后则分化了：一部分人成为"君子"，一部分人成为庶民或"小人"，这是因为前者对"人性"存之，后者对"人性"去之。《离娄章句下》第二十八章：

> 君子所以异于人者，以其存心也。君子以仁存心，以礼存心。仁者爱人，有礼者敬人。爱人者，人恒爱之；敬人者，人恒敬之。

这里讲君子所存于心者，为仁和礼；前引第十九章指仁和义；《公孙丑章句上》第六章为"四心"或"四端"。核心是"仁"，主轴是"仁义"，说全了是"仁义礼智"。

为了说明上述问题，孟子发明了"大体""小体"的独特概念："体有贵贱，有小大，无以小害大，无以贱害贵。养其大者为大人，养其小者为小人。"所谓"大体"，指心。所谓"小体"，指耳、目、鼻、口和四肢。他认为，被心这个思维器官所指引的人是"大人"，被耳、目、鼻、口、四肢这些感觉器官所主导的是"小人"（《告子章句上》第

十四、十五章)。社会的等级、阶级由此产生:大人劳心,小人劳力,"劳心者治人,劳力者治于人。治于人者食人,治人者食于人。天下之通义也"(《滕文公章句上》第四章)。

社会矛盾百出,是因为君子、大人即劳心者,他们并不总是"从其大体",也并不总是"存心",而常常出现"从其小体",动不动就"放心"(丧失"本心")的情况。君子、大人的修为,就在时时都要"存其心,养其性",以不失去其"本心",一旦失去,又时时都要寻找回来:"学问之道无他,求其放心而已矣。"(《告子章句上》第十一章)

孟子的人性论,基于人禽之辨。人禽之辨,是人类作为认识和实践的主体,从从属于自然界的状态中脱离出来,将自然界对象化的过程。在某种意义上说,人禽之辨是伴随人类进化的历史过程,不是一次或几次就能完成的。可以说,今天的人类,仍然在继续这个过程。战国时期的人禽之辨是人类自我意识的一次大觉醒。其所以发生,从根本上说,是由于铁器时代的到来,促使青铜时代的主导性思想文化发生转折性变化。

中国的青铜时代,大约开始于公元前2000年左右的夏代初期,至公元前3世纪中叶的战国晚期才告结束,为铁器时代所取代,积年共1800余年,与夏、商、周三代相始终。在漫长的青铜时代,一个突出的现象,如张光直所说:"金属始终不是制造生产工具的主要原料;这时代的生产工具仍旧是由石、木、角、骨等原料制造。"(《中国青铜时代》第12页)当时的"国之大事,在祀与戎"(《左传》成公十三年),青铜便集中用于制造礼器和兵器,而尤以礼器为大宗。这种状况表明,青铜时代铜、锡金属的勘探、采掘、运输、冶炼、制造等技术及其组织实施,完全是在当时的主导产业农业之外进行的,服从并服务于获取政治权力并维护政治秩序的需要。按照张先生的观点,青铜器是统治者通天的工具,青铜器上的动物纹样是通达天地的助手。在殷商和西周的铜器纹样中,最常见的动物母题为饕餮纹,饕餮面形常常构成一个铜器全部装饰花纹的中心,表现出神秘和奇异的色彩;若干铜器的组合,呈现威厉、森严的气氛。可印证的是,在同时期的神话中,动物往往具有神性,如"天命玄鸟,降而生商"(《诗经·商颂·玄鸟》),玄鸟即燕子,商族的始祖诞生和燕子有关;又如周族始祖后稷出生后被弃,"诞寘之隘巷,牛羊腓字之","诞寘之寒冰,鸟覆翼之"(《诗经·大雅·生民》),牛、羊、鸟为后稷的保护神。总体上看,这个时期,"神奇的动物具有很大的支配性的神力,而对动物而言,人的地位是被动与隶属性的"(同前书第417页)。

东周时代出现了明显的变化。从春秋中叶至战国中叶(正是孔子—子思—孟子的时代),是剧烈变化的阶段。铜器上的动物纹样,包括饕餮纹在内,已经形式化了,不再具有神异性或神异性大大减弱。在同时期的神话中,人与动物的关系也转变了,"人从动物的神话力量之下解脱出来,常常以挑战的姿态出现,有时甚至成为胜利的一方"(同上页)。孟子也曾描述这种情景:"当尧之时,水逆行,泛滥于中国,蛇龙居之。民无定所……使禹治之。禹掘地而注之海,驱蛇龙而放之菹……险阻既远,鸟兽之害人者消,然后人得平土而居之。"(《滕文公章句下》第九章)鸟兽害人,禹驱蛇龙,人得安居,代表了一种崭新的时代景观。在孟子的这个叙事里,尧和禹还多少留下神、人兼备的痕迹。在其他多数的叙事里,尧和禹只是人间的圣王。而他们之为圣王或圣人,实际上是神话历史化的结果。

上述人与动物关系的转折性演变,与人工制铁的出现以及铁器的普及化进程,大体上是同步的。人工制铁出现于公元前9世纪的西周晚期,春秋时期有了初步的发展,至5世纪中叶的春秋战国之际开始进入迅速发展阶段。与青铜器发展性质上不同的是,铁器以生产工具、兵器和日用器具、车马机具等实用类型为主(参白云翔《先秦两汉铁器的考古学研究》第二、三、四章)。孟子生活的战国中期,铁制农具的利用有所普及。"陈良之徒陈相与其弟辛,负耒耜而自宋之藤"的"耒耜",应该不再是木制,而是铁制。因为孟子在与陈相的对话中,提到了"釜"(铁锅),特别是"以铁耕",用"铁"来代指某种铁制耕田工具,而且"以粟易之",已经有了铁器贸易(《滕文公章句上》第四章)。铁制农具在当时应该还是比较值钱的,所以有"农夫岂为出疆舍其耒耜哉"(《滕文公章句下》第三章)的说法。毫无疑义,铁器时代的到来,特别是铁制生产工具的日益广泛的利用,极大地解放了生产力,极大地增强了人在自然面前的自我意识(区别于自然)、主动意识(挑战和征服自然)、主体意识(认识自然)。从孔子时的礼坏乐崩到孟子时的列国争战,日益剧烈的社会变迁,既有周代封建制历史性演变的动力,更有铁器时代取代青铜时代,特别是金属生产工具取代非金属生产工具这一前所未有的技术革命的推动。

人禽之辨,实质是人禽关系的翻转,人的地位大大上升。孟子的人性论,是基于人禽之辨而对于人的特性和本质的深度思考。而他的其他思想主张,则是人性论在政治和社会领域以及天下层面的逻辑延伸。

(二)人本论

人本,孟子的概念叫"身本"。"身本"的观念,出自《离娄章句上》第五章:

> 孟子曰:"人有恒言,皆曰'天下国家'。天下之本在国,国之本在家,家之本在身。"

身,本指人的身体。《说文》:"身,躳也,象人之身。"这个字在甲骨文中已出现,或即"娠"字。总之,指有生命的个体。身本,用今天的话说,就是人本。这不是对应"神本"或"物本"的"人本",而是以每个人为本的"人本"。

孟子这段话的意义,对比下面孔子的一段话,就比较清楚了。

> 孔子曰:"天下有道,则礼乐征伐自天子出;天下无道,则礼乐征伐自诸侯出。自诸侯出,盖十世希不失矣;自大夫出,五世希不失矣;陪臣执国命,三世希不失矣。天下有道,则政不在大夫。天下有道,则庶人不议。"(《论语·季氏篇》)

在孔子看来,天子是天下之本。这是周代分封制度的反映。天子是天下的共主,是诸侯、大夫权利的来源,正如《诗经·小雅·北山》所云:"溥天之下,莫非王土;率土之滨,莫非王臣。"天子分封诸侯,直接是诸侯之本。诸侯有一定的独立性,可以分封大夫,直接是大夫之本,天子间接为大夫之本。孟子把这种自上而下的授受关系颠倒了过来,有生命的个人是天下之本。这是战国列国制度的反映。天子只是名义上的存在,诸侯才是真正的"王者",所以"天下之本在国"。列国争战,国君依靠的是各个"家"(无论是旧有的世家大族,还是五口至八口的小农之家)的力量,所以"国之本在家"。最大的不同,是孔子视之为当然的"庶人不议"(庶人当时是介于士和奴隶之间的平民,"不议"即不能参与政治),在孟子的思想里已经没有这个限制了。孟子的"家之本在身"的"身",并没有人身限定,应该是除奴隶之外的所有个人。

所谓"恒言"，就是人们常说的话。人们老挂在嘴边的那些概念，无外乎天下、国、家。体会孟子的语气，似乎是说在此之前，社会关注的主要是天下、国、家，现在不同了，所有这些层面的根基都在个人身上。后世常说家庭是社会的细胞，孟子固然认为家庭有着特殊的重要性，但他的观点并不与这种说法密合。他认为个人才是社会的细胞，也就是组成社会的最初（或最后）的基本单元。其观点的内在根据就是"反身而诚，乐莫大焉"（《尽心章句上》第四章），即保持并遵循内心的指引，是人生最大的快乐。他的特异观点是君子的人生之乐，并不包括为天下之王。

> 君子有三乐，而王天下不与存焉。父母俱在，兄弟无故，一乐也；仰不愧于天，俯不怍于人，二乐也；得天下英才而教育之，三乐也。君子有三乐，而王天下不与存焉。（《尽心章句上》第二十章）

有个特别的例子，可以说明他的观点。

> 桃应问曰："舜为天子，皋陶为士，瞽瞍杀人，则如之何？"
>
> 孟子曰："执之而已矣。"
>
> "然则舜不禁与？"
>
> 曰："夫舜恶得而禁之？夫有所受之也。"
>
> "然则舜如之何？"
>
> 曰："舜视弃天下犹弃敝蹝也。窃负而逃，遵海滨而处，终身䜣然，乐而忘天下。"（同前篇第三十三章）

在这个桃应设定的话语场景中，舜似乎面临两难选择：他的父亲瞽瞍杀了人，作为天子，他不能阻止法官皋陶对他父亲执法；但父亲毕竟是父亲，作为人子，他不能眼睁睁地看着父亲陷入"桎梏死者"的

"非正命"(同前篇第二章)境地。孟子为舜做出的选择很干脆很简单:放弃天子之位,就像丢弃一双破草鞋毫不足惜,偷偷地背起瞎眼的老父亲,逃到化外之地(司法管辖不到)的海滨住下来。结果是:从此舜快乐地生活,忘记了自己曾经做过天子。这是一种什么境界? 从孟子的语气看,他认为舜在"两难选择"面前并没有丝毫的为难,毅然的抉择也并不需要超出常人的勇气。这是因为,"尧舜,性之也"。舜的伟大,恰恰仅在于,他的行为,不过是他的本性的呈现而已。这却是只有圣人才做得到的:"形色,天性也,惟圣人然后可以践形。"为什么"孟子道性善,言必称尧舜"? 就在于尧、舜(孟子的述说集中于舜)是"性之"的典范:"由仁义行,非行仁义也。"

"性之"就是"诚身"。诚者,天之道。每个人按照根植于内心的仁、义、礼、智行事,遵循的其实是天道,因为仁、义、礼、智是"天之所与我者",是"绝对律令"。思诚者,人之道。本心自具,有时暗昧不自知,所以要让心发挥其官能,"心之官则思,思则得之"。于是,每个人("身")作为天下、国、家之本,便立起来了。孟子"王天下"(实现王道于天下)的理想,是其人本论的逻辑结论。

(三)人格论

孟子对孔子思想的继承,仁和君子是两个关键概念。由仁推衍为性善论,由君子推衍为人格论。孟子所谓君子,指有仁德而治民者(参《公孙丑章句上》第七章"君子远庖厨"注释)。君子之为理想人格,在于"人之异于禽兽者几希,君子存之",存即存心。君子存心之后的养心(即心之扩充)状态,依不同程度可分为不同的等级。《尽心章句下》第二十五章:

> 浩生不害问曰:"乐正子何人也?"
>
> 孟子曰:"善人也,信人也。"

"何谓善？何谓信？"

曰："可欲之谓善，有诸己之谓信，充实之谓美，充实而有光辉之谓大，大而化之之谓圣，圣而不可知之之谓神。乐正子，二之中、四之下也。"

孟子在这里将君子的人格分为善、信、美、大、圣和神六等，康有为认为"此孟子立人格之等"（《孟子微》）。此六等人格论，与《公孙丑章句上》第二章养气论相应：所谓善人，乃不动心之人，即坚守仁义原则的人（顾炎武："我四十不动心者，不动其'行一不义、杀一不辜而得天下，有不为也'之心。"见《日知录》）。所谓信人，乃不为诐、淫、邪、遁之辞所惑而始终不背离本心的人。所谓美人，乃具有集义所生之至刚之气之人。所谓大人，乃具有集义所生之至大之气之人。所谓圣人，乃养气至于充满天地之间的人。所谓神人，就是充满浩然之气的人。

孟子自言他在四十岁时就养成了第一等即善人的人格，以后不断地提升，从"知言"养成第二等的人格，至"善养吾浩然之气"，培养第三等至第六等的人格。"善养吾浩然之气"，指一个养气过程，并详述养气的方法，但并没有确定性地说自己就养成了浩然之气。对于第五等的圣人，他说孔子都不敢自居，自己更达不到了，只是表示"乃所愿，则学孔子也"。从这句话里，似乎孟子认为自己接近圣人的人格水平。但从他自许"我善吾浩然之气"，"夫天未欲平治天下也；如欲平治天下，当今之世，舍我其谁也"来看，他又似乎相信自己能够超越孔子、超越圣人，而达到神人的层次。

孟子说他的弟子乐正子"善人也，信人也"，达到了头两等的人格水平。他没有指明谁达到了"美"的水平。关于大人，则论述甚多,不但描述了其人格境界:"君子所性,仁义礼智根于心,其生色也睟然,见于面,盎于背,施于四体,四体不言而喻。"(《尽心章句上》第二十一章)也明确指出大人应具备的资格和要达到的标准,如他将为人臣分为四种,大人为"正己而物正者也"(见《尽心章句上》第十九章),是层次最高的,大概正己乃在"充实",物正则体现了"有光辉"。至于圣人,孟子以禹、周公、孔子为"三圣",其中孔子是最突出的代表。最高者神人,指尧舜,如他说舜"善与人同","是与人为善者也","故君子莫大乎与人为善"(《公孙丑章句上》第八章)。使人人为善,且"日迁善而不知为之者",便是"所过者化,所存者神,上下与天地同流"(同上篇第十三章)的最高人格境界。显然,孟子的"内圣"目标是"孔子之道",而"外王"目标是"尧舜之道"。他有时候自相矛盾,如他引孔子弟子宰我的话,说孔子"贤于尧、舜远矣"(《公孙丑章句上》第二章),似乎认为孔子的人格高于尧、舜。也许这是他在不同时期的说法。

　　孟子的人格论,尤其是"养浩然之气"的说法,颇有神秘意味。其根源,当与巫觋文化有关。《国语·楚语下》载观射父说人神关系:"古者民神不杂。民之精爽不携贰者,而又能齐肃衷正,其智能上下比义,其圣能光远宣朗,其明能光照之,其聪能听彻之,如是则明神降之,在男曰觋,在女曰巫。"孟子的人格论,重构了人神关系。

　　孟子的六等人格论,少见系统阐述者,但实际上对数千年中国传统文化影响深远:其一、二等人格,后世演变为仁、义、礼、智、信"五常",即五种基本道德;其余四等人格,体现在培养浩然之气的过程之中。"浩然之气"虽然在《孟子》书中只出现一次,却几乎成为孟子及孟子思想的标签,有着极大的重要性和影响力。冯友兰说:"无论如何,'浩然正气'四个字到现在还是一个常用的词汇,这

是中国文化中的一个词汇。懂得了这个词汇，才可以懂得中国文化和中华民族的精神。"(《中国哲学史新编》第二册第 94 页)

（四）民贵论

《尽心章句下》第十四章：

> 孟子曰："民为贵，社稷次之，君为轻。是故得乎丘民而为天子，得乎天子为诸侯，得乎诸侯为大夫。诸侯危社稷，则变置。牺牲既成，粢盛既洁，祭祀以时，然而旱干水溢，则变置社稷。"

这段话，大家耳熟能详，许多人概括为"民本论"，其实并不确切。孟子的"身本"即是"人本"，是基于个人或人人意义上的人本论，已见前述。但孟子这段话仍有特别的意义，那就是在人本论的框架下，孟子主张"民贵论"，这就使身本论得到极大的深化。"得乎丘民而为天子"，天子之所以为天子，是由于得到老百姓的拥护。"得乎天子而为诸侯"，诸侯之所以为诸侯，是由于得到天子的信任，但从逻辑上说，其权利的终极来源仍是老百姓。孟子主张，必要时，诸侯或社稷都可以变换，大夫自然不在话下。他在另一个地方，明确地说，天子也是可以变换的："贼仁者谓之贼，贼义者谓之残。残贼之人谓之一夫。闻诛一夫纣矣，未闻弑君也。"(《梁惠王章句下》第八章)

"民贵论"的本质，是民为目的论，就是说，天子、诸侯、大夫存在的意义，在于他们是为老百姓服务的。他以大王居邠时面对狄人逼迫时的取舍为例，说明国君、土地和老百姓三者孰轻孰重的道理：

> 昔者大王居邠，狄人侵之。事之以皮币，不得免焉；事之以犬马，不得免焉；事之以珠玉，不得免焉。乃属其耆老而告之

曰:"狄人之所欲者,吾土地也。吾闻之也,君子不以其所以养
人者害人。二三子何患乎无君? 我将去之。"(《梁惠王章句
下》第十五章)

"君子不以其所以养人者害人",土地是用来养人的,不能为了土地
去害人,所以君的地位可以放弃,狄人来为君也没关系。这句话极
其深刻,对战国时"争地以战,杀人盈野;争城以战,杀人盈城"(《离
娄章句上》第十四章)的行为是极大的批判。这个观念具有真正的
"天下性",是大大超越时代的。

面对当时社会的极度动荡,孟子志在"平治天下",为天下带来
和平局面,为老百姓创造安宁生活。首先要罢战止杀。所谓罢战
者,如黄宗羲所言:"孟子一则曰不违农时,再则曰彼夺其民时,谆谆
言之者,盖当时无日不战争,使民不得休息,故民生凋敝。孟子之
意,以罢兵为当时第一事,不但如《论语》之使民以时也。"(《孟子师
说》卷上)所谓止杀者,孟子曾尖锐地指出:"今夫天下之人牧,未有
不嗜杀人者也。如有不嗜杀人者,则天下之民皆引领而望之矣。"
(《梁惠王章句上》第六章)他的基本原则是:"杀一无罪,非仁也。"
(《尽心章句上》第三十三章)由此推论至于"杀一不辜而得天下,皆
不为也"(《公孙丑章句上》第二章)。

其次,孟子认为要改变眼下的世道人心,必须作出制度性的安
排,使老百姓拥有"恒产",从而拥有"恒心":"是故明君制民之产,
必使仰足以事父母,俯足以畜妻子,乐岁终身饱,凶岁免于死亡。"具
体安排是:"五亩之宅,树之以桑,五十者可以衣帛矣。鸡豚狗彘之
畜,无失其时,七十者可以食肉矣。百亩之田,勿夺其时,八口之家
可以无饥矣。"在此基础上,略施教化,"申之以孝悌之义"。这样,

就能做到"老者衣帛食肉,黎民不饥不寒"(《梁惠王章句上》第七章)。

从这样的观念出发,他批判当时在列国兼并战争中发挥作用最显著的三种人:"故善战者服上刑,连诸侯者次之,辟草莱、任土地者次之。"(《离娄章句上》第十四章)这就是说,兵家的人应该受到最大的惩罚,纵横家的人应该受到次一等的惩罚,法家的人应该受到再次一等的惩罚。

特别值得一提的,是孟子对于天子、诸侯、大夫这些不同层次的统治者是怎么产生的提出的设想。那个时候流行的观念,是天子的职位,起始是上天授予的,后面的接班人是前面的天子传授的。孟子否定了这种观念,他认为天子都是由天意决定的("天与之")。天是如何决定的呢?"天不言,以行与事示之而已矣。"如何"示之"?在程序上,"尧荐舜于天而天受之,暴之于民而民受之"。在位的天子对自己的继承人有推荐权和培养责任,推荐给天是他的推荐权,创造条件使之获得老百姓认可是他的培养责任。推荐给天的方式和天认可的形式是:"使之主祭而百神享之,是天受之。"培养的方式和老百姓认可的形式是:"使之主事而事治,百姓安之,是民受之也。"这就叫"天与之,人与之"。最终还是"人与之",即由老百姓的选择来决定。孟子没有想出如古希腊雅典人表决时投石子的方法,却想出老百姓"用脚投票"的办法:"尧崩,三年之丧毕,舜避尧之子于南河之南,天下诸侯朝觐者,不之尧之子而之舜;讼狱者,不之尧之子而之舜;讴歌者,不讴歌尧之子而讴歌舜,故曰,天也。夫然后之中国,践天子位焉。"对于传贤和传子哪一种方式正当,也还是"天与之,人与之",最后由老百姓的选择决定。所以,孟子对于舜传禹天子之位,禹的天子之位却由他的儿子启继承,都认为是正当的:"舜崩,三年之丧毕,禹避舜之子于阳城,天下之民从之,若尧崩之后不从尧之子而从舜也。""禹崩,三年之丧毕,益避禹之子于箕山之阴,朝觐、讼狱者不之益而之启,曰:'吾君之子也。'讴歌者不讴歌益而讴歌启,曰:'吾君之子也。'"(《万章章句上》第五章、第六章)

　　老百姓"用脚投票"行使自己选择天子的权利,是以拥有"用脚投票"的条件为前提的。这就是孟子在劝说诸侯行仁政时谆谆"诱之以利",因而多少能打动对方的一个理由:行仁政能柔远来迩,即远近的老百姓会投奔而来。增加人口是当时国家实现富强的最重要因素,所以梁惠王曾专门向孟子提出"察邻国之政,无如寡人之用心者。邻国之民不加少,寡人之民不加多,何也"(《梁惠王章句上》第二章)的问题。孟子所处的战国中叶,诸侯相互争战,在战场上较量的背后,是对人才("士")和人口("民")争夺的较量。孟子当是受此启发,悟出"用脚投票"的办法:下一任天子人选,由前一任天子提出后,经过中间的培养、考验环节,最后就看诸侯和老百姓是不是愿意投奔他。这个方式得以实行的前提是诸侯和老百姓都有自由行动和移居的权利。孟子构想的社会结构还是以西周的社会结构为蓝本的:天子是天下的共主,对诸侯行使一定的权利和义务,同时,他拥有自己的直辖领地(王畿),无异一国(王国);各诸侯国在自己的领地拥有几乎等同于现代意义的国家主权,同时,对天子履行一定的义务;卿大夫在自己的采地拥有相对独立的自主权,同时,对天子和诸侯履行一定的义务;老百姓似乎只有贡献赋役的义务,其实,他有两项基本的权利:一是获得"恒产"的权利,天子和诸侯有"制民之产"的义务;一是"用脚投票"的权利,哪里对他们有利,他们就移居到哪里。

这样,孟子设计了一个天子产生的粗略框架。以此类推,诸侯、大夫的产生,也都有类似的程序。这个制度框架,可能是中国历史上最早的具有宪制意义、其中不乏民主因素的制度构想。

如上所述,似乎孟子对于民享、民有、民治的原则和制度都有些思考和设计。在后来的中国封建社会中,人们常说:"国以民为本,民以食为天。"近代以来的学者,遂认为民本主义在中国历史上源远流长。但此"民为本"的实质,是以民为工具而不是目的。自秦代开始,中国社会又回到了天子是天下之本的局面,而且,过滤掉中间诸侯、大夫相对独立的统治阶层,集中权力于天子一人。这是战国至秦汉间,中国社会大变迁的实质。就此而论,所谓"国以民为本"具有极大的欺骗性。

孟子的民贵论,在中国历史上具有特殊的价值。萧公权先生认为孟子的民贵之说是针对虐政的"永久抗议"。他说,孟子之政治思想"虽势不能见采于时君,而二千年中每值世衰国乱辄一度兴起,与老庄之无君思想互相呼应。故就其影响论,孟子之儒,不仅有异于荀,抑亦颇殊于孔。盖孟子取人民观点以言政,孔荀则倾向于君主观点也"(《中国政治思想史》上册第96页)。

(五)治乱论

通常认为,孟子关于"一治一乱"的观点,是一种历史循环论。其实未必是这样。"一治一乱"只是他对此前他所认为的人类历史的总结,而他的本意,是要结束这样的治乱循环。

"一治一乱"出自《滕文公章句下》第九章》:"天下之生久矣,一治一乱"。先是一乱:

> 当尧之时,水逆行,泛滥于中国,蛇龙居之。民无所定,下者为巢,上者为营窟。《书》曰:"洚水警余。"洚水者,洪水也。

然后一治：

> 使禹治之。禹掘地而注之海,驱蛇龙而放之菹。水由地中行,江、淮、河、汉是也。险阻既远,鸟兽之害人者消,然后人得平土而居之。

接着又是一乱：

> 尧舜既没,圣人之道衰,暴君代作,坏宫室以为污池,民无所安息;弃田以为园囿,使民不得衣食。邪说暴行又作,园囿、污池、沛泽多而禽兽至。及纣之身,天下又大乱。

然后又是一治：

> 周公相武王,诛纣;伐奄,三年讨其君;驱飞廉于海隅而戮之;灭国者五十,驱虎、豹、犀、象而远之,天下大悦。《书》曰:"丕显哉,文王谟!丕承哉,武王烈!佑启我后人,咸以正无缺。"

接着又是一乱：

> 世衰道微,邪说暴行有作,臣弑其君者有之,子弑其父者有之。孔子惧,作《春秋》。《春秋》,天子之事也。是故孔子曰:"知我者其惟《春秋》乎!罪我者其惟《春秋》乎!"圣王不作,诸侯放恣,处士横议。杨朱、墨翟之言盈天下,天下之言不归杨,则归墨。杨氏为我,是无君也;墨氏兼爱,是无父也。无父无君,是禽兽也。公明仪曰:"庖有肥肉,厩有肥马,民有饥色,野有饿莩,此率兽而食人也。"杨墨之道不息,孔子之道不著,是邪说诬民,充塞仁义也。仁义充塞,则率兽食人,人将相食。

按上述孟子所论,天下自形成以来,已经历了两个治乱周期,正在经历第三个治乱周期。"治"的标志是王者兴起,前两个周期分别是尧、舜和文王、武王出现,第三个周期是孔子出现,但孔子之道被杨墨之道所淹没,也就不能实现"治"的局面。孟子是相信孔子完全有成为王者的个人素质的:"得百里之地而君之,皆能以朝诸侯,有天下。"(《公孙丑章句上》第二章)问题是,孔子并没有获得"得百里之地而君之"的前提条件。孟子认为"匹夫而有天下者,德必若舜、禹,而又有天子荐之者",但孔子没有天子推荐他,"故仲尼不有天下"(《万章章句上》第六章)。孔子不能成为王者的结果,社会之乱进一步恶化,到了"(人)率兽食人"和"人将相食"的地步。这时,孟子出现了。

> 吾为此惧,闲先圣之道,距杨墨,放淫辞,邪说者不得作。作于其心,害于其事;作于其事,害于其政。圣人复起,不易吾言矣。

孟子志在继承孔子。饶有兴味的是,他认为自己又是"承三圣者"禹、周公、孔子,而禹、周公是尧、舜和文、武作为前两个治乱周期中兴起的王者致治的主要实施者。禹后来也成为王者,周公则没有成为王者。不但孔子和周公有相同的地方,自己也和周公、孔子有相同的地方,便都是"正人心"。正人心的重要性在于,"其心"决定"其事",也决定"其政"。

> 昔者禹抑洪水而天下平,周公兼夷狄、驱猛兽而百姓宁,孔子成《春秋》而乱臣贼子惧。诗云:"戎狄是膺,荆舒是惩,则莫我敢承。"无父无君,是周公所膺也。我亦欲正人心,息邪说,距诐行,放淫辞,以承三圣者。岂好辩哉?予不得已也。能言距

杨墨者,圣人之徒也!

孟子公开的宣言,是"言必称尧、舜"。但这句话前面有一个限定的句子:"道性善",人们往往忽略。而且由于尧、舜是王者,人们便认为孟子必定是"祖述尧舜",对于孟子"愿学孔子",并称引孔子弟子的话,把孔子的历史地位置于尧、舜之上的深意,不甚了了。

> 宰我曰:"以予观于夫子,贤于尧、舜远矣。"子贡曰:"见其礼而知其政,闻其乐而知其德,由百世之后,等百世之王,莫之能违也。自生民以来,未有夫子也。"(《公孙丑章句上》第二章)

孟子盛赞孔子是人类有史以来最伟大的人物,而且认为在孔子之后一百代,王者都不能违背孔子所确立的礼乐制度,也就是包括使"乱臣贼子惧"在内的一系列"正人心"的思想和措施。孟子为什么这样说?

尧、舜时代的人类,面临的主要困境是洪水泛滥,人们不得安身,禹平水土,解决了这个问题。"人得平土而居之",不仅解决了居住的问题,从后文来看,意味着开启了定居农业的生产生活方式。周文王、武王时代的人类,面临的主要困境是暴君恣睢、夷狄交侵,定居农业的生活和生产条件受到破坏,衣食和休息都得不到保障,周公协助武王消灭了纣王及助纣为虐者,解除了人们受到的威胁。"周公兼夷狄、驱猛兽而百姓宁",维护的是华夏族的定居农业的生产生活方式。所谓夏夷之辨,根本问题在于两种生产生活方式的不同,服饰、仪文只是其表。到了孔子、孟子的时代,人类面临的主要困境,既不是自然环境的挑战,也不是不同生产生活方式的冲击,而是中原地区过定居农业生活的人们由于人心不正而相互杀戮,即

"仁义充塞，则率兽食人，人将相食"。

孟子认为自己继承孔子"正人心"的事业，是要达到"平治天下"的目的。"平治天下"，并非治乱循环中的"一治"，而有似于张载"为天下开太平"之义。他试图结束"天下自生以来，一治一乱"的循环局面，开辟"由百世之后，等百世之王，莫之能违"的太平新局。

孟子认为自己是当今天下能够继承孔子并完成孔子未竟事业的唯一人选。他的实践路径是齐王能够用他："王如用予，则岂徒齐民安，天下之民举安。"（《公孙丑章句下》）他的基本目标是"定于一"（《梁惠王章句上》第六章），此"一"非秦汉政治大一统的"一"，而是赵岐注"孟子谓仁政为一也"的"一"，即思想统一于仁道，政策统一于仁政。他的基本政策就是"制民之产"，使老百姓成为"有恒产者"。做到这些，在治人者，叫"以德服人"而不是"以力服人"，是王道而不是霸道；在治于人者，叫"有恒产者有恒心"，是"王道之始"。这些都是"正人心"的根本办法。

孟子认为在他所处的年代，除了他之外，是没有人能够"平治天下"的，也就是说，他所提出的"平治天下"的办法，是唯一能够成为现实的办法。他总结道：

> 五百年必有王者兴，其间必有名世者。由周而来，七百有余岁矣。以其数，则过矣；以其时考之，则可矣。夫天未欲平治天下也，如欲平治天下，当今之世，舍我其谁也？（《公孙丑章句下》第十三章）

"以其数，则过矣"，五百年的周期已经被打破了，应该不必任其"一治一乱"了；"以其时考之，则可矣"，时代的条件已经具备了，时机成熟了。所谓"时",就是他对形势的一个基本判断:"且王者之不作,未有疏于此时者也;民之憔悴于虐政,未有甚于此时者也"(《公孙丑章句上》第一章)。

在人生的终点,也可能是思想的终点,孟子对人类的前途仍抱有期望。

> 由尧、舜至于汤,五百有余岁。若禹、皋陶,则见而知之;若汤,则闻而知之。由汤至于文王,五百有余岁。若伊尹、莱朱,则见而知之;若文王,则闻而知之。由文王至于孔子,五百有余岁。若太公望、散宜生,则见而知之;若孔子,则闻而知之。由孔子而来至于今,百有余岁。去圣人之世,若此其未远也;近圣人之居,若此其甚也,然而无有乎耳? 则亦无有乎耳? (《尽心章句下》第三十八章)

到了这个时候,孟子期望有人来继承他的思想,实现"平治天下"的目标。

孟子的理想终究未能实现。在他逝世后仅七十年,秦国便按照"以力服人"而非"以德服人"的方式统一了"天下"。且秦国的以力服人之"力",非一般的不仁,而是极端的不仁,即极端的暴力。如前293年,秦与韩、魏的伊阙之战,秦将白起大胜韩、魏联军,斩首24万;前279年,秦与楚的鄢之战,白起引水灌城,淹死楚国军民数十万;前273年,秦与赵、魏的华阳之战,白起大胜赵、魏联军,斩首15万;前260年长平之战,白起又坑杀赵军主力45万。"其他较小规模的战争不计,只这四起白起指挥的大战而言,秦所杀死的三晋和楚的士兵已在一百万以上。这就严重削弱了这些国家的战斗力,奠定了此后秦国取得统一战争胜利的基础。"(《杨宽《战国史》第457

页》)秦国以马上得天下,又以马上治之,短暂而亡。虽然继起的汉代吸取秦代的教训,实行"霸王道杂之"的统治法则,但"百代都行秦政法",暴力统治的特性已然确立并成为主导因素。也许就是冯友兰所谓"军阀和士的联合专政"(《中国哲学史新编》第五册绪论和第五十章第一节)。所幸孟子未之见。

从孟子的本意来说,他后来成为亚圣,恐怕并不合于他的期望。他只是被利用来救济汉唐儒家面对佛、道挑战之不足。这在前面已经论述到了。

六、孟子思想的历史价值和当代价值

历史的车轮驶入近现代,人类社会的发展进入快车道。近几百年的变化,一方面使得地球上人类的生存条件和样貌发生了根本性的变化,一方面使得人类在此之前几千年取得的对于自然、社会和人自身的知识,在科学的意义上,几乎都过时了。但人文领域不能简单这么说。英国著名数学家、哲学家罗素在论述亚里斯多德的伦理学时指出:"与希腊哲学家们所探讨过的其他题目不同,伦理学至今还不曾做出过任何确切的、在确实有所发现的意义上的进步;在伦理学里面并没有任何东西在科学的意义上是已知的。因此,我们就没有理由说何以一篇古代的伦理学论文在任何一方面要低于一篇近代的论文。"(《西方哲学史》第 236 页)重温罗素的这段话,有利于我们今天站在客观的立场上,重新看待孟子的思想并评估其历史价值和当代价值。

孟子思想的历史价值,前面若干地方已有涉及,这里仅就明太祖朱元璋删节《孟子》成《孟子节文》一事说一说(详见《容肇祖集·明太祖的〈孟子节文〉》)。

　　事情的起因,是洪武三年(1370年),"上(朱元璋)读《孟子》,怪其对君不逊,怒曰:'使此老在今日,宁得免耶?'"(全祖望《鲒埼亭集》"辨钱尚书争孟子事"引《典故辑遗》)于是废止了孟子配祀孔子的资格。不巧管理天文的官员来报告,天上的文星暗,引起朱元璋的不安,随即又在孔庙恢复了孟子的牌位。虽然如此,《孟子》终究难逃一劫。洪武二十七年(1394年),《孟子》被删除"辞气之间抑扬太过者八十五条",而成《孟子节文》。对这八十五条,规定"课士不以命题,科举不以取士,壹以圣贤中正之学为本"。容先生将这八十五条归纳为十一类,条列如下:

　　一、不许说人民有尊贵的地位和权利;

　　二、不许说人民对于暴君污吏报复的话;

　　三、不许说人民有革命和反抗暴君的权利;

　　四、不许说人民应有生存的权利;

　　五、不许说统治者的坏话;

　　六、不许说反对征兵征实同时并举;

　　七、不许说反对捐税的话;

　　八、不许说反对内战;

　　九、不许说官僚黑暗的政治;

　　十、不许说行仁政救人民;

　　十一、不许说君主要负善良或败坏风俗的责任。

以上十一个方面内容,是孟子思想中为当时最高统治者所厌恶者,可见"残酷的统治者统治思想的材料,冷讽着愚民主义和过于操心计的无聊"。而孟子思想的历史价值,亦于此自见。

　　关于孟子思想的当代价值,这里也仅举一个具体的例子来说明。

　　孟子的思想主张，是由他对"人性"的定义所决定的。这种定义是"根性"的，亦是"终极"的。阅读《孟子》者，不免感到困惑的一点是，很多时候，孟子谈到实现王道理想时，似乎太过乐观了。他常挂在嘴边的话，不是"七十者衣帛食肉，黎民不饥不寒，然而不王者，未之有也"，就是"国君好仁，天下无敌"（《离娄章句上》第七章），或者"以齐王，由反手也"之类。这个问题，表面看起来只是关系到孟子的语言风格，实质还是关乎如何理解孟子的思想。这是读懂《孟子》的其中一个较大的问题。

　　解决这个问题，要从"大道至简"的角度去理解。孟子的理想是实现王道于天下，即平治天下，他主张的仁政以全"民"为对象。王道正是"大道"。大者，普遍之谓也，着眼的是人类性或天下的范围；简者，简便之谓也，着眼天下的范围自然是从最基本、最便于实行的事情做起。"王道之始"的仁政，不过顺应人之常情，无非是种多少亩的桑树，耕多少亩的粮田，实行多大比例的赋税，从而使得老百姓不饥不寒，其中老人的生活更好一些。如果认为做到这些都太过理想化，那也只是由于人为地把简单的问题复杂化了。权宜之计可能是复杂之策，而根本之策其实是简便易行的。

　　中国共产党在国内革命战争中曾实施"打土豪、分田地"的政策，解放初在新解放的地区也进行了土改，全面实现了"耕者有其田"的土地制度。这是共产党获得亿万农民拥护和支持的最关键原因。但不久以后通过农业合作化和人民公社化运动，又将分给每个家庭的土地集中起来，实行集体耕种，反而打击了农民种田的积极性，生产效率大幅下降，连吃饭都成了问题。"1978 年，还有 2.5 亿人口没有解决温饱问题。"（中共中央党史研究室《中国共产党的九十年》第 688 页）改革开放后实行包产到户，把集体所有的土地长期包给农户使用,农业生产经营变为分户经营、自负盈亏,农民生产的东西,"保证国家的,留足集体的,剩下都是自己的"。农民愿意多种田,并想方设法提高产量和质量。"这种制度受到农民普遍欢迎,提高了农民的劳动热情,促进了农业生产的发展,其见效之快,是人们没有预想到的。许多地方一年就见成效,农民收入大幅度增长,甚至翻了一番或两番。"(同前书第693页)

可以说,包产到户就是现代版的"井田制"。只不过在孟子那里,井田制的设想太过整齐划一而已。两者形式不同,精神却是一致的:一是"有恒产者有恒心"。"耕者有其田",不就是"恒产"?虽然不可能像孟子时代那样做到"一夫百亩",但每家每户总有几亩地或几分地不等,生活有着落,心里就踏实,不就是"恒心"?一是"公事毕,然后敢治私事"(《滕文公章句上》第三章)。"保证国家的,留足集体的",不就是"公事毕"?"剩下都是自己的",不就是"然后敢治私事"?

归结起来说,孟子思想的历史价值,或许在于促使人们对中国历史的若干基本问题进行重新思考;而其当代价值,或许就是返本开新,或如梁启超所说"以复古为解放",为中华民族提供新的思想出发点。特别是他的人性论,他的"人性"范畴,可能还具有"天下性"即普世价值,有待抉发。

七、结语

毫无疑问,孟子是中国历史上起过极其重要作用的思想家。以今天看去,他还是颇具当代价值乃至普世价值的思想家。

如果说,孔子的历史地位是历史形成的,那么,孟子的历史地位取决于他的思想分量。他在唐、宋之际"升格",正是由于他的思想在儒家面对佛教冲击左支右绌的危急时刻,救济了华夏固有思想资源的不足。这个逻辑,对于近代以来受到西方全方位强烈冲击的中国,是否仍然成立?

本书并不涉及这些大问题。但认识本来的孟子,读懂本来的《孟子》,是思考这些大问题以及相关基本问题的出发点。此《〈孟子〉新解》或可助力一二,是所望焉,是所幸焉。

凡　例

一、《孟子》原文，以中华书局新编诸子集成本《四书章句集注·孟子集注》为底本。这个本子是元明以来最通行的本子。

二、文字及章节分合，有别于通行本者随文说明。

三、标点及段落划分，综合考虑字义句意和语气，取乎杨伯峻《孟子译注》者为多。

四、对字、词、句的注解，兼顾训诂、考据、义理，无分汉宋，不限今古，择善而从，尤重重要概念的辨析，讲究整体思想的逻辑性。注音用直音兼汉语拼音。

五、引文以直引为主，引用时以姓名加冒号（如"阎若璩："）出之，后注明出处。其中，引用较多的几家如赵岐注《孟子》、朱熹《孟子集注》、焦循《孟子正义》、杨伯峻《孟子译注》，概见本书，不出注。

六、当代出土文献足以影响对《孟子》解释者，属郭店楚墓出土竹简本《五行》和长沙马王堆汉墓出土帛书本《五行》"经"文部分，本书多所引述，引文出自李零《郭店楚简校读记》本文（简称楚简《五行》）和《长沙马王堆汉墓简帛集成》本文（简称汉帛《五行》），不一一注明出处。其中，楚简《五行》，本书采纳作者为子思的意见，有时引文和论说径以子思的名义。

七、译文用现代汉语，以直译为主。古人言辞简略，直译有时不足，不得不加些词句以补足意思，这些词句外用方括号"〔　〕"

标明。

　　八、征引书目附于书末。未直接征引而有参考价值的著作,还有很多,惜不能一一列举。

卷一　梁惠王章句上

（一）

孟子见梁惠王。王曰："叟！不远千里而来，亦将有以利吾国乎？"

孟子对曰："王何必曰利？亦有仁义而已矣。王曰何以利吾国，大夫曰何以利吾家，士庶人曰何以利吾身，上下交征利而国危矣。万乘之国，弑其君者，必千乘之家；千乘之国，弑其君者，必百乘之家。万取千焉，千取百焉，不为不多矣。苟为后义而先利，不夺不餍。未有仁而遗其亲者也，未有义而后其君者也。王亦曰仁义而已矣，何必曰利？"

〔注释〕孟子：时人对孟轲的尊称。本书为孟子"退而与万章之徒"所作，孟子的话记为"孟子曰""孟子对曰"等，有别于《论语》的"子曰"。《论语》为孔子生前"弟子各有所记"，逝世后弟子们"相与辑而论纂"而成，遂以"子"专指孔子。

梁惠王：即魏惠王，名䓨，"惠"为谥号，魏国都城由安邑（今山西夏县）迁往大梁（今河南开封），所以又叫梁惠王，前369至前319年在位。周朝天子才能称"王"，至战国，诸侯先后称"王"。魏国是战国七雄中最早称霸的国家,魏惠王即位后的一个时期,仍然保持了强国的势头,但在孟子到来时早已经走了下坡路。此前,"惠王数被于军旅",即本篇第五章自言"东败于齐,长子死焉;西丧地于秦七百里;南辱于楚"。孟子至梁之年,当在梁惠王后元十五年(前320年)。

叟:老先生。赵岐:"叟,长老之称也,犹父也。"此时孟子年约五十二岁。古时年过五十即可称老。

不远千里:即不以千里为远的意思。可与《公孙丑章句下》第十二章"千里而见王"对看。孟子至梁,乃从齐国而来(参钱穆《先秦诸子系年·孟子在齐威王时先已游齐考》)。

亦将有以利吾国乎:亦,也。时惠王招贤,此前当已接见其他人并咨询过同样的问题。将有以,《史记·魏世家》和《论衡·刺孟》俱作"将何以"。有、何,互文义同,有什么。利,与"害"相对,赵岐注谓"兴利除害";朱熹注为"盖富国强兵之类",焦循疏同。国,指诸侯国。古代天子分封诸侯叫"建国",诸侯在国内分封大夫叫"建家"。诸侯和大夫各有自己直属的封号、土地、军队等。诸侯和大夫分别对天子和诸侯有从属关系和一定的义务(至战国时代,诸侯对天子的这种关系和义务不存在了)。所以"国"与"家"是不同的,不能如后世般连用。吕思勉:"今之所谓国家,古无此语。必欲求其相近者,则为社稷二字或邦字。"(《吕著中国通史》第三章)

仁义:孔子未将二者连用,孟子则或合或分,合则连成一词。孔子以义、利对举:"君子喻于义,小人喻于利。"(《论语·里仁篇》)但对举不是对立。孔子的话重点在"喻",也并非说君子只有义,小人只有利,如他讲"富而可求也,虽执鞭之士,吾亦为之"(《论语·述而篇》)。孟子这里以仁义与利对举。对举也不是对立,从后文"苟为后义而先利,不寺不屬"可以看出,孟子主张"先义后利"。对于梁惠王标榜"利",后世往往以"好利"解读,但"好利"也不应指唯利是图。许谦:"凡言好利者,皆是欲得其分外。若唯取什一之赋,则非好利矣。"(《读孟子丛说》卷上)十一之赋,是孟子所主张的仁政的基本政策之一。

士庶人:士,掌握知识或一技之长而以做官为职业的阶层或群体。《滕文公章句下》第三章:"士之仕也,犹农夫之耕也。"时有"礼贤下士"之风,士是各国国君或有权势的大臣罗致的对象。孟子即属于士中一员。庶人,指平民。士无官可做或丧失官职时,与庶民无异,故这里平列。

上下交征:交,相互。征,争夺。朱熹:"上取乎下,下取乎上,故曰交征。"

万乘之国:乘,音胜(shèng),用四匹马拉的兵车一辆叫一乘。大约言之,地方千里,拥车万乘,为战国时的大国,韩、赵、魏、燕、齐、楚、秦等所谓七雄者都是。春秋时的大国为千乘之国。《论语》中便只言及千乘之国,大于千乘之国者或有之,如《先进篇》"千乘之国,摄乎大国之间",但还没有言及万乘之国。

弑:《说文》:"弑,臣杀君也。"段玉裁注:"述其实则曰杀君,正其名则曰弑君。"《孟子》中"弑",当为正名之义,本篇下第八章孟子回答齐宣王关于"臣弑其君"的问题时说:"闻诛一夫纣矣,未闻弑君也。"引申之,以下杀上、以卑杀尊、儿女杀父母,皆曰弑。

千乘之家:家,指执政大夫的封邑。能拥有兵车千乘,可见封邑之大。

千乘之国:大约言之,地方百里,拥车千乘,战国时只能算是中等国家,宋、卫、中山以及西周、东周是。像滕、邹等小国,方圆几十里而已。

百乘之家：指千乘之国的执政大夫，其封邑可拥有一百辆兵车。

万取千焉，千取百焉：焦循："经文承上万乘、千乘、百乘，则万、千、百仍指乘言。是诸侯于天子，万乘中取其千；大夫于诸侯，千乘中取其百。"按：这里的万乘也是指诸侯国。

不夺不餍：夺，夺取，剥夺。餍，音厌(yàn)，饱，满足。这里有一直夺取直到获得满足的意思。承上文，则是千乘之家必得最终夺取万乘之国，百乘之家必得最终夺取千乘之国才会罢手。

未有仁而遗其亲者，未有义而后其君者：仁，孟子从孔子思想继承下来的核心概念。亲，指父母。《论语·颜渊篇》："樊迟问仁，子曰：'爱人。'"爱人，首先是指爱自己的父母，即《告子章句下》第三章"亲亲仁也"之义，然后才是推己及人，甚至及物，即《尽心章句上》第四十五章"亲亲而仁民，仁民而爱物"之义。这是对所有的人而言。对统治者来说，不随便杀人，甚至"不嗜杀人"，就是仁。本篇第六章孟子对梁襄王说："今天下之人牧，未有不嗜杀人者也。如有不嗜杀人者，则天下之民皆引领而望之矣。"《尽心章句上》第三十三章："杀一无罪，非仁也。"义，也是孟子从孔子思想那里继承下来的核心概念。在孟子思想中，其重要性仅次于"仁"。《论语·为政篇》："子曰：'见义不为，无勇也。'"何晏注引孔安国曰："义者，所宜为也。而不能为，是无勇也。"《离娄章句上》第七章"居仁由义"四字，最能说明两者的关系：仁是每个人必须坚守的根本原则，人的行为是宜还是不宜，要以仁为根据；义是每个人必须遵循的正确道路，仁是否能够实现，需要有适宜包括时宜的方式，也就是孟子所言："仁，人之安宅也；义，人之正路也。"如同"仁"由爱自己的父母开始，"义"则由尊敬自己的兄长开始，即《尽心章句上》第十五章

"亲亲,仁也;敬长,义也。无他,达之天下也"。后,与"遗"相应,也有弃之不顾的意思。

〔**译文**〕孟子去见梁惠王。梁惠王说:"老先生! 您辛辛苦苦跑了那么远的路来到这里,也该有什么可以为我的国家带来利益的么?"

孟子回答说:"王为什么一开口就要讲利益? 只要讲仁义就行了。如果国君开口就说怎样才有利于我的国家,大夫开口就说怎样才有利于我的封地,士人和平民开口就说怎样才有利于我们自己,这样上上下下争夺利益,国家就危险了。拥有一万辆兵车的国家,杀害它的国君的,必定是拥有一千辆兵车的大夫;拥有一千辆兵车的国家,杀害它的国君的,必定是拥有一百辆兵车的大夫。一万中占有一千,一千中占有一百,份额不能不说是很多的了。若是把道义抛在一边而以利字当头,那大夫不把国君的一切都夺去,是不会满足的。从没有有仁德的人遗弃他的父母的,也从没有讲道义的人对他的国君不管不顾的。王只讲仁义就好了,为什么一定要讲利益?"

(二)

孟子见梁惠王。王立于沼上,顾鸿雁、麋鹿,曰:"贤者亦乐此乎?"

孟子对曰:"贤者而后乐此,不贤者虽有此,不乐也。《诗》云:'经始灵台,经之营之。庶民攻之,不日成之。经始勿亟,庶民子来。王在灵囿,麀鹿攸伏。麀鹿濯濯,白鸟鹤鹤。王在灵沼,於牣鱼跃。'文王以民力为台为沼,而民欢乐之,谓其台曰灵台,谓其沼曰灵沼,乐其有麋鹿、鱼鳖。古之人与民偕乐,故能乐也。《汤誓》曰:'时日害丧,予及女偕亡。'民欲与之偕亡,虽有台、池、鸟、兽,岂能独乐哉?"

〔注释〕**立于沼上**:立,站立。沼,池塘。上,从下文看,指在池塘边的某种亭台上。

顾鸿雁麋鹿:顾,看,这里有远眺的意思。立于沼上,下则为鱼鳖,远则可眺天上的鸿雁和地上的麋鹿。鸿雁,大雁,一种候鸟,这里代表飞禽。麋鹿,《说文》:"麋,鹿属,冬至解角。"盖即俗称"四不像"者,这里代表走兽。

贤者:德才出众的人。有时两者兼指,有时偏于指德或才。从梁惠王的语气看,这里偏于指德。本书一律译作"贤人"。言外之意,似乎贤人不会赞成这类游玩的事情。

经始灵台:此句至"於牣鱼跃",为《诗经·大雅·灵台》头两章,每章六句。经始,开始。灵台,似后世瞭望台。本指祭祀神灵的高台。毛传:"神之精明者称灵,四方而高者曰台。"孟子认为用"灵"字,称呼"灵台""灵囿",有老百姓肯定和歌颂的意思。经,指测量地基。营,指建立标记。攻,建造。不日,不限定工期。不限定工期而完成,说明进展很快。亟,同"急"。"经始勿亟"是周文王说的话。子来,像儿子为父亲做事一样来建造灵台。杨伯峻意译为"更卖力"。囿,蓄养动物以供游览、田猎的园林。麀鹿,麀音优(yōu),母鹿。攸,语助词。濯濯,濯音浊(zhuó),肥美的样子。鹤鹤,洁白有光泽的样子。於,音乌(wū),词的前缀,无实义。牣,音韧(rèn),满。

鱼鳖:鱼,未指明是哪一种鱼。鳖,甲鱼。这里分别代表淡水鱼和类似甲鱼,背部、腹部着甲壳的爬行类动物。

《汤誓》:《尚书》篇名,内容为商汤攻伐夏桀时的誓师之词。

时日害丧句:时,此。害,同"曷",何,这里是何时的意思。焦循引江声《尚书古文集注音疏》:"桀自比于日,民即假日以谕桀,言是日何时丧乎,我将与汝皆亡,甚欲桀之亡也。"

女:通"汝",你。

〔译文〕孟子去见梁惠王。惠王站在池塘边的亭台上,一边观赏飞禽走兽,一边说:"你们贤人也享受这种乐趣吗?"

孟子回答说:"恰恰是贤人才能享受到这种快乐,不是贤人还无法享受。《诗经》关于周文王的诗说得好:'开始筑灵台,设计样样来。百姓齐上阵,不久工告竣。王说不要急,百姓更卖力。王在园中游,母鹿好安逸。母鹿肥又亮,白鸟毛色光。王到灵沼旁,满池鱼欢跳。'文王虽然役使老百姓兴建高台深池,可是老百姓十分乐意去效力,他们管那台子叫灵台,管那池子叫灵沼,十分乐意那里有许许多多的麋鹿和鱼鳖。《汤誓》却记载着老百姓怨恨夏桀的歌:'这个太阳何时灭亡,我要和你一起死掉。'一个王,老百姓恨不得和他同归于尽,即便拥有高台深池、珍禽异兽,又如何能独自享受呢?"

(三)

梁惠王曰:"寡人之于国也,尽心焉耳矣。河内凶,则移其民于河东,移其粟于河内。河东凶亦然。察邻国之政,无如寡人之用心者。邻国之民不加少,寡人之民不加多,何也?"

孟子对曰:"王好战,请以战喻。填然鼓之,兵刃既接,弃甲曳兵而走。或百步而后止,或五十步而后止。以五十步笑百步,则何如?"

曰:"不可。直不百步耳,是亦走也。"

曰:"王如知此,则无望民之多于邻国也。不违农时,谷不可胜食也;数罟不入洿池,鱼鳖不可胜食也;斧斤以时入山林,材木不可胜用也。谷与鱼鳖不可胜食,材木不可胜用,是使民养生丧死无憾也。养生丧死无憾,王道之始也。

"五亩之宅,树之以桑,五十者可以衣帛矣。鸡豚狗彘之畜,无失其时,七十者可以食肉矣。百亩之田,勿夺其时,数口之家可以无饥矣。谨庠序之教,申之以孝悌之义,颁白者不负戴于道路矣。七十者衣帛食肉,黎民不饥不寒,然而不王者,未之有也。

"狗彘食人食而不知检,涂有饿莩而不知发;人死,则曰:'非我也,岁也。'是何异于刺人而杀之,曰:'非我也,兵也。'王无罪岁,斯天下之民至焉。"

〔**注释**〕寡人:朱熹:"诸侯自称,言寡德之人也。"

焉耳:赵岐:"恳至之辞。"

河内凶:河内,今河南省境内黄河以北济源县一带。凶,荒年。从后文孟子的话来看,似乎粮食歉收不是因为自然灾害,而是由于统治者干了有违农时的事情。

河东:今山西省西南部夏县一带。

粟:谷物的颗粒,可能就是指小米,当时华北平原和黄土高原出产的最主要粮食作物。这里指粮食。移民、移粟,赵岐注谓为凶年救荒的办法;朱熹则具体化为"移民以就食,移粟以给其老稚之不能移者",焦循疏同。后文"涂有饿莩而不知发",朱熹据此谓"所移特民间之粟而已"。

加少:加,更。少,减少。加少、加多,农业社会,简单再生产,劳动力、兵力,都有赖于人口规模,人口多者,往往为大国、强国,人口少者,一般为小国、弱国。

填然鼓之:填然,鼓声隆隆。鼓,击鼓。之,语助词。赵岐:"兵以鼓进,以金退。"金,形状似钟的铜制打击乐器。《尉缭子·勒卒令篇》:"鼓之则进,重鼓则击;金之则止,重金则退。"

弃甲曳兵而走:甲,军士穿的防护甲衣。曳,音夜(yè),拖,拉。兵,兵器。上文言"兵刃",则此兵当指戈、矛等有刃口者。焦循:"秦汉以下,始谓执兵之人为兵,五经无此语也。以执兵之人为兵,犹之以被甲之人为甲。"走,跑,这里指逃跑。现在所谓"走",古代叫做"行",慢走叫"步",快走叫"趋"。

或:有的。

直:只不过。

是:此,这。指五十步而后止之人。

无:毋,不要。魏国之政与邻国之政,正是五十步与百步的关系。

不违农时:违,违背。朱熹:"农时,谓春耕、夏耘、秋收之时。凡有兴作,不违此时,至冬乃役之也。"

胜:旧音升(shēng),尽。朱熹:"不可胜食,言多也。"不可胜食,下文"不可胜用",指食、用足够。

数罟不入洿池:数,音促(cù),细密。罟,音古(gǔ),网。赵岐:

"数罟,密网也。密细之网,所以捕小鱼鳖者也,故禁之不得用。鱼不满尺不得食。"洿,音乌(wū),不流动的水。洿池,池塘。

斧斤以时入山林:斧斤,《说文》:"斤,斫木斧也。"段玉裁注:"凡用斫物者皆曰斧,斫木之斧则曰斤。"赵岐:"时谓草木零落之时。使林木茂畅,故有余。"

养生丧死无憾:养生,供养活着的人。丧死,为死了的人办丧事。憾,恨。

树之以桑:树,种植。桑,桑树,其叶可养蚕,蚕能吐丝结茧,蚕茧可缫丝,丝能织帛成衣。

衣帛:衣,读去声(yì),穿。帛,以蚕丝织成的衣服。

百亩之田:杨宽:"古时的'亩',是指高畦,所谓'垄上曰亩,垄中曰畎'。古时'六尺为步,步百为亩',是指一条六尺宽、六百尺长的高畦;'百亩之田',就是把一百条高畦并列着,正好是整整四方的一块田。根据洛阳金村出土战国铜尺和商鞅量来推算,当时一尺合今 0.23 尺,百亩合今 31.2 亩。大概这样大的面积,正适合当时生产力情况下一家农户耕作。"(《古史新探》第 116 页)

七十者可以食肉:《左传》鲁庄公十年载乡人对曹刿言,以"肉食者"指在位者。至孟子时,时代略有差异,但老百姓吃不上肉是共同的(至二十世纪改革开放以前普通人吃上肉都还不是平常事儿),所以七十岁能够吃到肉便是一种理想了,是王道社会的某种标志。"五十者可以衣帛",与此同理。

鸡豚狗彘之畜,无失其时:豚,音臀(tún),小猪。彘,音至(zhì),猪。畜,音蓄(xù),畜养,饲养。时,指繁殖的时机。无失时,赵岐注谓"言孕字不失时也",朱熹同赵注,并举例"如孟春牺牲毋用牝之类也"。

谨庠序之教：谨，谨慎。这里指端正。庠序，古代的学校，商代叫序，周代叫庠，都是贵族才能享有，孟子的理想是普及于老百姓。孔子已有这个想法。他的治国目标是先使人口多起来（"庶矣"），再使之丰衣足食（"富之"），再使之接受教育（"教之"）（《论语·子路篇》）。教的内容，包括礼、乐、射、御、书、数，这里强调道德教化。

申之以孝悌之义：申，一再，反复。孝，顺从并奉养父母。悌，音替(tì)，敬爱兄长。孔门以孝悌为仁道的根本。《论语·学而篇》："孝弟也者，其为仁之本与？"

颁白者不负戴于道路：颁白，须发半白，也写作"斑白"。负，用背驮东西。戴，把东西顶在头上。

七十者衣帛食肉：统"五十者可以衣帛""七十者可以食肉"而言。古代敬老养老，从五十岁开始，七十岁以上更要优待。《礼记·内则》有"五十养于乡；六十养于国；七十养于学，达于诸侯；八十拜君命，一坐再至，瞽亦如之；九十者使人受"，以及"五十始衰，六十非肉不饱，七十非帛不煖，八十非人不煖，九十虽得人不煖矣"等说法。七十者，第七章作"老者"，或许"老"形近"七十"而书写致误。

黎民：朱熹注谓"黑发之人""少壮之人"，与老人对言。按："黎"义为"众"，"黎民"即众民。对言有道理，故译作"其他人"。

然而不王者：然，这样，指前两句所说。王，读去声(wàng)，成就王业，指受到天下人的拥戴成为诸侯共主。朱熹："凡有天下者人称之曰王，则平声；据其身临天下而言曰王，则去声。"王本来指周天子，诸侯称王不是一件寻常事情，所以公元前334年魏惠王与齐威王相会于齐国的徐州（今山东省滕州市东南），双方相互尊对方为王，即所谓"会徐州相王"（参杨宽《战国史》第374页）。孟子至梁之时，距齐、魏相王不过十余年，但诸侯称王已是平常事了。孟子也就顺势而为，以王者当"王"（wàng）的观念（既然称王，理应像周天子曾经有过的那样，成为天下人拥戴的王）作为游说诸侯接受其仁政主张的方法。他鼓吹和推行的"王道"之"王"，比拟的是尧、舜、禹、汤、文、武等先王之"王"，尚是天下"共主"的概念，还没有秦以后统一天下称王的含义。这是理解《孟子》全书的关键词之一。参本篇第六章"定于一"及《公孙丑章句上》第三章"以德行仁者王"注释。同时，孟子的"王道"，更多指诸侯王应行之"王道"，即以诸侯国为单位实行的王道。如黄宗羲所言："不必说到王天下，即一国所为之事，自有王霸之不同，奈何后人必欲说得天下方谓之王也。譬之草木，王者是生意所发，霸者是剪彩作花耳。"（《孟子师说》卷上）

狗彘食人食而不知检：检，当读为"敛"，征收。这里指丰年比平岁多征收粮食以备荒年。《汉书·食货志·赞》："孟子亦非'狗彘食人食而不知敛'。"颜师古注："言岁丰孰，菽粟饶多，狗彘食人之食，此时可敛之也。"此义合于《滕文公章句上》第三章"乐岁，粒米狼戾，多取之而不为虐"。杨逢彬认为赵岐注谓"以法度检敛"之"约束、限制义"很晚出现，首见于《论衡》，而"敛"的"收藏、收敛义"在《孟子》成书的年代则较为常见，故"检"当作"敛"（《孟子新注新译》）。按："检"当作"敛"，原文未改，注译从"敛"。

涂有饿莩而不知发：涂，道路，后作"途"。莩，通"殍"（piǎo），饿死之人。发，打开，指打开粮仓赈济。

斯天下之民至矣：斯，犹"则"。天下之民至，针对梁惠王"邻国之民不加少，寡人之民不加多"而言，含有"不光邻国之民会来，更远国家之民也会来"的意思。

〔**译文**〕梁惠王说："本人对于国家，算是费尽心力了啊。河内闹饥荒，我便把那里的一部分老百姓迁移到河东，再把河东的一部分粮食转移到河内。河东要是闹饥荒,也是这样办的。考察邻国的政治,没有像本人这样花心思的。可是,邻国的老百姓不见更少,本人的老百姓不见更多,什么原因呢?"

孟子回答说:"您时刻关注着战争,我就拿战争来做比喻吧。战鼓咚咚擂响,双方刀枪一碰,就有抛下盔甲拖着兵器逃跑的。有人跑了一百步才停下,有人跑了五十步才停下。跑了五十步的因此去嘲笑跑了一百步的,那会如何?"

惠王说:"不行!只不过没有跑到一百步罢了,他也是逃跑了呀。"

孟子说:"您既然知道这个道理,就不要指望您的老百姓多于邻国了。不违反农业生产的时令,粮食就会足够吃;不用细密的网到池塘捕捞,水产就会足够吃;砍伐树木讲究固定的季节,木材就会足够用。粮食和水产足够吃,木材足够用,这样就使老百姓对生养死葬没有什么不满。做到对生养死葬没有什么不满,就是王道实现的开始。

"房前屋后有五亩地,都种上桑树,五十岁以上的人就可以穿上丝衣了。鸡、猪、狗和猪仔的畜养,不丧失时机,七十岁以上的人就可以吃上肉了。一百亩地的耕种,不耽误时令,几口人的家庭就不愁没有饭吃了。端正学校的教育,反复宣讲孝顺父母、敬爱兄长的道理,须发斑白的人就不用为生计奔波劳累了。老年人有丝衣穿、吃得上肉,其他人饿不着、冻不着,这样还不能成就王业,是从未有过的事情。

"粮食多的时候连猪、狗都能吃上,却不懂得趁机多征收一些以备荒年;路上出现饿死的人,也不曾想到打开粮仓救济灾民。老百姓死了,就说'不怪我呀,是年成不好呢',这和拿着刀子杀死了人,却说'不怪我呀,是刀子杀死的',有什么不同? 您如果不怪罪年成,天底下的老百姓就都会来投奔了。"

（四）

梁惠王曰:"寡人愿安承教。"

孟子对曰:"杀人以梃与刃,有以异乎?"

曰:"无以异也。"

"以刃与政,有以异乎?"

曰:"无以异也。"

曰:"庖有肥肉,厩有肥马,民有饥色,野有饿莩,此率兽而食人也。兽相食,且人恶之;为民父母,行政,不免于率兽而食人,恶在其为民父母也? 仲尼曰:'始作俑者,其无后乎!' 为其象人而用之也。如之何其使斯民饥而死也?"

〔注释〕**愿安承教:**安,安心,乐意。本章当与上章相接。上章之末孟子言"涂有饿莩而不知发","是何异于刺人而杀之",梁惠王可能一下子接受不了,主宾之间的对话中断。一阵静默后,梁惠王重新开腔,故有"寡人愿安承教"这么一句,孟子则继续有关"杀人"的话题。

梃:音挺(tǐng),木棒。

庖有肥肉:庖,厨房。肥,指肉质丰满。根据上下文,肥肉、肥马,意指夺人口粮而肥。

厩:音就(jiù),马棚。

　　为民父母:统治者应使老百姓尊之如父,亲之如母。《礼记·表记》:"使民有父之尊,有母之亲,如此而后可以为民父母矣。"

　　率兽而食人:上章言猪、狗吃人的粮食而路上有饿死的人,本章言厨房里有肥肉、马棚里有肥马而老百姓面带饥色、野外有饿死的人。野兽吃了人的粮食导致人饥饿甚至饿死,这种行为,就好比率领野兽吃人。

　　恶:音乌(wū),何。

　　仲尼:孔子的字。

　　俑:殉葬用的木偶或陶偶。

　　后:后嗣。

　　象人:模仿活人。于鬯:"象人者,当指实生人之形貌而象之,非但空似人形而已。象人二字合为一字即是像字。《说文·人部》云:'像,象也,从人,从象,象亦声。'是像字本以象人会意而兼声。至今肖生人之形貌而为之者谓之像,即象人之义也。"(《香草校书》卷五十四)

　　〔译文〕梁惠王说:"我愿意老老实实地听您的指教。"

　　孟子于是问:"用木棒打死人和用刀子杀死人有什么不同吗?"

　　答道:"没有什么不同呀。"

　　又问:"用刀子杀死人和因恶政致人死亡有什么不同吗?"

　　答道:"没有什么不同呀。"

　　孟子说:"厨房里有厚实的肉,马棚里有健壮的马,老百姓却面带饥色,野外躺着饿死的人,这就好比率领野兽去吃人。野兽吃野兽,人们尚且觉得恶心;作为老百姓父母一般的人,治理社会,却不能避免率领野兽去吃人[这种事情],又哪里算得上是老百姓的父母呢? 孔子说过:'最早制作人偶去殉葬的,该会断子绝孙罢!'这是因为人偶就像真人似的，却用来殉葬。［用人偶殉葬尚且不可，］又怎么可以使这些老百姓活活饿死呢？"

（五）

梁惠王曰："晋国，天下莫强焉，叟之所知也。及寡人之身，东败于齐，长子死焉；西丧地于秦七百里；南辱于楚。寡人耻之，愿比死者壹洒之，如之何则可？"

孟子对曰："地方百里而可以王。王如施仁政于民，省刑罚，薄税敛，深耕易耨；壮者以暇日修其孝悌、忠信，入以事其父兄，出以事其长上，可使制梃以挞秦、楚之坚甲利兵矣。

"彼夺其民时，使不得耕耨以养其父母，父母冻饿，兄弟、妻子离散。彼陷溺其民，王往而征之，夫谁与王敌？故曰：'仁者无敌。'王请勿疑！"

〔注释〕**晋国**：这里指魏国。魏、赵、韩三家分晋，称三晋，其中魏国最强，魏人自称晋国，他国亦有称其晋国者。

莫强焉：莫，无指代词，这里是"没有国家"的意思。焉，于此。

东败于齐，长子死焉：据《史记·魏世家》，魏惠王三十年，齐国以田忌为大将、孙膑为军师，魏军由庞涓、太子申率领，双方战于马陵（今河南范县西南），魏军大败，庞涓自杀，太子申被俘。《战国策·齐策五》载苏秦说齐闵王，言及昔年"齐人伐魏，杀其太子，覆其十万之军"，与《孟子》所言相合。

西丧地于秦七百里：丧，读去声（sàng），丧失。马陵之战后，魏国屡次败于秦国,被迫将河西郡和上郡的十五个县割让给对方。

南辱于楚:魏惠王后元十一年,魏国迎战楚国于襄陵(今河南睢阳西),战败,被迫割让大片土地。

愿比死者壹洒之:比,读去声(bì),介词,替。壹,副词,全。洒,音义同"洗",洗雪。

地方百里而可以王:方百里,纵横各百里。这里指周文王以地方百里起家,最后成就王业。《公孙丑章句上》第一章:"文王犹方百里起。"第三章:"文王以百里。"所以孟子这话不是光讲道理,而是举例说明。刘沅:"言丧地不足耻,百里亦可致王。"(《论语恒解》)

省刑罚:省,减少。刑罚,对犯法者施加的惩罚,重者为刑,轻者为罚。在孟子看来,当时刑罚名目太多。

薄税敛:薄,减轻。税敛,向老百姓征收的税赋,税多指田税,敛则囊括其他征收的东西。在孟子看来,当时税敛太重。

易耨:易,快速。耨,音槈(nòu),除草。同《管子·度地篇》"疾耨",见王引之《经义述闻》卷十九"易之亡也"条。

制:读为"掣"(chè),拿过来,使劲挥动。掣有拉扯、牵拉义,所以用在这里是一个很形象、很生动的字眼。焦循不赞成赵岐释为"作":"谓使民作梃,言近于迂。按刘熙《释名·释姿容》云:'掣,制也。制顿之使顺己也。'制宜读为掣,谓可使提掣木梃,以挞其坚甲利兵。若诚自恃施仁,造作此梃,即宋公不禽二毛之智矣。"孟子制梃以挞坚甲利兵是一种有力的说法。后世揭竿而起,屡屡导致改朝换代,可信孟子之言不诬。镰刀斧头对真刀真枪、小米加步枪对坦克大炮属于现代版。

陷溺:陷,掉落坑中;溺,掉落水中。意译作"水深火热"。

〔**译文**〕梁惠王说道:"魏国[一度强大],天下没有别的国家比得上,这是您知道的。但是到了我这个时候,东边败给了齐国,大儿子也因此死掉了;西边败给了秦国,失去河西的地盘七百里;南边竟然连楚国也打不赢。我对此深感耻辱,希望为所有的死难者报仇雪恨,要怎么办才好呢?"

孟子回答说:"[当年周文王拥有的]土地只有方圆百里,也可以成就王业,[何况魏国仍然是个大国。]您若是向老百姓施行仁政,减少刑罚的名目,减轻税敛的程度,[让他们能够]深耕田、快除草;青壮年在闲暇的时候讲求孝顺父母、敬爱兄长、对人竭诚、办事守信,在家侍奉他们的父兄,出门侍奉他们的长辈和上级,这样,就是叫他们挥舞木棒,也可以抗击秦国和楚国的坚实盔甲、锐利刀枪了。

"那秦国、楚国侵占了老百姓的生产时间,使他们不能耕种田地去赡养自己的父母,父母挨冻受饿,哥哥弟弟、老婆孩子流离失所。秦国、楚国使他们的老百姓处在水深火热之中,您前去征伐这两个国家,谁会和您对抗呢?所以说:'施行仁政的人是无敌于天下的。'您就不要怀疑了!"

(六)

孟子见梁襄王。出,语人曰:"望之不似人君,就之而不见所畏焉。卒然问曰:'天下恶乎定?'

"吾对曰:'定于一。'

"'孰能一之?'

"对曰:'不嗜杀人者能一之。'

"'孰能与之？'

"对曰：'天下莫不与也。王知夫苗乎？七八月之间旱，则苗槁矣。天油然作云，沛然下雨，则苗浡然兴之矣。其如是，孰能御之？今夫天下之人牧，未有不嗜杀人者也。如有不嗜杀人者，则天下之民皆引领而望之矣。诚如是也，民归之，由水之就下，沛然谁能御之？'"

〔**注释**〕**梁襄王**：梁惠王子，名嗣，"襄"是其谥号。孟子至魏国的次年（前319年），惠王卒。据《吕氏春秋》，"魏惠王死，葬有日矣。天大雨雪，至于牛目，群臣多谏太子者"，太子因而改了葬期。不能肯定葬期是改在当年底还是逾年，梁襄王即位则肯定是在第二年。孟子此次与襄王相见，当在前318年。

语：读去声（yù），告诉。

就之而不见所畏：就，走近，靠近。所畏，历代注家概从赵注："就与之言，无人君操秉之威，知其不足畏。"今不从。赵注之义，当包含在上一句"望之不似人君"之中。如《论语·子张篇》"望之俨然"，又《尧曰篇》"俨然人望而畏之"。这一句，指就之不见梁襄王有所畏。与《论语·子张篇》续云"即之也温"不同。下一句"卒然问曰"，接得便很自然、很生动。阎若璩认为"盖储君初即位之辞"，则"所畏"指初即位时，对国君的责任或所面对的困难有所紧张、有所畏惧的状态。梁襄王不是这种态度，所以问话不光突然，而且问题也大而不当。孟子曾经不客气地指出齐宣王"欲辟土地，朝秦楚，莅中国而抚四夷"的"大欲"，"犹缘木而求鱼也"。梁襄王所问，显然是同样的问题。在孟子看来，真是"不见所畏"，但他还是耐心地作了回答。

卒然:同"猝然",突然。

定于一:一,统一。名词,指思想统一于仁道,政策统一于仁政。赵岐:"孟子谓仁政为一也。"孟子在他处说过:"一者何也? 曰,仁也。"(《告子章句下》第六章)下文"孰能一之"的"一",为动词。

不嗜杀人:指把人的性命当回事儿。嗜,喜爱。王夫之:"谓不好战乐杀。须玩一'嗜'字。驱己之民以致死,以多斩获而论功,皆是嗜杀。"(《四书笺解》卷五)

与:跟从,追随。

槁:干枯。

油然:兴起的样子。

沛然:盛大的样子。

浡然:浡音勃(bó),兴盛的样子。

人牧:人民的治理者,指国君。此义由"牧羊人""牧牛人"引申而来。

由:音义同"犹"。

〔译文〕孟子去见梁襄王,出来以后,告诉人说:"远远望去,不像个统治人民的君主;走近了,看不到他有所紧张的样子。开口就问我:'天下如何才能安定?'

"我回答:'天下统一于仁,就会安定。'

"他又问:'谁能使天下统一于仁呢?'

"我又答:'把人的生命当回事儿的人,能够做到。'

"他又问:'有谁来响应这样的人呢?'

"我又答:'天下的人没有不响应他的。您了解禾苗吗? 七八月的时候遇上干旱,禾苗就枯萎了。这时一阵浓密的乌云出现,哗啦哗啦下起雨来,禾苗便又蓬蓬勃勃地生长起来了。像这样的态势,谁能挡得住？如今各国的君主,没有一个把人的生命当回事儿。如果有一位把人的生命当回事儿的国君出现,那么,全天下的老百姓就会伸长脖子盼望他的到来。果真如此,老百姓投奔他,就会像水向下奔腾一样,浩浩荡荡谁能挡得住？'"

（七）

齐宣王问曰:"齐桓、晋文之事可得闻乎？"

孟子对曰:"仲尼之徒无道桓、文之事者,是以后世无传焉,臣未之闻也。无以,则王乎？"

曰:"德何如,则可以王矣？"

曰:"保民而王,莫之能御也。"

曰:"若寡人者,可以保民乎哉？"

曰:"可。"

曰:"何由知吾可也？"

曰:"臣闻之胡龁曰:王坐于堂上,有牵牛而过堂下者,王见之,曰:'牛何之？'对曰:'将以衅钟。'王曰:'舍之！吾不忍其觳觫,若无罪而就死地。'对曰:'然则废衅钟与？'曰:'何可废也？ 以羊易之！'不识有诸？"

曰:"有之。"

曰:"是心足以王矣！百姓皆以王为爱也,臣固知王之不忍也。"

王曰:"然,诚有百姓者。齐国虽褊小,吾何爱一牛？即不忍其觳觫,若无罪而就死地,故以羊易之也。"

曰:"王无异于百姓之以王为爱也。以小易大,彼恶知之。王若隐其无罪而就死地,则牛羊何择焉?"

王笑曰:"是诚何心哉? 我非爱其财而易之以羊也,宜乎百姓之谓我爱也。"

曰:"无伤也,是乃仁术也,见牛未见羊也。君子之于禽兽也,见其生不忍见其死,闻其声不忍食其肉,是以君子远庖厨也。"

王说,曰:"《诗》云:'他人有心,予忖度之。'夫子之谓也。夫我乃行之,反而求之,不得吾心。夫子言之,于我心有戚戚焉。此心之所以合于王者,何也?"

曰:"有复于王者曰:'吾力足以举百钧,而不足以举一羽;明足以察秋毫之末,而不见舆薪。'则王许之乎?"

曰:"否。"

"今恩足以及禽兽,而功不至于百姓者,独何与? 然则一羽之不举,为不用力焉;舆薪之不见,为不用明焉;百姓之不见保,为不用恩焉。故王之不王,不为也,非不能也。"

曰:"不为者与不能者之形,何以异?"

曰:"挟太山以超北海,语人曰:'我不能。'是诚不能也。为长者折枝,语人曰:'我不能。'是不为也,非不能也。故王之不王,非挟太山以超北海之类也;王之不王,是折枝之类也。

"老吾老以及人之老,幼吾幼以及人之幼,天下可运于掌。《诗》云:'刑于寡妻,至于兄弟,以御于家邦。'言举斯心加诸彼而已。故推恩足以保四海，不推恩无以保妻子。古之人所以大过人者，无他焉，善推其所为而已矣。今恩足以及禽兽，而功不至于百姓者，独何与？

"权，然后知轻重；度，然后知长短。物皆然，心为甚。王请度之！

"抑王兴甲兵，危士臣，构怨于诸侯，然后快于心与？"

王曰："否。吾何快于是？将以求吾所大欲也。"

曰："王之所大欲可得闻与？"

王笑而不言。

曰："为肥甘不足于口与？轻暖不足于体与？抑为采色不足视于目与？声音不足听于耳与？便嬖不足使令于前与？王之诸臣皆足以供之，而王岂为是哉？"

曰："否。吾不为是也。"

曰："然则王之所大欲可知已，欲辟土地，朝秦楚，莅中国而抚四夷也。以若所为求若所欲，犹缘木而求鱼也。"

王曰："若是其甚与？"

曰："殆有甚焉！缘木求鱼，虽不得鱼，无后灾。以若所为求若所欲，尽心力而为之，后必有灾。"

曰："可得闻与？"

曰："邹人与楚人战，则王以为孰胜？"

曰："楚人胜。"

曰："然则小固不可以敌大，寡固不可以敌众，弱固不可以敌强。海内之地方千里者九，齐集有其一。以一服八,何以异于邹敌楚哉？盖亦反其本矣。

"今王发政施仁,使天下仕者皆欲立于王之朝,耕者皆欲耕于王之野,商贾皆欲藏于王之市,行旅皆欲出于王之涂,天下之欲疾其君者皆欲赴愬于王。其若是,孰能御之?"

王曰:"吾惛,不能进于是矣。愿夫子辅吾志,明以教我。我虽不敏,请尝试之。"

曰:"无恒产而有恒心者,惟士为能。若民,则无恒产,因无恒心。苟无恒心,放辟邪侈,无不为已。及陷于罪,然后从而刑之,是罔民也。焉有仁人在位,罔民而可为也?是故明君制民之产,必使仰足以事父母,俯足以畜妻子,乐岁终身饱,凶年免于死亡,然后驱而之善,故民之从之也轻。

"今也制民之产,仰不足以事父母,俯不足以畜妻子;乐岁终身苦,凶年不免于死亡。此惟救死而恐不赡,奚暇治礼义哉?

"王欲行之,则盍反其本矣:五亩之宅,树之以桑,五十者可以衣帛矣。鸡豚狗彘之畜,无失其时,七十者可以食肉矣。百亩之田,勿夺其时,八口之家可以无饥矣。谨庠序之教,申之以孝悌之义,颁白者不负戴于道路矣。老者衣帛食肉,黎民不饥不寒,然而不王者,未之有也。"

〔注释〕齐宣王:姓田名辟疆,齐威王之子,田氏齐国的第四代君主,前 319 至 301 年在位。

　　仲尼之徒无道桓、文之事者：仲尼之徒，指孔子的弟子和再传弟子。道，说。桓指齐桓公，文指晋文公，都是春秋时期著名的霸主。孔子对这两位有过评价："晋文公谲而不正，齐桓公正而不谲。"（《论语·宪问篇》）对管仲辅佐桓公"霸诸侯，一匡天下，民到于今受其赐"大加赞赏。孟子宣扬王道，故否定其事。萧公权："孔子虽谓'天下无道，则礼乐征伐自诸侯出'，然于桓公、管子之功颇加称许。孟子始尊王黜霸，谓'仲尼之徒无道桓、文之事者'。盖霸政之作用在当封建制度已衰未溃之际，挟天子以令诸侯，于紊乱中维秩序。及七雄争长，则挟天子既无所用，令诸侯亦势不能。即使桓、文复起，亦难再为玉帛冠裳之会。故孔孟之态度不同，实各有其时代之背景。"（《中国政治思想史》上第99页）

　　无以：即无已，不停止。朱熹："以、已通用。无已，必欲言之而不止。"

　　保民：安民，使之生命、生活有保障。

　　胡龁：龁音盒（hé），人名，当为宣王左右亲近之臣。

　　何之：到哪里去。

　　衅钟：衅音信（xìn），祭名，血祭。钟，青铜制乐器，宗庙祭祀时使用的器物。赵岐："新铸钟，杀牲以血涂其衅郄。"朱注同。涂其衅郄，即涂在钟的缝隙处。王夫之谓"凡落成之祭曰衅"，祭法是"刲牲神前而不荐熟耳"，又说："钟有衅郄必不成音，自当改铸，以血涂之，当何所补？"（《四书稗疏》）按：所谓钟之缝隙，可能指青铜钟以分铸法铸造后，不同部分的接合处有拼合的痕迹，一般为极浅的缝隙，不影响钟的发音。

　　舍：放弃。

　　觳觫：音胡速（hú sù），叠韵连绵字，恐惧的样子。

无罪:指无罪之人,与《尽心章句上》第三十三章"杀一无罪非仁也"之"无罪"同。

诸:"之乎"的合音。

爱:吝啬。赵岐注曰"啬",又注谓"爱惜"。惜,舍不得。

褊:音扁(biǎn),狭小。

异:感到奇怪。

隐:哀痛,可怜。

无伤:犹"无妨"。朱熹:"言虽有百姓之言,不为害也。"

仁术:术,注家多释为"道",赵岐即释"仁术"为"为仁之道"。从上下文看,指为仁的一种表现方式。下句"见牛未见羊"是对"仁术"的解释,见了不忍心是仁,未见无所谓忍心不能说是不仁,其实"牛羊何择",全在一个"见"字。朱熹:"然见牛则此心已发而不可遏,未见羊则其理未形而无所妨。"

君子远庖厨:君子,指有德(仁或仁、义、礼、智)且治民者(国君、大夫、士)。往往强调有德,暗含无德之人即便在治民之位不足以称君子之意,为一种理想人格。这里就有即便是齐宣王,也须有此不忍之心才称得上君子的意思。庖厨,厨房。朱熹:"不忍之心施于见闻之所及。"

说:高兴。后写作"悦"。

《诗》云等句:诗句见于《诗经·小雅·巧言》。忖度,音寸(上声)夺(cǔn duó),揣测,领会。

戚戚:心动的样子。有感于对方说出了自己的心思。

复:告白,报告。

百钧:钧,三十斤。朱熹:"至重难举也。"

一羽:羽,鸟的羽毛。朱熹:"至轻易举也。"

秋毫之末：指极细小的东西。朱熹："毛至秋而末锐,小而难见也。"

舆薪：一车柴火。

许：相信,同意。

挟太山以超北海：挟,夹持。太山,即泰山。北海,即渤海。

折枝：按摩。赵岐："折枝,案摩折手节、解罢枝也。少者耻见役,故不为耳,非不能也。"

老吾老以及人之老：前一个"老"用为动词,孝敬的意思。后两个"老"指老人、长辈。及,推及,类推。准确地说,就是把自己的老人当作老人看待(孝敬),也把别人的老人当作老人看待(孝敬)。

天下可运于掌：天下犹如可以置于掌握之中。这是一种形象的说法。

刑于寡妻：刑,同"型",做示范。寡妻,嫡妻。

四海：《尔雅·释地》："九夷、八狄、七戎、六蛮,谓之四海。"这里泛指四方。参刘起釪《尚书校释译论》关于"四海会同"的注释(第二册第810页)

权：权衡。

度：度量。

抑：还是。

危士臣：危,义当与前一句"兴甲兵"之"兴"相应,兴是动员、出动的意思,危也有发动、行动起来的意思。《玉篇·危部》："危,不安也。"这里做动词。士,贵族的最低阶层,也有许多沦为平民,或平民有一定知识和专长而成为士。朱熹训为"战士",不确,因前面已有"甲兵"。臣,指官僚,世卿世禄制已打破,其中有贵族,也有平民。

采色：采,彩色。后写作"彩"。色,颜色,美色。这里当包括锦衣、美色等。

声音:声,说话。音,音乐。发言为声,声成文谓之音。

便嬖:音骈币(pián bì),君主身边受宠幸的人。

辟:开辟。

朝:使之来朝。

莅中国而抚四夷:莅,音利(lì),莅临,统率。中国,指中原各诸侯国所在的区域,大致即后文"海内之地方千里者九"的范围。四夷,指围绕在中原四周的非华夏族群。

海内之地:四海之内的区域,相当于"中国"。

若:如此,后写作"偌"。

殆:大概,恐怕。

邹:国名,春秋时称"邾",后改称"驺",也作"邹",故城在今山东省邹县东南,后为鲁并(一说为楚灭)。

发政施仁:发,开启。这里指改变原来的做法,实行新的做法,即推行仁政。

愬:同"诉"。

孰能御之:回应本章开头的话:"保民而王,莫之能御也。"

惛:同"昏"。

恒产:恒,经常。产,《说文》训"生也",即生产。指赖以为生的产业,包括下文所涉及的"五亩之宅,树之以桑""鸡豚狗彘之畜""百亩之田"。

恒心:赵岐:"人所常有善心也。"

若:转折连词,至于。

放辟邪侈:放,放置。辟,音避(bì),法。邪,邪恶。侈,放大,滋长。

罔民：罔，同"网"，网罗。陷民于罪的意思。

终身：终，自始至终。身，指生命存在的状况。前接"岁"，故译作"天天"，一年到头的意思。

轻：轻松，容易。

赡：音善（shàn），足够。

奚：何。

盍："何不"的合音。

百亩之田等句：杨宽："战国时代各国先后实现按户授田的制度，造成国家规模的小农经济的生产方式。当时七大强国的总人口不过两千万，除了地处中原的魏、韩等国人口密度较高外，大多地广人稀，荒地很多，因而君主政权可以推行这种按户授田的制度。当时各国统治者曾先后扩大井田制的亩制，但是每户的亩数，沿用井田制以'百亩'为定额，因为'百亩之田'正适合于一户农民耕作的能力，用来维持一家生计的需要。按'八口'之家耕作一百亩田来计算，每人平均十二亩半，战国的尺度较短，亩制也和后世不同，折算起来，当时一百亩田相当于后世的三十一点二亩，十二亩半大约相当于后世的四亩。"（《战国史》第9页）

〔译文〕齐宣王问道："齐桓公、晋文公的事儿，您可以讲给我听听吗？"

孟子回答说："孔子的学生们不说齐桓公、晋文公的事儿，这样也就没有传到现在来，我也不曾听到过。要我说呢，就讲讲王道如何？"

又问："德行到什么水平，就能够实现王道了？"

答道："使老百姓生命、生活有保障就可以实现王道，没有人能挡得住。"

又问:"像我这样的人,可以做到使老百姓的生命、生活有保障吗?"

答道:"可以呀。"

又问:"从哪里看出我可以做到呢?"

答道:"我从胡龁那里听说,您坐在大殿之上,有人牵着牛从殿下走过,您看到了,便问:'牵着牛到哪里去?'那人答说:'准备杀了祭钟。'您说:'放了它吧!我实在不忍心看到它哆哆嗦嗦的可怜样,好像没有犯罪的人被送去刑场处死。'那人回话说:'那么,就不祭钟了吗?'您又说:'怎么能不祭钟呢?用只羊来代替吧!'不晓得果真有这回事儿吗?"

宣王说:"有这回事儿。"

孟子说:"您这样的好心足以实现王道啊!老百姓都以为您是舍不得,我早就知道您是不忍心哪。"

宣王说:"对呀,确实有这样想的老百姓。齐国虽然幅员狭小,我何至于吝惜一头牛?我就是不忍心看到它那害怕的样子,就像无罪的人被送去刑场处死,所以才用羊来替换它了。"

孟子说:"您不必责怪老百姓以为您吝啬。用小的羊替换大的牛,他们哪能了解您的心思呢?您若是怜悯那无缘无故送死的,那么是牛还是羊有什么好选择的呢?"

宣王笑着说:"这到底是一种什么样的心理呢?我的确不是算计牛的价值,才换了一只羊。〔我都弄不明白,〕也难怪老百姓说我是吝啬了。"

孟子说:"没什么关系,这正是仁爱之心的自然流露,因为见到了可怜的牛却没见到可怜的羊。君子对于飞禽走兽,看见它们活着,便不忍心看到它们死去;听到它们的声音,便不忍心吃它们的肉。因此,君子离开厨房远远的。"

宣王高兴地说:"《诗经》中说:'别人有心思,我能揣摩到。'说的就是您老先生呢。我只是这样做了,反过来问问怎么回事儿,我心里也不明白。您老先生这么一说,我心里觉得是那么回事儿。我这样的心理与王道相合,又是什么道理呢?"

孟子说:"假定有一个人向您报告:'我的力气足够举起三千斤,却举不起一根羽毛;我的眼力足够看清细细的毛发,却看不见眼前的一车柴火。'您会相信他的话吗?"

宣王说:"不相信。"

孟子接着说:"如今您的恩惠连动物都沾了光,老百姓却得不到好处,这是为什么呢? 这样看来,一根羽毛都举不起,只是不肯用力气的缘故;一车子柴火都看不见,只是不肯用眼睛的缘故;老百姓的生活得不到保障,只是不肯施行恩德的缘故。所以,您未能实现王道,只是不愿做,不是做不到。"

宣王说:"不愿做与做不到,状况有什么不同?"

孟子说:"将泰山夹在胳臂底下跳过北海,告诉人说:'我做不到。'这是真的做不到。替老人家按摩按摩,告诉人说:'我做不到。'这是不愿做,不是做不到。所以您不能实现王道,不是属于将泰山夹在胳臂底下跳过北海之类,而是属于替老人家按摩按摩之类。

"孝敬自己的长辈,推己及人也孝敬别人的长辈;爱护自己的孩子,推己及人也爱护别人的孩子,这样治理天下,就像在手心里转动东西那样简单。《诗经》中说:'先做妻子榜样,兄弟有样学样,全国人民照样。'说的就是将对待自己长辈和孩子的态度用于对待别人的长辈和孩子罢了。所以,由近及远地推广恩惠,便足以安定天下百姓;不能这样做,连自己的老婆孩子都保护不了。古代的人之所以远远超过后来的人,没有别的原因,善于推广他们的好做法就是了。如今您的恩惠连动物都沾了光,老百姓却得不到好处,这是为什么呢?

"称一称,才晓得轻和重;量一量,才知道长和短。事物都是这样,人心更是如此,您考虑考虑吧!

"还是说,出动武装战士,发动士民官僚,去和别的国家结下仇怨,这样做您心里才痛快呢?"

宣王说:"不!我哪里从中痛快过,不过是追求我的理想罢了。"

孟子说:"您的理想可以让我听听吗?"

宣王笑了笑,不开腔。

孟子问:"是为了有营养又可口的食物不够吃吗?既轻便又暖和的衣服不够穿吗?还是为了漂亮的服饰和女子不够看吗?好听的声音和音乐不够听吗?左右亲近的人不够在跟前使唤吗?这些,我想您的大臣们都能尽量安排好。但是,您真的是为了这些吗?"

宣王说:"不。我不是为了这些。"

孟子说:"那么,您的理想我知道了。您是想要开辟疆土,使秦国和楚国来朝贡,统率中原各诸侯国,同时安抚周围的蛮夷部落。不过,以您这样的做法去追求您的理想,就好比爬到树上去抓鱼一样。"

宣王说:"有您说的这么严重吗?"

孟子说:"恐怕会更严重。爬到树上抓鱼,虽然抓不到,不会有后遗症。以您这样的做法去追求您的理想,把全部的心思和力量都用上,一定会带来无穷后患。"

宣王说:"可以说来听听吗?"

孟子说:"假定邹国和楚国打仗,您以为谁会胜出?"

宣王说:"当然是楚国胜利。"

孟子说:"如此说来,个头小的本就打不过个头大的,人数少的本就打不过人数多的,力量弱的本就打不过力量强的。现在中国的土地有九个方圆一千里那么大,齐国满打满算只占一份。想要以一份的力量去征服其他八份的力量,跟邹国和楚国为敌有什么分别呢?恐怕还是要从根本上着手了。

"现在您如果能改弦易辙施行仁政,使得天下做官的都想成为您朝堂上的一员,种地的都想到您的田野上来耕种,经商的都想到您的市场上做买卖,旅行的都想把您这作为目的地,各国对他们的国君心怀不满的都想到您这来控诉。果真做到这些,[使老百姓生命、生活有保障,从而实现王道,]又有谁能挡得住呢?"

宣王说:"我昏了头了,还没有想到您说的这一层啊。希望您老人家帮助我端正目标,明明白白地教导我。我虽然迟钝,也要试一试。"

孟子说:"没有恒常的产业却有不变的信念的,只有士人才能做到。至于老百姓,没有恒常的产业便没有不变的信念。如果没有不变的信念,一旦管理不严,就会滋长邪恶,什么事都干得出来。等到他们掉进了犯罪的泥坑,然后处以刑罚,这实际上是一种陷害老百姓的行为。哪有仁人当政,却做出这种陷害老百姓的事的呢?所以英明的君主规定老百姓的财产,一定要使他们上足以赡养老父老母,下足以抚养老婆孩子;好年成天天吃得饱,坏年成不至于死亡或流离失所。在此基础上,驱使他们向善,老百姓也就很容易听从了。

"现在呢,规定老百姓的财产,上不足以赡养老父老母,下不足以抚养老婆孩子;好年成天天苦不堪言,坏年成死的死逃的逃。这种样子,人们想要活命都恐怕保证不了,哪里顾得上修身养性呢!

　　"您如果想要施行仁政,就要从根本上着手了。房前屋后有五亩地,都种上桑树,五十岁以上的人就可以穿上丝衣了。鸡、猪、狗和猪仔的畜养,不丧失时机,七十岁以上的人就可以吃上肉了。一百亩地的耕种,不耽误时令,八口人的家庭就不愁没有饭吃了。端正学校的教育,反复宣讲孝顺父母、敬爱兄长的道理,须发斑白的人就不用为生计奔波劳累了。老年人有丝衣穿、吃得上肉,其他人饿不着、冻不着,这样还不能实现王道,是从未有过的事情。"

卷二 梁惠王章句下

（一）

庄暴见孟子，曰："暴见于王，王语暴以好乐，暴未有以对也。"曰："好乐何如？"

孟子曰："王之好乐甚，则齐国其庶几乎！"

他日，见于王，曰："王尝语庄子以好乐，有诸？"

王变乎色，曰："寡人非能好先王之乐也，直好世俗之乐耳。"

曰："王之好乐甚，则齐其庶几乎！今之乐由古之乐也。"

曰："可得闻与？"

曰："独乐乐，与人乐乐，孰乐？"

曰："不若与人。"

曰："与少乐乐，与众乐乐，孰乐？"

曰："不若与众。"

"臣请为王言乐。今王鼓乐于此，百姓闻王钟鼓之声，管籥之音，举疾首蹙頞而相告曰：'吾王之好鼓乐，夫何使我至于此极也？父子不相见，兄弟、妻子离散。'今王田猎于此,百姓闻王车马之音,见羽旄之美,举疾首蹙頞而相告曰:'吾王之好田猎,夫何使我至于此极也? 父子不相见,兄弟、妻子离散。' 此无他,不与民同乐也。

"今王鼓乐于此,百姓闻王钟鼓之声,管龠之音,举欣欣然有喜色而相告曰:'吾王庶几无疾病与? 何以能鼓乐也?'今王田猎于此,百姓闻王车马之音,见羽旄之美,举欣欣然有喜色而相告曰:'吾王庶几无疾病与? 何以能田猎也?'此无他,与民同乐也。今王与百姓同乐,则王矣。"

〔注释〕暴见于王:暴,赵岐:"庄暴,齐臣也。"见,音现(xiàn)。见于王,被王接见。王,指齐宣王。焦循:"此章承上章。上章为齐宣王,此章之王,亦宣王也。"

好乐:好,读去声(hào),喜欢。乐,读如声(lè),快乐,玩乐。注家多释为"音乐"之"乐",不确。理由之一,如果齐王告诉庄暴说他喜好的是音乐而不是快乐,后者不至于无言以对。之二,后文言"钟鼓之声,管籥之音",固然可以说是音乐,"车马之音,羽毛之美",就不可以说是音乐了。有人说这是由"独乐""众乐"引申出来的比方,似乎太过勉强。之三,下文"古之乐"之"乐",似乎只能解为音乐之"乐",其实不必,《左传》昭公二十年:"晏子对曰:'古而无死,则古之乐也,君何得焉?'"之四,本章主旨明确,就是"与民同乐",毋须作他解。本章除"鼓乐"之"乐"读为"音乐"之"乐"外,其他"乐"都读为"快乐"之"乐"。所乐之事,即鼓乐和田猎。详见阎若璩《四书释地又续·庄暴》《四书释地三续·今之乐由古之乐》。又,朱骏声:"《诗》曰'好乐无荒',是'好乐'二字出处。"(《经史答问》卷三)

庶几：犹今语"差不多"。

他日：此日之别日。这里指过了些日子后的某日。

先王之乐：本篇上第二章孟子举周文王的例子，说明"古之人与民偕乐，故能乐也"；下一章"文王之囿"，也可视为"先王之乐"的例子。

管籥：籥同"龠"，音月（yuè）。古代吹奏乐器笙、箫之类。

举疾首蹙頞：举，全部。疾首，头痛。蹙頞，蹙音促（cù），皱缩；頞，音额（è），鼻梁。皱着鼻梁。这里意译为"愁眉苦脸"。

田猎：打猎。田，同"畋"。

羽旄：羽，鸟的羽毛；旄，牦牛尾。指旗帜。

〔译文〕庄暴来看望孟子，说："我去朝见宣王，宣王告诉我，他喜欢快乐，我一下子不知道说什么好了。"接着问："喜欢快乐，您觉得怎么样？"

孟子说："宣王如果非常喜欢快乐，那齐国就大有希望啊！"

过了些时，孟子拜见齐宣王，问道："您曾经告诉庄先生，说您喜欢快乐，有这回事儿吗？"

齐宣王的脸色马上变了，说："我没有做到喜欢古代圣君的快乐，只是喜欢社会上大家都喜欢的快乐而已。"

孟子说："您非常喜欢快乐，那齐国就大有希望啊！如今的快乐和古代的快乐都是一样的。"

齐王说："说给我听听吧？"

孟子说："一个人独自享受快乐，快乐；跟别人一起享受快乐，也快乐。哪一种更快乐？"

齐王说："跟别人一起享受快乐更好。"

孟子说："跟少数人一起享受快乐，快乐；跟多数人一起享受快乐,也快乐。哪一种更快乐?"

齐王说:"跟多数人一起享受快乐更好。"

孟子接着说:"让我为您说说快乐这个事儿。假使您在这儿击鼓奏乐,老百姓听到您鸣钟击鼓的声音,又听到吹箫奏笛的声音,全都愁眉苦脸,互相议论说:'我们的国君这么喜欢击鼓奏乐,却为什么使我们落到这般田地:父亲儿子各奔东西,兄弟以及老婆孩子流离失所。'又假设您在这儿打猎,老百姓听到您车马奔驰的声音,看到旗帜飘扬的气派,全都愁眉苦脸,互相议论说:'我们的国君这么喜欢打猎,却为什么使我们落到这般田地:父亲儿子各奔东西,兄弟以及老婆孩子流离失所。'[为什么老百姓会这样?]没有别的原因,就是因为您只图自己快乐罢了。

"假使您在这儿击鼓奏乐,老百姓听到您鸣钟击鼓的声音,又听到吹箫奏笛的声音,全都喜笑颜开,互相议论说:'我们的国君看来身体没有什么毛病,要不怎么能够击鼓奏乐呢?'又假设您在这儿打猎,老百姓听到您车马奔驰的声音,看到旌旗飘扬的气派,全都喜笑颜开,奔走相告说:'我们的国君看来身体没有什么毛病,要不怎么能够打猎呢?'[为什么老百姓会这样?]没有别的原因,就是因为您和老百姓一起快乐罢了。如果您能够和老百姓一起快乐,就可以赢得天下人的拥戴。"

(二)

齐宣王问曰:"文王之囿方七十里,有诸?"

孟子对曰:"于传有之。"

曰:"若是其大乎?"

曰:"民犹以为小也。"

曰:"寡人之囿方四十里,民犹以为大,何也?"

曰:"文王之囿方七十里,刍荛者往焉,雉兔者往焉,与民同之。民以为小,不亦宜乎? 臣始至于境,问国之大禁,然后敢入。臣闻郊关之内,有囿方四十里,杀其麋鹿者如杀人之罪。则是方四十里,为阱于国中,民以为大,不亦宜乎?"

〔注释〕文王之囿方七十里:囿,《说文》:"苑有垣也。一曰所以养禽兽曰囿。"两者都属后起义。段玉裁注:"又引申之,凡分别区域曰囿。……域同或。古或与有与囿通用。"文王之囿,即文王之有,谓其直属之地。封建之制,天子为天下共主,然亦为一国,王国也。王国之地,又分封于王室之卿大夫,剩下的才是天子直属专有之地。孟子屡言文王以百里而王,方百里,当指文王初兴时王国之地,此方七十里之囿,则其直属之地。那时地广人稀,范围也是大略言之,所以老百姓在其中狩猎、采集乃至耕种系平常事。战国时君主制建立,分封形式犹在而性质已变,即受封者只是享有封地一定的收益,主权则操之于国君。宣王之囿方四十里,便是《说文》所言养禽兽者,即宣王专有之游猎场。由此反观文王之囿为民所用,便是"与民同之"的仁心仁政了。孟子不明所以,但无害于据以说理;后人聚讼纷纭,亦是不了解时代变迁所致。

刍荛:刍,音除(chú),割草。荛,音饶(ráo),打柴。

雉兔:雉,野鸡。用做动词,这里指捕兽打鸟。

郊关之内:郊,都城周围的地方。《尔雅·释地》:"邑外谓之郊。"《说文》:"距国百里为郊。"又有说五十里为近郊,百里为远郊的。距离只是大略言之。关,赵岐注谓"齐四境之郊皆有关"。则郊关之内指都城之外、远郊之内。

〔译文〕齐宣王问道:"听说周文王有一处园林,方圆七十里,有这回事儿吗?"

孟子回答说:"史书上是这样记载的。"

宣王问:"真有这么大吗?"

孟子说:"老百姓还觉得太小呢。"

宣王说:"我的园林方圆四十里,老百姓还认为太大了,这又是为什么呢?"

孟子说:"周文王的园林方圆七十里,割草打柴的去那里,捕兽打鸟的去那里,和老百姓一同享用。老百姓觉得太小,不是很自然的吗?[您的恰恰相反。]我刚到齐国边境的时候,得问清楚了齐国最重要的禁忌,才敢入境。我听说在齐国首都的郊外,有一处园林方圆四十里,谁要是杀死了里面的麋鹿,就等于犯了杀死人的罪行。那么,这个方圆四十里的地方,就如同布置了一个大陷阱在国内,老百姓认为太大了,不是很自然的吗?"

(三)

齐宣王问曰:"交邻国有道乎?"

孟子对曰:"有。惟仁者为能以大事小,是故汤事葛,文王事昆夷。惟智者为能以小事大,故大王事獯鬻,句践事吴。以大事小者,乐天者也;以小事大者,畏天者也。乐天者保天下,畏天者保其国。《诗》云:'畏天之威,于时保之。'"

王曰："大哉言矣！寡人有疾，寡人好勇。"

对曰："王请无好小勇。夫抚剑疾视曰：'彼恶敢当我哉！'此匹夫之勇，敌一人者也。王请大之！

"《诗》云：'王赫斯怒，爰整其旅。以遏徂莒，以笃周祜，以对于天下。'此文王之勇也。文王一怒而安天下之民。

"《书》曰：'天降下民，作之君，作之师，惟曰其助上帝宠之。四方有罪无罪惟我在，天下曷敢有越厥志？'一人衡行于天下，武王耻之。此武王之勇也。而武王亦一怒而安天下之民。今王亦一怒而安天下之民，民惟恐王之不好勇也。"

〔注释〕汤事葛：汤，殷商的开国君主。葛，葛伯，紧邻殷商的一个小国的国君。详见《滕文公章句下》第五章。

文王事昆夷：昆夷，活动于周族西北部的西戎部落，事不详。王国维认为就是獯鬻，"孟子以昆夷、獯鬻并举，乃由行文避复之故"（《观堂集林·鬼方昆夷玁狁考》）。

大王事獯鬻：大王，大音太，周先祖古公亶父。獯鬻，音熏遇（xūn yù），即猃狁，当时北方的狄人部落。参看本篇第十五章"大王居邠，狄人侵之"事。

句践事吴：句践，句同"勾"，春秋末年越国国君。越国在与吴国的战争中失败，句践卑辞厚礼求和，并屈身事人，同时卧薪尝胆，发愤图强，最终兴国灭吴。

"以大事小者，乐天者也"等句：苏辙："小大之相形，贵贱之相临，其命无不出于天者。畏天者，知其不可违，不得已而从之。乐天

者,非有所畏,非不得已,中心诚乐而为之也。"(《孟子解》)

于时保之:时,通"是"。这两句诗见《诗经·周颂·我将》。

大哉言矣:大,接孟子"以大事小""以小事大"的话,暗讽对方的话说得"大",即大而无当。孟子听出了宣王话里的意思,故先对以"小勇"之"小",再对以"王请大之"之"大",亦暗讽对方的喜好太"小",且勉之以"大"。

王赫斯怒等句:这几句诗引自《诗经·大雅·皇矣》。赫斯,发怒的样子。爰,发语词,无义。旅,军队。遏,制止。徂,往。莒,国名。笃,增强。祜,福祉。

《书》曰等句:以下引文为《尚书》逸文,《伪古文尚书》采入《泰誓》上篇。厥,同"其"。

一人衡行:一人,指商纣王。衡同"横",衡行即"横行"。

[译文]齐宣王问道:"和邻国打交道有什么好法子吗?"

孟子回答说:"有啊。只有仁人能够做到以大国的身份服事小国,所以商汤服事葛伯,周文王服事昆夷。只有智者能够做到以小国的身份服事大国,所以太王服事獯鬻,句践服事夫差。以大国身份服事小国的人,是乐从天命的人;以小国身份服事大国的人,是敬畏上天的人。乐从天命的人,使全天下的人相安无事;敬畏上天的人,使自己的国家相安无事。《诗经》说:'敬畏上天威严,所以相安无事。'"

宣王说:"您的话也够高大上的! 可本人有点毛病,我崇尚勇敢,[恐怕不能服事别的国家。]"

孟子说:"那么,您就不要崇尚那种小小的勇敢。有一种人,手按着剑柄,瞪着双眼说:'他怎敢抵挡我呢!'这只是个人的勇敢,挡得住一个对手罢了。希望您大大地扩充这种勇敢。

"《诗经》中说:'我王勃然发怒,整顿军队威武,阻遏敌人侵莒,增强周室福佑,不负天下期许。'这就是文王的勇敢。文王一发怒,便使天下的老百姓得以安居乐业。

"《书经》中说:'上天降下芸芸众生,替他们安排了君主,也替他们安排了导师,君主和导师的责任就是协助上帝护佑大众。四面八方无论遵纪守法的还是违法乱纪的,都由我负责,普天之下谁敢逾越他的本分?'当时有一个商纣王在世上为所欲为,周武王视之为耻辱,[感到忍无可忍。]这便是武王的勇敢。武王也因此一发怒而使天下的老百姓得以安居乐业。如今您若是一发怒而使天下的老百姓得以安居乐业,老百姓就怕您不崇尚勇敢啊!"

(四)

齐宣王见孟子于雪宫。王曰:"贤者亦有此乐乎?"

孟子对曰:"有。人不得,则非其上矣。不得而非其上者,非也;为民上而不与民同乐者,亦非也。乐民之乐者,民亦乐其乐;忧民之忧者,民亦忧其忧。乐以天下,忧以天下,然而不王者,未之有也。

"昔者齐景公问于晏子曰:'吾欲观于转附、朝儛,遵海而南,放于琅邪。吾何修而可以比于先王观也?'

"晏子对曰:'善哉问也! 天子适诸侯曰巡狩。巡狩者,巡所守也。诸侯朝于天子曰述职。述职者,述所职也。无非事者。春省耕而补不足,秋省敛而助不给。夏谚曰:'吾王不游,吾何以休? 吾王不豫,吾何以助? 一游一豫,为诸侯度。'今也不然:师行而粮食,饥者弗食,劳者弗息,

睊睊胥谗,民乃作慝。'方命虐民,饮食若流。流连荒亡,
为诸侯忧。'从流下而忘反谓之流,从流上而忘反谓之连,
从兽无厌谓之荒,乐酒无厌谓之亡。先王无流连之乐、荒
亡之行,惟君所行也。

"景公说,大戒于国,出舍于郊,于是始兴发补不足。
召大师曰:'为我作君臣相说之乐!'盖《徵招》《角招》是
也。其诗曰:'畜君何尤?'畜君者,好君也。"

〔注释〕雪宫:离宫名,齐王临时休息和娱乐的地方,可能还有
招待贵宾的功能。

齐景公问于晏子:齐景公,春秋时的齐国国君,姓姜名杵臼。晏
子,齐国大臣,名婴。

观于转附朝儛:观,巡游。转附、朝儛,山名。焦循谓转附即之
罘,转与之一声之转,附与罘古音通;朝儛即召石,朝、召古通,儛、石
声近。之罘即芝罘,在今山东省烟台市北。召石在今山东省荣成市
东北。

遵:沿着。

放于琅邪:放,读为上声(fǎng),至。琅邪,音郎牙(láng yá),
山名,在今山东省诸城市东南。

不足:指缺少种子、农具等情况。

不给:指收成差,粮食不够吃等情况。

豫:赵岐:"豫亦游也。"析言之,豫指秋行,游指春行。焦循引
倪思宽《读书记》:"春为发生,生气可观,故曰游。秋为收成,成功
可喜,故曰豫。秋行曰豫,则春行曰游可知。"

粮食:粮,指粮食。食,读为去声(sì),供给食用粮食。赵岐:

"皆远转粮食而食之。"

明明胥谗：明明，《说文》："眀，视貌。"指视而不见。胥，相互。谗，怪话恶语。此为随行官员的行为。焦循："下言民乃作慝，知此胥谗者，为在位之人矣。"

慝：音特（tè），邪恶。

方命虐民：以下四句为夏谚。方，违反。命，天命。

大戒于国：大，大大地。这里指公开而有声势。戒，发布诫令。当是禁止流连荒亡的内容。国，下文有"郊"，此指国都。

舍：驻扎，居住。

兴发：朱熹："发仓廪也。"

大师：即"太师"，古代乐官之长。

君臣相说：说读"悦"，喜悦。这里显然不是君臣同乐的意思，而是臣（晏子）的话说到君（景公）的心坎里了，是一种心心相印的喜悦。相悦，实际上是臣悦君。齐景公这么说，也是一种姿态。

《徵招》《角招》：徵，音指（zhǐ）。徵和角是古代五音（宫、商、角、徵、羽）中的两个。招，同"韶"。

畜君何尤：畜，喜爱，下文用"好君"解释"畜君"。尤，过错。

好君：好，读去声（hào）。因敬爱国君而为国君着想。犹今言"为某某好"，即含有为对方着想的意思。

〔**译文**〕齐宣王在雪宫会见孟子。宣王问："你们贤人也享受这种乐趣吗？"

孟子回答说："有的。一些人如果得不到这种快乐，就会非议他们的君上。得不到快乐就非议君上，是不对的；作为老百姓的君上，有了快乐却不同老百姓一起享受，也是不对的。那把老百姓的快乐当做自己的快乐的，老百姓也会把他的快乐当做自己的快乐；那把老百姓的忧愁当做自己的忧愁的,老百姓也会把他的忧愁当做自己的忧愁。与全天下的人民同享快乐,与全天下的人民共担忧愁,这样做还不能实现王道,是从来不曾有过的。"

"当年齐景公问晏子说:'我想到转附山和朝儛山去看看,然后沿着海岸向南走,一直到琅邪。我该怎样做才比得上过去圣贤君王的巡游呢?'

"晏子回答说:'问得好呀! 天子前往诸侯国,叫做巡狩。所谓巡狩,就是巡视诸侯所守疆土的状况。诸侯去朝见天子,叫做述职。所谓述职,就是诸侯向天子报告履行职责的情况。都是有具体事务的。春天巡视耕种情况,对生产条件差的农户予以补助;秋天巡视收获情况,对生活条件差的予以救济。夏朝的歌谣唱道:'我王若不来看看,我哪里能得休闲? 我王若不来走走,我哪里能得补助? 我王看看又走走,为诸侯定下法度。'今天呢可不是这样:国君的巡游队伍一出发,就要消耗大量的粮食。粮食不够的人更要饿肚子了,辛苦劳作的人更是得不到休息了。随行官员视而不见还说怪话,老百姓就要犯上作乱了。[夏朝的歌谣又唱道:]'违反天命害百姓,大吃大喝如水流。流连荒亡无节制,诸侯看了心忧愁。'[什么叫做流连荒亡呢?]顺流而下乐而忘返叫做流,溯流而上乐而忘返叫做连,打猎不知疲倦叫做荒,喝酒不知节制叫做亡。过去的圣贤君主没有这种流连式的游乐和荒亡式的行径,现在就看您选择哪一种做法了。

"齐景公听了很高兴,在国都公开地发布诫令,然后到郊外驻扎下来,在那里拿出钱粮救济贫穷的老百姓。景公把乐官长叫来,吩咐道:'给我创作表现君臣心心相印的乐曲。'大概这就是《徵招》《角招》的由来。它的歌词说:'畜君有什么不好呢?'畜君,就是为国君着想的意思。”

（五）

齐宣王问曰：“人皆谓我毁明堂，毁诸？已乎？”

孟子对曰：“夫明堂者，王者之堂也。王欲行王政，则勿毁之矣。”

王曰：“王政可得闻与？”

对曰：“昔者文王之治岐也，耕者九一，仕者世禄，关市讥而不征，泽梁无禁，罪人不孥。老而无妻曰鳏，老而无夫曰寡，老而无子曰独，幼而无父曰孤。此四者，天下之穷民而无告者。文王发政施仁，必先斯四者。《诗》云：‘哿矣富人，哀此茕独。’”

王曰：“善哉言乎！”

曰：“王如善之，则何为不行？”

王曰：“寡人有疾，寡人好货。”

对曰：“昔者公刘好货。《诗》云：‘乃积乃仓，乃裹糇粮，于橐于囊。思戢用光，弓矢斯张，干戈戚扬，爰方启行。’故居者有积仓，行者有裹囊也，然后可以爰方启行。王如好货，与百姓同之，于王何有？”

王曰：“寡人有疾，寡人好色。”

对曰：“昔者大王好色，爱厥妃。《诗》云：‘古公亶父，来朝走马。率西水浒，至于岐下。爰及姜女，聿来胥宇。’当是时也，内无怨女，外无旷夫。王如好色，与百姓同之，于王何有?"

　　〔注释〕人皆谓我毁明堂:谓,同《论语·八佾篇》"子谓季氏"之
"谓",议论,评论。此时毁明堂当已开始,人们有议论,看法不一,
故后文有"毁乎? 已乎"(是继续拆呢? 还是中止呢?)之问。明堂,
天子朝会诸侯之所。赵岐:"谓泰山下明堂,本周天子东巡狩、朝诸
侯之处也。"朱熹说同,并云:"汉时遗址尚在。"于鬯认为此明堂是
齐宣王自筑(《香草校书》卷五十四)。顾颉刚根据《吕氏春秋·骄
恣篇》"齐宣王为大室"的记载,认为是齐宣王新建的"王者之堂",
因工程量太大而被迫停工(《周官辨非序》)。

　　王者:孟子的特定概念,指平治天下的君王。所谓平治天下,即
"莅中国而抚四夷"(本篇上第七章)。内涵上特别强调施行王政
(即仁政),实现王道。孟子已无孔子式的正名观念。从对明堂的
态度来看,孟子的王者观念是:王者应行王政,能行王政者即是王
者。从下一章看,孟子的王者观念还是:王者(或在位者)应行王政
(或者履行统治职责),不能行王政者(或不能履行统治职责者)就
不是王者(应该去职)。

　　岐:岐周,今陕西省岐山县一带,西周兴起的地方。

　　耕者九一:种田缴交实物地租按井田九分取一。根据孟子关于
井地问题的阐述,每一平方里为一个井田,每一井田划为九百亩,其
中一百亩是公田,八家各有私田一百亩。公田由八家共同耕种
(《滕文公章句上》第三章)。缴交的实物为公田的收获物,相当于
征收了九分之一的收益。对私田则不再征税,所谓"古者公田藉而
不税"(《礼记·王制》)。

　　仕者世禄:贵族为官者,世袭其职并继承采地。世,世代继承。

关市讥而不征：关市，朱熹："关，谓道路之关。市，谓都邑之市。"讥，稽查，查问。《礼记·王制》："关讥而不征。"郑玄注："讥，讥异服，识异言。"则讥为边防管理、治安管理和市场管理。征，指对商贾抽税。这里拿文王时的情形说事儿，真假无从考证，但孟子时货物经过关卡、在市场买卖，都是要缴税的。

泽梁：泽，蓄水之处，泛指各类水体。梁，鱼梁，一种筑坝拦水捕鱼方式。既然可以筑坝，当指比较狭小的水体。泽则指相对大者。朱熹："泽，谓潴水。梁，谓鱼梁。"

孥：音奴（nú），指妻子和儿女。这里用作动词。

鳏：音关（guān）。

哿：音舸（gě），可。这里引的诗句，见《诗经·小雅·正月》。

茕独：茕，音穷（qióng），孤独。孤苦无依的意思。

公刘：周人先祖。下引诗句描写公刘率领族人由邰（今山西省平阳、安邑、夏县一带）迁至豳（今陕西省旬邑、邠县一带，一说今晋西南稷山、万荣一带）的过程。《史记·周本纪》说公刘迁豳，"周道之兴自此始"。

乃积乃仓：此句及以下所引诗句，见《诗经·大雅·公刘》。积，露天存粮处。仓，存放粮食的仓库。这里都用作动词，指存储粮食。裹，包裹，制作。糇粮，糇音侯（hóu），干粮。于，在。橐，音驼（tuó），小一些的口袋。囊，大一些的口袋。毛传："小曰橐，大曰囊。"思，发语词。戢，和睦。用，以。光，荣耀。斯，语助词。张，准备。干戈戚扬，都是兵器。干，盾牌。戈，可横击和钩杀。戚，斧子。扬，大斧。爰，于是。方，开始。启行，出发。

何有：朱熹："言不难也。"

古公亶父：此句及以下所引诗句，见《诗经·大雅·緜》。古公亶父，即本篇第三章之"大王"，古公是号，亶父是名。他率领族人从豳地迁往岐山并开始了"翦商"事业。来朝，第二天早上。率西，向西走。水浒，指渭水岸边。岐下，指岐山之下。岐山在今陕西省岐山县东北。爰，发语词。姜女，太姜，太王之妃。聿，发语词。胥，视察。宇，屋宇，指建房的地址。

内无怨女，外无旷夫：女子在家没有怨恨情绪，男子在外没有无聊想法。《滕文公章句下》第三章："丈夫生而愿为之有室，女子生而愿为之有家。"有室则无怨，有家则不旷。旷，空，这里与"怨"对言，指空落落的、无聊。

〔译文〕齐宣王问道："别人都议论我拆明堂的事儿，是继续拆呢？还是不拆呢？"

孟子回答说："明堂这种建筑，是平治天下的君王才有的殿堂。如果您打算着眼平治天下来治理国家，就不要把它给拆了。"

宣王说："着眼平治天下来治理国家是怎么回事儿，可以说给我听听吗？"

孟子回答说："当年周文王治理岐周，对种田的人采取九分抽一的税率，让做官的人世代继承职务和土地，关口和市场只稽查不征税，到水塘湖泊捕鱼都不加限制，量刑定罪不牵连家人。老了没有老婆的叫做鳏夫，老了没有老公的叫做寡妇，老了没有儿女的叫做孤老，年幼没有父亲的叫做孤儿。这四种人，是天底下最贫困又无依无靠的人。周文王推行王政普施恩惠，一定先从他们身上做起。《诗经》中说：'不用担心富裕户，可怜孤苦无依人。'"

宣王说："说得好啊！"

孟子说："您如果觉得好，那为什么不去做呢？"

宣王说："我有点毛病，我喜爱财物。"

　　孟子回答说:"当年公刘也喜爱财物。《诗经》中说:'谷满屯米满仓,做成便携干粮,装满小橐大囊。人民团结向上,弓箭备足备齐,还有各种利器,威武奔向前方。'说明在家的人存粮不缺,行军的人干粮充足,这样就可以'威武奔向前方'。您如果喜爱财物,让老百姓也不缺衣少粮,那对于着眼平治天下来治理国家有什么难的呢?"

　　宣王说:"我还有点毛病,我喜爱女色。"

　　孟子回答说:"当年太王也喜爱女色,宠爱他的妃子。《诗经》中说:'太王古公亶父,清晨骑马奔驰,沿着水边西行,来到岐山脚下,太姜紧紧依偎,一起察看住址。'就在这个时候,没有找不到丈夫的老处女,也没有找不到妻子的老光棍。您如果喜爱女色,让老百姓也能男女配对,那对于着眼平治天下来治理国家有什么难的呢?"

(六)

　　孟子谓齐宣王曰:"王之臣,有托其妻子于其友而之楚游者。比其反也,则冻馁其妻子,则如之何?"

　　王曰:"弃之。"

　　曰:"士师不能治士,则如之何?"

　　王曰:"已之。"

　　曰:"四境之内不治,则如之何?"

　　王顾左右而言他。

〔**注释**〕比其反:比,读为去声(bì),等到。反,同"返"。

馁:饥饿。

士师:古代司法官。《周礼》有"士师",其下有"乡士""遂士"

等属官。

〔译文〕孟子对齐宣王说:"如果您有一位臣子,把他的老婆孩子托付给朋友照顾,自己出游到楚国去了。到他回来的时候,他的老婆孩子却在挨冻受饿。对这样的朋友,该怎么办?"

宣王说:"跟他一刀两断。"

孟子问:"假如司法长官管不住他的部下,该拿他怎么办?"

宣王说:"不让他干了。"

又问:"如果一个国家治理得很糟糕,那又该怎么办?"

宣王转头看看左右的人,把话题扯到别的地方去了。

(七)

孟子见齐宣王,曰:"所谓故国者,非谓有乔木之谓也,有世臣之谓也。王无亲臣矣,昔者所进,今日不知其亡也。"

王曰:"吾何以识其不才而舍之?"

曰:"国君进贤,如不得已,将使卑逾尊,疏逾戚,可不慎与? 左右皆曰贤,未可也;诸大夫皆曰贤,未可也;国人皆曰贤,然后察之,见贤焉,然后用之。左右皆曰不可,勿听;诸大夫皆曰不可,勿听;国人皆曰不可,然后察之,见不可焉,然后去之。左右皆曰可杀,勿听;诸大夫皆曰可杀,勿听;国人皆曰可杀,然后察之,见可杀焉,然后杀之。故曰国人杀之也。如此,然后可以为民父母。"

〔注释〕故国:故,旧。一般指这国家历史悠久,但孟子针对"乔木"强调"世臣"的重要性,则更在于根基深厚。

乔木:生长期长、长得高大的树。依其象征性,可能指的是社树。《论语·八佾篇》鲁哀公问社于宰我,宰我对以"夏后氏以松,殷人以柏,周人以栗",当是这一类的树。

世臣:世代为官,因而能力、资望积累深厚的大臣。朱熹:"世臣,累世勋旧之臣,与国同休戚者也。"重视世臣,是古代治理国家的重要经验。孔子称赞孟庄子之孝,说他"不改父之臣与父之政",是难能可贵的(《论语·子张篇》)。孟子谈到这个话题,可能另有深意,这里的"世臣",可能就是他与齐宣王谈到的"贵戚之卿"(《万章章句下》第九章)。

亲臣:朱熹:"君所亲信之臣,与君同休戚者也。"

昔者所进,今日不知其亡:昔者,往日。所进,即下文所指"国君进贤"。相对于世臣,此指任用游士中人。亡,离去。指随意去职,形同逃亡。

逾:越过。

国人:综合《公孙丑章句下》第十章"诸大夫国人"、《滕文公章句下》第三章"父母国人"、《离娄章句下》第三章"臣视君如国人"来看,当指统治阶级中地位在大夫以下的一般人,往往指与国君为同一宗族的人。

〔**译文**〕孟子去见齐宣王,说:"人们平日所说的根基深厚的国家,并不是说这国家有长得高高大大的树木的意思,而是有那种世代为官的老臣的意思。您现在没有亲信的臣子了,过去所提拔使用的人,今天不知跑到哪里去了。"

宣王说:"我怎样识别[那些有本事的人而任用他们,同时识别]那些没有本事的人而不用他们呢?"

　　孟子说:"国君选拔优秀的人,如果实在没有更好的办法,要把身份低贱的人提拔到身份高贵的人之上,把关系疏远的人提拔到关系亲近的人之上,能不慎之又慎吗? [因此,]身边的人都说某人优秀,不能认可;众位大夫都说某人优秀,也不能认可;本族的人都说某人优秀,这时去考察他,发现他确实优秀,再任用他。身边的人都说某人不行,不能听信;众位大夫都说某人不行,也不能听信;本族的人都说某人不行,然后去考察他,发现他确实不行,再罢免他。身边的人都说某人可杀,不能听信;众位大夫都说某人可杀,也不能听信;本族的人都说某人可杀,然后去考察他,发现他该杀,再杀掉他。这可以说是全族的人杀了他。这样,才可以像父母一样去管教老百姓。"

(八)

　　齐宣王问曰:"汤放桀,武王伐纣,有诸?"
　　孟子对曰:"于传有之。"
　　曰:"臣弑其君,可乎?"
　　曰:"贼仁者谓之贼,贼义者谓之残。残贼之人谓之一夫。闻诛一夫纣矣,未闻弑君也。"

　　[注释]**汤放桀**:桀,夏朝的最后一位君主。根据古代传说,夏桀暴虐,汤起兵讨伐,把桀流放了。

　　武王伐纣:纣,商朝的最后一位君主。纣王无道,武王兴兵讨伐,纣王自焚而死,武王砍下他的头。

　　臣弑其君:从周朝的分封体制看,汤相对于桀,武王相对于纣,是诸侯(臣)和天子(君)的关系。

　　一夫:赵岐训为"匹夫"。孟子之意,纣王之死,只是一个犯罪分子当死而被诛,同一个普通人一样。历来注家多释为"独夫"。如果"独夫"有"失掉了群众,成为孤立者"的意思,那么还是指其为君主,并不符合孟子的本义。

〔译文〕齐宣王问道:"商汤流放夏桀,周武王讨伐商纣,有这回事儿吗?"

孟子回答说:"史书上是这么记载的。"

宣王问:"作臣子的杀掉他的君主,可以吗?"

答道:"败坏仁德的行为叫做贼,败坏道义的行为叫做残。干残贼之事的人叫做一个罪人。只听说诛杀了一个犯罪的人商纣,没有听说篡弑君主。"

(九)

孟子见齐宣王,曰:"为巨室,则必使工师求大木。工师得大木,则王喜,以为能胜其任也。匠人斫而小之,则王怒,以为不胜其任矣。夫人幼而学之,壮而欲行之,王曰:'姑舍女所学而从我。'则何如?今有璞玉于此,虽万镒,必使玉人雕琢之。至于治国家,则曰:'姑舍女所学而从我。'则何以异于教玉人雕琢玉哉?"

〔注释〕巨室:宫殿。赵岐:"巨室,大宫也。"

工师:工匠的主管。

大木:大树。这里指大木料。

斫:音琢(zhuó),砍削。

璞玉:未经玉工加工雕琢的玉,外表看起来像石头。

镒:重量单位,二十两为一镒。

〔译文〕孟子拜见齐宣王,说:"建造一所大房子,就一定要派工程主管去寻找大木料。工程主管找到了大木料,您就高兴,认为他能胜任职责。木工[在加工的过程中]把那木料砍小了,您就发怒,认为他不能胜任职责。人家打小就学习加工木料的手艺,到了成熟的年纪就想好好用,您却对他说:'暂且放下你所学的,按照我说的办[,不准把那木料砍小了]!'那会怎么样? 现在有一块没有经过雕琢的玉石,虽然价值很高,也一定要请玉工来雕琢它[,而不是您教他如何雕琢]。可是说到治理国家,您却说:'暂且放下你所学的,按照我说的办!'这跟您要教玉工怎么雕琢玉石,有什么两样呢?"

（十）

齐人伐燕,胜之。宣王问曰:"或谓寡人勿取,或谓寡人取之。以万乘之国伐万乘之国,五旬而举之,人力不至于此。不取,必有天殃。取之,何如?"

孟子对曰:"取之而燕民悦,则取之。古之人有行之者,武王是也。取之而燕民不悦,则勿取。古之人有行之者,文王是也。以万乘之国伐万乘之国,箪食壶浆以迎王师,岂有他哉? 避水火也。如水益深,如火益热,亦运而已矣。"

〔注释〕**齐人伐燕**:齐宣王五年(前315年),燕王哙让位于相国子之,引发内乱。齐国于次年乘机攻打燕国,很快取得胜利。有关齐国伐燕事,除本章、下一章外,还有《公孙丑章句下》第八章。

武王是也:周武王伐纣,"诸侯咸会",纣王发兵数十万距武王,在战斗过程中,商朝的军队发生叛变,"倒兵以战",周遂灭商(详《史记·周本纪》)。

文王是也:周文王时期周族取得长足发展,到他晚年时已经赢得了多数诸侯、方国的支持,但文王并没有与商朝决裂。孔子曾赞道:"三分天下有其二,以服事殷。周之德,其可谓至德也已矣。"(《论语·泰伯篇》)依孟子此处所言,孔子的话有夸大成分。

箪食壶浆:箪,音单(dān),古代盛饭的竹筐。食,饭。浆,一种带酸味的饮料,古人用以代酒。

运:转动。这里指燕国老百姓的态度转变。

〔**译文**〕齐国攻打燕国,大获全胜。齐宣王问道:"有的人说我不应该吃掉燕国,有的人说我应该吃掉它。以一个拥有万辆兵车的大国去攻打同样拥有万辆兵车的大国,只用五十天就打下来了,光凭人的力量是做不到的。不吃掉它,上天一定会降下灾祸来。吃掉它,怎么样?"

孟子回答说:"如果吃掉它,燕国的老百姓很乐意,便吃掉它。古代的人有这样做过的,周武王便是。如果吃掉它,燕国的老百姓很不乐意,那就不要吃掉它。古代的人也有这样做过的,周文王便是。以齐国这样拥有万辆兵车的大国攻打燕国这样拥有万辆兵车的大国,燕国的老百姓却担着米粮和酒水来欢迎您的军队,难道还有别的意思吗?只是期望不再过水深火热的苦日子罢了。假如像水一样越来越深,像火一样越来越热,恐怕他们就会转变态度了。"

(十一)

齐人伐燕,取之。诸侯将谋救燕。宣王曰:"诸侯多谋伐寡人者,何以待之?"

孟子对曰:"臣闻七十里为政于天下者,汤是也。未闻以千里畏人者也。《书》曰:'汤一征,自葛始。'天下信之。东面而征,西夷怨;南面而征,北狄怨。曰:'奚为后我?'民望之,若大旱之望云霓也。归市者不止,耕者不变,诛其君而吊其民,若时雨降,民大悦。《书》曰:'徯我后,后来其苏。'

"今燕虐其民,王往而征之,民以为将拯己于水火之中也,箪食壶浆,以迎王师。若杀其父兄,系累其子弟,毁其宗庙,迁其重器,如之何其可也? 天下固畏齐之强也,今又倍地而不行仁政,是动天下之兵也。王速出令,反其旄倪,止其重器,谋于燕众,置君而后去之,则犹可及止也。"

〔注释〕诸侯将谋救燕:指赵、楚、魏等国谋划联合伐齐存燕。其中,赵国邻近燕、齐,最积极,乐毅为谋主。见《战国策·赵策三》。

汤一征,自葛始:《尚书》逸文。《滕文公章句下》第五章引作"汤始征,自葛载",一,也是始的意思。

西夷:指西部中原华夏各国外围的其他部族、方国。这样说,能够加强"民望之,若大旱之望云霓"的效果。"北狄"同。

霓:虹霓。虹霓出现是下雨的先兆。

归市:赶集。

吊:慰问。

徯我后,后来其苏:《尚书》逸文。徯,音奚(xī),等待。后,君主。苏,复苏。

系累：捆绑。

重器：鼎、彝之类象征国家政权和国君祭祀特权的器物，多置于宗庙。

旄倪：旄，同"耄"（音毛 máo），八九十岁的人叫耄。倪，即"兒"。

〔译文〕齐国攻打燕国，将它兼并了。其他诸侯国谋划着要救助燕国。宣王说："很多诸侯国正谋划着要来攻打我国，该怎样对付这件事？"

孟子回答说："我听说过立足方圆七十里的国土，就可以实现平治天下的理想，商汤就是。没有听说过拥有纵横千里的国土，却害怕别的国家的。《尚书》中说：'汤首次出征，从葛伯开始。'〔在这之后，〕天下的人都相信商汤。他向东方出征，西方连夷人都不高兴；向南方出征，北方连狄人都不高兴。他们都说道：'为什么不早到我们这边来？'老百姓盼望他到来，就像久旱盼望乌云和虹霓出现一样。〔所到之处，〕赶集的照样赶集，种地的照样种地。诛杀了他们那暴虐的国君，抚慰那些受他虐待的百姓，就像下了一场及时雨，老百姓非常高兴。《尚书》又说：'等待我们的救世主，救世主来了才有活头。'

"如今燕国国君虐待他的老百姓，您前去征伐他，那里的老百姓以为这是要把他们从水深火热之中拯救出来，于是担着米粮和酒水来欢迎您的军队。像现在这样杀掉他们的父兄，掳掠他们的子弟，毁坏他们的宗庙，搬走其中的国家宝器，怎么可以呢？天下各国本来就害怕齐国强大，如今〔因兼并燕国〕地盘又扩大了一倍，而且不施行仁政，这自然会招致各国兴兵。您赶紧发布命令，遣回老老小小的俘虏，停止搬运他们的国家宝器，再和燕国的人士协商，择立一位燕王，然后从燕国撤退，这样还来得及避免各国兴兵。"

（十二）

邹与鲁鬨。穆公问曰："吾有司死者三十三人，而民莫之死也。诛之，则不可胜诛；不诛，则疾视其长上之死而不救。如之何则可也？"

孟子对曰："凶年饥岁，君之民老弱转乎沟壑，壮者散而之四方者，几千人矣；而君之仓廪实，府库充，有司莫以告，是上慢而残下也。曾子曰：'戒之戒之！出乎尔者，反乎尔者也。'夫民今而后得反之也。君无尤焉！君行仁政，斯民亲其上，死其长矣。"

〔注释〕**鬨**：音讧（hòng），交战，冲突。从本篇内容看，不像是发生战争，而是其他的暴力冲突。

穆公：邹穆公，邹国国君。其事不详。

有司：负责有关事务的官员。

疾：痛恨。

转乎沟壑：转，转动，这里指因饥饿等原因艰难移动。犹云"在沟壑挣扎"，死而被弃是其结果。沟壑，相对于下一句"四方"言。

几：音机（jǐ），近。

上慢：对上慢。仍讲有司。

曾子：孔子的弟子曾参。

尤：责备，怪罪。

〔译文〕邹国与鲁国发生暴力冲突。邹穆公问道："我的官员在冲突中死了三十三个人，老百姓却没有一个为他们牺牲的。杀了这些人吧，又杀不了那么多；不杀他们吧，他们眼睁睁地看着自己的长官死去却不出手相助，实在可恨。该如何对待他们才好？"

孟子回答说："在发生灾荒的年头，[可怜]您的老百姓，年老体弱的死在了山沟荒野之中，年轻力壮的逃难到四面八方，总有上千人了，而您的仓库中堆满了粮食，库房里装满了财宝。您的官员却谁也不把这些情况报告给您，这是一种对上怠慢而对下残害的行为。曾子说过：'警惕啊，警惕啊！你怎样对待别人，别人就会怎样对待你。'那些老百姓如今得到报复的机会了。您不要怪罪他们了吧！您若施行仁政，那些老百姓自然会爱护他们的上级，情愿为他们的长官牺牲了。"

（十三）

滕文公问曰："滕，小国也，间于齐、楚。事齐乎？事楚乎？"

孟子对曰："是谋，非吾所能及也。无已，则有一焉：凿斯池也，筑斯城也，与民守之，效死而民弗去，则是可为也。"

〔注释〕滕文公：滕国国君，生卒年不详。滕国是周初分封的一个小诸侯国，始祖为周文王的儿子错叔绣，故城在今山东省滕州市西南。

间：音见(jiàn)，处于……之间。

池：护城河。

效死：效，致。以死相报。

〔译文〕滕文公问道："滕国，不过是一个小国，又处在齐国和楚国两个大国的中间。服事齐国好呢？服事楚国好呢？"

孟子回答说:"谋划这事儿我的能力不够。非要我说嘛,就只有一个主意:把护城河挖深挖宽,将城墙加高加厚,同老百姓一起守护。宁肯献出生命,老百姓也不离开,那就有办法了。"

（十四）

滕文公问曰:"齐人将筑薛,吾甚恐,如之何则可？"

孟子对曰:"昔者大王居邠,狄人侵之,去之岐山之下居焉。非择而取之,不得已也。苟为善,后世子孙必有王者矣。君子创业垂统,为可继也。若夫成功,则天也。君如彼何哉？强为善而已矣。"

〔注释〕薛:齐邑。原为薛国封地,故城在今山东省滕州市南。齐人将筑薛,当指梁惠王后元十三年(前322年)齐威王封田婴于薛,十月城薛(《史记·孟尝君传索隐》引《纪年》)。

狄人:即本篇第三章之"獯鬻"。

创业垂统:创,开创,始建。业,功业,基础。垂,下传,后传。这里与"创"对应,有奠定的意思。统,系统,指一脉相承。

强:读为上声(qiǎng),勉力。

〔译文〕滕文公问道:"齐国打算加强薛地的城防,我很害怕,该怎样对付才好？"

孟子回答说:"当年太王居住在邠地,狄人来侵犯,他便避开,迁到岐山脚下定居。这不是自愿选择而采取的行动,而是不得不这么做。[这么做却是行善积德。]一个人若是行善积德,他的后代子孙中,一定会有人成就王业。君子开创基业,传之子孙,就是为了代代接续。至于能不能成功,就要看天意了。您对齐国能做什么呢? 只有自己尽力行善积德罢了。"

(十五)

滕文公问曰:"滕,小国也,竭力以事大国,则不得免焉,如之何则可?"

孟子对曰:"昔者大王居邠,狄人侵之。事之以皮币,不得免焉;事之以犬马,不得免焉;事之以珠玉,不得免焉。乃属其耆老而告之曰:'狄人之所欲者,吾土地也。吾闻之也,君子不以其所以养人者害人。二三子何患乎无君? 我将去之。'去邠,逾梁山,邑于岐山之下居焉。邠人曰:'仁人也,不可失也。'从之者如归市。

"或曰:'世守也,非身之所能为也。效死勿去!'

"君请择于斯二者。"

〔注释〕**免**:免于被侵夺甚至灭国。前者如下文所言之皮币、犬马、珠玉等,后者如邻国之薛被齐国所灭。黄宗羲:"盖滕之亡,于问孟子之时相去无几也。"(《孟子师说》卷上)

属其耆老:属,音嘱(zhǔ),召集。耆老,古代有六十为耆、七十为老之说,这里指部落长老。

君子不以其所以养人者害人。二三子何患乎无君:所以养人者,指土地。害人,指因争夺土地发生战争,伤及人民。二三子,你们这些人。

梁山:在今陕西省乾县西北,为邠地到岐山必经之地。过了梁山,就由渭北高原进入渭河平原了。

邑:动词,建聚居点。

身:指当事人自身。

〔译文〕滕文公问道:"滕国,只是一个小国,竭尽全力服事大国,仍然不能避免祸害,该怎么办才好?"

孟子回答说:"当年太王居住在邠地,狄人来侵犯。太王给狄人献上皮裘和丝绸,对方没有停止侵犯;献上名犬和好马,对方也没有停止侵犯;献上珍珠和美玉,对方还是没有停止侵犯。于是召集邠地的长老,向他们宣布说:'狄人真正想要的,是我的土地。我听说过,君子不会因为他养育人的东西去害人。你们这些人何必害怕没有君主?我马上离开这里。'于是离开邠地,翻过梁山,在岐山脚下建立城邑,定居了下来。邠地的人民说:'这是一个有仁德的人呀,不能失去他。'追随太王的人就像赶集的人一样踊跃。

"也有人这样说:'这是世代传承的基业,[放弃它,]不是你自己就能决定的。誓死守住,不能离开!'

"以上两种办法,您可以选择一种。"

(十六)

鲁平公将出,嬖人臧仓者请曰:"他日君出,则必命有司所之。今乘舆已驾矣,有司未知所之,敢请。"

公曰:"将见孟子。"

曰:"何哉!君所为轻身以先于匹夫者,以为贤乎?礼义由贤者出,而孟子之后丧逾前丧。君无见焉!"

公曰:"诺。"

乐正子入见，曰："君奚为不见孟轲也？"

曰："或告寡人曰，'孟子之后丧逾前丧'，是以不往见也。"

曰："何哉！君所谓逾者，前以士，后以大夫，前以三鼎，而后以五鼎与？"

曰："否，谓棺椁、衣衾之美也。"

曰："非所谓逾也，贫富不同也。"

乐正子见孟子，曰："克告于君，君为来见也。嬖人有臧仓者沮君，君是以不果来也。"

曰："行，或使之；止，或尼之。行止，非人所能也。吾之不遇鲁侯，天也，臧氏之子焉能使予不遇哉？"

〔注释〕**鲁平公**：鲁国国君，约前322—前303年在位。将见孟子事，钱穆认为在平公初即位之年，尚在齐威王时；鲁欲使乐正子为政，亦在其时（《先秦诸子系年·鲁平公欲见孟子考》）。结合本章和《告子章句下》第十三章看，钱说是。乐正子将为政，故给鲁平公一说，鲁平公就准备去见孟子，没想到给臧仓破坏了。从这件事，孟子看出鲁平公不足与有为，很快离开了鲁国。

嬖人：被宠爱的人。焦循："男女之贱而得幸者通称嬖人。"

乘舆：国君的车驾。

后丧逾前丧：赵岐："孟子前丧父约，后丧母奢。"但这里并没有指明后丧母前丧父。大概赵岐先有一说："孟子生有淑质，夙丧其父，幼被慈母三迁之教。"（《孟子题辞》）则前后丧为谁自明。逾，逾越，指母亲的丧礼比父亲的丧礼隆重。

前以士，后以大夫：这句话说明，孟子办母亲的葬礼时，已经有了大夫的身份,而在父亲去世时,还属士一级。士的身份当是在鲁国的时候所有,承自父亲;大夫的身份当是游说齐国时所有,属于稷下先生"列大夫"之类,一种相当于大夫的待遇,不是正式职位。臧仓称孟子"匹夫",含有讥讽意味。

前以三鼎,而后以五鼎:三鼎为士的规格,五鼎为大夫规格。鼎是用来盛动物类祭品的礼器。

棺椁、衣衾:椁,音果(guǒ)。内棺曰棺,外棺曰椁。衾,音亲(qīn),覆盖尸体的被子。《韩非子·内储说上》:"齐国好厚葬,布帛尽于衣衾,材木尽于棺椁。"孟子葬母,可能遵从的是齐国的风俗。见《公孙丑章句下》第七章。

克:乐正子名。赵岐:"乐正,姓。子,(男子)通称。孟子弟子也,鲁臣。"

为来:将要来,打算来。

沮:一本作"阻",同训"止"。

不果:不能。

尼:去声(nì),阻止。

[译文]鲁平公准备外出,他的近臣臧仓请示说:"往日您出门,一定会把要去的地方告知管事的人。今天车马仪仗都准备好了,管事的人还不知道去哪儿,因此来请示。"

平公说:"我去看望孟子。"

臧仓说:"这是怎么说的!您降低自己的身份主动去看望一个普通人,是以为孟子乃贤德之人吗?贤德之人的行为应该合乎礼节和道义,可是孟子办他母亲的丧事大大超过了他以前办父亲的丧事。您还是不要去看望他!"

平公说:"好吧。"

乐正子去见平公，问道："您为什么不去看望孟轲呢？"

平公说："有人告诉我，'孟子办他母亲的丧事大大超过办他父亲的丧事'，所以不去看望他了。"

乐正子说："这是怎么说的！您所说的超过，是办父亲的丧事用士的礼，办母亲的丧事用大夫的礼，[也就是]办父亲的丧事用三只鼎，办母亲的丧事用五只鼎？"

平公说："不是。我指的是外棺内椁以及衣裳被子的精美。"

乐正子说："那就不是有人所说的逾越了，只是前后贫富不同罢了。"

乐正子去见孟子，说："我同鲁君讲了，鲁君打算来看望您。他有个受宠幸叫臧仓的人，阻止了他，他因此就不来了。"

孟子说："往前走，总是有力量在推动；停下来，总是有力量在阻止。往前走还是停下来，不是单凭人力就能做到的。我不与鲁侯相遇，天意呀。臧家那个小子，他怎么能使我不和鲁侯相遇呢？"

卷三 公孙丑章句上

（一）

公孙丑问曰："夫子当路于齐，管仲、晏子之功，可复许乎？"

孟子曰："子诚齐人也，知管仲、晏子而已矣。或问乎曾西曰：'吾子与子路孰贤？'曾西蹵然曰：'吾先子之所畏也。'曰：'然则吾子与管仲孰贤？'曾西艴然不悦，曰：'尔何曾比予于管仲？管仲得君，如彼其专也；行乎国政，如彼其久也；功烈，如彼其卑也。尔何曾比予于是！'"曰："管仲，曾西之所不为也，而子为我愿之乎？"

曰："管仲以其君霸，晏子以其君显。管仲、晏子，犹不足为与？"

曰："以齐王，由反手也。"

曰："若是，则弟子之惑滋甚。且以文王之德，百年而后崩，犹未洽于天下；武王、周公继之，然后大行。今言王若易然，则文王不足法与？"

曰："文王何可当也！由汤至于武丁，贤圣之君六七作，天下归殷久矣，久则难变也。武丁朝诸侯，有天下，犹运之掌也。纣之去武丁，未久也，其故家遗俗，流风善政，犹有存者；又有微子、微仲、王子比干、箕子、胶鬲，皆贤人也，相与辅相之，故久而后失之也。尺地莫非其有也，一民莫非其臣也，然而文王犹方百里起，是以难也。

"齐人有言曰：'虽有智慧，不如乘势；虽有镃基，不如待时。'今时则易然也：夏后、殷、周之盛，地未有过千里者也，而齐有其地矣；鸡鸣狗吠相闻，而达乎四境，而齐有其民矣。地不改辟矣，民不改聚矣，行仁政而王，莫之能御也。且王者之不作，未有疏于此时者也；民之憔悴于虐政，未有甚于此时者也。饥者易为食，渴者易为饮。孔子曰：'德之流行，速于置邮而传命。'当今之时，万乘之国行仁政，民之悦之，犹解倒悬也。故事半古之人，功必倍之，惟此时为然。"

〔**注释**〕公孙丑：孟子弟子，姓公孙，名丑。

当路：当道，指当权执政。

管仲：春秋时齐桓公的相，姓管，名夷吾。《史记》有《管晏列传》。孟子对管仲的评价与孔子相差很大。《论语》载孔子赞管仲之言，主要是肯定其两大功绩：一是维持了国家间一定程度的和平（"桓公九合诸侯，不以兵车，管仲之力也"）；二是维护了华夏礼乐文明（"管仲相桓公，霸诸侯，一匡天下，民到于今受其赐。微管仲，吾其被发左衽矣"）。俱见《论语·宪问篇》。参《梁惠王章句上》第七章"仲尼之徒无道桓、文之事者"注释。孔、孟的差异，反映时代的不同。孟子责备管仲只能成就霸业而不能成就王业。

晏子:姓晏名婴,春秋时有名的政治家,曾相齐灵公、庄公、景公。

许:兴起。

曾西:孔子弟子曾参的孙子。

子路:孔子弟子仲由。

蹵然:蹵音促(cù),不安的样子。

先子:古人称自己已死的前辈。这里指曾参。

艴然:艴音扶(fú),生气的样子。

何曾:何乃。

得君:受到国君的信任。

功烈:功绩。

卑:低下,不足道。

由反手:由,通"犹",如同。反手,翻手。极言容易。

且:再说。

百年而后崩:百年,据说文王活了九十七岁,这里举整数。崩,去世。

洽:浸润。

周公:周文王的儿子,周武王的弟弟,曾先后辅佐文王、武王和成王。

易然:容易的样子。

贤圣之君六七作:作,兴起。从汤到武丁,中间还有太甲、太戊、祖乙、盘庚,大概就是这里所说的六七作。

微子等:五人都是商纣时的贤臣,其中微子、比干、箕子被孔子称为"三仁"(《论语·微子篇》)。微子,名启,纣的庶兄。微仲,微子之弟,名衍。王子比干,纣的叔父,因进谏被杀。箕子,也是纣的叔父,被纣王囚禁。胶鬲,鬲音隔(gé),纣王之臣。

相与辅相:相与,共同。辅相,辅佐协助。

镃基:镃音兹(zī),锄头。

夏后:夏朝。夏朝亦称"夏后氏"。

改辟:再开辟。

疏:指时间隔得长。

置邮:置,设置。邮,官方驿站,备有驿马传递文书。《说文》:"邮,竟上行书舍。"《汉书·循吏传》"邮亭"颜师古注:"邮,行书舍,谓传送文书所止处,亦如今之驿馆矣。"王泗源:"《孟子》之'置邮'并非一词。按句法,若置邮为一词,则不得用'而'字,'速于置邮而传命'意不可通,必当云速于置邮之传命。《孟子》文既云'速于置邮而传命',则'置'乃动词,'置邮'谓设置邮传。"(《古语文例释》(修订本)第28页)

倒悬:倒吊着人的绳子。

[**译文**]公孙丑问道:"老师[若是]在齐国当政,管仲、晏子的功业,可以再度兴起来吗?"

孟子说:"你真是一个齐国人啊,只晓得管仲和晏子。曾经有人问曾西:'我的伙计,你和子路相比,谁更优秀?'曾西不安地说:'他是我祖父都敬畏的人,[我哪敢和他相比]。'那人又说:'那么,你和管仲相比,谁更强?'曾西马上不高兴起来,说:'你为什么竟拿我跟管仲相比?管仲得到齐桓公的信任是那样地专一,主持国家政权是那样地长久,立下的功业却是那样地不值一提。你为什么竟拿我和这个人相比?'"[过了一会儿,]又说:"管仲做的事,曾西都不愿去做,你以为我愿意去做吗?"

公孙丑说:"管仲辅佐齐桓公称霸天下,晏子辅佐齐景公名扬诸侯。管仲、晏子的作为还不值得效法吗?"

孟子说:"以齐国的条件推行王道于天下,就像手掌翻过来翻过去那么容易。"

公孙丑说:"您这样说,学生我就更加不懂了。再说以周文王那样的德行,活了将近一百岁,到他去世的时候,还没有达到浸润天下的效果;武王和周公继续文王的事业,然后才大功告成。现在您把实现王道说得那样容易,就是说文王也不值得效法了吗?"

孟子说:"文王怎能跟现在比!从汤到武丁,贤明睿智的君主六七茬,天下归服殷朝很久了,久了就不容易改变。武丁召集诸侯,治理天下,如同在手掌中转动东西一样[得心应手]。纣的年代上距武丁并不太远,当时的累世功勋之家、先代良好的习俗、流传有绪的风尚、仁爱亲和的政治,不少仍然存在。还有微子、微仲、王子比干、箕子、胶鬲,他们都是贤人,共同来辅佐他,所以过了很久才亡国。当时没有一尺土地不是纣王所有,没有一个老百姓不是纣王管辖,然而文王还能凭借方圆百里的小国崛起,所以是很艰难的。

"齐国有句俗话说:'纵有聪明才智,不如顺势而为;纵有铁锄利镰,不如待时而动。'如今的时势,实现王道就比较容易了:夏、商、周三朝,在他们最兴盛的年代里,地盘都没有超过纵横一千里的,现在齐国就有这么大的地盘;鸡鸣狗叫的声音,从首都一直到四方边界都听得到,齐国就有这么多人口。国土不必再扩大,人口不必再增加,推行仁政来实现王道,没有什么能阻挡得了。而且平治天下的君王缺位,历史上从来没有这样长久过;老百姓被暴虐的政治所折磨,历史上也从来没有这样厉害过。饥饿的人吃什么都觉得香,口渴的人喝什么都觉得甜。孔子说过:'仁德的扩散,比设置驿站传达政令还要快。'现在这个时候,拥有万辆兵车的大国推行仁政,老百姓欢迎这种做法,正好像倒挂着的人被解救了一样。所以,事情只需做古人的一半,效果却是古人的一倍,只有这个时候才行。"

(二)

公孙丑问曰:"夫子加齐之卿相,得行道焉,虽由此霸、王,不异矣。如此,则动心否乎?"

孟子曰:"否,我四十不动心。"

曰:"若是,则夫子过孟贲远矣。"

曰:"是不难,告子先我不动心。"

曰:"不动心有道乎?"

曰:"有。北宫黝之养勇也:不肤桡,不目逃,思以一豪挫于人,若挞之于市朝;不受于褐宽博,亦不受于万乘之君,视刺万乘之君,若刺褐夫;无严诸侯,恶声至,必反之。孟施舍之所养勇也,曰:'视不胜犹胜也。量敌而后进,虑胜而后会,是畏三军者也。舍岂能为必胜哉?能无惧而已矣。'孟施舍似曾子,北宫黝似子夏。夫二子之勇,未知其孰贤,然而孟施舍守约也。昔者曾子谓子襄曰:'子好勇乎?吾尝闻大勇于夫子矣:自反而不缩,虽褐宽博,吾不惴焉;自反而缩,虽千万人,吾往矣。'孟施舍之守气,又不如曾子之守约也。"

曰:"敢问夫子之不动心与告子之不动心,可得闻与?"

"告子曰:'不得于言,勿求于心;不得于心,勿求于气。'不得于心,勿求于气,可;不得于言,勿求于心,不可。

夫志,气之帅也;气,体之充也。夫志至焉,气次焉。故曰:'持其志,无暴其气。'"

"既曰'志至焉,气次焉',又曰'持其志,无暴其气'者,何也?"

曰:"志壹则动气,气壹则动志也,今夫蹶者趋者,是气也,而反动其心。"

"敢问夫子恶乎长?"

曰:"我知言,我善养吾浩然之气。"

"敢问何谓浩然之气?"

曰:"难言也。其为气也,至大至刚,以直养而无害,则塞于天地之间。其为气也,配义与道;无是,馁也。是集义所生者,非义袭而取之也。行有不慊于心,则馁矣。我故曰,告子未尝知义,以其外之也。

"必有事焉,而勿正,心勿忘,勿助长也。无若宋人然:宋人有闵其苗之不长而揠之者,芒芒然归,谓其人曰:'今日病矣!予助苗长矣。'其子趋而往视之,苗则槁矣。天下之不助苗长者寡矣!以为无益而舍之者,不耘苗者也;助之长者,揠苗者也,非徒无益,而又害之。"

"何谓知言?"

曰:"诐辞,知其所蔽;淫辞,知其所陷;邪辞,知其所离;遁辞,知其所穷。生于其心,害于其政:发于其政,害于其事。圣人复起,必从吾言矣。"

"宰我、子贡善为说辞,冉牛、闵子、颜渊善言德行。孔子兼之,曰:'我于辞命,则不能也。'然则夫子既圣矣乎?"

曰:"恶! 是何言也? 昔者子贡问于孔子曰:'夫子圣矣乎?'孔子曰:'圣则吾不能,我学不厌而教不倦也。'子贡曰:'学不厌,智也。教不倦,仁也。仁且智,夫子既圣矣!'夫圣,孔子不居,是何言也?"

"昔者窃闻之:子夏、子游、子张皆有圣人之一体,冉牛、闵子、颜渊则具体而微,敢问所安?"

曰:"姑舍是。"

曰:"伯夷、伊尹何如?"

曰:"不同道。非其君不事,非其民不使,治则进,乱则退,伯夷也。何事非君,何使非民,治亦进,乱亦进,伊尹也。可以仕则仕,可以止则止,可以久则久,可以速则速,孔子也。皆古圣人也,吾未能有行焉。乃所愿,则学孔子也。"

"伯夷、伊尹于孔子,若是班乎?"

曰:"否。自有生民以来,未有孔子也。"

曰:"然则有同与?"

曰:"有。得百里之地而君之,皆能以朝诸侯,有天下;行一不义,杀一不辜,而得天下,皆不为也。是则同。"

曰:"敢问其所以异?"

曰:"宰我、子贡、有若,智足以知圣人,污不至阿其所好。宰我曰:'以予观于夫子,贤于尧、舜远矣。'子贡曰:'见其礼而知其政,闻其乐而知其德,由百世之后,等百世

之王,莫之能违也。自生民以来,未有夫子也。'有若曰:
'岂惟民哉? 麒麟之于走兽,凤凰之于飞鸟,太山之于丘
垤,河海之于行潦,类也。圣人之于民,亦类也。出于其
类,拔乎其萃,自生民以来,未有盛于孔子也。'"

〔注释〕**加齐之卿相**:加,被任命。赵岐:"加犹居也。"卿相,卿
指上大夫,相指国君之辅佐,即执政大臣。

虽由此霸王,不异矣:霸、王,或为霸或为王,即《滕文公章句
下》第一章"大则以王,小则以霸"之义。不能作一词看。霸,成就
霸业。王,读去声(wàng),成就王业。孟子的成就王业,指实现仁
道于天下。不异,没有不同。由上章可见,公孙丑认为霸道才是现
实可行的,但鉴于孟子崇王贱霸,这里王霸并举,意仍在霸,欲以说
服老师。《朱子语类》卷五十二:"或问:'"虽由此霸王不异矣",如
何分句?'曰:'只是"虽由此霸王不异矣",言从此为霸、为王,不是
差异。盖布衣之权重于当时,如财用、甲兵之类,尽付与他。'"

我四十不动心:四十,四十岁。孔子说自己"四十而不惑"(《论
语·为政篇》)。后文孟子说"我知言",便是不惑。不动心,不动摇
坚守王道的心,即仁、义、礼、智的本心。顾炎武:"我四十不动心者,
不动其'行一不义,杀一不辜而得天下,有不为也'之心。"(《日知
录》卷七)

孟贲:贲音奔(bēn),古代著名勇士。《史记·袁盎晁错列传索
隐》引《尸子》云:"孟贲水行不避蛟龙,陆行不避兕虎。"

告子先我不动心:告子,赵岐说他曾经跟孟子学习过。告子主
张"仁内""义外",孟子主张"仁、义、礼、智根于心"。告子所守比孟
子为约,故"先"。详下。

北宫黝：黝音友（yǒu），《淮南子·主术训》有"北宫子"，善使剑者，高诱注谓"齐人，孟子所谓北宫黝也"。但非单纯的侠者，见"孟施舍似曾子"注释。

养勇：培养勇敢。王夫之："以战斗之勇作譬喻，因上'孟贲'句引出。"（《四书笺解》卷六）

不肤桡，不目逃：肤，本指人体的表皮，这里指容色。桡，音挠（náo），屈服，退却。《韩非子·显学篇》："漆雕氏之议，不色挠，不目逃。"王引之谓肤桡与色挠同义："肤色相连，故色亦可谓之肤。""不肤挠者，无惧色也。"（《经义述闻》卷三十一"肤"条）逃，避开。梁启雄："不目逃，似指与人对视，目不转睛逃避。"（《韩子浅解》）

市朝：市集和朝廷。这里指市场。顾炎武："古者朝无挞人之事，市则有之。其谓之'市朝'者，《史记·孟尝君传》'日莫之后，过市朝者掉臂不顾'，《索隐》曰：'言市之行列有如朝位，故曰市朝。'"（《日知录》卷七）

褐宽博：褐，粗麻布。宽博，指衣着式样，王夫之："宽博云者，谓贫贱之夫，内无裹纩之衬，外披粗布，边幅不收，郎当阔大也。"（《四书稗疏》）

严：尊敬，敬畏。

孟施舍：姓孟名施舍，古代勇士。但非单纯之勇士，见"孟施舍似曾子"注释。

会：交锋。

孟施舍似曾子：似，于鬯谓此"似"字与"北宫黝似子夏"之"似"字，当是"师"字之误，又说"似"或读为"侍"。孟施舍与曾子、北宫黝与子夏皆为师弟关系。两人为儒家之徒，可能就是《韩非子·显学篇》所言"儒分为八"之漆雕氏之儒（《香草校书》卷五十四）。蒙文通亦谓北宫黝,"正所谓漆雕氏之儒,殆儒而侠者也"(《儒学甄微·漆雕之儒考》))。于、蒙二人之说似有理。孟子论养勇,不接孟贲而转以两人为说,可能就是因为他俩为儒家之徒。这样,连同告子及后文孔子诸弟子在内,本章所涉全是关于孔门的内容。

北宫黝似子夏:子夏,孔子弟子卜商。蒙文通:"孟子徒曰三子之勇,而子夏之勇无闻。考《韩诗外传》六言:子夏与公孙悁论勇谓:'所贵为士者,上摄万乘,下不敢敖乎匹夫,外立矜节,而敌不侵扰,内禁残害,而君不危殆,是士之所长,君子之所致贵也。若夫以长掩短,以众暴寡,凌轹无罪之民,而成威于闾巷之间者,是士之甚毒,而君子之所致恶也,众之所诛锄也。'此足以见子夏之勇,而补孟子之所遗。"(同上书)

守约:守,保持,指保持勇气。约,简约,简要。这一段回应前文"是不难"。北宫黝看来是受过严格训练的勇士,务在胜人,其养勇之法,稍嫌复杂;孟施舍的特点是"无惧",不求必胜,其养勇之法为"守气",所以比北宫黝为简要;曾子所养者大勇,其养勇之法为"守心",比孟施舍更为简要。

子襄:赵岐:"曾子弟子也。"

夫子:指孔子。

自反而不缩:反,反省。缩,直,引申指道义。黄生:"或谓《礼·檀弓》'冠缩缝',《孟子》'自反而缩',缩之训直,亦是古人反语。予谓此二字非但宜训为直,正当读为直。盖古屋韵与锡、职二韵字多相通。乃知缩字古本读式,与直字相近,故假借用之耳。"(《字诂义府合按·义府卷上》"缩缝"条)

惴:恐惧,这里为使动用法。

告子曰等句:此告子自言养气的方法,由得于言到求于心,再从得于心到求于气。在孟子看来，不得于心，自然勿求于气，因为气息为口、鼻所司，而心是包括口、鼻在内的五官之主宰（参《告子章句上》第十五章"心之官则思"注释），故曰可。而且若得于心，心之所之为志，"志至焉，气次焉"，不必求于气。不得于言，勿求于心，就不可以了，因为得于言即是后文孟子所说的"知言"，不求于心（"是非之心"为人固有的"四端"之一），何能判断是非？如何能得能知？告子得于言，以为知义，即是"义外"；再求于心、得于心，便是"仁内"；再求于气，得养气之效。告子之不动心，在于守住了仁。这是他与孟子相同的地方。由于他的义在心之外，其气便不能"配义与道"，得"集义所生"之效，养成浩然之气。这是他与孟子不同的地方。

气，体之充也：气，气息，指人的呼吸。《说文》："气，息也。"体，人体。古人认为呼吸时的出入之气是遍布全身的，是生理活动和心理活动的动力。气息愈充分，生理意义上的力气和心理意义上的勇气就愈强壮。孟子骤然讲气，就是这一大篇，以后只是零星涉及，不免令人感到突兀。疑他此时身处稷下，或与稷下人物多有交流，受到稷下黄老思想影响。《管子》一书，被认为是稷下学术中心的一部论文总集，气论是稷下黄老之学的主要内容。《管子·心术下》："气者，身之充也。"

次：跟进，犹师之次。毛奇龄："志之所至，气即随之而止。"（《逸讲笺》）

暴：赵岐："乱也。"

壹：朱熹："专一也。"

今夫蹶者趋者：俞樾："犹云'大凡颠蹶之人，皆是趋走之人'。盖人之疾趋而行，气使之也，而至于颠蹶，则无不动心矣，故曰'是气

也而反动其心'。蹶者趋者,似平而实侧,若以蹶趋平列,则其义不见矣。"(《古书疑义举例》卷一之九)

　　浩然之气:浩然,朱熹:"盛大流行之貌。"句谓人体的气息因精神的巨大作用("配义与道""集义所生")而与自然界的气息(风云)融贯,浩浩荡荡。冯友兰:"浩然者,大也。其所以大者何在?孟施舍等所守之气,是关于人与人底关系者;而浩然之气,则是关于人与宇宙底关系者。有孟施舍等之气,则可以堂堂立于人间而无惧;有浩然之气,则可以堂堂立于宇宙间而无惧。"(《中国哲学史》下册《附录·孟子浩然之气章解》)按:孟子并无明确的"宇宙"观念,其谓"天地之间",如同说"天下",仍在人与人的关系范围,不过以"天"或"天命"为先验根据。此养气说有浓郁的神秘色彩,但经过后来理学的精致化解读,人们已浑然不觉,实则易流于夸大精神的作用。

　　至大至刚:刚,旺盛的样子。《论语·季氏篇》:"血气方刚。"大,丰润的样子。《尽心章句下》第二十五章:"充实而有光辉之谓大。"该章在"善""信"之上有四个层面,其中"充实之谓美",充实与旺盛义近,可以说"刚"就是充实的意思。本句之意,有"美""大"两层面。又"大而化之之谓圣",即"以直养而无害,则塞于天地之间"之义。至于"圣而不可知之谓神",就是"难言也"。

　　直养:不间断地培养。或说"直"谓"义",不确。

　　配义与道:配,配合。与,犹"于"。义,是孟子的概念,指人的合宜(合于"仁")的行为。道,与孟子平常所说的"道"指道路或主张、方式等不同,这里的含义比较特殊,当与稷下黄老思想有关。《管子·心术上》:"虚无无形谓之道。""道也者,动不见其形,施不见其德,万物皆得以然,莫知其极。"又:"道在天地之间也,其大无外,其小无内。"只有这种性质的"道",才能与"气"和"义"一起,"塞于天地之间"。

集义:朱熹:"犹言积善,盖欲事事皆合于义也。"冯友兰:"常作他所认为是应该作的事,此可称之为'集义'。"(《中国哲学史新编》第二册第 92 页)。

义袭而取之:袭,朱熹:"掩取也,如齐侯袭莒之袭。"与"集义"相反,如欲一袭得逞。

慊:音惬(qiè),满足。不慊,这里指不合,偏离。

必有事焉等句:言养气的三个要点,前两点是对上述集义、慊于心的强调。而,犹乃。正,止。《诗经·终风》毛序笺云:"正,犹止也。"

闵:担忧。

揠:音亚(yà),拔之使长。

芒芒然:疲倦的样子。

耘:又作"芸",除草。

诐:音避(bì),偏颇。

宰我:孔子弟子宰予,字子我。

子贡:孔子弟子端木赐,子贡是他的字。

冉牛:孔子弟子冉耕,字伯牛。

闵子:孔子弟子闵损,字子骞。

颜渊:孔子弟子颜回,字子渊。本书又称"颜回""颜子"。

辞命:与本篇第九章"是故诸侯虽有善其辞命而至者,不受也"之"辞命"同。这里指为国君或当政者传辞达命。

昔者子贡问于孔子等句:与《论语·述而篇》所载大致相同。

子游:孔子弟子言偃,子游是他的字。

子张:孔子弟子颛孙师,子张是他的字。

一体:身体的一部分,比喻长于某一方面。《论语·先进篇》:"文学:子游、子夏。"

具体而微:这里"体"是从"体有贵贱,有小大"(《告子章句上》第十四章)的意义上来说的。赵岐注谓"体以喻德也"是对的。朱熹注谓"有其全体",不合于上文公孙丑所说的"冉牛、闵子、颜渊善言德行"及《论语·先进篇》所载"德行:颜渊、闵子骞、冉伯牛、仲弓"。

伯夷:孤竹君的儿子。据《史记·伯夷列传》,孤竹君死后,他和弟弟叔齐相互推让,都不肯继位,后来跑到西伯昌(即周文王)那里。周武王起兵伐纣时,曾予劝阻。周朝建立后,不食周粟,饿死在首阳山。又见本篇第九章、《万章章句下》第一章。

伊尹:商汤之相。据《史记·殷本纪》,伊尹早年微贱,汤破格重用他,委以国政。又见《万章章句下》第一章。

班:赵岐:"齐等之貌也。"

有若:孔子弟子,《论语》中又称有子。

污:低下。这里指无原则。

尧舜:本是上古传说中的神话人物,至孔子时变成人间的君主(见《论语》之《雍也篇》《宪问篇》《泰伯篇》)。《孟子》一书讲述尧、舜的事迹,比之《论语》要详细得多。

见其礼而知其政等句:疑此句乃化用孔子下面的话。《论语·为政篇》:"子张问:'十世可知也?'子曰:'殷因于夏礼,所损益可知也;周因于殷礼,所损益可知也。其或继周者,虽百世可知也。'"孔子之道,礼乐之道,其核心内涵为"仁"。孟子以孔子为最高标准,即是以"仁"为最高价值,礼乐不过是其呈现形式而已。百世"莫之能违"者,此也。

丘垤:丘,小土山。垤,音叠(dié),小土堆。指大大小小的山体。

行潦:潦,音老(lǎo),雨水。流水。指大大小小的水体。

〔译文〕公孙丑问道:"假如老师被任命为齐国的卿相,得以推行自己的主张,虽然为达到目的,是用合乎霸道的手段还是合乎王道的方式没有什么不同,果真是这样,您会不会动摇自己的心志呢?"

孟子说:"不!我从四十岁开始就不再动摇自己的心志了。"

公孙丑说:"如果是这样,老师可比著名的勇士孟贲还要坚强得多了。"

孟子说:"这个不难,告子比我还先做到了不动摇心志。"

公孙丑问:"做到不动摇心志有方法么?"

孟子说:"有。[不动摇心志必须勇敢。]北宫黝是这样培养勇敢的:[直面对手,]毫无惧色,目不转睛,以为受到对方一点点挫伤,就好像在大庭广众受到鞭挞一样[感到屈辱];既不能忍受一个普通人的羞辱,也不能忍受大国君主的欺侮,把刺杀大国君主看成刺杀普通人一样;不敬畏诸侯,对方若恶语相向,一定以牙还牙。孟施舍培养勇敢的方法[不同],[他自己]说:'即使看起来无法战胜的敌人,也要当做可以战胜一样。如果先估量敌人的实力再前进,有了胜利的把握才交锋,这样的人在人数众多的敌人面前一定害怕。我孟施舍哪能一定打胜仗呢?不过是无所畏惧罢了。'孟施舍是曾子的弟子,北宫黝是子夏的弟子。这两个人的勇敢程度,我也不知道谁更胜一筹,不过孟施舍做到不动摇心志要简单有效一些。当年曾子对子襄说:'您崇尚勇敢么?我曾经从孔子那里听过关于大勇的说法:反躬自问,正义不在我这一边,对方纵是一个普通人,我也不去吓唬他;反躬自问,正义在我这一边,对方纵是千军万马,我也一往无前。'[这样看来,]孟施舍的保持勇气,还未如曾子的保持勇气那么简单有效。"

公孙丑说:"我很想知道老师您的不动摇心志与告子的不动摇心志是怎么回事儿,可以讲给我听听吗?"

孟子说:"告子讲过:'话没说明白,就不要琢磨心;心没搞清楚,就谈不上养气。'心没搞清楚,就不去想养气的事儿,是可以的;话没说明白,就不要琢磨心,却是不可以的。心志是气息的统率,而气息充满了全身。心志到哪里,气息就跟着到哪里。所以说:'把持你的心志,不要躁动你的气息。'"

公孙丑问:"既然说'心志到哪里,气息就跟着到哪里',又说'把持你的心志,不要躁动你的气息',这是什么意思?"

孟子说:"心志集中于某一方面,就会牵动气息;气息集中于某一方面,也会牵动心志。譬如跌倒的人,多是奔走中人,[本来他是不想跌倒的,]正是气息的变化,反过来导致心志动摇。"

公孙丑问:"请问,老师您擅长哪一方面?"

孟子说:"我明白别人说的话,我善于培养我的浩然之气。"

公孙丑问:"请问什么叫做浩然之气呢?"

孟子说:"不容易说清楚啊。它作为一种气,最饱满,最旺盛,不断滋养而不减损,就会充满天地之间。它作为一种气,必须使正义与大道相配合,如果做不到,就会丧失扩充的力量。这种气,由道义的日积月累所形成,而非走什么捷径的一蹴而就;而且行为一旦偏离本心,就萎缩了。所以我说,告子并不懂得义,因为他把义放在了心的外面。

"一定要做好这些事，[才能培养浩然之气：]一刻不要停，[要时时积累；]不要忘记自己的本心，[要从心里涵养；]也不要[急功近利]去帮助生长。不要像宋国人那样：宋国有一个人，担心他的禾苗不生长，就把地里的每棵苗都往上拔一拔。他一身疲累地回到家，对家人说：'今天可累坏了！我帮助禾苗长高了。'他的儿子急忙跑去一看，禾苗都枯萎了。天下的人，不做这种拔苗助长事情的很少。要么认为没有益处而不问不管，这种人是种庄稼不锄草的懒汉；要么急功近利帮助生长，这种人是拔苗助长的蠢人，[他的所作所为，]不但没有益处，反而造成伤害。"

公孙丑问："怎么才算明白别人说的话？"

孟子说："片面的言辞，明白它的局限所在；过度的言辞，明白它的缺陷所在；歪曲的言辞，明白它的偏差所在；闪烁的言辞，明白它的空虚所在。[这四种言辞，]从心里头产生，不良结果便反映在政治上：由当政者发出，危害到各项政事。如果圣人再度出现，一定会赞成我的这番话了。"

公孙丑说："宰我、子贡善于说服别人，冉牛、闵子、颜渊善于推广德行。孔子兼有这两项长处。可他说：'我对于为国君传辞达命，却不擅长。'那么，老师您早该是圣人了吧？"

孟子说："呀！这是什么话哟？当年子贡问孔子道：'老师是圣人了吧？'孔子说：'圣人我做不到，我只是努力学习从不厌倦，教导别人从不疲劳罢了。'子贡说：'努力学习从不厌倦，智者才能做得到；教导别人从不疲劳，仁人才能做得到。既是仁人又是智者，老师早该是圣人了。'这圣人的名号，连孔子都不敢自居，你那个话是什么话哟？"

公孙丑说："从前我听过这个说法：子夏、子游、子张各有孔子的一部分长处;冉牛、闵子、颜渊继承了最重要的方面而略显不足。我想知道老师您觉得自己属于哪一种人?"

孟子说:"暂且不说这个话。"

公孙丑又问:"伯夷、伊尹怎么样?"

孟子说:"[他俩与孔子的]人生态度不同。不是他自己的君主他不服事,不是他自己的百姓他不使唤。天下太平,就出去做官;天下混乱,就退而隐居。伯夷是这样的。没有什么样的君主不可以服事,没有什么样的百姓不可以使唤。天下太平,就出去做官;天下混乱,也照样做官。伊尹是这样的。应该做官就做官,不该做官就辞职,应该继续干就继续干,应该离开就马上离开。孔子是这样的。他们都是古代的圣人,我都达不到。我的愿望,就是向孔子学习。"

公孙丑问:"伯夷、伊尹和孔子不是可以等量齐观的吗?"

孟子说:"不,从有人类以来,没有谁比得上孔子。"

公孙丑又问:"那么,这三个人有相同的地方吗?"

孟子说:"有,如果得到方圆一百里的地方,以他们为君主,他们都能够做到使诸侯来朝见,成为天下的共主;如果叫他们做哪怕一件不合理的事情,杀死一名无辜的人,而取得天下,他们都是不会做的。这就是他们相同的地方。"

公孙丑又问:"请问,他们不同的原因是什么?"

孟子说:"宰我、子贡、有若三人,他们的智力足以了解圣人,又不会无原则偏袒他们喜爱的人。宰我说:'以我来看老师,比尧、舜强多了。'子贡说:'看到一国的礼仪,就了解它的政治状况;听到一国的音乐,就知道它的道德水平。即使一百代以后,相应地经过一百代君王,任何一代都不能背离礼乐之道。从人类诞生以来,没有比得上他老人家的。'有若说:'岂止人类是这样? 麒麟对于各种走兽,凤凰对于各种飞鸟,泰山对于各种土堆,黄河大海对于各种沟渠,同属一类。圣人对于百姓,也同属一类。但都能够从同类中脱颖而出,并远远地高于同类。自从人类诞生以来,还没有比孔子更伟大的。'"

(三)

孟子曰:"以力假仁者霸,霸必有大国。以德行仁者王,王不待大,汤以七十里,文王以百里。以力服人者,非心服也,力不赡也。以德服人者,中心悦而诚服也,如七十子之服孔子也。《诗》云:'自西自东,自南自北,无思不服。'此之谓也。"

〔注释〕以德行仁者王:此章孟子尊王黜霸,可与《梁惠王章句上》第七章参看。萧公权:"孟子黜霸,其意在尊王而促成统一。然所尊者非将覆之周王而为未出之新王,所欲促成者非始皇专制之统一而为先秦封建之统一。"(《中国政治思想史》第100页)

赡:足够。

七十子:概指孔子弟子中最优秀的一批人。《史记·孔子世家》:"孔子以诗书礼乐教弟子,盖三千焉,身通六艺者七十有二人。"

无思不服:没有谁心里不服从的。《毛诗》郑笺:"心无不归服者。"这两句诗引自《诗经·大雅·文王有声》。

〔译文〕孟子说:"依仗实力假借仁义四处征伐的,可以称霸诸侯,这样的国家必须是幅员广大的国家;依靠道德推行仁义于四面八方的,可以平治天下,这样的国家不一定是大国。商汤起步时不过方圆七十里，周文王开始时也就方圆百里。依仗实力使人服从的，人家心里并不服从，只是因为实力有差距。依靠道德使人服从的，人家才心悦诚服，好像七十弟子归服孔子一样。《诗经》说过：'从东从西，自南自北，无不心服。'说的就是这种情况。"

（四）

孟子曰："仁则荣，不仁则辱；今恶辱而居不仁，是犹恶湿而居下也。如恶之，莫如贵德而尊士，贤者在位，能者在职；国家闲暇，及是时，明其政刑。虽大国，必畏之矣。《诗》云：'迨天之未阴雨，彻彼桑土，绸缪牖户。今此下民，或敢侮予？'孔子曰：'为此诗者，其知道乎！能治其国家，谁敢侮之？'今国家闲暇，及是时，般乐怠敖，是自求祸也。祸福无不自己求之者。《诗》云：'永言配命，自求多福。'《太甲》曰：'天作孽，犹可违；自作孽，不可活。'此之谓也。"

〔注释〕**仁则荣，不仁则辱**：赵岐："行仁政，则国昌而民安，得其荣耀；行不仁，则国破民残，蒙其耻辱。"这两句省略了主语，从内容看，都是针对国君来说的。孟子去孔子百余年，《论语》中孔子说话的对象，有国君，也有卿大夫，《孟子》中孟子说话的对象，主要是国君。孔子时许多国君大权旁落，为卿大夫执掌；孟子时贵族制度衰落，以国君为中心建立起中央集权制度。

国家闲暇：闲暇，安息。从下文"虽大国，必畏之"看，这里主要指没有与他国之间的纷争或战争。

政刑：政，内政，指政令。刑，刑罚。即孔子所说"道之以政，齐之以刑"之"政""刑"（《论语·为政篇》）。

彻彼桑土：彻，剥取。土，《韩诗》作"杜"，《方言》："东齐谓根曰杜。"桑土，桑树根。这里指用桑树根的皮作绳索用。这几句诗引自《诗经·豳风·鸱鸮》，是一首禽言诗。绸缪，缠缚。牖户，窗户，指鸟巢。女，即"汝"。下民，指巢下人。

般乐怠敖：般，音盘（pán），赵岐："大也。"怠，懒惰。敖，《说文》："出游也。"

永言配命：永，长久。言，词缀。配命，本指我周朝之德和天命相配，这里断章取义，泛指。这两句诗引自《诗经·大雅·文王》。

太甲：《尚书》篇名，这几句话已佚。违，逃避。

〔译文〕孟子说："国君如果实行仁政，〔国泰民安，〕就会带来荣耀；如果实行不仁之政，〔国破民残，〕就会遭受屈辱。如今有的人害怕遭受屈辱，却仍在实行不仁之政，这就好像有的人讨厌潮湿，却仍然住在低洼地带。如果真的害怕遭受屈辱，最好是崇尚道德并尊重士人，使贤人居于高位，能人担任要职；国无外患，家无内乱，抓住这个时机，修明它的政令和刑罚。即使是大国，也一定会敬畏这种做法的。《诗经》中说：'早早趁着天晴，剥取桑树根皮，巢儿捆绑扎实。而今下面人等，有谁敢把我欺？'孔子说：'创作这首诗的人，真正懂得道理啊！能够治理好他的国家，谁敢欺侮他？'现在国无外患，家无内乱，却抓住这个时机，尽情享乐，懒散游玩，这等于自己寻求灾害。灾害或者幸福没有不是自己找来的。《诗经》中又说：'永远和那天命相符，自己寻求更多幸福。'《太甲》也说：'天降灾害，还可逃避；自造罪孽，小命不保。'说的就是这个道理。"

（五）

孟子曰："尊贤使能，俊杰在位，则天下之士皆悦，而愿立于其朝矣；市廛而不征，法而不廛，则天下之商皆悦，而愿藏于其市矣；关讥而不征，则天下之旅皆悦，而愿出于其路矣；耕者助而不税，则天下之农皆悦，而愿耕于其野矣；廛无夫里之布，则天下之民皆悦，而愿为之氓矣。信能行此五者，则邻国之民仰之若父母矣。率其子弟，攻其父母，自生民以来，未有能济者也。如此，则无敌于天下。无敌于天下者，天吏也。然而不王者，未之有也。"

〔注释〕**俊杰**：才德非常出众的人。《说文》："俊，才过千人也。"又："杰，才过万人也。"

士：士人。尊贤使能，俊杰在位，都是针对士人来说的。比起孔子时作为贵族的最底层，孟子时的士已经作为一个知识阶层大大扩展了队伍，既包括了许多没落的贵族，又充实了那些非贵族出身却受过教育的人。他们是各诸侯国争相延揽的人才。孟子就是其中的一员。

市廛而不征：市，交易场所。廛，音缠（ chán ），官方提供给商人储藏货物的地方。这里用作动词，指收取储存费，不对货物征税。《礼记·王制》："市，廛而不征。"郑玄注："廛，市物邸舍也。税其舍，不税其物。"

法而不廛：法，指官府依法征购滞销的货物。不廛，减少货物积压。《周礼·廛人》："凡珍异之有滞者，敛而入于膳府。"注引郑众云："其有货物久滞于廛而不售者，官以法为居取之，故曰'法而不廛'。"孙诒让疏："不廛，谓不令久滞于市。"

助而不税：助力公田耕作，不对私田征税。参见《梁惠王章句下》第五章"耕者九一"注释。

廛无夫里之布：廛，这里指民居。夫，一夫，指一家。里，古代的社区单位，这里指户籍。布，古代的一种货币。夫里之布，当指根据一夫的户籍按人口征收的人口税或户籍税。齐国就有按户征收的户籍税，"邦布之籍，终岁十钱"，也有人口税，"月人三十钱之籍"（见《管子·山至数篇》和《海王篇》等）。

氓：音盲（máng），民，这里指移民。焦循："按此则氓与民小别，盖自他归往之民谓之氓，故字从民亡。"

天吏：赵岐："天吏者，天使也。"

〔译文〕孟子说："尊重贤人，使用能人，出类拔萃的人都有官位，那么，全天下的士人都会高兴，愿意到那个朝廷去效力了。市场出租栈房但不对货物征税，还可依法征购滞销商品以减少积压，那么，全天下的商人都会高兴，愿意到那个市场去做买卖了。关口只稽查不收费，那么，全天下的旅行者都会高兴，愿意到那个国家去游览了。种田的人只出力耕种公田而不必为私田缴税，那么，全天下的农夫都会高兴，愿意到那里的田野上种庄稼了。居住不用一家一户缴纳人头税，那么，全天下的老百姓都会高兴，愿意成为那里的居民了。真能实行这五条，邻近国家的老百姓仰望着这样的国君，就像仰望着父母一样了。〔如果邻近国家组织这些老百姓来侵犯，便好比〕率领儿女来攻打他们的父母，从有人类以来，这种事情没有能够成功的。如果是这样，就会天下无敌。天下无敌的人，好比是上天的使者。如此还不能实现王道，是从来不曾有过的。"

（六）

孟子曰："人皆有不忍人之心。先王有不忍人之心，斯有不忍人之政矣。以不忍人之心,行不忍人之政,治天下可运之掌上。所以谓人皆有不忍人之心者,今人乍见孺子将入于井,皆有怵惕恻隐之心,非所以内交于孺子之父母也,非所以要誉于乡党朋友也,非恶其声而然也。由是观之,无恻隐之心,非人也;无羞恶之心,非人也;无辞让之心,非人也;无是非之心,非人也。恻隐之心,仁之端也;羞恶之心,义之端也;辞让之心,礼之端也;是非之心,智之端也。人之有是四端也,犹其有四体。有是四端而自谓不能者,自贼者也;谓其君不能者,贼其君者也。凡有四端于我者,知皆扩而充之矣,若火之始然,泉之始达。苟能充之,足以保四海;苟不充之,不足以事父母。"

〔注释〕人皆有不忍人之心:忍,忍受,容忍。指人人都有不能忍受别人痛苦的心理,即同情心。从根本上说,不忍人之心就是恻隐之心,由此而有羞恶之心、辞让之心、是非之心。

乍:忽然。

孺子:幼儿。《释名·释长幼》:"儿始能行曰孺子。"

怵惕恻隐:朱熹:"怵惕,惊动貌。恻,伤之切也。隐,痛之深也。"

内交:结交。内,同"纳"。

要誉:求取名声。要,读平声(yāo)。

羞恶:恶,读去声(wù),下同。朱熹:"羞,耻己之不善也。恶,憎人之不善也。"按:羞,为自己缺乏同情心而感到可耻。恶,对别人缺乏同情心而感到可恶。

辞让之心:"辞让之心",《告子章句上》第六章作"恭敬之心"。

朱熹："辞,解使去己也。让,推以与人也。"按:辞,摒弃残忍之心,犹"充无欲害人之心"(《尽心章句下》第三十一章)。让,推广爱人之心,犹"人皆有所不忍,达之于其所忍"(同上章),或"以其所爱,及其所不爱"(同上篇第一章)。

是非:朱熹:"是,知其善而以为是也。非,知其恶而以为非也。"按:是,知其有同情心而以为是。非,知其无同情心而以为非。又,朱注以恶与善对,不确。与善相对者,孟子通常指不善,包括过和恶。过指过错,恶指大过。过往往能改正,改即为善;恶则一般只能遏抑,离善尚远。

端:发端,犹种子。朱熹:"端,绪也。因其情之发,而性之本然可得而见,犹有物在中而绪见于外也。"张岱年:"此种人之所以为人之特征,实非已完成的,而仅是萌芽,故孟子称之为'端'。"又云:"所谓端,亦即实在的可能。"(《中国哲学大纲》第186页)朱注张解意同,但萌芽和种子有区别,萌芽已经冒出地面了,种子则尚在土中。端为后者,即"根于心"者,所以还须存、扩、充。

知皆扩而充之矣:知,从于俞说读顿(《香草校书》卷五十四)。即"智之实,知斯二者弗去是也"之"知",有明白、自觉的意思。"根于心",属于自然状态,人未必能意识到;"知",即"思则得之",意识到心中生来就有的恻隐、羞恶、辞让、是非诸善端,知之时即存,然后才能扩而充之。按:意当断,句可不断。

火之始然:然,燃烧。这个意义后来写作"燃"。承前句"扩而充之",这里有"一旦……必然"的意思。

[译文]孟子说:"每个人都[先天]拥有一种不忍心看到别人[倒霉遭难]的感情。先王因为有了这种对人的同情心,就有了对人同情的政治。凭着同情心去实行同情人的政治,统治天下可以像

在手掌上转动一件小东西[那么轻而易举]。之所以说每个人都[先天]拥有一种不忍心看到别人[倒霉遭难]的感情,[道理就在于:如果]现在有人突然看见一个小孩子要掉到井里去,都会[马上产生]惊恐、痛苦的反应,[都会想方设法去抢救。]这样做,不是为了[借机]和孩子的父母攀交情,不是为了博取乡亲和朋友的赞誉,也不是为了避免见死不救的坏名声。从这里看来,一个人要是没有同情心,就不算是人;没有羞耻心,就不算是人;没有辞让心,就不算是人;没有是非心,就不算是人。同情心是仁的发端,羞耻心是义的发端,推让心是礼的发端,是非心是智的发端。人有这四端,好比他有两手两脚一样,[是与生俱来的。]有这四端却自认为无所作为的人,是自我戕害的人;认为他的国君无所作为的人,是戕害他的国君的人。所有自身具备这四端的人,[一旦]明白,就会把这四端[像气一样]扩大并充满[全身]了。这就会如同火,一旦点燃,[必成熊熊大火;]如同泉水,一旦流出,[必成滔滔巨流。]真的做到使它们充满[每个人的全身],便足以安定天下;如果做不到,就连照顾好父母都困难。"

(七)

孟子曰:"矢人岂不仁于函人哉?矢人唯恐不伤人,函人唯恐伤人。巫、匠亦然,故术不可不慎也。孔子曰:'里仁为美。择不处仁,焉得智!'夫仁,天之尊爵也,人之安宅也。莫之御而不仁,是不智也。不仁、不智、无礼、无义,人役也。人役而耻为役,由弓人而耻为弓,矢人而耻为矢也。如耻之,莫如为仁。仁者如射:射者正己而后发,发而不中,不怨胜己者,反求诸己而已矣。"

〔**注释**〕矢人:制箭的人。

函人:制甲的人。

巫匠:巫,指治病的人。《论语·子路篇》有"巫医",古之巫多通医药。匠,《说文》:"匠,木工也。"这里指做棺材的人。巫者欲人活,匠者欲人死,故云"亦然"。

术:手艺,技艺。上举矢、函、巫、匠,皆为术;下云"择不处仁",这里指择术,即从事某门技艺,或者说选择某种职业。

孔子曰等句:孔子所说的这几句话见《论语·里仁篇》。孔子讲的是居住要选择仁人为邻居,孟子用的只是字面上的意思。

夫仁等句:孟子对孔子那几句话的阐释:天之尊爵、人之安宅,讲仁之美;莫之御而不仁,讲择不处仁。智,在《论语》里为"知",孔子曾回答弟子樊迟关于什么是"知"的问题:"知人"(《颜渊篇》,即了解别人。孟子这里讲的"智",是自知,即认识到仁是上天赋予人的"尊爵""安宅",是人的尊严所在(而非下文所说的"人役")。

不仁等句:从"不仁不智"至"莫如为仁",孙奭疏:"言人之不仁不智者,是无礼无义为人所役者也。既为人所役而耻辱为人所役,是若作弓矢之人不知择术而耻为弓矢也。如耻为人所役,莫若择术而为仁也。以其为仁,则礼义随之而有之矣,虽欲役之,不可得矣。然则仁则荣,不仁则辱,亦此之谓也。"(《孟子注疏》卷第三下)

由:同"犹"。

〔**译文**〕孟子说:"制箭的人难道比制甲的人不仁吗? 制箭的人生怕他的箭伤害不到人,制甲的人生怕他的甲保护不了人。治病的人和做棺材的人也是这样。[人行仁或行不仁,受制于他的职业,]

所以,从事哪一门手艺不可不慎重啊。孔子说:'拥有仁是美好的事情。有所选择而不与仁相处,哪里算得上明智!'这仁,乃是上天赋予的尊贵爵位,人有了它便如同有了安逸的宅邸,[也就有了尊严。]没有什么人阻挡你,你却行不仁之事,这是不明智啊。不仁不智,就会无礼无义,为人所役使。为人所役使而感到耻辱,就好比制弓的人以制弓为耻、制箭的人以制箭为耻一样。如果真以为耻,不如好好行仁。行仁就像比赛射箭:射箭的人先端正姿势然后射出,如果没有射中,不埋怨胜过自己的对手,反过来从自身找原因就是了。"

(八)

孟子曰:"子路,人告之以有过,则喜。禹闻善言,则拜。大舜有大焉,善与人同:舍己从人,乐取于人以为善。自耕稼、陶、渔以至为帝,无非取于人者。取诸人以为善,是与人为善者也。故君子莫大乎与人为善。"

〔注释〕禹闻善言:禹,远古传说中治理洪水的伟大人物。在《尚书》和《诗经》中他是上帝派下来敷布土地的天神,春秋时被塑造成一位伟大的人王,《论语》中排在尧、舜之后。到战国时,被认为是有夏氏的君主。善言,关于仁政、王道的建言。子路闻过则喜,属于个人修养;禹拜善言,是为了发政施仁;舜善与人同,是与所有的人共同为善,一层递进一层。

有:同"又"。

善与人同:黄宗羲:"'善与人同'一句是总意,'舍己从人'以下至'无非取于人者'是释文。'是与人为善者也',结'善与人同'句,犹言大家为善不分彼此也。"(《孟子师说》卷上)使人人为善,即化成天下。

舍己从人:朱注为改过从善之义,高拱认为"未可如此说",句"谓无我也"(《问辨录·孟子》)。曾国藩评价胡林翼:"舍弟谓阁下长处在舍己从人,固不啻舍短而从长,有时并人之短者而亦从之也。"(《曾国藩全集·书信之二》)高义为的,曾义可参。

耕稼陶渔:《史记·五帝本纪》:"舜耕历山,历山之人皆让畔;渔雷泽,雷泽之人皆让居;陶河滨,河滨器皆不苦窳。"

〔译文〕孟子说:"子路,别人给他指出错误,他便高兴。禹听到了有益的建言,他便给人敬礼。伟大的舜做得更好,善于和别人取得一致:舍弃己见,顺从人意,乐于吸取别人的做法行善。从他种庄稼、制陶器、打渔一直到做天子,没有一样做法不是从别人那里吸取来的。从别人那里吸取做法去行善,就是和别人共同行善。所以君子最高的德行,就是和别人共同行善。"

(九)

孟子曰:"伯夷,非其君不事,非其友不友。不立于恶人之朝,不与恶人言;立于恶人之朝,与恶人言,如以朝衣朝冠坐于涂炭。推恶恶之心,思与乡人立,其冠不正,望望然去之,若将浼焉。是故诸侯虽有善其辞命而至者,不受也。不受也者,是亦不屑就已。柳下惠不羞污君,不卑小官;进不隐贤,必以其道;遗佚而不怨,厄穷而不悯。故曰:'尔为尔,我为我,虽袒裼裸裎于我侧,尔焉能浼我哉!'故由由然与之偕而不自失焉,援而止之而止。援而止之而止者,是亦不屑去已。"孟子曰:"伯夷隘,柳下惠不恭。隘与不恭,君子不由也。"

〔注释〕**坐于涂炭**:《尚书·仲虺之诰》:"有夏昏德,民坠涂炭。"正义:"夏桀昏乱,不恤下民之危险,若陷泥坠火无救之者。"这里的"坐"义即"陷""坠"。涂,泥。炭,炭火。

望望然:赵岐:"惭愧之貌也。"有不与为伍之意。

浼:音美(měi),玷污。《说文》:"污也。"

善其辞命而至:指派人以良好待遇来聘请。辞命,传辞达命,指使者。

不屑就已:屑,清洁。赵岐:"絜也。"指伯夷认为诸侯行为不义而不接受。

柳下惠:鲁国大夫,本名展获,字禽,号柳下,谥惠。又见《万章章句下》第一章。

袒裼裸裎:裼音锡(xī)。裎音程(chéng)。朱熹:"袒裼,露臂也。裸裎,露身也。"

由由然:朱熹:"由由,自得之貌。"

君子不由:君子,或认为乃孟子自指。于鬯认为指孔子。他说:"孟子每言夷、惠诸人,率终及于孔子。此亦以孔子断二人。"(《香草校书》卷五十四)按:无碍于孟子自指。张履祥:"伯夷'非其君不事,非其民不使',其流可以至于为我。伊尹'治亦进,乱亦进',其流可以至于兼爱。柳下惠'尔为尔,我为我,虽袒裼裸裎于我侧,尔焉能浼我哉',其流可以至于同乎流俗,合乎污世。故曰:'君子不由。'畏其失也。"(《杨园先生全集》第759页)张说可参。但孟子这里没有说到伊尹,而见于本篇第二章、《万章章句下》第一章。文廷式："孟子任事之勇，救世之笃，实似伊尹，故篇中屡屡及之。"（《文廷式集》第 1473 页）文说有理。

〔**译文**〕孟子说："伯夷，不属于自己的国君不去服事，不属于自己一类的人不去结交。〔就是自己的国君，如果是个恶人，〕也不会到他的朝堂上去供职，不会和他交谈。〔在他看来，〕在恶人的朝堂上供职，和恶人交谈，如同穿戴着上朝的礼服礼帽陷进泥坑里或掉到火坑里一样。这种厌恶恶人的心理扩大起来，就连想到与乡亲站在一起，若对方的帽子戴得不正，他也不舒服，要离开，好像自己会沾上邪恶似的。所以各国君主虽然有派人以良好待遇来招致他的，他也不接受。他不接受的原因，就是不愿意同流合污而已。柳下惠却不以服事不良国君为可耻，不以官职小为卑下；做官就尽量发挥自己的才能，一定坚持自己的追求。不被使用，也不抱怨；生活困难，也不发愁。所以他说：'你做你的，我做我的，你就是在我身边赤身露体，又哪里能影响得了我呢？'所以〔无论什么人，〕他都高高兴兴地与之相处，又不失去自己的追求。需要他，叫他留住，他就留住。叫他留住就留住，就是因为他不会因对方不良而离去。"孟子又说："伯夷不开阔，柳下惠不庄重。不开阔和不庄重，君子不这样做。"

卷四 公孙丑章句下

（一）

孟子曰：“天时不如地利，地利不如人和。三里之城，七里之郭，环而攻之而不胜。夫环而攻之，必有得天时者矣，然而不胜者，是天时不如地利也。城非不高也，池非不深也，兵革非不坚利也，米粟非不多也，委而去之，是地利不如人和也。故曰：域民不以封疆之界，固国不以山谿之险，威天下不以兵革之利。得道者多助，失道者寡助。寡助之至，亲戚畔之；多助之至，天下顺之。以天下之所顺，攻亲戚之所畔，故君子有不战，战必胜矣。”

〔注释〕天时：这里不是单纯指风雨寒暑等自然天象之宜，而是所观天象见吉。《周礼·春官·大史》“大师抱天时”贾疏：“天时，谓天文见时候者。”下文“夫环而攻之，必有得天时者矣”，钱穆释之云：“此古人行军迷信，谓每日每时，各有其宜背宜向之方，今环而攻之，则四面必有一处合天时之善者也。”（《四书释义》第152页）

地利：指下文高城、深池、坚革、利兵及多米粟之类。

人和：即得民心，民愿意与统治者共存亡，而不是“委而去之”（从字面上说，“委而去之”是指弃城逃走，亦含有百姓弃统治者而去之义）。

域：限制。

谿：同"溪"。

〔**译文**〕孟子说："天时不如地利，地利不如人和。譬如一座城邑，每边长三里，它的外城每边长七里，[敌军]团团围住攻打，却不能取胜。这样团团围住攻打，必定有合乎天时的攻击点位，但是却不能取胜，这就是天时不如地利了。[守城方面呢，]城墙还是那么高，护城河还是那么深，兵器和甲胄还是那么锐利和坚牢，粮食还是那么多，[最终却]弃城逃走，这就是地利不如人和了。所以说，限制百姓不是靠国家的疆界，巩固国防不是靠山川的险阻，威慑天下不是靠武器的锐利。行仁政的人，帮助他的人就多；不行仁政的人，帮助他的人就少。帮助他的人少到极点，连亲戚都反对他；帮助他的人多到极点，全天下的人都向着他。以全天下都向着他的力量，去攻打连亲戚都反对的人，那么，君子要么不开战，开战就必然胜利。"

（二）

孟子将朝王。王使人来，曰："寡人如就见者也，有寒疾，不可以风。朝将视朝，不识可使寡人得见乎？"

对曰："不幸而有疾，不能造朝。"

明日，出吊于东郭氏。公孙丑曰："昔者辞以病，今日吊，或者不可乎？"

曰："昔者疾，今日愈，如之何不吊？"

王使人问疾，医来。孟仲子对曰："昔者有王命，有采薪之忧，不能造朝。今病小愈，趋造于朝，我不识能至否乎？"

使数人要于路，曰："请必无归，而造于朝！"

不得已而之景丑氏宿焉。

景子曰："内则父子，外则君臣，人之大伦也。父子主恩，君臣主敬。丑见王之敬子也，未见所以敬王也。"

曰："恶！是何言也！齐人无以仁义与王言者，岂以仁义为不美也？其心曰'是何足与言仁义也'云尔，则不敬莫大乎是。我非尧舜之道，不敢以陈于王前，故齐人莫如我敬王也。"

景子曰："否，非此之谓也。《礼》曰：'父召，无诺；君命召，不俟驾。'固将朝也，闻王命而遂不果，宜与夫《礼》若不相似然。"

曰："岂谓是与？曾子曰：'晋楚之富，不可及也。彼以其富，我以吾仁；彼以其爵，我以吾义，吾何慊乎哉？'夫岂不义而曾子言之？是或一道也。天下有达尊三：爵一，齿一，德一。朝廷莫如爵，乡党莫如齿，辅世长民莫如德。恶得有其一以慢其二哉？故将大有为之君，必有所不召之臣，欲有谋焉，则就之。其尊德乐道，不如是，不足与有为也。故汤之于伊尹，学焉而后臣之，故不劳而王；桓公之于管仲，学焉而后臣之，故不劳而霸。今天下地丑德齐，莫能相尚，无他，好臣其所教，而不好臣其所受教。汤之于伊尹，桓公之于管仲，则不敢召。管仲且犹不可召，而况不为管仲者乎？"

〔**注释**〕**如**：本想。赵岐："寡人如就见者,若言就孟子之馆相见也。"焦循据《尔雅·释诂》"图、如、猷,谋也"及《释言》"猷,图也"云："寡人如就见者也,即寡人图就见者也。"

朝将视朝：朝,均读为"朝见"之"朝"。赵岐："倘可来朝,欲力疾临视朝,因得见孟子也。"阎若璩："朝将视朝,上'朝'字当读住,齐王以孟子肯来朝,方视朝,不然,仍以疾罢,语颇婉切。"赵、阎训释颇精到。于此可见齐王称疾乃实情。从下文公孙丑说孟子"辞以病"的语气中,也可体会这样的意思。按:意当断,句可不断。

造：前往。

东郭氏：赵岐："齐大夫家也。"

昔者：以前。这里指昨日。

或者：大概。

孟仲子：赵岐："孟子之从昆弟,学于孟子者也。"

采薪之忧：疾病的委婉说法。

要：读邀(yāo),拦截。

景丑氏：齐国大夫。

恶：音乌(wū),叹词。

父召,无诺；君命召,不俟驾：节引当时熟语。《论语·乡党篇》："君命召,不俟驾行矣。"郑玄注："急趋君命也,行出而车驾从之也。"《礼记·曲礼》："父召无诺,先生召无诺,唯而起。"郑玄注："应辞唯恭于诺。"父召,当面召唤。与"君命召"微别。无诺,来不及答应,或不需要答应,只需起身承应,就像"不俟驾行矣"一样。《曲礼》注可能有误。

果：实现。不果，这里指没有去朝见。

宜：王引之："家大人曰：宜，犹'殆'也。"（《经传释词》卷五）

慊：音浅（qiǎn），少。

是或一道也：朱熹："是或别有一种道理也。"

达：通达。这里指公认。

丑：相同。这里指差不多。

而况不为管仲者乎：《公孙丑章句上》第三章：孟子曰："管仲，曾西之所不为也，而子为我愿之乎？"

〔译文〕孟子准备去朝见齐王。恰巧齐王派来个人，传话说："我本打算来看望您的，但是感冒了，不能吹风。若是您到朝廷来，我一定到朝堂上看望您，不知道能使我看到您吗？"

孟子回答说："我也不幸生病了，不能到朝廷里去。"

第二天，孟子要到东郭大夫家里去吊丧。公孙丑说："昨天以有病为托辞，今天却去吊丧，大概不可以吧？"

孟子说："昨天生了病，今天好了，为什么不可以去吊丧呢？"

齐王打发人来问候孟子的病情，并且有医生一起来。孟仲子应付说："昨日王有命令来，先生他身体不舒服，不能奉命上朝。现在病好了些，就急忙上朝去了，我不晓得是不是已经到了？"

［孟仲子于是］派出好几个人分别在路上拦截孟子，说："您一定不要回家，要赶快上朝去。"

孟子没有办法，只得跑到景丑氏家里借宿。

景子说："家里的父子关系，社会上的君臣关系，是人类最重要的关系。父子之间以恩情为主，君臣之间以尊敬为主。我只看见王对您的尊敬，却没有看见您对王是怎么尊敬的。"

孟子说："呀！这是什么话！齐国的人没有拿仁义的道理向王

进言的，难道认为仁义不好吗？他们心里却在说'这个王哪里够得上和他谈论仁义'这样的话。要说不尊敬，没有比这更厉害的了。我呢，不是尧舜之道不敢在王面前陈述，所以齐国的人没有一个比我更尊敬王的了。"

景子说："不，我说的不是这个。《礼经》说：'父亲召唤，还没答应[就起身]；国君传命召见，不等马车驾好[就先走]。'本来就要去朝见，听到王的召见反而不去了，好像和那《礼经》上说的不那么符合。"

孟子说："难道说的是这个意思吗？曾子说过：'晋国和楚国的富有，[是别人]不可企及的。[但是，]它倚仗它的财富，我凭借我的仁；它倚仗它的爵位，我凭借我的义。我有什么不如它的呢？'难道曾子说的话没有道理吗？这或许别是一种意思。天下公认尊贵的东西有三样：爵位、年齿、德性。朝廷里头，最讲究的是爵位；乡里乡亲，最讲究的是年齿；有益世道、滋养百姓，最重要的是德性。怎么能倚仗爵位来轻视年齿和德性呢？所以一个将要大有作为的君主，必定有他不能召见的臣子，有什么事情要商量，就亲自前去请教。尊尚德性并且乐行其道，如果不这样，便不足以和他有所作为。因此，商汤对于伊尹，先学习，然后使之辅佐自己，于是乎没有过多劳神费力而平治天下。桓公对于管仲，也是先学习，然后使之辅佐自己，于是乎没有过多劳神费力而称霸天下。现今各个大国，土地大小差不多，治国风格都相似，谁也不比谁强，没有别的缘故，[正是因为国君]喜欢使用听从他的教导的人，而不喜欢使用能够教导他的人。商汤对于伊尹，桓公对于管仲，就不敢呼来唤去的。管仲尚且不可以呼来唤去，何况连管仲都不愿做的人呢？"

（三）

陈臻问曰:"前日于齐,王馈兼金一百而不受;于宋,馈七十镒而受;于薛,馈五十镒而受。前日之不受是,则今日之受非也;今日之受是,则前日之不受非也。夫子必居一于此矣。"

孟子曰:"皆是也。当在宋也,予将有远行,行者必以赆。辞曰:'馈赆。'予何为不受? 当在薛也,予有戒心。辞曰:'闻戒,故为兵馈之。'予何为不受? 若于齐,则未有处也。无处而馈之,是货之也。焉有君子而可以货取乎?"

〔注释〕**陈臻**:赵岐:"孟子弟子。"

王馈兼金一百:王,指齐威王。钱穆:"齐王馈兼金一百,孟子以谓未有处而不受,此必威王之时,孟子犹未仕齐也。若至宣王世,孟子致为臣而归,而宣王馈金以赆行,则君臣之间,又何云无处而馈哉?"(《先秦诸子系年·孟子在齐威王时先已游齐考》)馈,赠送。兼金,上好的铜料。铜是当时贵重的金属。赵岐:"兼金,好金,其价兼倍于常者,故谓之兼金。"一百,一百镒。二十两为一镒。

薛:齐国靖郭君田婴的封地,在今山东省滕州市南。

赆:音进(jìn),赠送远行人的财物。

戒心:防范危险的打算。赵岐:"戒,有戒备不虞之心也。时有恶人欲害孟子,孟子戒备。"

未有处:处,据有,接受。义同《论语·里仁篇》"富与贵,是人之所欲也,不以其道得之,不处也"之"处"。句意谓没有占有的理由。赵岐:"我在齐时无事,于义未有所处也。"

货:收买。

〔**译文**〕陈臻问道:"往日在齐国,齐王赠送您上好的铜一百镒,您不接受;后来在宋国,宋君赠送您七十镒,您却接受了;在薛地,薛君赠送您五十镒,您也接受了。如果往日的不接受是正确的,那么今天的接受便是错误的;今天的接受是正确的,那么往日的不接受便是错误的。您在两者之中,肯定有一个错误。"

孟子说:"都是正确的。当在宋国时,我正要远行,通常对远行的人总要送些盘缠,宋君说:'送点盘缠。'我有什么理由不接受?当在薛地时,有危险迹象需要我防范,薛君说:"听说有危险要防范,送点买兵器的钱物。"我有什么理由不接受?至于在齐国,就没有据为己有的理由了。没有理由却要送我财物,这等于收买我哩。哪里有正人君子可以被收买的呢?"

(四)

孟子之平陆,谓其大夫曰:"子之持戟之士,一日而三失伍,则去之否乎?"

曰:"不待三。"

"然则子之失伍也亦多矣。凶年饥岁,子之民,老羸转于沟壑,壮者散而之四方者,几千人矣。"

曰:"此非距心之所得为也。"

曰:"今有受人之牛羊而为之牧之者,则必为之求牧与刍矣。求牧与刍而不得,则反诸其人乎?抑亦立而视其死与?"

曰:"此则距心之罪也。"

他日,见于王曰:"王之为都者,臣知五人焉。知其罪者,惟孔距心。"为王诵之。

王曰:"此则寡人之罪也。"

〔注释〕平陆:齐国边境邑名,毗邻鲁国,在今山东省汶上县北。

持戟之士:依阎若璩说,为大夫的卫士(《四书释地》)。戟,一种兵器,合戈矛为一体,可以直刺和横击。

失伍:值班时不在岗位。

去:开除。阎若璩引郝京山:"伍,班次也。失伍,不在班也。去之,罢去也。"(同上书)

几千人:几乎有一千人。几,读平声(jǐ),几乎。

此非距心之所得为:距心,大夫名。所得为,所能做到。这里有推托责任的意思,所以赵岐注云:"曰此乃齐王之大政,不肯赈穷,非我所得专为也。"从后文该大夫知罪来看,其时之边邑大夫,职掌重点在武备,不免疏于民事。又从《梁惠王章句下》第十二章来看,赈穷的职权和资源在国君手上,但具体负责的官员("有司")要及时报告有关情况。

牧:牧地。

王之为都者,臣知五人焉:杨宽:"齐未设郡,而有五都之制。除中央有国都临淄以外,四边设有四都。平陆在今山东汶上县北,为其西南之都。高唐在今山东高唐与禹城之间,为其西北之都。即墨在今山东平度东南,为其东方之都。莒在今山东莒县,为其南边之都。五都设有常备兵防守,称为'技击'或称为'持戟之士',合称为'五都之兵'或'五家之兵',为齐国军队之主力。五都均置有大夫,为行政与军事长官。"(《战国史料编年辑证》第566至567页)

诵:陈述。

〔译文〕孟子到了平陆,对当地的长官说:"如果给您放哨站岗的卫士,一天三次擅离职守,您开除他吗?"

答道:"不必等到三次。"

孟子于是说:"那么,您自己失职的地方也很多啊。在发生灾荒的年头,您的老百姓,年老体弱的死在了山沟荒野之中,年轻力壮的逃难到四面八方,已有将近千人了。"

答道:"这个事情不是距心我所能做到的。"

孟子说:"〔假如〕现在有一个人,接受别人的牛羊而替人放牧,就一定要为牛羊寻找牧场和草料啊。如果牧场和草料都找不到,那么,是把牛羊退回原主呢,还是站在那里看着牛羊饿死呢?"

答道:"这就是距心的罪过了。"

后来,孟子朝见齐王,说:"王的五都长官,我都认识了。明白自己有罪过的,只有孔距心。"接着向齐王陈述了和孔距心的谈话。

齐王说:"这却是我的罪过呢!"

（五）

孟子谓蚳鼃曰:"子之辞灵丘而请士师,似也,为其可以言也。今既数月矣,未可以言与?"

蚳鼃谏于王而不用,致为臣而去。

齐人曰:"所以为蚳鼃,则善矣;所以自为,则吾不知也。"

公都子以告。

曰:"吾闻之也:有官守者,不得其职则去;有言责者,

不得其言则去。我无官守,我无言责也,则吾进退,岂不绰
绰然有余裕哉?"

〔注释〕蚔鼃:音池蛙(chí wā),赵岐:"齐大夫。"

灵丘:齐国边境邑名。一说在今山东省聊城市,一说靠近今滕
州市。

似也:朱熹:"言所为近似有理。"

公都子:赵岐:"孟子弟子也。"

致为臣而去:致,交出,归还。句意即辞官离开。

绰绰然:宽松的样子。

〔译文〕孟子对蚔鼃说:"你辞去灵丘的地方长官,请求担任治
狱官,似乎有道理,因为这样可以向齐王进言。现在,已经过去几个
月了,还不可以向齐王进言吗?"

蚔鼃向齐王进谏,不被采纳,于是辞去官职离开了。

齐国有人议论说:"孟子提醒蚔鼃,是对的。他自己怎么做,那
我就不知道了。"

公都子把这话告诉孟子。

孟子说:"我听说过这样的话:负责政事的人,如果不能履行自
己的职责,便应该离开;有进言责任的人,如果自己说的话用不上,
也应该离开。我既不负责政事,又没有进言的责任,那我的进和退,
难道不是轻轻松松有很大的余地吗?"

(六)

孟子为卿于齐,出吊于滕,王使盖大夫王驩为辅行。
王驩朝暮见,反齐滕之路,未尝与之言行事也。

公孙丑曰:"齐卿之位,不为小矣;齐滕之路,不为近矣。反之,而未尝与言行事,何也?"

曰:"夫既或治之,予何言哉?"

〔注释〕卿:客卿,地位在大夫之上,但没有固定的职责,即上章孟子所言"我无官守,我无言责也"。孟子未尝与王驩言行事,是因为对方已经把事情办了,他所处的只是一个荣誉职位。

出吊于滕:前往滕国吊丧。当是吊滕文公之丧。这种事,本来王驩代表就行了,派孟子前往,主要考虑他与滕文公的交情。从叙述的语气看,可能是孟子自己提出要去的。

盖大夫王驩为辅行:盖,音葛(gě),齐国邑名,故城在今山东省沂水县西北。王驩,赵岐:"齐之谄人,有宠于王,后为右师。"辅,副使。

行事:出使之事。

或:赵岐:"有也。"

〔译文〕孟子在齐国为卿,到滕国去吊丧,齐王派盖邑大夫王驩作为副使一同前往。王驩和孟子朝夕相处,从齐国到滕国一个来回,孟子却没有和他谈论过出使的事儿。

公孙丑问道:"齐国卿的职位,不算小了;齐、滕两国间的路程,不算近了;走了个来回,却不曾和王驩谈论过出使的事儿,为什么呢?"

孟子说:"那人既然已经把事情都办了,我还说什么呢?"

(七)

孟子自齐葬于鲁,反于齐,止于嬴。

充虞请曰:"前日不知虞之不肖,使虞敦匠。事严,虞不敢请。今愿窃有请也:木若以美然?"

曰:"古者棺椁无度,中古棺七寸,椁称之。自天子达于庶人,非直为观美也,然后尽于人心。不得,不可以为悦;无财,不可以为悦。得之为有财,古之人皆用之,吾何为独不然?且比化者无使土亲肤,于人心独无恔乎?吾闻之也:君子不以天下俭其亲。"

〔注释〕**自齐葬于鲁**:赵岐注谓"孟子仕于齐,丧母,归葬于鲁",但本文并没有指明丧者是谁。末句之"亲",可以指父亲和母亲,但也没有指明就是母亲。可能赵岐是根据《梁惠王章句下》第十六章"后丧逾前丧"而推的,详该章注释。钱穆认为孟子丧母归葬于鲁,当在齐威王时。详见《先秦诸子系年·鲁平公见孟子考》。

止于嬴:嬴,齐国邑名,故城在今山东省莱芜市西北。孟子反齐止嬴事,历来有不同的解释。顾炎武认为"言葬而不言丧,此改葬也","事毕而除,故反于齐,止于嬴,而充虞乃得承间而问"(《日知录》卷七)。

充虞:赵岐:"孟子弟子。"

敦匠:敦,督促,管理。匠,木匠,指棺椁制作事。

事严:事,丧事。严,急迫。

木若以美然:木,棺木。若,似乎。朱熹:"以、已通。以美,太美。"

度:朱熹:"厚薄尺寸也。"

中古:朱熹:"周公制礼时也。"

尽于人心:尽了作为一个人的心。指出自人的本心,合乎人的本性。

　　不得：意为做不到"棺七寸，椁称之"。对应于下文"有财"，此指主观不得，即不是因为财力问题。当然也不是因为赵岐所解释的"谓法制所不当得"。

　　且比化者无使土亲肤：且，况且。比，音避（bì），犹至。化，变化。指死者的躯体发生变化。焦循："化虽有死训，而不言死言化者，以形体变化言也。"无，毋。亲，挨着。句意谓由于棺椁足够厚实，到死者躯体朽化时，都不会让泥土挨着肌肤。赵岐："棺椁敦厚，比亲体之变化，且无令土亲肌肤，于人子之心，独不快然无所恨乎？"

　　恔：音效（xiào），快慰。

　　〔**译文**〕孟子从齐国到鲁国安葬母亲，又回到齐国，到了嬴邑，停了下来。

　　充虞请问道："当时承您看得起我，派我负责棺椁制作。事情很急迫，我不敢请教。今天想冒昧地问一下：棺椁是不是太好了？"

　　孟子说："上古棺椁没有什么讲究，中古棺厚七寸，椁要与棺相称。从天子一直到老百姓，〔讲究棺椁厚实，〕不只是为了看着好，而是这样做了，才尽了人的心。没有努力去做，心里就会不痛快；〔努力做了〕却没有财力做到，心里还是会不痛快。既能努力到位，财力又允许，古代的人都这样做，我为何偏偏不这样呢？况且人在地下再怎么变化，都不能让泥土挨着肌肤，对于人心来说，难道不是可以带来一些宽慰吗？我听说过：一个君子，无论如何都不应当在父母的丧事上省钱。"

（八）

　　沈同以其私问曰："燕可伐与？"

孟子曰:"可。子哙不得与人燕,子之不得受燕于子哙。有仕于此,而子悦之,不告于王而私与之吾子之禄爵;夫士也,亦无王命而私受之于子,则可乎? 何以异于是!"

齐人伐燕。或问曰:"劝齐伐燕,有诸?"

曰:"未也。沈同问,燕可伐与? 吾应之曰,可。彼然而伐之也。彼如曰,孰可以伐之? 则将应之曰,为天吏则可以伐之。今有杀人者,或问之曰,人可杀与? 则将应之曰,可。彼如曰,孰可以杀之? 则将应之曰,为士师则可以杀之。今以燕伐燕,何为劝之哉?"

〔注释〕沈同:赵岐:"齐大臣。"

仕:做官,这里指想做官的人。

以燕伐燕:朱熹:"言齐无道与燕无异,如以燕伐燕也。"齐伐燕事,见《梁惠王章句下》第十章、第十一章。

〔译文〕沈同以私人身份问道:"燕国可以讨伐吗?"

孟子说:"可以。燕王子哙不该把国家让给别人,子之不该从子哙那里接受燕国。假如有一人想做官,而你对他有好感,于是不向国君请示就私自把自己的俸禄和爵位送给他;那个人呢,也不经过国君的任命就私自从你这里接受俸禄和爵位,这样行吗? 这与子哙和子之将燕国私相授受有什么不同!"

齐国[不久]讨伐了燕国。[事后]有人问孟子道:"您曾劝说齐国讨伐燕国,有这回事儿吗?"

孟子说:"没有。沈同曾经问我燕国是否可以讨伐,我回答说可以。他们就这样去讨伐燕国。他如果问谁可以讨伐燕国,那我便会回答说,只有天吏才可以去讨伐。这就好比有一个杀人犯,如果有人问这个人是否该杀,那我便会回答说该杀;他如果问谁可以杀他,我便会回答说,只有治狱官才可以杀他。如今一个与燕国一样的国家去讨伐燕国,我为什么要去劝说呢?"

(九)

燕人畔。王曰:"吾甚惭于孟子。"

陈贾曰:"王无患焉。王自以为与周公孰仁且智?"

王曰:"恶!是何言也!"

曰:"周公使管叔监殷,管叔以殷畔。知而使之,是不仁也;不知而使之,是不智也。仁智,周公未之尽也,而况于王乎?贾请见而解之。"

见孟子,问曰:"周公何人也?"

曰:"古圣人也。"

曰:"使管叔监殷,管叔以殷畔也,有诸?"

曰:"然。"

曰:"周公知其将畔而使之与?"

曰:"不知也。"

"然则圣人且有过与?"

曰:"周公,弟也;管叔,兄也。周公之过,不亦宜乎?且古之君子,过则改之;今之君子,过则顺之。古之君子,其过也,如日月之食,民皆见之;及其更也,民皆仰之。今之君子,岂徒顺之,又从为之辞。"

〔注释〕燕人畔:畔,通"叛",背叛。齐国攻占燕国后,欲吞并之,引起燕人不满,由欢迎变为反抗。赵国乘机将燕公子职送回燕国,立为燕王,即燕昭王。齐国从燕国退兵。

吾甚惭于孟子:孟子曾劝齐宣王"速出令,反其旄倪,止其重器,谋于燕众,置君而后去之"(《梁惠王章句下》),宣王未听。

陈贾:赵岐:"齐大夫也。"

周公使管叔监殷:据《史记·管蔡世家》,周武王灭殷后,封弟弟叔鲜和叔度于管和蔡,监督商纣王的儿子武庚禄父,治理殷的遗民。

管叔以殷畔:据《史记·管蔡世家》,武王灭殷后不久就去世了,继位的成王年幼,周公摄政,管叔和蔡叔怀疑周公篡位,便和武庚一起作乱。周公以成王的名义进行讨伐,杀了武庚和管叔,将蔡叔放逐。

民皆仰之:仰,抬头望。含有盼望、敬仰的意思。《论语·子张篇》:"君子之过也,如日月之食焉。过也,人皆见之;更也,人皆仰之。"《论》《孟》的话几乎是一样的,不同者,孔子曰"人",贵族也;孟子曰"民",老百姓也。时代不同了。

〔译文〕燕人反抗齐国占领。齐宣王说:"我对于孟子感到很惭愧。"

陈贾说:"大王不要忧虑。大王自以为与周公相比,哪个更仁?哪个更智?"

齐宣王说:"呀! 这是什么话!"

陈贾说:"周公使管叔监督殷人,管叔却和殷人一起作乱。如果周公有预见还派管叔去,便是不仁;如果未能预见而派管叔去,便是不智。仁和智,周公都没有完全做到,何况您呢? 请让我去见见孟子,解释解释这件事。"

陈贾去见孟子,问道:"周公是怎样的人?"

答道:"古时候的圣人啊。"

又问:"他使管叔监督殷人,管叔却和殷人一起作乱,有这回事儿吗?"

答道:"有的。"

又问:"周公预见管叔将会作乱而派他去的吗?"

答道:"周公不曾预见到。"

陈贾说:"这样说来,圣人也是会犯错的?"

孟子说:"周公是弟弟,管叔是兄长,周公犯这样的错,不也是在情理之中的吗?而且,古代的君子,有了过错就改正;今天的君子,有了过错竟将错就错。古代的君子,他犯了错,就如同日食月食一般,老百姓个个都看到;当他改正的时候,老百姓个个都仰望。今天的君子,何止将错就错,还为这错儿找回护的说辞。"

(十)

孟子致为臣而归。王就见孟子,曰:"前日愿见而不可得。得侍同朝,甚喜。今又弃寡人而归,不识可以继此而得见乎?"

对曰:"不敢请耳,固所愿也。"

他日,王谓时子曰:"我欲中国而授孟子室,养弟子以万钟,使诸大夫、国人皆有所矜式。子盍为我言之。"

时子因陈子而以告孟子。

陈子以时子之言告孟子,孟子曰:"然,夫时子恶知其不可也?如使予欲富,辞十万而受万,是为欲富乎?季孙曰:'异哉子叔疑! 使己为政,不用,则亦已矣,又使其子弟为卿。人亦孰不欲富贵? 而独于富贵之中有私龙断焉。'古之为市也,以其所有易其所无者,有司者治之耳。有贱丈夫焉,必求龙断而登之,以左右望而罔市利。人皆以为贱,故从而征之。征商自此贱丈夫始矣。"

〔注释〕致为臣而归:致,归还。指辞去。为臣,为齐王臣。归,返乡。指打算回老家。赵岐注谓"辞齐卿而归其室",是说孟子辞职后还未离开齐国。从下文齐王说"前日愿见而不可得"来看,孟子已经有一段时间没有见到齐王了,故朱熹注谓"孟子久于齐而道不行,故去也"。孟子去齐之时,当在齐国伐燕、燕人叛之后。

愿见而不可得:这是齐王推托的话。愿见,很想见。不可得,因为某种客观原因比如忙别的什么事情而见不到。

得侍同朝,甚喜:这句话是齐王的客气话。侍,陪侍,含敬贤义。孔广森:"得侍同朝者,谦辞。言与孟子得为君臣而同朝也。"(《经学卮言》卷五)

他日:过了几天。齐王的话使孟子有所希冀,还没有离开。

时子:赵岐:"齐臣也。"

中国:中,中央,中心地带。国,国都。

养弟子以万钟:万钟,陈戴为齐国世臣,"盖禄万钟"(《滕文公章句下》第十章),"疑万钟是齐国卿禄之常额,养之以万钟,即是使之为卿"。"盖齐王之意,以为孟子即不欲仕,吾将用其弟子中贤者,养之以万钟之禄,使孟子得以安居齐国,而诸大夫、国人有所矜式也"(俞樾《群经平议》卷三十二)。齐王对待孟子是一种欲留又不欲留的心态。授其室,是一般性地供养起来;养弟子以万钟,是使一名弟子继为卿职,受常俸(而非十万之优隆)。这种安排,显然不甚合理,故齐王派时子去给孟子说,时子又托陈子传话。

使诸大夫、国人皆有所矜式:矜式,郑重地效法。赵岐:"矜,敬也。式,法也。"这句话道出了齐王欲留不留孟子的用心。他是担心孟子辞官会影响到诸大夫和国人。

陈子:赵岐:"孟子弟子陈臻。"

季孙曰:赵岐注说季孙、子叔是孟子的弟子,朱熹注谓不知何时人。按:季孙说子叔为政(执政),又说子叔使其子弟为卿,孟子似是拿春秋时鲁国执政的三桓(季孙、叔孙、孟孙,这里涉及两家)说事儿。有人说孟子乃"鲁公族孟孙之后"(《孟子题辞》),这里透出一点信息。

龙断:龙同"垄"。垄断,把持或独占。下文"求龙断而登之",则据集市现场而言。孙奕:"龙断者,冈垄断而崛起之小山也。四顾无碍,可左右望而见其商旅负贩之来者,以罗取一市之利。"(《履斋示儿编》卷六)

治之耳:只是维持集市秩序而已。治,"乱"之反,维持秩序。赵岐:"古者市置有司,但治其争讼,不征税也。"

丈夫:成年男子。

〔译文〕孟子辞去官职准备回老家。齐宣王去看望孟子,说:"前些日子很想见到您,机会不凑巧。能够同朝共事,我很高兴。现在您却要扔下我回老家,不知道以后可以再见面吗?"

答道:"不敢有奢望,本来就是我的心愿。"

过了几天,齐宣王对时子说:"我想在国都的中心位置给孟子一幢房子,让他的弟子享有万钟粟米的俸禄,使各位大夫和国都人民都有学习的榜样。你何不把我这意思向孟子谈谈。"

时子便托陈子把宣王的话转告孟子。

陈子把时子说的话告诉孟子,孟子说:"嘿,那时子哪知道这事儿做不得呢? 如果我想发财,辞掉十万钟的俸禄而接受这一万钟的赐予,这是想发财吗? 季孙说过:'奇怪呀子叔疑! 自己执掌朝政,到了退休的时候,就去休息好了,却还要让他的儿子和兄弟来做卿大夫。哪个人不想升官发财? 他却偏偏想把升官发财自家垄断起来。'〔什么叫垄断呢?〕古时候做买卖,是拿自家有的东西交换自家没有的东西,集市管理者只是维持一下秩序而已。却有一个卑鄙的男子,一定要找个制高点登上去,好掌握集市动态,把所有好做的买卖一网打尽。人们都以为这人卑鄙,因此抽他的税。向商人抽税,就是从这个卑鄙的男子开始的。"

(十一)

孟子去齐,宿于昼。

有欲为王留行者,坐而言。不应,隐几而卧。客不悦,曰:"弟子齐宿而后敢言,夫子卧而不听,请勿复敢见矣。"

曰:"坐! 我明语子。昔者鲁缪公无人乎子思之侧,则不能安子思;泄柳、申详无人乎缪公之侧,则不能安其身。子为长者虑而不及子思,子绝长者乎? 长者绝子乎?"

〔注释〕昼:赵岐:"齐西南近邑也。"其地在临淄西南,为孟子回邹国的一站。

坐而言:赵岐:"危坐而言,留孟子之言也。"危坐,双膝着地、挺直腰杆的坐姿。下一"坐"字,是招呼对方坐下来。从上下文看,对方因孟子不理他,站起来准备离开。

隐几:隐,读去声(yìn),倚靠。几,矮桌子。古人席地而坐,故用几。

齐宿:齐,同"斋",斋戒。这里是虔敬的意思。宿,通"肃",恭敬(俞樾说,见《群经平议》卷三十二)。有人训为"先一日斋戒"。从这位想帮齐王挽留孟子的人被称为"客"来看,他不是本地人,也当是追赶孟子而来的人,似不会发生"先一日斋戒"的行为。

鲁缪公无人乎子思之侧:鲁缪公,即鲁穆公,名显,战国前期鲁国国君,前408-前375年在位。子思,孔子的孙子,名伋。无人乎……之侧,和……在一起。这里"人"指鲁缪公。这一句指鲁缪公主动和子思在一起,才能留住子思。这是孟子认为齐王应该有的对他的态度。

泄柳、申详无人乎鲁缪公之侧:泄柳,即《告子章句下》第六章之子柳,鲁缪公时的贤人。申详,据《礼记·檀弓》郑注,为孔子学生子张的儿子、子游的女婿。这一句指泄柳、申详要主动靠拢鲁缪公才能安身。这是孟子认为齐王不应该有的对他的态度,也是他要走的原因。

〔译文〕孟子离开齐国,在昼邑过夜。

有一位想为齐王挽留孟子的人,恭恭敬敬地坐在那里进行劝说。孟子不理他,靠着桌子打瞌睡。那人很不高兴,说:"在下怀着对您的敬意才大胆进言,先生却打瞌睡不理我,那就再也不敢同您见面了。"〔说着,起身要走。〕

孟子说:"坐下来! 我明明白白地告诉您是怎么回事儿。当年鲁缪公如果不和子思在一起,就留不住子思;泄柳、申详如果不和鲁缪公在一起,就无法自己安身。您为我这个老头子考虑,还达不到子思的待遇,是您跟我断绝呢? 还是我跟您断绝呢?"

（十二）

孟子去齐。尹士语人曰:"不识王之不可以为汤、武,则是不明也;识其不可,然且至,则是干泽也。千里而见王,不遇故去,三宿而后出昼,是何濡滞也? 士则兹不悦。"

高子以告。

曰:"夫尹士恶知予哉? 千里而见王,是予所欲也;不遇故去,岂予所欲哉? 予不得已也。予三宿而出昼,于予心犹以为速,王庶几改之! 王如改诸,则必反予。夫出昼,而王不予追也,予然后浩然有归志。予虽然,岂舍王哉! 王由足用为善;王如用予,则岂徒齐民安,天下之民举安。王庶几改之! 予日望之! 予岂若是小丈夫然哉? 谏于其君而不受,则怒,悻悻然见于其面,去则穷日之力而后宿哉?"

尹士闻之,曰:"士诚小人也。"

〔注释〕尹士:赵岐:"齐人也。"

干泽:赵岐:"干,求也。泽,禄也。"

濡滞:磨磨蹭蹭。朱熹:"濡滞,迟留也。"

兹不悦:兹,此。即"不悦此"。

高子:赵岐:"孟子弟子。"

王庶几改之:庶几,或许。阎若璩:"然系致为臣章于燕畔王惭之后,盖君臣之隙既开,有不可以复合者矣,故孟子决然请去。《集注》云:'王庶几改之,改必指一事言,今不可考矣。'窃谓改之即前

章'过则改之'之改,恐指燕人事。"(《孟子生卒年月考》)

浩然:朱熹:"如水之流不可止也。"

王由足用为善:由,同"犹"。足用,犹"足以"。朱熹引杨氏曰:"齐王天资朴实,如好勇、好货、好色、好世俗之乐,皆以直告而不隐于孟子,故足以为善。若乃其心不然,而谬为大言以欺人,是人终不可与入尧舜之道矣,何善之能为?"

是:王引之:"是犹'夫'也。"(《经传释词》卷九)那,那种。指"谏于其君而不受"云云。

悻悻然:赵岐引《论语·子路篇》"硁硁然小人哉"作"悻悻然小人哉",以"硁硁然"解"悻悻然"。硁硁然,固执而毫无灵活的样子。皇侃:"硁硁,坚正难移之貌。"(《论语义疏》)

见:同"现"。

[**译文**]孟子离开了齐国。尹士对别人说:"认识不到齐王不能成为商汤、周武,就是头脑不清醒;认识到齐王不行还要去,不过是为了求取富贵。大老远的跑去,得不到赏识而离开,却在昼邑停留了三晚才走。为什么这样磨磨蹭蹭的呢? 我就看不惯这种做法。"

高子把尹士的话告诉了孟子。

孟子说:"尹士哪能了解我呢? 不远千里回到齐国和齐王相见,是我抱有希望。不投缘而离开,难道也是我希望的吗? 我是不得已啊! 我停留了三晚才离开昼邑,在我心里还是觉得太快了,[我在想,]王也许会改变他的那种态度。王如改变态度,就一定会把我召回。我离开昼邑,而王并没有追寻我,我这才全心全意地想回家乡了。我虽然这样做,难道舍弃了齐王吗? 齐王[虽然不能成为商汤、周武,]还是可以做一些好事。齐王如果用我,何止齐国的老百姓获得安宁,天下的老百姓都可以获得安宁。齐王也许会改变态度! 我天天盼望着！我难道像是那种固执的男人吗？向他的国君进谏,不被接受,就气不打一处来,脸上露出绝不改变自己的劲儿;一旦离开,不走到精疲力尽就不停步吗?"

尹士听说了孟子的话,说:"我实在是个小人哪!"

(十三)

孟子去齐,充虞路问曰:"夫子若有不豫色然。前日虞闻诸夫子曰:'君子不怨天,不尤人。'"

曰:"彼一时也,此一时也。五百年必有王者兴,其间必有名世者。由周而来,七百有余岁矣。以其数,则过矣;以其时考之,则可矣。夫天未欲平治天下也,如欲平治天下,当今之世,舍我其谁也? 吾何为不豫哉?"

〔注释〕不豫色然:豫,喜悦。赵岐:"充虞谓孟子去齐,有恨心,颜色不悦也。"

前日:往日。当指未去齐之时。

不怨天,不尤人:孔子说过这样的话,见《论语·宪问篇》。尤,归咎,责怪。

彼一时也,此一时也:通行本"彼一时"后无"也"字,当有。焦循:"《论衡》引此作'彼一时也,此一时也',《文选·答客难》《五等诸侯论》二注引《孟子》亦云'彼一时也,此一时也'。观赵氏注则'彼一时'下当有'也'字。"彼一时,指前日。此一时,指去齐之时。平治天下的希望唯在自己身上,去齐,则希望落空,故不豫。

五百年必有王者兴:五百年,古人所认为的日月星辰运行变化的周期,人世间的变化与之相应。即司马迁所说的"天运":"夫天运,三十岁一小变,百年中变,五百载大变;三大变一纪,三纪而大备,此其大数也。为国者必贵三五,上下各千岁,然后天人之际续备。"(《史记·天官书》)王者,开创天下太平盛世的君主。本书末章孟子说,由尧、舜至于汤,由汤至于文王,由文王至于孔子,各皆五百有余岁。除孔子外,其他几位就是这里所说的"王者"。

其间必有名世者:其间,指前一王者兴起之后与后一王者兴起之前。名世者,"名"通"命",即命世者。邓秉元:"所谓命世者,即当其世而得天命者。"(《孟子章句讲疏》卷四)非辅佐圣君者,而是依托平庸之君而带来一世天下和平者。一世,指司马迁所说的"三十年一小变"。上章孟子言"王如用予,则岂徒齐民安,天下之民举安",即此意。

由周而来,七百有余岁矣:从周武王伐纣克商(大约公元前十一世纪中叶)至孟子说这话时(大约公元前四世纪末叶),间隔大约七百三四十年。

数:指五百年。

时:朱熹:"谓乱极思治可以有为之日。"

〔译文〕孟子离开齐国,在路上,充虞问道:"先生看上去似乎不高兴。从前我听先生说过:'君子不怨恨上天,不责怪他人。'"

孟子说:"那时是一个情况,现在又是一个情况。〔从历史上看,〕每过五百年一定会有开创天下太平盛世的圣君出现,这期间一定会有影响一个世代的贤人出现。从周武王到现在,已经七百多年了。论年数,超过五百年了〔,圣君没有出现〕;论时势,现在该是有贤人出来的时候了。那老天爷不想使天下太平罢了,如果想使天下太平,在今天的时代,除了我,还有谁〔做得到〕? 我为什么不高兴呢?"

（十四）

孟子去齐，居休。公孙丑问曰："仕而不受禄，古之道乎？"

曰："非也。于崇，吾得见王，退而有去志，不欲变，故不受也。继而有师命，不可以请。久于齐，非我志也。"

〔注释〕休：阎若璩："孟子致为臣而归于邹也，中间经过地名休者，少憩焉，与丑论在齐事，故曰'居休'。故休城在今兖州府藤县北一十五里，距孟子家约百里。"（《四书释地续》）

崇：齐地名，详不可考。

师命：朱熹："师旅之命也。"

〔译文〕孟子离开齐国，住在休地。公孙丑问道："做官却不受俸禄，合乎古代的规矩吗？"

孟子说："不是的。[当初]在崇，我见到了齐王，过后便有离开的打算。不想改变这个打算，所以不受俸禄。不久，齐国有战事发生，不好提离开的要求。在齐国久留，不是我的愿望。"

卷五　滕文公章句上

（一）

　　滕文公为世子，将之楚，过宋而见孟子。孟子道性善，言必称尧舜。

　　世子自楚反，复见孟子。孟子曰："世子疑吾言乎？夫道一而已矣。成覵谓齐景公曰：'彼丈夫也，我丈夫也。吾何畏彼哉？'颜渊曰：'舜何人也？予何人也？有为者亦若是。'公明仪曰：'文王我师也，周公岂欺我哉？'今滕，绝长补短，将五十里也，犹可以为善国。《书》曰：'若药不瞑眩，厥疾不瘳。'"

　　〔**注释**〕世子：国君的继承人，一般是嫡长子。此时滕定公尚在位，滕文公为世子。

　　性善：性，指人性。孟子言"性"，一般都指人性，特指"人之所以异于禽兽者"或与"非人"相区别者，即恻隐之心、羞恶之心、辞让之心、是非之心等仁、义、礼、智的"四端"（见《公孙丑章句上》第六章）。而人身上是有动物的属性的，如告子所言"食、色，性也"（《告子章句上》第四章），就是人和动物相同的本能，但孟子不称之为"性"（参见《尽心章句下》第二十四章注释）。读《孟子》时，凡遇

"性"字，要格外注意其所指。善，属于社会性概念，并非是说善即人的本性。孟子说性善，是指仁、义、礼、智这些人的德行，与社会认为善的价值相吻合，或者更确切地说，发挥人的本性，就呈现出社会普遍接受和认可的价值或效果。性善，可以理解为"人性是善的"，后世习惯说人性本善，也得这么理解，但不能说"人性是善"。详参《绪论·孟子的思想》。

言必称尧舜：孟子将尧、舜（主要是舜）塑造成人性善良的最高典范，其典范意义体现在他们的一言一行都不过是人性的自然发挥而已。《离娄章句下》第九章："舜明于庶物，察于人伦，由仁义行，非行仁义也。"《尽心章句上》第三十章："尧、舜，性之也。"详参该两章注释。

疑吾言：从下文"犹可以为善国"来看，世子可能是以为滕国弱小，不足以为善。

成覰：覰音见（jiàn）。《说文》作"成覵"，谓为"齐景公之勇臣"。

彼：指另一勇者。

畏：服气。《礼记·曲礼上》"畏而爱之"郑玄注："心服曰畏。"何畏彼哉，指也能像对方那样做到。这是拿勇者作比方。勇者有不服人之勇气，人君自当法则尧舜，走上行善的道路。

公明仪：《礼记·祭义》郑玄注："曾子弟子。"

周公岂欺我哉：欺，欺诈。承前一句，指以周公为师，周公诚不我欺。指周公不会让自己失望。

绝：赵岐："犹截也。"

《书》曰等句：瘳，音抽（chōu）。句谓药性发作，乃得有效。赵岐："瞑眩，药攻人疾，先使瞑眩愦乱，乃得瘳愈也。喻行仁精熟，德惠乃洽。"引文为《尚书》逸文，后采入《伪古文尚书·说命》。

[译文]滕文公做世子的时候，要到楚国去，经过宋国，拜见孟子。孟子同他讲人性本善的道理，总是称颂尧和舜[是人性本善的典范]。

世子从楚国返回，又来拜见孟子。孟子说："世子不相信我的话吗？人间大道，只有这么一个选择。成覸对齐景公说：'那人是个男子汉，我也是个男子汉，我有什么不如人家的呢？'颜渊说：'舜是个什么样的人？我是个什么样的人？只要努力去做也会像他那样。'公明仪说：'文王我以他为师，周公难道会让我失望吗？'现在的滕国，长长短短拼起来一算，也有将近方圆五十里，有条件成为一个实行仁政的好国家。《尚书》说：'如果药物不是吃得人头晕脑胀，那种病是不会治好的。'"

（二）

滕定公薨，世子谓然友曰："昔者孟子尝与我言于宋，于心终不忘。今也不幸至于大故，吾欲使子问于孟子，然后行事。"

然友之邹，问于孟子。孟子曰："不亦善乎！亲丧，固所自尽也。曾子曰：'生，事之以礼；死，葬之以礼，祭之以礼，可谓孝矣。'诸侯之礼，吾未之学也。虽然，吾尝闻之矣。三年之丧，齐疏之服，飦粥之食，自天子达于庶人，三代共之。"

然友反命，定为三年之丧。父兄百官皆不欲，曰："吾宗国鲁先君莫之行，吾先君亦莫之行也，至于子之身而反之，不可。且《志》曰：'丧祭从先祖。'"

曰："吾有所受之也。"

谓然友曰："吾他日未尝学问，好驰马试剑。今也父兄百官不我足也，恐其不能尽于大事，子为我问孟子。"

然友复之邹，问孟子。孟子曰："然，不可以他求者也。孔子曰：'君薨，听于冢宰。'歠粥，面深墨，即位而哭，百官有司莫敢不哀，先之也。上有好者，下必有甚焉者矣。君子之德，风也；小人之德，草也。草尚之风，必偃。是在世子。"

然友反命。世子曰："然，是诚在我。"

五月居庐，未有命戒。百官族人可，谓曰知。及至葬，四方来观之，颜色之戚，哭泣之哀，吊者大悦。

〔注释〕**滕定公薨**：薨，音轰（hōng），诸侯去世曰薨。《公羊传》隐公三年："天子曰崩，诸侯曰薨。"

然友：赵岐："世子之傅也。"

大故：国君之丧。

之邹：孟子此时已从宋国回到家乡。赵岐引《史记正义》"邹县去徐州滕县界四十余里"，并云："盖往反不过大半日，故可问而后行事。"

亲丧，固所自尽也：这句话本于《论语·子张篇》："曾子曰：'吾闻诸夫子：人未有自致者也，必也亲丧乎？'""自致"即"自尽"，指自然而然地充分表达感情（参《本来的孔子》）。

曾子曰等句：据《论语·为政篇》，为孔子的话。前一句话是曾子的话,这里承前,孟子记错了。

三年之丧:《论语·阳货篇》记孔子的话:"子生三年,然后免于父母之怀。夫三年之丧,天下之通丧也。"

齐疏:齐,音兹(zī),缝边。疏,粗,这里指粗布。

飦粥:飦,音毡(zhān),同"饘",黏粥。粥,稀粥。

父兄百官:百官中之父兄辈。朱熹:"父兄,同姓老臣也。"

宗国:朱熹:"滕与鲁俱文王之后,而鲁祖周公为长,兄弟宗之,故滕谓鲁为宗国也。"

《志》:记载之书,如今大事记之类。《周礼·春官宗伯》:"小史掌邦国之志。"

吾有所受之也:赵岐注为两说,一说仍为父兄百官之言,另一说为世子之言。阎若璩赞成赵岐后一说:"吾有所受之也,为世子答父兄百官语。'吾'与下谓然友曰'吾'字正一人也。"(《四书释地又续》)焦循也赞成赵岐后一说:"按赵氏前说,以此言为父兄百官之言,受是承受先祖,然则句上不应加'曰'字,加'曰'字则自明其为世子答言。言定为三年之丧,非我臆见,吾受之于孟子,孟子则闻之于师说也。故下'谓然友曰'上更不加'世子',否则谓然友竟似父兄百官谓然友矣。赵氏不以前说为安,故称'一说',盖前说当时相传之说,一说则赵氏所折衷也。"按:阎、焦从语法上辨析,很有道理。从章法上来说,父兄百官之言,至"丧祭从先祖",意思已经说完了,不必再加一句。而世子只回应了这一句,弱弱的样子,没有说服力,正是"吾他日未尝学问,好驰马试剑"的结果。

不我足:朱熹:"不足我,谓不以我满足其意也。"

其:指父兄百官和自己。

君薨,听于冢宰:节引孔子的话。《论语·宪问篇》作"君薨,百官总己以听于冢宰三年"。冢宰,百官之首。

歠:音辍(chuò),饮,喝。

百官有司:与上文"父兄百官"不同,"百官"和"有司"并列,是两种人,相当于后世的官和吏。有司负责具体事务。

上有好者等句:申"先之也",至"是在世子"之前。

君子之德数句:孔子语。《论语·颜渊篇》:"君子之德,风;小人之德,草;草上之风,必偃。""上""尚"同,加也。偃,仆倒。

五月居庐:五月,诸侯去世后停尸五个月供人凭吊。居庐,世子守灵期间居住的房子,为临时搭建的简陋土屋,称"凶庐"。

百官族人:承前,百官指父兄百官,族人则指其他族中之人。前言做决定时,参与者父兄百官;中言世子带头,参与者扩大到百官有司;此则丧礼进行中,参与者扩展至全体族人。

四方来观之:《左传》隐公元年:"诸侯五月,同盟至。"杨伯峻注:"同盟至,宜是同盟诸侯遣使会葬。"(《春秋左传注》)

〔译文〕滕定公去世,世子对他的师傅然友说:"过去在宋国,孟子曾与我交谈,我一直没有忘记。现在不幸父亲去世,我想请您到孟子那里问问,然后办理丧事。"

然友于是到邹国去,请教有关丧礼的事情。孟子说:"这样做很好。办理父母的丧事,就应该把天然的感情充分表达出来。曾子说过:'父母在世,依礼侍奉他们;父母去世了,依礼为他们办丧事,再依礼祭祀他们,这可以说是尽孝了。'诸侯的礼节,我没有学过。虽然如此,我曾经听说过:三年守丧,穿粗衣,喝稀饭,从天子一直到老百姓,夏、商、周三代都是这样的。"

然友回国向世子汇报,世子决定实行为期三年的丧礼。父兄辈的百官都不愿意,说道:"我们的宗国鲁国历代君主没有实行过,我们的历代君主也没有实行过,到了您这里却一反常态,要不得。况且志书上说:'丧礼祭礼一律依从祖宗的规矩。'"

世子回应说:"我这么做,是接受了别人[很有来历]的说法。"

世子[随后]对然友说:"我平时未曾在学问上下功夫,只喜欢跑马舞剑。现在父兄辈的官员不满意我的决定,恐怕我们都不能全心全意办好丧事,您再替我去问问孟子。"

然友又到邹国去问孟子。孟子说:"不奇怪,这种事不取决于别人。孔子说过:'国君去世,[继承人三年不问政事,]一应政务听命于冢宰。'[守丧期间,]只喝稀饭充饥,[心情沉重,]脸色深黑,每到丧位就哭泣。大小官员没有人敢不哀伤,因为世子带头的缘故。在上位的人下功夫做的,在下位的人必定花更大的功夫去做。[孔子又说过:]'君子的德行,就像风一样;小人的德行,就像草一样。草被风吹,必然顺风倒伏。'这件事完全取决于世子。"

然友回国汇报。世子说:"是啊,这件事确实取决于我。"

于是世子一连五个月居住在简陋的土坯房中。虽然没有发布命令和诫令,官员们和族人们都认同这样做,并且说这是知礼的行为。到了举行葬礼的时候,各国都派人来观礼。送葬的人满脸悲伤,痛哭不止,吊丧的人非常受感动。

(三)

滕文公问为国。

孟子曰:"民事不可缓也。《诗》云:'昼尔于茅,宵尔索绹;亟其乘屋,其始播百谷。'民之为道也,有恒产者有恒心,无恒产者无恒心。苟无恒心,放辟邪侈,无不为已。及陷乎罪,然后从而刑之,是罔民也。焉有仁人在位罔民而可为也? 是故贤君必恭俭礼下,取于民有制。阳虎曰:'为富不仁矣,为仁不富矣。'

"夏后氏五十而贡,殷人七十而助,周人百亩而彻,其实皆什一也。彻者,彻也;助者,藉也。龙子曰:'治地莫善于助,莫不善于贡。'贡者,校数岁之中以为常。乐岁,粒米狼戾,多取之而不为虐,则寡取之;凶年,粪其田而不足,则必取盈焉。为民父母,使民盼盼然,将终岁勤动,不得以养其父母,又称贷而益之,使老稚转乎沟壑,恶在其为民父母也?

"夫世禄,滕固行之矣。《诗》云:'雨我公田,遂及我私。'惟助为有公田。由此观之,虽周亦助也。

"设为庠序学校以教之。庠者,养也;校者,教也;序者,射也。夏曰校,殷曰序,周曰庠,学则三代共之,皆所以明人伦也。人伦明于上,小民亲于下。有王者起,必来取法,是为王者师也。

"《诗》云:'周虽旧邦,其命惟新。'文王之谓也。子力行之,亦以新子之国!"

使毕战问井地。

孟子曰:"子之君将行仁政,选择而使子,子必勉之! 夫仁政,必自经界始。经界不正,井地不钧,谷禄不平。是故暴君污吏必慢其经界。经界既正,分田制禄可坐而定也。

"夫滕,壤地褊小,将为君子焉,将为野人焉。无君子莫治野人,无野人莫养君子。请野九一而助,国中什一使自赋。卿以下必有圭田,圭田五十亩,余夫二十五亩。死徙无出乡,乡田同井,出入相友,守望相助,疾病相扶持,则百姓亲睦。方里而井,井九百亩,其中为公田,八家皆私百亩。同养公田,公事毕,然后敢治私事,所以别野人也。此其大略也。若夫润泽之,则在君与子矣。"

〔注释〕**民事不可缓也**:民事,指老百姓的生产生活诸事项。缓,懈怠。赵岐:"民事不可缓之使怠惰。"观下引《诗》句之"昼""宵""亟""其始",皆不可缓义,赵注是。

《诗》云等句:诗句引自《诗经·豳风·七月》。尔,语助词。于,往取。索,搓。绹,音陶(táo),绳索。乘,登,指修缮或盖房子。其始,将要。其,表祈使语气。始,周而复始之始,指开春。

阳虎:鲁国执政大臣季氏的总管,与孔子同时,字货。

五十而贡:赵岐:"民耕五十亩,贡上五亩。"贡,上交收成。

七十而助:赵岐:"耕七十亩者,以七亩助公家。"助,公家之田由民力耕种。

百亩而彻:赵岐:"耕百亩者,彻取十亩以为赋。"彻,抽取所得。上述五十亩、七十亩、百亩,都是孟子拿古人说事,未必合于当时实际。

龙子:赵岐:"古贤人也。"

校数岁之中以为常:校,校核。数岁之中,几年的平均数,或几年的中位数,即中等年份的收成数。常,常数,指年年依据的标准数。

粒米狼戾：赵岐："粒米，粟米之粒也。"指粮食。狼戾，犹"狼藉"，未收纳入仓而散乱于地之貌。这是丰年常有的情形。依笔者在农村的经验，这有仓储容量不够，或劳动力不足，或够用而弃其余诸原因。

粪其田而不足：粪，《说文》："粪，弃除也。从廾推苹弃采也。官溥说，似米而非米者，矢字。"段玉裁注："粪方是除，非弃也。古谓除秽曰粪，今人直谓秽曰粪，此古义今义之别也。"此处与"粒米狼戾"对言，考甲文"粪"，象一手持"帚"打扫米粒，一手持"箕"收拢之（参见季旭升《说文新证》，小点象米粒而不是垃圾，战国文字上部为"米"而非"矢"或声化为"采"，下部仍为"廾"，中部"苹"为"箕"的讹变。）。如"粪"作此义，则句谓即使把田地打扫干净，粮食也还是不够吃，正与"粒米狼戾"情况相反。

盼盼然：盼，音系（xì）。赵岐："盼盼，勤苦不休息之貌。"

称贷：举借债务。

雨我公田二句：雨，读去声（yù），下雨。诗句引自《诗经·小雅·大田》。

庠序学校：根据孟子的解释，似乎校、序、庠为三代乡间各有特定教育内容的机构，而学则是三代共有的，朱熹认为是"国学"。

庠者，养也：赵岐："养者，养耆老。"作为乡间教育机构，当是耆老聚集之所，犹"郑人游于乡校以论执政"（《左传》襄公二十年）之"乡校"。

周虽旧邦二句：引自《诗经·大雅·文王》。

毕战：赵岐："滕臣也。"

井地：即井田。

经界：冯友兰："土地被划分为一块一块的，每块一百亩，每一块

四周有土堆起来的，或小沟分开来的界限，这就叫'阡陌'，也就是孟轲所说的'经界'。"（《中国哲学史新编》第二册第73页）

钧：同"均"，均匀。

谷禄不平：谷禄，指俸禄。以粮食为俸禄，故称。按孟子的意思，似乎作为俸禄的谷物数量是以井田为标准来平均计算的。所以如果井字形地块不规整和均匀，俸禄也就多少不一。大概那时的计量工具还不发达和便利，或沿袭了原来分封土地时以田亩计算的做法。

将为：亦有。从赵岐注。

无君子莫治野人，无野人莫养君子：本篇第四章："劳心者治人，劳力者治于人；治于人者食人，治人者食于人。"君子，劳心者。野人，劳力者。养，狭义为供给食物，广义即供养。

国中：城中。国，都城。滕国小，当即指滕文公驻地所在。

圭田：祭祀用的田地。从下文"死徙无出乡"等句意来看，孟子主张在井田制之外，居住在城中的官员在乡下都有一块五十亩的田地，以供祭祀之用，融入到"乡田同井"。

余夫：赵岐："余夫者，一家一人受田，其余老小尚有余力者，受二十五亩，半于圭田，谓之余夫也。"

死徙：死，朱熹："谓葬也。"徙，朱熹："谓徙其居也。"指劳动、生活，也包括迁居。

别野人：朱熹："公田以为君主之禄，而私田野人之所受。先公后私，所以别君子、野人之分也。"

〔**译文**〕滕文公问孟子怎样治理国家。

孟子说："老百姓的活计不可以耽误。《诗经》上说：'白天去割茅草，夜里绳子搓好，快快修盖房屋，春来忙种五谷。'民众治理的原理是:拥有恒常的产业才有不变的信念,没有恒常的产业就没有不变的信念。如果没有不变的信念,一旦管理不严,就会邪恶滋长,什么事都干得出来。等到他们掉进了犯罪的泥坑,然后处以刑罚,这实际上是一种陷害老百姓的行为。哪有仁人当政,却做出这种陷害老百姓的事的呢?所以贤明的君主必定勤于政事,节约用度,礼待臣下,从老百姓那里收取公粮和使用劳力都要有一定之规。阳虎说:'聚敛财富就不会推行仁政了,推行仁政就不会聚敛财富了。'

"[古代的规矩是这样的:]夏朝一家五十亩耕地实行贡法,商朝一家七十亩耕地实行助法,周朝一家一百亩耕地实行彻法,它们的税率都是十分抽一。[贡是上交的意思,这里不用说了。]彻是抽取的意思,助是借力的意思。龙子说过:'治理耕地没有好过助法的,最不好的是贡法。'贡法是不管好年成坏年成,几年求得一个平均数,年年就这么收取。丰收的年头,粮食多得装不下,多征收一些不算暴虐,却并不多收;歉收的年头,刮尽地皮都不够吃,却非要按那个平均数收满不可。号称老百姓的父母,却使老百姓辛辛苦苦忙活一年连爹娘都养不起,还要借债来填补纳税的空缺,最终导致老的小的死在了山沟荒野之中。那号称老百姓父母的跑到哪里去了?

"做官的人世代继承职务和土地,这一制度滕国原本就实行了。《诗经》上说:'雨水降到公田里,我的私田也滋润。'只有助法才有公田。从这诗句看,就是周朝,也曾实行过助法。

"[老百姓的生活有了保障之后,]便要兴办诸如庠、序、学、校之类的机构来教育他们。庠是供养长者的意思,校是传授礼乐的意思,序是学习射箭的意思。夏朝叫做校,商朝叫做序,周朝叫做庠,学的叫法是三代都有的。这些机构都是教导人们明白人与人之间的关系准则。统治者清楚了人际关系准则,小老百姓就会在他们的统治下相亲相爱。这时候如果有平治天下的王者兴起,也一定会来学习效法,这等于做了王者的老师。《诗经》上说:'岐周虽是古国,天命却是新授。'说的是周文王。您努力奋斗吧,也使您的国家气象一新。"

滕文公派毕战来问井田之法。

孟子说:"您的国君准备实行仁政,有意地挑选您来,您可一定要好好干! 说到实行仁政,一定要从划分田界开始。田界划分不合标准,井字形的地块就不均匀,作为俸禄的谷物数量也会多少不一。所以暴虐的国君和贪官污吏一定不会花功夫划分田界。田界划分合乎标准了,按田亩数来确定俸禄,就可以轻轻松松搞定。

"说到滕国,国土面积虽然狭小,既有治国的君子,也有耕田的农夫。没有君子,就没有人管理农夫;没有农夫,也没有人供养君子。我建议:城外采用九分取一的助法,城内采用十分抽一并使之自行交纳的办法。公卿以下的官员一定[要乡下]有供祭祀用的圭田,每家五十亩;人口多的再给二十五亩。[这样,人们]死后入土为安,生前劳作生活,都在乡里解决。全乡的土地都成为一块块井田,平时出入相伴相随,看家防贼互帮互助,头疼脑热送医送药,老百姓就亲爱和睦了。[办法是:]每一方里为一块井字形田地,一块井字形田地有九百亩,中间的一百亩是公田,其他八百亩八家各占一百亩。八家共同料理公田,公田的活干完了,再去打理自家田里的事儿,这是农夫不同于君子的地方。这些不过是一个概要。至于如何具体完善,就靠国君和您了。"

(四)

有为神农之言者许行,自楚之滕,踵门而告文公曰:

"远方之人,闻君行仁政,愿受一廛而为氓。"

文公与之处。

其徒数十人,皆衣褐,捆屦、织席以为食。

陈良之徒陈相与其弟辛,负耒耜而自宋之滕,曰:"闻君行圣人之政,是亦圣人也,愿为圣人氓。"

陈相见许行而大悦,尽弃其学而学焉。

陈相见孟子,道许行之言曰:"滕君,则诚贤君也。虽然,未闻道也。贤者与民并耕而食,饔飧而治。今也滕有仓廪府库,则是厉民而以自养也,恶得贤?"

孟子曰:"许子必种粟而后食乎?"

曰:"然。"

"许子必织布而后衣乎?"

曰:"否,许子衣褐。"

"许子冠乎?"

曰:"冠。"

曰:"奚冠?"

曰:"冠素。"

曰:"自织之与?"

曰:"否,以粟易之。"

曰:"许子奚为不自织?"

曰:"害于耕。"

曰:"许子以釜甑爨,以铁耕乎?"

曰:"然。"

"自为之与？"

曰："否，以粟易之。"

"以粟易械器者，不为厉陶冶；陶冶亦以其械器易粟者，岂为厉农夫哉？且许子何不为陶冶，舍皆取诸其宫中而用之？何为纷纷然与百工交易？何许子之不惮烦？"

曰："百工之事固不可耕且为也。"

"然则治天下独可耕且为与？有大人之事，有小人之事。且一人之身，而百工之所为备，如必自为而后用之，是率天下而路也。故曰，或劳心，或劳力；劳心者治人，劳力者治于人；治于人者食人，治人者食于人，天下之通义也。

"当尧之时，天下犹未平，洪水横流，泛滥于天下，草木畅茂，禽兽繁殖，五谷不登，禽兽逼人，兽蹄鸟迹之道交于中国。尧独忧之，举舜而敷治焉。舜使益掌火，益烈山泽而焚之，禽兽逃匿。禹疏九河、瀹济漯而注诸海，决汝汉、排淮泗而注之江，然后中国可得而食也。当是时也，禹八年于外，三过其门而不入，虽欲耕，得乎？

"后稷教民稼穑，树艺五谷，五谷熟而民人育。人之有道也，饱食、暖衣、逸居而无教，则近于禽兽。圣人有忧之，使契为司徒，教以人伦——父子有亲，君臣有义，夫妇有别，长幼有叙，朋友有信。放勋曰劳之来之，匡之直之，辅之翼之，使自得之，又从而振德之。圣人之忧民如此，而暇耕乎？

"尧以不得舜为己忧，舜以不得禹、皋陶为己忧。夫以百亩之不易为己忧者，农夫也。分人以财谓之惠，教人以善谓之忠，为天下得人者谓之仁。是故以天下与人易，为天下得人难。孔子曰：'大哉尧之为君！惟天为大，惟尧则之，荡荡乎民无能名焉！君哉舜也！巍巍乎有天下而不与焉！'尧、舜之治天下，岂无所用其心哉？亦不用于耕耳。

"吾闻用夏变夷者，未闻变于夷者也。陈良，楚产也，悦周公、仲尼之道，北学于中国。北方之学者，未能或之先也。彼所谓豪杰之士也。子之兄弟事之数十年，师死而遂倍之！昔者孔子没，三年之外，门人治任将归，入揖于子贡，相向而哭，皆失声，然后归。子贡反，筑室于场，独居三年，然后归。他日，子夏、子张、子游以有若似圣人，欲以所事孔子事之，强曾子。曾子曰：'不可！江汉以濯之，秋阳以暴之，皓皓乎不可尚已。'今也南蛮鴃舌之人，非先王之道，子倍子之师而学之，亦异于曾子矣。吾闻出于幽谷迁于乔木者，未闻下乔木而入于幽谷者。《鲁颂》曰：'戎狄是膺，荆舒是惩。'周公方且膺之，子是之学，亦为不善变矣。"

"从许子之道，则市贾不贰，国中无伪。虽使五尺之童适市，莫之或欺。布帛长短同，则贾相若；麻缕丝絮轻重同，则贾相若；五谷多寡同，则贾相若；屦大小同，则贾相若。"

曰："夫物之不齐，物之情也。或相倍蓰，或相什百，或相千万。子比而同之，是乱天下也。巨屦小屦同贾，人岂为之哉？从许子之道，相率而为伪者也，恶能治国家？"

〔注释〕**神农**：上古传说中的人物，所谓三皇之一。冯友兰："所谓神农，其实就是指首先从事于农业生产的人们。神农是传说中的农民的代表，也是农民的象征。"（《中国哲学史新编》第二册第102页）

许行：赵岐注谓"治为神农之道者"，不见于他书。此人被视为农家的代表，打着神农的旗号，其基本主张就是后文"贤者与民并耕而食，饔飧而治"。《汉书·艺文志》农家有《神农》二十篇，班固自注云："六国时，诸子疾时怠于农业，道耕农事，托之神农。"冯友兰认为许行是当时农民在思想上的代表，反映了农民向往一个没有剥削、人人劳动的理想社会的要求和愿望，但只是小农阶级的空想而已（同上书第105页）。

踵：走到。区别于乘车者。

氓：赵岐："氓，野人之称。"

捆屦：捆，比较牢实的一种编织方法。编织过程中，不断敲打使牢固。屦，音句（jù），草鞋。

陈良：据后文"陈良，楚产也"云云，则此人为楚国人，游学于中原，成为一名有影响力的儒家信徒，故赵岐注谓"儒者也"。此时已过世。

饔飧：音雍孙（yōng sūn），赵岐："熟食也。朝曰饔，夕曰飧。"上句言"并耕"，这里的"饔飧"指一块儿做饭吃饭。

厉民：损民。

釜甑爨：釜，音抚（fǔ），一种炊具，相当于现在的锅。甑，音赠（zèng），一种瓦制炊具，用于蒸饭。爨，音窜（cuàn），做饭。

械器：《说文》："械，器之总名。""器，皿也。"段玉裁注："有所盛曰器，无所盛曰械。"这里械指农具，器指炊具。

舍:相当于山东方言"啥",见章太炎《新方言·释词》。

宫:住所。陆德明:"古者贵贱同称宫,秦汉以来唯王者所居称宫焉。"(《经典释文·尔雅音义上·释宫第五》)

大人之事:大人,指下文"劳心者治人"之"劳心者",亦即《告子章句上》第十五章"从其大体为大人"之"大人"。"大体"指心,"从其大体"即"劳心"。本书中"大人"概念所指不尽一致,这里仅仅是与"劳力者"相对应,指不事体力劳动的统治者,尤其是高层统治者,包括国君在内;另指大德高位之人,是孟子理想中的为政者,不包括国君在内。参《尽心章句上》第十九章注释。

率天下而路:率,同《诗经·北山》"率土之滨"之"率",毛传:"率,循。"这里是遍的意思。路,朱熹:"谓奔走道路,无时休息也。"这里是疲于奔命的意思。

独忧之:独,不当作"单独"解,应从单独、独自引申出"特别"义,凸显尧以天下为己任。

敷治:赵岐:"敷,治也。《书》曰'禹敷土',治土也。"赵岐所见本子"敷"下当无"治"字。王念孙指出:"今本《孟子》'敷'下有'治'字,后人取注义加之也。"(《广雅疏证》卷三下"傅"字条)

益:传说中舜的大臣。《论语·泰伯篇》"舜有臣五人",何晏集解引孔曰:"禹、稷、契、皋陶、伯益。"益即伯益。《史记·秦本纪》作"柏翳",为嬴秦的祖先。

烈:形容火猛。这里用如动词。

逃匿:从匿藏处(山泽)逃走。

九河:黄河下游分流入海的若干河道。不必指为定数。

瀹:音月(yuè),疏导。

济:上古著名的四条大河之一。《释名》:"天下大水四,谓之四渎,江、河、淮、济是也。"济水发源于今河南省济源市王屋山,其干流原行于黄河与淮河之间,东北流,在今山东省境内入海,后下游河道为黄河所夺。

漯:音踏(tà),古水名,为孟子所知较大河之一。大约源出今河南省浚县,其干流行于济水和黄河之间,东北流至今山东省境内入海,后下游河道为黄河所夺,故道不明。

决汝汉、排淮泗而注之江:汝,古水名,为孟子时较大河之一。大约源出今河南省伏牛山,东流至今安徽省阜南县附近入淮河。汉,汉水,源出今陕西省宁强县北嶓冢山,东南流至今湖北省武汉市入长江。淮,淮水,源出今河南省桐柏山,东流至今江苏省涟水县入海。泗,泗水,源出今山东省沂蒙山,南流至今江苏省淮阴市入淮水。后黄河侵泗夺淮,泗水不再入淮,淮水也不再入海。除汉水外,其他三水皆不入江,孟子所知有误。另一种较小的可能是,当时水系远比后世发达,也许汝水、泗水连淮水,淮水某个支流通长江,故当时人如孟子一样认为三水入江。

后稷:周族史诗《诗经·大雅·生民》说后稷是上帝和姜嫄生下的,为周人的始祖。在其他传说中,后稷为舜任命的农官。孟子所说的后稷,只涉及后者。在《史记·周本纪》中,诸种传说整合为一了。

稼穑:种植和收获,指农事。

树艺五谷:树,艺,种植。五谷,赵岐:"稻、黍、稷、麦、菽。"即今之水稻、黏性小米、小米、小麦和豆子。

契为司徒:契,音械(xiè),《诗经·商颂·玄鸟》说"天命玄鸟,降而生商",一般解释商即契,为商人的始祖。在其他传说中,契为舜任命的司徒。孟子提到契就这一次。在《史记·殷本纪》中,诸种传说也整合为一了。司徒,掌教化,与周代常一起出现的司马、司空、司徒之司徒的职掌不同。孟子的说法当出自《尚书·虞夏书·尧典》。

放勋日劳之来之:放勋,相传为尧名。日,每日。传世本作"曰",据阮元《校勘记》改。《尔雅》:"劳,来,勤也。"之,从上下文义看,指舜、禹、皋陶等尧所举用之人。

皋陶:音高摇(gāo yáo),传说为舜任命的士(司法官)。

易:打理田间。《诗经·小雅·甫田》"禾易长亩"毛传:"易,治也。"

以天下与人易:下文所引孔子言"有天下而不与焉",指舜对治理天下的事不专权,那么这句话便是和人一起治理天下不难的意思。

孔子曰等句:所引孔子的话见于《论语·泰伯篇》第十九章和第十八章,顺序和语句略有不同。不与,不大权独揽,指任贤使能。参《本来的孔子》注释。

亦:承上文"虽欲耕得乎""而暇耕乎",指尧、舜也是因为无暇所以不能用心于耕。

倍:同"背"。

三年之外:三年之后。下文"子贡反,筑室于场,独居三年",说的是守墓。那么这里的三年,众弟子就不光是守墓或守孝,还有其他内容。很可能在这期间,他们如《汉书·艺文志》所说,"相与辑而论纂",把平时跟随孔子"各有所记"的话汇集起来,编辑成书。这就是《论语》的由来。参《本来的孔子·绪论·〈论语〉这本书》。

任:负担。这里指行李。

江汉以濯之三句:扬雄《法言·问神》:"惟圣人得言之解,得书之体,白日以照之,江河以涤之,灏灏乎其莫之能御也。"汪荣宝疏按:"《法言》此文,全本《孟子》。白日以照之,即秋阳以暴之之义;江河以涤之,即江汉以濯之之义;灏灏乎其莫之御也,即皓皓乎不可尚已之义。谓圣人之言与书,明照四方,若日月之经天;荡涤浊恶,若江河之行地。其光与力至盛至大,莫之能敌。"(《法言义疏》)濯之,荡涤大地,指江汉博大渊深。暴,即"曝",普照天下,指太阳光辉灿烂。皓皓,同"灏灏",状江汉、秋日之盛之美貌。尚,犹"当"。

鴃舌:鴃,音抉(jué),伯劳鸟。犹今言说鸟语。

戎狄是膺两句:见《诗·鲁颂·閟宫》。膺,阻击。惩,惩戒。阎若璩:"彼入寇而我当之谓之膺,我伐彼而彼畏之谓之惩。"(《四书释地又续》"戎狄是膺"条)

贾:同"价"。价格。

五尺:杨伯峻:"古人尺短,五尺不过今日之三尺半。"

倍蓰:蓰音洗(xǐ),两倍和五倍。

巨屦小屦:赵岐:"巨,粗屦也。小,细屦也。"

为伪者:做不合人情的事情,是相对于上文"物之情"来说的。不合物情反映的是不合人情。《荀子·性恶》:"人之性恶,其善者伪也。"杨倞注:"伪,为也,矫也,矫其本性也。凡非天性而人作为之者,皆谓伪也。"义与"国中无伪"之"伪"有别。

〔**译文**〕有一位奉行神农主张的人,名叫许行,从楚国到了滕国,登门拜访滕文公,告诉他说:"远方的人听说您实行仁政,[我为此到来,]希望得到一个住处,成为自食其力的人。"

滕文公送给许行一个住处。

许行的门徒几十人,都穿粗麻编成的衣服,以打草鞋、织席子为生。

　　陈良的门徒陈相和他的弟弟陈辛,背着农具,从宋国到了滕国,[对滕文公]说:"听说您实行圣人的政治,您也就是圣人了。我们希望在圣人治下做一个自食其力的人。"

　　陈相见到许行,非常高兴,完全抛弃以前学到的东西而向许行学习。

　　陈相来看孟子,转述许行的话,说:"滕国国君确实是一位贤明的君主,虽然是这样,但还不是真正懂得治国之道。贤人应该和百姓一道耕种以取得粮食,一道做饭吃饭又把他们管得好好的。如今滕国的仓房里储存着粮食和财物,就是损害百姓来奉养自己,又怎能称得上贤明?"

　　孟子说:"许先生一定自己种庄稼解决吃饭问题吗?"

　　陈良说:"对。"

　　"许先生一定自己织衣给自己穿吗?"

　　回答说:"不!许先生只穿粗布衣。"

　　"许先生戴帽子吗?"

　　回答说:"戴。"

　　又问:"戴什么帽子?"

　　回答说:"白绸帽子。"

　　又问:"是自己织的吗?"

　　回答说:"不,用谷米换来的。"

　　又问:"许先生为什么不自己织呢?"

　　回答说:"这会妨碍做庄稼活。"

　　又问:"许先生也用铁锅、瓦罐烧火做饭,用铁器耕田吗?"

　　回答说:"对。"

　　"这些家伙什都是自己造的吗?"

回答说:"不,用谷米换来的。"

"用谷米交换炊具和耕具,不是为了占陶匠和铁匠的便宜;陶匠和铁匠也用他们的炊具和耕具交换谷米,难道说是为了占农夫的便宜吗? 如果是那样,许先生何不自己制陶打铁,[做到]啥东西都能从自家的库房里取用? 何必这样那样一件一件地和各种工匠做交换? 为何许先生这样不怕麻烦?"

陈相回答说:"工匠们干的活,本来就不是干农活的同时做得了的?"

"那么,治理国家的事情就能在耕田的同时去做的吗? [显然不能。这个社会,]有做大事的人的事儿,有做小事的人的事儿。何况一个人过日子,需要各种工匠制作的产品,如果都得自己制作然后才有用的,这是全天下的人疲于奔命[也做不到的]。所以说,有的人用脑力,有的人用体力;用脑力的人是管人的人,用体力的人是被人管的人;被人管的人为人提供衣食,管人的人被人供养,这是走遍天下的道理。

"当尧的时候,天下还未安定,大水横冲直撞,到处泛滥成灾,野草杂木蓬勃生长,凶禽猛兽成群繁殖,粮食作物没有收成,野兽不断驱赶人类,华夏大地只见鸟来兽往。尧为此极其忧虑,便任用舜治理天下。舜派益负责放火,益放大火将山野沼泽焚烧,凶禽猛兽四散逃走。[接着,]禹疏浚九河,治理济水、漯水,引流入海;疏通汝水、汉水,拓宽淮水、泗水,导流入江。这样做了以后,华夏大地才可能适合生存。在那种时候,禹八年在外奔忙,三次经过自己的家门都没空进去,纵然他想亲自耕田,做得到吗?

"[于是]后稷教导人们种庄稼,栽培谷物;谷物成熟,人类得以生息。人类的生存之道,光是吃饱、穿暖、安居,却没有教养,也就和动物差不多。圣人又为此忧虑,便任用契为司徒,教导人们掌握人际关系准则——父子讲究骨肉亲情,君臣讲究礼义之道,夫妇讲究内外分工,长幼讲究尊卑有序,朋友讲究相互信任。放勋日日督促他们,纠正他们,帮助他们,使他们都能做好自己的事情,然后加以提携和奖励。圣人为老百姓操心到这个地步,还有精力耕田吗?

"尧以用不上舜这样的人而忧虑,舜以用不上皋陶这样的人而忧虑。为那百十亩农田种不好而忧虑的,是农夫啊。把钱财分给别人叫恩惠,教导别人为善之道叫忠诚,为治理天下找到出色的人才叫仁爱。所以[在我看来,]将治理天下的事和人一起做并不难,难的是为治理天下找到合适的人才。孔子说:'伟大啊,尧作为天下人的君主! 只有天称得上伟大,也只有尧能与天看齐。宽广啊,老百姓难以表达他们的赞美! 舜也是真正的君主,崇高啊,拥有了天下却不大权独揽!'尧、舜这样治理天下,难道没有其他地方用他们的心思吗? 也是[因为他们]没有时间顾得上耕田罢了。

"我听说过用华夏的文化来改变蛮夷的,没有听说过用蛮夷的文化来改变华夏的。陈良在楚国土生土长,喜欢周公、孔子的学说,北上中原来学习。北方的读书人,许多还赶不上他。他就是那种百里挑一甚至万里挑一的人。你们兄弟俩追随他几十年,他一过世你们就背弃了他! 从前孔子去世,他的门徒过了三年才收拾行李准备回家,到子贡那里作揖告别,面对面哭起来,都泣不成声,然后才离开。子贡回到老师的墓地盖了一间屋子,一个人住了三年,然后才回家。过了些时,子夏、子张、子游认为有若有点像孔子,就想拿他当老师来对待,硬是要曾子同意这么做。曾子说:'不可以! [老师的道德文章,]如江汉之水渊深,如秋日之阳灿烂,至盛至美谁又能当得起呢?'如今[许行这个]南方没开化的人,说着什么鬼鸟语,颠覆先王治理天下的道理。你们竟然背弃你们的老师去向他学,那就和曾子的态度相反了。我只听说过鸟儿飞出阴暗的山沟前往高大的树上栖居的,没有听说过从高大的树上飞进阴暗的山沟栖居的。《诗经》上说:'西戎北狄受阻击,荆楚群舒遭惩戒。'连周公都要阻击的,你却认为好,还要学,这个改变可是不怎么样啊。"

陈相说:"如果听从许先生的道理,那就会做到一样物品一样价格,人人没有欺诈。就是打发小孩子去购物,也没有人欺骗他。麻布、丝绸的尺寸一样,价钱便一样;麻线、丝绵的轻重一样,价钱便一样;粮食的斤两一样,价钱便一样;鞋子的尺码一样,价钱也一样。"

孟子说:"物品质量千差万别,是自然存在的。[它们的价格,]有的相差一倍五倍,有的相差十倍百倍,有的相差千倍万倍。你不分优劣定一样的价格,只会使天下乱套而已。质量好的鞋子和质量差的鞋子一个价钱,有人愿意这样干吗?听从许先生的主张,是率领大家做那些不合乎人情的事情,怎么能治理国家?"

(五)

墨者夷之因徐辟而求见孟子。孟子曰:"吾固愿见,今吾尚病,病愈,我且往见。"夷子不来。

他日,又求见孟子。孟子曰:"吾今则可以见矣。不直,则道不见,我且直之。吾闻夷子墨者,墨之治丧也,以薄为其道也。夷子思以易天下,岂以为非是而不贵也?然而夷子葬其亲厚,则是以所贱事亲也。"

徐子以告夷子。

夷子曰:"儒者之道,'古之人若保赤子',此言何谓也?

之则以为爱无差等，施由亲始。"

徐子以告孟子。

孟子曰："夫夷子信以为人之亲其兄之子为若亲其邻之赤子乎？彼有取尔也。赤子匍匐将入井，非赤子之罪也。且天之生物也，使之一本，而夷子二本故也。盖上世尝有不葬其亲者。其亲死，则举而委之于壑。他日过之，狐狸食之，蝇蚋姑嘬之。其颡有泚，睨而不视。夫泚也，非为人泚，中心达于面目，盖归反蘽梩而掩之。掩之诚是也，则孝子仁人之掩其亲，亦必有道矣。"

徐子以告夷子。夷子怃然为间，曰："命之矣。"

〔注释〕夷之：赵岐："治墨家之道者。"下文称"夷子"，当为其时墨家之代表人物。

徐辟：赵岐："孟子弟子也。"

古之人若保赤子：古之人，犹言"自古以来的人"。赤子，从下文孟子言"赤子匍匐将入井"来看，就是指的《公孙丑章句上》第六章说的"孺子"，这里引用的话也意同该章孟子所说的"先王有不忍人之心"等语，可能与《尚书·康诰》"若保赤子，惟民其康乂"并无直接关系。

施由亲始：施，实行。承上句，指爱的实行从自己的双亲开始。夷之的意思，似不在乎葬之厚薄，而重在爱无差等。这就回击了孟子对他的指责。儒家讲推己及人，也是爱由亲始，这与墨家并无不同，区别在于一个主张爱有差等，一个主张爱无差等。

非赤子之罪：赤子匍匐将入井，只是小孩子天性使然，人们顿生恻隐之心，也是人类的天性使然。但这只能作为推行仁爱的出发点

（即"仁之端"），不能作为爱无差等的理由。故下接"夫天之生物也"云云，进一步加以申说。

一本：本，根柢，根源。万物皆有自己的根柢，在儒家看来，人的根柢基于爱自己的父母兄弟。《论语·学而篇》载有子曰："孝弟也者，其为仁之本与?"说解参《本来的孔子》。

二本：赵岐："天生万物，各由一本而出。今夷子以他人之亲，与己亲等，是为二本，故欲同其爱也。"

蝇蜹姑嘬：蝇，苍蝇之类。蜹，音锐（ruì），蚊子之类。姑，读为"盬"（gǔ），吮吸。嘬，音踹（chuài），叮咬。

颡：额头，也指头。

泚：音此（cǐ），出汗。

盖：连词。连上一句，表结果。

蔂梩：蔂，音雷（léi），箩筐、簸箕之类盛土工具。梩，音离（lí），锄头、锹锨之类起土工具。

掩其亲：承前文"掩之"言，为引申义，意思是先把善待自己父母的事情做好。

怃然为间：赵岐："夷子怃然者，犹怅然也。为间者，有顷之间也。"

〔译文〕墨家的人夷之通过徐辟求见孟子。孟子说："我本来愿意见他，不过我现在病着，病好了，我去看他。"夷之便没有来。

过了些时，夷之又要求见孟子。孟子说："我现在应该可以见他了。〔不过，〕话不敞开了说，道理就不清楚，我先把丑话说在前头。我听说夷子是墨家的人，墨家对于治丧，主张薄葬。夷子正想以此改变天下，难道认为薄葬不好而不足贵吗? 但是夷子办他父母的丧事相当丰厚，便是用他看不起的东西来对待他的父母了。"

徐辟把这话告诉夷子。

夷子说:"儒家的人所遵循的是,'自古以来人们爱护小孩子都出自天性',这话是什么意思? 我以为就是说人对人的感情没有厚薄亲疏的区别,只是实行起来从对待父母开始罢了。"

徐辟把这话告诉孟子。

孟子说:"夷子这人真的以为人们爱护他的侄儿就如同爱护邻居的小孩子一样吗? [更不要说爱护自己的小孩子如同爱护别人的小孩子一样了。]他只是捡这句话来说他的道理罢了。小孩子爬着爬着要到井里去,并非是小孩子故意调皮捣蛋,[好让别人来同情他救他。]况且天生万物,都要使每一物立于自己的根柢之上,但夷子却[违反这个法则,]把自己的根柢和别人的根柢混同,所以才有他那奇谈怪论。大概上古社会曾出现过有人父母死了却不给安葬[这种事情]。父母死了,他就抬出去丢到沟沟里。过些天从那儿经过,[看见]狐狸在吃着尸体的肉,苍蝇、蚊子在上面叮咬,这人不禁头上冒出汗来,斜望着眼睛,不敢正眼看。这汗流的啊,不是给别人看的,是内心的感受显现在脸上。于是回家取了箩筐和锄头,去把尸体埋葬了。这么做当然是对的。那么,孝顺的儿子对别人仁爱,从善待他的父母开始,自然是有他的道理了。"

徐辟把这话告诉夷子。夷子听了惆怅一会儿,说道:"受教了!"

卷六　滕文公章句下

（一）

　　陈代曰：“不见诸侯，宜若小然。今一见之，大则以王，小则以霸。且《志》曰：‘枉尺而直寻。’宜若可为也。”

　　孟子曰：“昔齐景公田，招虞人以旌，不至，将杀之。志士不忘在沟壑，勇士不忘丧其元。孔子奚取焉？取非其招不往也。如不待其招而往，何哉？且夫枉尺而直寻者，以利言也。如以利，则枉寻直尺而利，亦可为与？昔者赵简子使王良与嬖奚乘，终日而不获一禽。嬖奚反命曰：‘天下之贱工也。’或以告王良。良曰：‘请复之。’强而后可，一朝而获十禽。嬖奚反命曰：‘天下之良工也。’简子曰：‘我使掌与女乘。’谓王良。良不可，曰：‘吾为之范我驰驱，终日不获一；为之诡遇，一朝而获十。《诗》云：“不失其驰，舍矢如破。”我不贯与小人乘，请辞。’御者且羞与射者比，比而得禽兽，虽若丘陵，弗为也。如枉道而从彼，何也？且子过矣：枉己者，未有能直人者也。”

　　〔注释〕陈代：赵岐：“孟子弟子也。”

不见诸侯:从下文孟子说"如不待其招而往,何哉"来看,这里指不主动拜见诸侯。

今一见之:根据上下文,显然不是今天一见到诸侯就怎么样怎么样的意思,而含有假设的味道。赵岐注云"如一见之"。

寻:八尺。

招虞人以旌:虞人,管理山泽即田猎之地的负责人。招人以旌,即以旌为信物召唤某人。《万章章句下》第七章说招虞人以皮冠,招大夫才用旌。虞人不至,是因为不合召唤的礼仪。

不忘在沟壑:意指随时准备牺牲且尸首被弃于荒野,更不用说有葬礼了。

元:人头。

孔子奚取:《左传》昭公二十年记齐景公招虞人事,孔子的评价是:"守道不如守官。"杨伯峻注:"实亦由君臣相接为义,故所招不当其官,则可以不守是道。"(《春秋左传注》)

赵简子:晋国的执政大夫赵鞅。

王良:春秋时期有名的善御之人。

掌:朱熹:"专主也。"

范我驰驱:范,合乎礼仪。古代贵族狩猎是一种礼仪行为,对驾车的行驶路线、射手射箭的方向、射中猎物的部位都有一定之规。

诡遇:诡,与"范"相反,指驾车怎么有利于打着猎物就怎么跑。朱熹:"不正而与禽遇也。"

《诗》云等句:见《诗经·小雅·车攻》。王引之:"如破,而破也。舍矢而破,与舍拔则获同意,皆言其中之速也。"(《经传释词》)

比:读去声(bì),并列。

过:过与不及。指陈代对前面的道理,认识不到;对下面的道理,理解过头,还是不明白。

[译文]陈代说:"不主动去拜见诸侯,似乎只是拘泥于小节。真的一旦与之相会,大呢可以实现仁道,小呢可以称霸一方。而且《志》上说:'弯曲一尺,才能伸直八尺。'好像值得去见见吧。"

孟子说:"当年齐景公田猎,用旌旗召唤猎场管理员,管理员不应招,便准备杀了他。[这管理员做得好!]坚守节操的人不怕死无葬身之地,见义勇为的人不怕丢掉脑袋。孔子[曾经称赞这个人,他]赞许这人哪一点呢?就是赞许他对于不合礼节的召唤不接受。假如我连别人的召唤都不等就前往,那算什么呢?况且所谓弯曲一尺才能伸直八尺,是从有没有好处来说的。如果专从利益方面考虑,那么[倒过来说,]弯曲八尺才能伸直一尺,也有好处可得,也可以去做么?从前,赵简子派王良替他的叫奚的宠幸小臣驾车去打猎,一天下来没打着一只猎物。这宠幸小臣回去向赵简子报告说:'王良是天底下糟糕的驾车人。'有人把这话告诉了王良。王良说:'请再来一次吧!'一再坚持才成行,结果一个上午就打着十只猎物。这宠幸小臣回去报告说:'王良是天底下高明的驾车人。'赵简子说:'我叫他专门替你驾车好了。'便同王良说。王良不干,说:'我替他按规矩驾车,整天打不着一只猎物;替他横冲直撞,一个上午就打着十只。《诗经》说:"风度翩翩风驰电掣,箭不虚发箭箭封喉。"我不习惯替小人驾车,我辞职吧。'一个驾车的尚且羞于同[这样的]狩猎者在一起,两人搭档得到的猎物,就是堆积如山,也不能干。假如我扭曲自己的主张去追随诸侯,我成了什么人?况且有个道理你不明白:扭曲自己的人,从来没有能够使别人正直的。"

(二)

景春曰:"公孙衍、张仪岂不诚大丈夫哉? 一怒而诸侯惧,安居而天下熄。"

孟子曰:"是焉得为大丈夫乎？子未学礼乎？丈夫之冠也,父命之。女子之嫁也,母命之,往送之门,戒之曰:'往之女家,必敬必戒,无违夫子！'以顺为正者,妾妇之道也。居天下之广居,立天下之正位,行天下之大道。得志,与民由之;不得志,独行其道。富贵不能淫,贫贱不能移,威武不能屈,此之谓大丈夫。"

〔**注释**〕景春:赵岐:"孟子时人,为纵横之术者。"

公孙衍、张仪:两人都是魏人,都是战国纵横家的代表人物。公孙衍曾说服楚、魏、燕、韩、赵五国共伐秦国。张仪致力于为秦国拆散东方各国反秦联盟并各个击破。两人"一纵一横,其声势都足以倾动天下"(杨宽《战国史》第382页),所以景春云云。他俩都属于司马迁所说的"权变之士""倾危之士"(《史记·张仪列传》),即善用计谋策略倾人家国的危险人物。他们的人生观是赤裸裸地追求功名富贵,如另一位著名的纵横家苏秦所言:"人生世上,势位富厚,盖可以忽乎哉！"(《战国策·秦策二》)他们得志的前提,是必须千方百计得到国君的赏识,就像女人奉承丈夫一样,所以孟子说他们是"妾妇之道"。

熄:同"息",安宁。

丈夫之冠:古时男子二十岁行加冠礼,叫做成年人。

女家:女,读"汝"。指夫家。

夫子:丈夫。

广居:朱熹:"仁也。"

正位:朱熹:"礼也。"《尽心章句下》第十三章:"中天下而立"。

又《离娄章句上》第一章："惟仁者宜在高位。"

大道：朱熹："义也。"《离娄章句上》第一章："不以仁政不能平治天下。"

不得志，独行其道：赵岐注谓"不得志，隐居独善其身，守道不回也"，用的是《论语·泰伯篇》"守死善道""天下有道则见，无道则隐"之意。

〔**译文**〕景春说："公孙衍、张仪难道不是真正的大丈夫吗？一发脾气，诸侯都害怕；平静下来，天下便安宁。"

孟子说："这怎么能叫做大丈夫呢？你没有学过礼吗？男子举行加冠礼的时候，父亲要对他进行训导。女子出嫁的时候，母亲要对她进行训导，送她到门口，告诫她说：'到了你那个家，一定要恭恭敬敬，一定要小心翼翼，不要违背丈夫！'以顺从为准则，是女人的人生之路。〔至于男人，应当〕身处仁的广阔天地，站在礼所当然的天下中央，实现平治天下的目标。〔如果〕这样的抱负得以施展，就偕同老百姓一起去做；如果没有机会，自身也要坚持去做。富贵不能使我迷乱，贫贱不能使我动摇，威武不能使我屈从，这样才叫做大丈夫。"

（三）

周霄问曰："古之君子仕乎？"

孟子曰："仕。《传》曰：'孔子三月无君，则皇皇如也，出疆必载质。'公明仪曰：'古之人三月无君，则吊。'"

"三月无君则吊，不以急乎？"

曰："士之失位也，犹诸侯之失国家也。《礼》曰：'诸侯耕助,以供粢盛;夫人蚕缫,以为衣服。牺牲不成,粢盛不洁,衣服不备,不敢以祭。惟士无田,则亦不祭。'牲杀、器皿、衣服不备,不敢以祭,则不敢以宴,亦不足吊乎?"

"出疆必载质,何也?"

曰:"士之仕也,犹农夫之耕也。农夫岂为出疆舍其耒耜哉?"

曰:"晋国亦仕国也,未尝闻仕如此其急。仕如此其急也,君子之难仕,何也?"

曰:"丈夫生而愿为之有室,女子生而愿为之有家。父母之心,人皆有之。不待父母之命、媒妁之言,钻穴隙相窥,逾墙相从,则父母、国人皆贱之。古之人未尝不欲仕也,又恶不由其道。不由其道而往者,与钻穴隙之类也。"

〔注释〕**周宵:**赵岐注"魏人也",见于《战国策·魏策》。这次对话当在孟子游梁时。

三月:《易·系辞传》:"变通莫大乎四时。"三月为一时,即一季。农业社会的观念,季节不仅关系农时,而且与人事消长相联系。同时,从下文看,士无田则生活依靠俸禄,三月无官做意味着数月无俸禄,生活也会出问题。三月之数虽不可拘泥,却是有说法的。

皇皇:今作"惶惶"。

疆:孔子出疆,指国界。下文士出疆之"疆",与此同。但农夫出疆之"疆",当指田界。

质:同"贽",见面礼物。

耕助:助本来指老百姓耕公田,这里指国君摆出在属于自己的田地上耕种的姿态。焦循:"耕为躬耕,助为民助。"

粢盛:粢,音兹(zī),黍、稷等用来祭祀的粮食。盛,音成(chéng),盛放祭祀所用粮食的器皿。

缫:音骚(sāo),抽蚕出丝。

衣服:指祭服。

牺牲不成:牺牲,指祭祀所杀的牛、羊、猪等。不成,指牺牲不肥壮,犹五谷不成熟。

粢盛不洁:对应于"牺牲不成""衣服不备",本句"洁"当不仅是洁净的意思,而且还是指饱满,饱满的粮食显得有光泽。

钻穴隙:下言"逾墙",则此言在墙上打小洞以作窥探之用。隙,指穴小。

〔**译文**〕周宵问:"古代的君子做官吗?"

孟子说:"做官。《传记》上说:'孔子三个月没有国君任用他,就非常焦急。离开一个国家的时候,一定随车带上与其他国君见面的礼物。'公明仪说:'古代的人三个月没有国君任用,就要去安慰他。'"

周宵问:"三个月没有国君任用就要安慰,不是太急切了吗?"

孟子说:"士人失掉官位,就像诸侯失去国家。《礼》书上说:'诸侯亲自耕种田地,为了提供祭祀用的粮食;国君夫人亲自养蚕缫丝,为了解决祭服用的衣料。牛羊不肥壮,粮食不饱满,祭服不完备,不敢用来祭祀。'士人若没有供祭祀用的田地,也就没法举行祭礼。祭品、祭具、祭服不齐备,不敢用来祭祀,也就不能举行宴会,这还不应该去安慰安慰吗?"

周宵又问:"离开国界一定随车带着见面礼,又是什么道理呢?"

孟子说:"士人去做官,就像农夫去耕田。农夫难道会因为出了田地便舍弃他的农具吗?"

　　周宵说:"魏国也是一个吸引了大量做官人才的国家,却不曾听说急于做官到这种地步的。这么着急做官,君子却不轻易做官,又是什么道理呢?"

　　孟子说:"男子一出生,便希望给他找妻室;女子一出生,便希望给他找婆家。做父母的这个心愿,人人都有。若是不等父母安排、媒人介绍,打墙洞互相探望,爬过墙去你情我愿,那父母和左邻右舍都会看不起他们。古代的人不是不想做官,只是讨厌不走正道。不走正道去做官,和男女打墙洞去结合属于一类。"

(四)

　　彭更问曰:"后车数十乘,从者数百人,以传食于诸侯,不以泰乎?"

　　孟子曰:"非其道,则一箪食不可受于人;如其道,则舜受尧之天下,不以为泰。子以为泰乎?"

　　曰:"否。士无事而食,不可也。"

　　曰:"子不通功易事,以羡补不足,则农有余粟,女有余布;子如通之,则梓、匠、轮、舆皆得食于子。于此有人焉,入则孝,出则悌,守先王之道,以待后之学者,而不得食于子。子何尊梓、匠、轮、舆而轻为仁义者哉?"

　　曰:"梓、匠、轮、舆,其志将以求食也;君子之为道也,其志亦将以求食与?"

　　曰:"子何以其志为哉? 其有功于子,可食而食之矣。且子食志乎? 食功乎?"

曰："食志。"

曰："有人于此,毁瓦画墁,其志将以求食也,则子食之乎?"

曰："否。"

曰："然则子非食志也,食功也。"

〔注释〕彭更:赵岐说他是孟子弟子,但从对话的内容看,不像是弟子的语气,倒像一位有食邑者。

后车数十乘等句:传食,吃了一家又一家,如传驿一站接一站。这句话注家通常认为说的就是孟子周游列国时的情景,其实更可能说的是一种当时著名游士都有的情况,孟子也包括在内。

通功易事:冯友兰:"'功'指劳动成果;'通功'指互换劳动成果。'事'指工作;'易事'即如所谓'换工'。'通功易事'的精神,就是'以羡补不足'。这所说的就是社会分工原则。"(《中国哲学史新编》第二册第 68 页)

羡:赵岐:"余也。"这里指满足自己需要之后的剩余产品或服务。

梓匠轮舆:梓、匠为木工,轮、舆为车工。可能轮、舆也是木工,当时一般的车辆还是以木制为主。那么,梓是伐木,匠是初加工,轮是做成车轮,舆是做成车厢。

入则孝,出则悌:《论语·学而篇》第六章作"入则孝,出则弟"。弟读"悌"(tì),这里不限于一母同胞之兄长,而扩及于其他年长者。参《本来的孔子》。

以待后之学者:后之学者,是对"先王之道"而言的。待,字面意思是守先王之道是为了后来的人可以学习,实即传播先王之道。

画墁:墁,音慢(màn),粉刷墙壁的工具。用墁在墙壁上划拉,指乱涂。

〔**译文**〕彭更问:"跟随的车子数十辆,跟随的人数百个,由这一国吃到那一国,〔这样的做法,〕不是太过分了吗?"

孟子说:"如果不合理,一筐饭都不可以接受;如果合理,舜接受了尧的天下,也不算过分。你以为过分吗?"

彭更说:"这当然不过分。但士人游手好闲吃白饭,是不可以的。"

孟子说:"你如果不允许不同行业交换劳动及其成果,使一方的多余补充另一方的不足,那么种田的粮食有剩余,〔不能拿去换来自己需要的布;〕纺织的布匹有剩余,〔不能拿去换来自己需要的粮食。〕你如果允许相互交换,木匠、车工在你那干活,也能解决吃饭问题。这里有的人,在家孝顺父母,出门敬爱兄长,恪守先王之道,给后人学习创造条件,却不能从你这里解决吃饭问题。你为什么重视木匠、车工却轻视践行和宣传仁义的人呢?"

彭更说:"木匠和车工,他们的目的本来就是谋饭吃;君子推行仁义之道,他们的目的也是谋饭吃吗?"

孟子说:"你以为君子的目的是什么呢? 他们对你有〔推行仁义〕的功劳,可以给予一定的待遇就给予他们好了。况且,你是根据他们的目的给予待遇呢? 还是根据他们的功劳给予呢?"

彭更说:"根据目的。"

孟子说:"这里有个人,把屋瓦打碎,在墙壁乱涂,他的目的也是为着谋饭吃,你给他报酬吗?"

彭更说:"不给。"

孟子说:"这样看来,你给不给报酬,不是根据目的,而是根据功劳。"

（五）

万章问曰："宋，小国也，今将行王政，齐、楚恶而伐之，则如之何？"

孟子曰："汤居亳，与葛为邻。葛伯放而不祀，汤使人问之曰：'何为不祀？'曰：'无以供牺牲也。'汤使遗之牛羊。葛伯食之，又不以祀。汤又使人问之曰：'何为不祀？'曰：'无以供粢盛也。'汤使亳众往为之耕，老弱馈食。葛伯率其民，要其有酒食、黍稻者夺之，不授者杀之。有童子以黍肉饷，杀而夺之。《书》曰：'葛伯仇饷。'此之谓也。为其杀是童子而征之，四海之内皆曰：'非富天下也，为匹夫匹妇复仇也。'汤始征，自葛载。十一征而无敌于天下，东面而征，西夷怨；南面而征，北狄怨，曰：'奚为后我？'民之望之，若大旱之望雨也，归市者弗止，芸者不变。诛其君，吊其民，如时雨降，民大悦。《书》曰：'徯我后，后来其无罚！''有攸不惟臣，东征，绥厥士女，匪厥玄黄，绍我周王见休，惟臣附于大邑周。'其君子实玄黄于匪以迎其君子，其小人箪食壶浆以迎其小人。救民于水火之中，取其残而已矣。《太誓》曰：'我武惟扬，侵于之疆，则取于残，杀伐用张，于汤有光。'不行王政云尔，苟行王政，四海之内皆举首而望之，欲以为君。齐、楚虽大，何畏焉？"

〔注释〕万章：孟子的大弟子。据《史记·孟子荀卿列传》，孟子作《孟子》七篇,万章是主要的参与者。

今将行王政:当指宋君偃十一年(前318年)自立为王后不久时事(《史记·宋世家》,参杨宽《战国史料编年辑证》第527页)。

亳:汤始都之地称亳,后屡迁,仍称亳。此亳在今河南省商丘市区北,汉时为薄县(王国维说,详见《观堂集林·说亳》)。

葛:嬴姓小国,故城在今河南省商丘市宁陵县北。葛伯即其国君。

遗:读未(wèi),赠送。

酒食黍稻:酒,包括当顿的酒和备用的酒。食,指送去的熟食。黍稻,黍,黍子,去皮后叫黄米,当时是北方主要粮食作物之一;稻,稻米,当时北方许多地区产稻(《周礼·职方氏》说豫、青、兖、幽、并诸州"其谷宜稻")。指备用的粮食。

徯我后:徯,等待。《说文》:"徯,待也。"后,君主。上古天子、诸侯都称后。这两句引文为《尚书》逸文,后采入《伪古文尚书·仲虺之诰》,作"徯予后,后来其苏"。

有攸不惟臣六句:《尚书》逸文,后部分内容采入《伪古文尚书·周书·武成》。有攸,即攸,古国名。甲骨文中有"攸侯喜","攸"为"條"之省笔字,条地即鸣条,在今河南省长垣市西(顾颉刚说,详见《顾颉刚古史论文集》卷十下第707至713页)。惟,为。东征,指周公东征。绥,安定。匪,又作"篚",似竹筐之器,这里用作动词。玄黄,布帛的黑色和黄色,这里代指布帛。绍,继,这里是跟随周王献上布帛的意思。周王,指周成王。休,美。大邑周,周人于先周和周初多称殷为"大邑商",自称"小邦周",周公东征成功以后始称"大邑周"。

我武惟扬五句:《尚书》逸文,后采入《伪古文尚书·泰誓中》。

于,即"邳",商的属国,伐邳为周文王时事(陈梦家说,详见《尚书通论》第15页)。邳地在今河南省沁阳市。

〔译文〕万章问:"宋是个小国,如今打算实行仁政,齐、楚两个大国看不惯,出兵攻击它,该怎么办呐?"

孟子说:"商汤住在亳地,同葛国为邻。葛伯行为放纵,连祭祀都不管,汤派人去问:'为什么不祭祀?'回话说:'没有牛羊做祭品。'汤派人送去牛羊。葛伯吃掉牛羊,仍不用来祭祀。汤又派人去问:'为什么不祭祀?'回话说:'没有粮食做祭品。'汤派亳地的人去替他耕种,年纪大和身体弱的负责送饭。葛伯带人半路拦截那些送饭的人,夺走他们的酒和饭菜以及粮食,不交的人就被杀掉。一个小孩子去送饭和肉,也被杀了夺去。《尚书》说:'葛伯仇恨送饭人。'说的就是这件事。汤因为葛伯杀这小孩子而去讨伐他,天下的人都说:'汤不是贪图天下人的财富,而是为老百姓报仇。'汤的征伐,便从葛国开始。十一次征伐都所向无敌,向东面出征,西方的夷人抱怨;向南面出征,北方的狄人抱怨,都说:'为什么不先到我们这里?'老百姓盼望他来,正和大旱时节盼望雨水一样,去集市做买卖的照常进行,在地里劳动的不受影响。[于是]汤杀掉这些国家的君主,抚慰这些国家的百姓,就像及时雨降了下来,老百姓非常高兴。《书经》上说:'等待我的君主,君主来了不再受苦。'又说:'攸国不臣服,[周公]东来征伐,安定那里[受苦的]男男女女,[这些男女]拿上装着黑色和黄色布帛的筐子,前去献给周王表达美好愿望,要做大周国的臣民。'攸国的贵族把黑色和黄色的布帛装满筐子迎接周国的贵族,攸国的平民拿着饭筐和酒壶迎接周国的平民。[商汤和周王的做法,]都只是把老百姓从水深火热之中拯救出来,而杀掉那些残暴的君主罢了。《泰誓》上说:'我们武力高扬,长驱邘国疆场,擒住残暴邢君,杀掉展示正道,堪比商汤荣光。'[所以说,如今的宋国只是还]没有实行仁政罢了,如果真的实行仁政,天下的人都会伸长脖子盼望着,要拥护宋君做他们的君王。齐国和楚国虽然强大,有什么可怕的呢?"

(六)

孟子谓戴不胜曰:"子欲子之王之善与?我明告子。有楚大夫于此,欲其子之齐语也,则使齐人傅诸?使楚人傅诸?"

曰:"使齐人傅之。"

曰:"一齐人傅之,众楚人咻之,虽日挞而求其齐也,不可得矣。引而置之庄岳之间数年,虽日挞而求其楚,亦不可得矣。子谓薛居州,善士也,使之居于王所。在于王所者,长幼卑尊皆薛居州也,王谁与为不善?在王所者,长幼卑尊皆非薛居州也,王谁与为善?一薛居州,独如宋王何?"

〔注释〕戴不胜:赵岐:"宋臣。"

咻:音休(xiū),喧哗。赵岐:"咻之者,讙也。"《说文》:"讙,哗也。"

庄岳:齐国都城临淄地名,庄是街名,岳是里名(据顾炎武《日知录》)。

〔译文〕孟子对戴不胜说:"你希望你的国君走到善道上去吗?我[用打比方]说明该怎么办。假设楚国有位大夫,希望他的儿子会说齐国话,那么,找齐国人来教呢? 还是找楚国人来教呢?"

答道:"找齐国人来教他。"

孟子说:"一个齐国人教他,一帮楚国人在周围吵吵嚷嚷,就是每天抽鞭子督促他学齐国话,也是做不到的。[如果]把他放到临淄的庄街岳里住上几年,就是每天抽鞭子让他说楚国话,也是做不到的。你说薛居州是一位走善道的人,要使他待在宋王的身边,[帮助宋王走到善道上去。]如果宋王身边的人,年龄大的小的,地位低的高的,都同薛居州一样,宋王和谁干坏事呢? [如果]宋王身边的人,年龄大的小的,地位低的高的,都不是薛居州那样的人,宋王和谁干好事呢? 单单一个薛居州,能把宋王怎么样?"

(七)

公孙丑问曰:"不见诸侯何义?"

孟子曰:"古者不为臣不见。段干木逾垣而辟之,泄柳闭门而不内,是皆已甚。迫,斯可以见矣。阳货欲见孔子,而恶无礼。大夫有赐于士,不得受于其家,则往拜其门。阳货瞰孔子之亡也,而馈孔子蒸豚。孔子亦瞰其亡也,而往拜之。当是时,阳货先,岂得不见? 曾子曰:'胁肩谄笑,病于夏畦。'子路曰:'未同而言,观其色赧赧然,非由之所知也。'由是观之,则君子之所养,可知已矣。"

〔注释〕段干木:段干姓,木名。据《史记·魏世家》,为魏文侯所礼待的贤人。《吕氏春秋》《淮南子》等书也有关于他的记载。

泄柳:见《公孙丑章句下》第十一章注释。

内:同"纳"。

迫:逼近。这里指看望的人上门了。"迫,斯可以见矣",由具体语境转换为抽象道理,是说人家主动要见,就该见了。孟子说理,这是一种方式。

阳货欲见孔子:阳货,即阳虎。见,古"现"字,使之来见的意思。《论语·阳货篇》载有"孔子不见"阳货事。

瞰:音看(kàn),窥探。

胁肩谄笑:胁,收敛。胁肩,缩着肩膀。谄,赵岐:"强笑也。"焦循:"因人之意为笑,是为谄笑。笑非由中,故是强也。"

畦:畦音齐(qí),田间划分的地块。这里指在田里干活。

未同而言:未同,赵岐:"志未合也。"指看法不同。言的对象当指在上位者。句犹"未同而言同"。

观其色赧赧然:其,指言的对象。赧赧然,惭愧的样子。这里指谦恭状。

[译文]公孙丑问:"不[随便]与诸侯相见,是什么道理?"

孟子说:"古时候的规矩,不是诸侯的臣属便不相见。段干木跳墙,躲避前来看望他的诸侯;泄柳关着门,不让看望他的诸侯进去。这样的做法,都太过分了。人家都到家门口了,就可以见了嘛。阳货想要孔子去见他,又不愿采取失礼的方式。[那时有一条礼节,]大夫给士人送去礼物,士人如果因故没有在家接受,就要前往大夫家里答谢。阳货于是探知孔子不在家的时候,送去一只蒸熟的小猪。孔子也探知阳货不在家的时候,前去答谢。在那个时候,阳货[如果]先去看望孔子,孔子哪能不见他?曾子说:'点头哈腰,强颜欢笑,比大热天在地里干活还叫人难受。'子路说:'和人家的看法不同,却说出相同的话,看着人家的脸色还装出一副谦恭的样子,我真是不明白这种做法。'由此看去,君子该怎样涵养志气,可以明白了。"

<h2 align="center">（八）</h2>

戴盈之曰："什一，去关市之征，今兹未能，请轻之，以待来年，然后已，何如？"

孟子曰："今有人日攘其邻之鸡者，或告之曰：'是非君子之道。'曰：'请损之，月攘一鸡，以待来年，然后已。'如知其非义，斯速已矣，何待来年！"

〔注释〕**戴盈之**：赵岐："宋大夫。"

今兹：今年。阎若璩："兹，年也。"（详《四书释地三续》"今兹未能"条）

攘：音壤（rǎng），赵岐："取也。取自来之物也。"赵注精当。攘邻走来之鸡，既非偷，也非抢，而是顺手牵羊。至今农村，偶一为之，哂之而已。至于日攘一鸡，按现代法律，达到一定数量，就要以盗窃入罪。孟子这里只是比喻。

〔译文〕戴盈之说："税率十分抽一，免除关卡和市场的赋税，今年做不到，让我先减轻一些，等到明年，再完全实行，怎么样？"

孟子说："现在有一个人，每天把邻居家跑来的鸡拿走一只。有人对他说：'这不是君子干的事儿。'他说：'让我先改为每月拿走一只，等到明年，这事儿就不干了。'如果明白这么做不对，就该尽快停止，为什么要等到明年呢？"

<h2 align="center">（九）</h2>

公都子曰："外人皆称夫子好辩，敢问何也？"

孟子曰:"予岂好辩哉? 予不得已也。天下之生久矣,一治一乱。当尧之时,水逆行,泛滥于中国,蛇龙居之。民无所定,下者为巢,上者为营窟。《书》曰:'洚水警余。'洚水者,洪水也。使禹治之。禹掘地而注之海,驱蛇龙而放之菹。水由地中行,江、淮、河、汉是也。险阻既远,鸟兽之害人者消,然后人得平土而居之。

"尧舜既没,圣人之道衰,暴君代作,坏宫室以为污池,民无所安息;弃田以为园囿,使民不得衣食。邪说暴行又作,园囿、污池、沛泽多而禽兽至。及纣之身,天下又大乱。周公相武王,诛纣;伐奄,三年讨其君;驱飞廉于海隅而戮之;灭国者五十,驱虎、豹、犀、象而远之,天下大悦。《书》曰:'丕显哉,文王谟! 丕承哉,武王烈! 佑启我后人,咸以正无缺。'

"世衰道微,邪说暴行有作,臣弑其君者有之,子弑其父者有之。孔子惧,作《春秋》。《春秋》,天子之事也。是故孔子曰:'知我者其惟《春秋》乎! 罪我者其惟《春秋》乎!'

"圣王不作,诸侯放恣,处士横议。杨朱、墨翟之言盈天下,天下之言不归杨,则归墨。杨氏为我,是无君也;墨氏兼爱,是无父也。无父无君,是禽兽也。公明仪曰:'庖有肥肉,厩有肥马,民有饥色,野有饿莩,此率兽而食人也。'杨墨之道不息,孔子之道不著,是邪说诬民,充塞仁义也。仁义充塞,则率兽食人,人将相食。吾为此惧,闲先圣之道,距杨墨,放淫辞,邪说者不得作。作于其心,害于其事;作于其事,害于其政。圣人复起,不易吾言矣。

"昔者禹抑洪水而天下平,周公兼夷狄、驱猛兽而百姓宁,孔子成《春秋》而乱臣贼子惧。《诗》云:'戎狄是膺,荆舒是惩,则莫我敢承。'无父无君,是周公所膺也。我亦欲正人心,息邪说,距诐行,放淫辞,以承三圣者。岂好辩哉?予不得已也。能言距杨墨者,圣人之徒也!"

〔**注释**〕**公都子**:赵岐:"孟子弟子也。"

上者为营窟:上者,赵岐注谓"高原之上",朱熹注谓"高地",均不确。本章孟子所云"中国"范围,大约指黄河自今三门峡以东容易泛滥的广大平原地区,南至长江以北,北至黄淮海平原北缘。人们想象大洪水时代,在平地上的人只好像鸟儿筑巢那样在树上居住,所以上一句为"下者为巢";那么本句"上者",当指山上。营,盘绕。《说文》:"营,帀居也。"段玉裁注:"帀居,谓围绕而居。"窟,洞穴,指山洞。一座山,盘绕而上分布一些洞穴,称"营窟"。

洚水警余:《尚书》逸文。洚音洪(hóng)。《告子章句下》第十一章:"水逆行谓之洚水。"警,警示。当指上天的警示。《万章章句上》第五章:"天不言,以行与事示之而已矣。"余,从上下文看,似尧自指。

洚水者,洪水也:洪水,大水。《说文》:"洚,水不遵道。"段玉裁注:"水不遵道,正谓逆行。惟其逆行,是以绝大。洚、洪二字义实相因。"

洰:音巨(jù),水草多的沼泽地带。

水由地中行:黄宗羲:"水由地中行,一句已尽治水之术。后世

治水者,大概以堤防为事,是水由地上行,所以累决不止也。"(《孟子师说》卷上)

暴君代作:代,更替。《说文》:"代,更也。"段玉裁注:"凡以此易彼谓之代。"

周公相武王数句:孟子长于说理,引用史实也是服务于说理,有时比较笼统。这里诛纣是武王时事,伐奄至驱虎、豹、犀、象等则是成王时周公东征期间事。奄,古国名,故城在今山东省曲阜市,协助武庚叛周的主要力量之一。三年,指周公摄政第三年。《尚书大传》:"周公摄政,一年救乱,二年克殷,三年践奄。"飞廉,又称"蜚廉","飞"通"蜚"。据《史记·秦本纪》,与其父均为纣王之臣,入周后居霍太山(在今山西省霍州市东南)并死在那里,与孟子所说不同。五十,大略之数。此时所谓国,人数都不多。《逸周书·世俘解》说武王伐国九十有九,许倬云认为每国大约有五千不到的人口(《西周史》第129页)。虎、豹、犀、象,商人在与周人的战争中可能使用这些动物。《吕氏春秋·古乐》记"商人服象",即用象阵作战。"周公遂以师逐之,至于江南"。

《书》曰等句:《尚书》逸文,后被采入《伪古文尚书·君牙篇》。从上下文看,似是周公的话。丕,大。谟,谋略。承,继承。

有作:有,同"又"。

《春秋》,天子之事:孔子编撰《春秋》,从正名出发,目的是"礼乐征伐自天子出",即下文孟子所言"孔子成《春秋》而乱臣贼子惧"。

知我者其惟《春秋》乎句:理解这句话,参见《离娄章句下》第二十一章注释。

处士:平民知识分子。赵岐注谓"布衣处士"。

兼：安抚。赵岐注谓"兼怀"，有后世羁縻、同化之意。但下引"《诗》云"，当为制服、战胜之义。俞樾谓"兼之言绝也"（《群经平议》卷三十二），可备一说。

杨朱：或说为战国早期道家人物。钱穆说他的行辈较孟子略同时而稍前。又说当时公认的显学是儒墨，所谓杨墨相抗衡是孟子个人的说法（详《先秦诸子系年·杨朱考》）。

墨翟：墨家学派创始人，名翟。据钱穆考证，生约在孔子卒后十年内，卒约在孟子生前十年内。又云："孔子之道，有教无类，墨子先贱人，自习于儒，乃苦其礼而倡墨道，墨子其固古之伟人哉！"（详《先秦诸子系年·墨子生卒考》《墨翟非姓墨墨为刑徒之称考》）一说他是宋国人。其言论与活动见于《墨子》一书。

闲：木栅栏，用于禁卫。引申为捍卫。

承：抵御。

徒：赵岐："党也。"前言"以承三圣"，此义即继承人。

〔译文〕公都子问："别人都在议论，说您喜欢辩论，请问是为什么呢？"

孟子说："我难道喜欢辩论吗？我是不得不这么做呀。人类社会产生很久了，太平一个时期，混乱一个时期，〔总是这样交替进行。〕当尧的时候，大水横冲直撞，在中原大地泛滥成灾。那里成了蛇和龙的居所，人类到处躲藏，有的爬到树上像鸟一样搭窝栖身，有的跑到山上住进那些大大小小的洞窟。《尚书》记尧说：'洚水是上天在警示我。'洚水是什么呢？就是洪水。〔于是尧和舜〕命令禹来治理洪水。禹疏通河道，使洪水顺河道流向大海；驱赶蛇和龙，让它们生活在湖泊草丛中。水纳入河道流动，长江、淮河、黄河、汉水都是这样。洪水的危险既已远去，龙、蛇的危害也已消除，人们才得以在平原地带居住。

"尧、舜过世之后,圣人之道衰落,残暴的君主就出现了。他们毁坏民居变成深池,老百姓无处安身休息;毁弃农田变成林地,使老百姓没有了衣食来源。邪恶的传言、暴虐的行径随之兴起,林地、深池、草泽多了起来,凶禽猛兽又重新出现。到商纣王的时候,天下又大乱了起来。周公辅佐周武王把纣王诛杀了,又征伐奄国,用了三年时间将奄君绳之以法,追得飞廉到海边无路可逃,也将他杀掉。被灭的国家[大大小小]一共五十个,老虎、豹子、犀牛、大象被驱赶得远远的,天下的人民都满心欢喜。《尚书》说:'光辉灿烂啊,文王的深谋远虑! 发扬光大啊,武王的丰功伟绩! 保佑、引导我们的后人,都能够直道前行没有缺失。'

"时代又走下坡路,圣人之道衰微,邪恶的学说、暴虐的行径随之兴起,有臣子杀死国君的,有儿子杀死父亲的。孔子深为忧虑,编撰了《春秋》这部史书。《春秋》,是从天子的角度看待问题的,所以孔子说:'了解我,恐怕就在《春秋》吧! 怪罪我,恐怕也就在《春秋》吧!'

"[自那以后,]圣明天子没再出现,各路诸侯肆行无忌,一般士人也指点江山。杨朱、墨翟的学说影响天下,所有的主张不属于杨朱一派,就归于墨翟一派。杨朱的人以自我为中心,这是目无君上;墨翟的人对谁都一视同仁,这是目无父尊。目无君上,目无父尊,就无异于禽兽了。公明仪说:'厨房里有厚实的肉,马棚里有健壮的马,老百姓却面带饥色,野外躺着饿死的人,这就好比率领野兽去吃人。'杨墨之道不消除,孔子之道不发扬,这就使邪恶的学说欺骗老百姓,阻塞了他们通往仁义的道路。仁义的道路被阻塞,就等于率领野兽去吃人,人与人也会相互残杀。我对此深感忧虑,便[出来]

捍卫历代圣人之道，打击杨墨的主张，驳斥放纵的言论，使邪恶的学说不再兴风作浪。[这邪恶的东西,]从心底里产生，便会危害到行为；在行为上表现，便会危害到政治，[必须消除。]圣人再度出现的时候，我这番话也是不会过时的。

"当年大禹制服了洪水，天下实现太平；周公战胜了夷狄，百姓得到安宁；孔子创作了《春秋》，乱臣贼子有所畏惧。《诗经》上说:'西戎北狄受阻击，荆楚群舒遭严惩，就没有人敢抗拒我。'像杨墨这样目无君上、目无父尊的人，正是周公所要阻击的。我也要端正人心，消除邪恶学说，打击偏激行为，驳斥放纵言论，以继承这三位圣人的事业。难道这是喜欢辩论吗？我是不得不这么做呀！能够以言论抗击杨墨的，就是圣人的继承人！"

（十）

匡章曰:"陈仲子岂不诚廉士哉？居於陵，三日不食，耳无闻，目无见也。井上有李，螬食实者过半矣，匍匐往，将食之，三咽，然后耳有闻，目有见。"

孟子曰:"于齐国之士，吾必以仲子为巨擘焉。虽然，仲子恶能廉？充仲子之操，则蚓而后可者也。夫蚓，上食槁壤，下饮黄泉。仲子所居之室，伯夷之所筑与？抑亦盗跖之所筑与？所食之粟，伯夷之所树与？抑亦盗跖之所树与？是未可知也。"

曰:"是何伤哉？彼身织屦，妻辟纑，以易之也。"

曰:"仲子，齐之世家也。兄戴，盖禄万钟。以兄之禄为不义之禄而不食也，以兄之室为不义之室而不居也，辟兄离母,处于於陵。他日归,则有馈其兄生鹅者,己频顣曰:'恶用是鶃鶃者为哉?'他日,其母杀是鹅也,与之食之。其兄自外至,曰:'是鶃鶃之肉也。'出而哇之。以母则不食,以妻则食之;以兄之室则弗居,以於陵则居之,是尚为能充其类也乎? 若仲子者,蚓而后充其操者也。"

〔注释〕**匡章**:齐国将军,历齐威王、宣王和湣王,屡为大将。《孟子》涉匡章事,另见《离娄章句上》第三十章。

陈仲子:赵岐:"齐一介之士,穷不苟求者,是以绝粮而馁也。"

於陵:於音乌(wū)。齐地。据阎若璩《四书释地续》,在今山东省邹平市东南部,距离当时国都临淄较远。

井上有李:《文选·张景阳杂诗》注引《孟子章句》从"井上"至"将食之",唯"实"在"李"下,余全同。作"李实"是。又"李"本也指李树之果实,"实"或为旁注之字而窜入。

蛴:音曹(cáo),金龟子的幼虫。

巨擘:大拇指。

充仲子之操:充,满。操,操守。句谓时时处处贯彻仲子的操守。

槁壤:槁音搞(gǎo)。干土。

黄泉:地下泉水。"黄"对"槁",故译作"浑水"。

盗跖:跖音直(zhí)。相传为春秋时的大盗,名跖。

辟纑:音批庐(pī lú)。辟,治,绩,从麻纤维至搓捻成线的加工过程。纑,麻线。《说文》:"纑,布缕也。"段玉裁注:"绩之而成缕可以为布,是为纑。"

盖:地名,戴之采邑。《公孙丑章句下》第六章有"盖大夫王骤"。阎若璩《四书释地》云："以半为王朝之下邑,王骤治之;以半为卿族之私邑,陈氏世有之。"一说连"戴盖"为名,又一说"盖"为大略之词。今暂从阎说。

频顣:频,同"颦",皱眉。顣,音促(cù),同"蹙",面部收紧。不高兴的样子。

鶂:音易(yì)。鶂鶂,鹅叫声。

以母则不食之两句:据前文,母杀鹅"与之食之",则"以母则不食"不成立。故王充提出疑问:"使仲子执不食于母,鹅膳至,不当食也。"(《论衡·刺孟篇》)似"母"当为"兄","妻"当为"母"。译文未改。

〔**译文**〕匡章说:"陈仲子难道不是一位真正廉洁的人士吗?居住在偏僻的於陵,几天没吃东西,耳朵听不到,眼睛也看不见了。水井沿上有个李子,虫子已经吃掉大半了,他爬着过去,拿来吃,吞了几口后,耳朵才听得到,眼睛才看得见。"

孟子说:"在齐国人士中,我一定把仲子看做了不得的人。但是,仲子哪能真正廉洁?要时时处处坚持仲子的操守,只有变成蚯蚓才能做到。蚯蚓,在地面上吃干土,在地面下喝浑水,〔无求于人。〕仲子所住的房子,是像伯夷那样的人所盖的呢?还是像盗跖那样的人所盖的?他所吃的粮食,是像伯夷那样的人所种植的呢?还是像盗跖那样的人所种植的?这都还是不知道的。"

匡章说:"那有什么关系呢?他自己编草鞋,妻子绩麻练麻,拿去换来的。"

孟子说:"仲子家几代都是齐国的大族,他的哥哥陈戴,从盖邑得到的俸禄就有几万石粮食。他以他哥哥的俸禄为不义之物,不愿意去吃;以他哥哥的房子为不义之产,不愿意去住。避开哥哥,离开母亲,住到於陵。有一天他回去,碰上有人送给他哥哥一只活鹅,便很不高兴地说:'要这呃呃叫的东西做什么呢?'又一天,他母亲杀了这只鹅,给他吃,他吃起来。他哥哥从外边回来,说:'这就是那呃呃叫的东西的肉呀。'[他听了]跑出门去,吐了出来。因为是母亲的食物他不吃,却吃妻子的;因为是哥哥的房子他不住,却住在於陵,这还算是能够把自己的操守坚持到底吗?像仲子这样的人,只有变成蚯蚓才能坚持他的操守。"

卷七 离娄章句上

(一)

孟子曰："离娄之明、公输子之巧，不以规矩，不能成方员；师旷之聪，不以六律，不能正五音；尧舜之道，不以仁政，不能平治天下。今有仁心仁闻而民不被其泽、不可法于后世者，不行先王之道也。故曰，徒善不足以为政，徒法不能以自行。《诗》云：'不愆不忘，率由旧章。'遵先王之法而过者，未之有也。圣人既竭目力焉，继之以规矩准绳，以为方员平直，不可胜用也；既竭耳力焉，继之以六律，正五音，不可胜用也；既竭心思焉，继之以不忍人之政，而仁覆天下矣。故曰，为高必因丘陵，为下必因川泽；为政不因先王之道，可谓智乎？是以惟仁者宜在高位。不仁而在高位，是播其恶于众也：上无道揆也，下无法守也。朝不信道，工不信度，君子犯义，小人犯刑，国之所存者幸也。故曰，城郭不完，兵甲不多，非国之灾也；田野不辟，货财不聚，非国之害也；上无礼，下无学，贼民兴，丧无日矣。《诗》曰：'天之方蹶，无然泄泄。'泄泄犹沓沓也。事君无义，进退无礼，言则非先王之道者，犹沓沓也。故曰，责难于君谓之恭,陈善闭邪谓之敬,吾君不能谓之贼。"

〔**注释**〕**离娄**:相传为目力极强之人。

公输子:名般,一名班,鲁国人,又叫鲁班。年纪比孔子小,比墨子大,著名巧匠。

员:通"圆"。

师旷:古代著名音乐家,晋平公的乐官之长(太师)。

六律:律,指一个半音。六个单数的半音称为"六律",即黄钟、太蔟、姑洗、蕤宾、夷则、无射。详参杨荫浏《中国古代音乐史稿》上册第三章。

五音:古代的五个音阶,即宫、商、角、徵、羽,分别相当于 do,re,mi,sol,la。

闻:旧读为去声(wèn),声誉。

《诗》云等句:见《诗经·大雅·假乐》。郑玄笺:"愆,过。率,循。成王之令德,不过误,不遗失,循用旧典之文章,谓周公之礼法。"

准绳:准,水准测量工具,用来测量物体倾斜度的仪器。绳,木工用来打直线的墨线。

不可胜用也:指确定"方员平直",依靠"竭目力"和"规矩准绳",够用而有余。

上无道揆也,下无法守也:这两句接前两句,是对"播其恶于众"的解释。据下文"上无礼,下无学,贼民兴",下,不是指民众,而是指大大小小的官僚。上、下,加起来就是统治者,是对"民"而言的。揆,音奎(kuí),测量。这里是规范的意思。

《诗》曰等句:引诗见《诗经·大雅·板》。方,正在。蹶,毛传:

"动也。"天之方蹶，指上天正在降下灾难。泄泄，音艺艺（yì yì），多嘴多舌貌。

〔译文〕孟子说："就是有离娄的眼神，公输般的技巧，如果不用圆规和曲尺，也不能准确地画出方形和圆形；就是有师旷的耳力，如果不用六律，也不能校正五音；就是有尧舜之道，如果不行仁政，也不能平治天下。现在有的人，虽然有仁爱的心肠和仁爱的名声，老百姓却享受不到他的恩惠，也不能成为后代的榜样，就是因为不能实行历代圣王之道的缘故。所以说，光有好心，不足以成为好的政治；光有法度，不可能自己变成现实。《诗经》说：'不要搞错，不要忘却，一切遵循传统典章。'遵循历代圣王的法则而犯错误，这是从来不曾有的事。圣人先是用尽目力，再用上圆规、曲尺、水准器、绳墨，这样确定方形、圆形、水平和直线，够用而有余了；先是用尽听力，再用上六律，这样校正五音，够用而有余了；先是用尽心思，再实行急人之所急的政治，那么仁德就惠及全天下的人了。所以说，筑高台一定要凭借丘陵，挖深池一定要凭借河道，搞政治不遵循历代圣王之道，能说是有智慧吗？因此，只有仁人才适合处在众人之上。不仁的人如果处于领导地位，就会很快把邪恶的东西带给更多的人：在上的人没有道义规范，在下的人便失去法律约束。朝廷不相信道义，工匠不相信尺度，君子行不义事，小人作奸犯科，国家若还能够生存，只能说是幸运而已。所以说，城防工事不完备，武器装备不充足，不是国家的灾难；农田荒野开辟得不够，财宝货物聚集得不多，不是国家的祸害；在上的人没有礼义，在下的人没有遵循，老百姓中违法乱纪的人就会不断涌现，国家灭亡的日子就快到了。《诗经》说：'上天降灾难，不要乱发言。'乱发言就是说话随便。奉事国君不讲道义，上朝退朝不讲礼仪，发言就诋毁历代圣王之道，这就叫说话随便。所以说,勉励国君勇于行仁,这才叫认真负责;帮助国君亲善去邪,这才叫忠心耿耿;[认为]自己的国君做不到[就放弃],这就叫心术不正。"

(二)

孟子曰:"规矩,方员之至也;圣人,人伦之至也。欲为君,尽君道;欲为臣,尽臣道。二者皆法尧舜而已矣。不以舜之所以事尧事君,不敬其君者也;不以尧之所以治民治民,贼其民者也。孔子曰:'道二,仁与不仁而已矣。'暴其民甚,则身弑国亡;不甚,则身危国削。名之曰'幽''厉',虽孝子慈孙,百世不能改也。《诗》云:'殷鉴不远,在夏后之世。'此之谓也。"

〔注释〕幽厉:西周有幽王、厉王,都是有名的暴君。幽、厉为恶谥。

《诗》云等句:见《诗经·大雅·荡》。郑玄笺:"此言殷之明镜不远也,近在夏后之世,谓汤诛桀也。今之王者,何以不用为戒?"鉴,铜镜。

〔译文〕孟子说:"圆规和曲尺,是最圆最方的;圣人,是做人的最高标准。要做一个好君主,就要恪尽君主的职责;要做一个好臣子,就要恪尽臣子的职责。这两件事,只要以尧、舜为榜样就可以了。不以舜服事尧的态度对待君主,就是对君主的不敬;不以尧治理百姓的态度对待百姓,就是对百姓的残害。孔子说:'治理国家的法则有两个,仁爱与不仁爱罢了。'欺负百姓太过分,自身会被杀掉,国家遭灭亡;不那么过分,自身也会陷入险境,国家被削弱。[这两

种情况,]国君死后的谥号叫做"幽"和"厉"。纵然他的子子孙孙都
很好,[这不好的名声]一百代也改变不了。《诗经》说:'殷商鉴戒
不太远,就在夏桀如何亡。'说的正是这个意思。"

(三)

孟子曰:"三代之得天下也以仁,其失天下也以不仁。
国之所以废兴存亡者亦然。天子不仁,不保四海;诸侯不
仁,不保社稷;卿大夫不仁,不保宗庙;士庶人不仁,不保四
体。今恶死亡而乐不仁,是犹恶醉而强酒。"

〔注释〕得天下:指得到天下人的拥戴,成为"共主",与秦汉以
后的"得天下"即统一天下不同。

社稷:社,土神。稷,谷神。诸侯从天子那里受土受民,就要设
立社、稷神位以祭之,因而成为诸侯国政权的象征。

四体:人的四肢。

强:读上声(qiǎng),勉强。

〔译文〕孟子说:"夏、商、周三代得到天下人的拥戴,是由于施
行仁政;失去天下人的拥戴,是由于施行暴政。诸侯国的兴衰存亡,
是同样的原因。天子不行仁政,就保不住天下;诸侯不行仁政,就保
不住国家;卿大夫不行仁政,就保不住祖庙;士人和平民没有仁德,
就保不住生命。现在有人害怕死亡却乐于不仁,这就好比害怕醉酒
却偏要多喝一样。"

(四)

孟子曰:"爱人不亲,反其仁;治人不治,反其智;礼人

不答,反其敬。行有不得者皆反求诸己,其身正而天下归之。《诗》云:'永言配命,自求多福。'"

〔注释〕爱人不亲两句:孔子对仁的定义即"爱人",对智(《论语》中一律作"知",音义同)的定义即"知人"(《论语·颜渊篇》)。反,反观。

〔译文〕孟子说:"爱别人却没使对方亲近,就要反过来检查自己的仁爱够不够;管别人但没管好,就要反过来检查自己对别人的了解够不够;礼貌地对待别人却得不到回应,就要反过来检查自己的态度够不够好。自己的任何行为达不到应有的效果,都要返回到自身找原因,自身端正,天下的人都会向他靠拢。《诗经》说:'永远和那天命相符,自己寻求更多幸福。'"

(五)

孟子曰:"人有恒言,皆曰'天下国家'。天下之本在国,国之本在家,家之本在身。"

〔注释〕恒言:常言。从语气看,孟子不以此恒言为然,他强调的是"身"。这是由他的人性论决定的。

国家:国,诸侯国。家,一般注谓卿大夫家。后文"家",当不同于此"恒言"之"家",除指卿大夫的"千乘之家""百乘之家"外,也包括"数口之家",即以一个成年男子("一夫")为核心、人口为五至九人的小家庭(《万章章句下》第二章"上农夫食九人"至"下食五人")。

身:本指身体,这里指社会中的个体,似强调指下层社会的士、庶人。本篇第三章讲的也是天下、国、家、身四个社会层次,"士、庶人不仁,不保四体",即是以身("四体")来指示士、庶人的特征(相对于"四海""社稷""宗庙"而言)。本章与《大学》开篇所言天下、国、家、身含义不同,前者为四层主体,而后者为同一主体。朱熹所谓"八条目"者,其主语(主体)都是一个,即"天子"。这里的"身",也就不是"自天子以至于庶人,壹是皆以修身为本"之"身"了。

〔译文〕孟子说:"人们有句常挂在嘴边的话,都说'天下国家'。[究其实,]天下的根基在国,国的根基在家,家的根基在个人。"

(六)

孟子曰:"为政不难,不得罪于巨室。巨室之所慕,一国慕之;一国之所慕,天下慕之,故沛然德教溢乎四海。"

〔注释〕为政不难,不得罪于巨室:为政,当政,犹《公孙丑章句上》第一章"夫子当路于齐"之"当路",第二章"夫子加齐之卿相"之"卿相"。巨室,赵岐指"大家也,谓贤卿大夫之家,人所则效者",后世注家概从之。按:《孟子》全书"巨室"出现两次,另一次见于《梁惠王章句下》第九章孟子对齐宣王说"为巨室"云云,赵岐注:"大宫也。"说的是为齐宣王建王宫事。如按本章赵注,"巨室"与《万章章句下》第九章孟子回答齐宣王问卿时所指"贵戚之卿"同。但齐宣王问卿,已表明不甚明白孟子所说的"贵戚之卿"与"异姓之卿"的区别,实则贵戚已不复世卿世禄时代之地位。孟子这里所说的"巨室"之影响力,只有国君而且是像齐国这样的大国诸侯才具备。所以他说"以齐王,由反手也"(《公孙丑章句下》第一章,王,去声;由,同"犹");又说当今天下的国君只要"不嗜杀人",就是人们所盼望的,"民归之,由水之就下,沛然谁能御之?"(《梁惠王章句上》第六章）由此可见，"巨室"在另章，是实指，指齐王宫殿；在本章，是比喻，指齐王，或者指大国诸侯。不得罪，即不使巨室怪罪的意思，实则指得到国君支持，以国君的影响力推行"为政"之道。

〔译文〕孟子说："治理国家并不难，只要不让那个住在宫殿里的人跟你唱反调就行了。那人所追求的，一国的人都会追求；一国的人所追求的，天下的人都会追求，由此，浩浩荡荡的道德教化就风行于四海之内了。"

（七）

孟子曰："天下有道，小德役大德，小贤役大贤；天下无道，小役大，弱役强。斯二者，天也。顺天者存，逆天者亡。齐景公曰：'既不能令，又不受命，是绝物也。'涕出而女于吴。今也小国师大国而耻受命焉，是犹弟子而耻受命于先师也。如耻之，莫若师文王。师文王，大国五年，小国七年，必为政于天下矣。《诗》云：'商之孙子，其丽不亿。上帝既命，侯于周服。侯服于周，天命靡常。殷士肤敏，裸将于京。'孔子曰：'仁不可为众也。'夫国君好仁，天下无敌。今也欲无敌于天下而不以仁，是犹执热而不以濯也。《诗》云：'谁能执热，逝不以濯？'"

〔注释〕天也：朱熹："理势之当然也。"

绝物：做绝事。赵岐："物，事也。"

涕出而女于吴：女，读去声（nǜ），嫁女。齐景公被迫嫁女于吴国的事，详见《说苑·权谋篇》。

小国师大国而耻受命：师，显然不能理解为以之为老师的意思，而是跟随，且时不时受到对方干预、控制的意思，故耻于受命。后文讲如何如何就能"为政于天下"，则指自己有了自主权，没有外部势力的干预和控制，并非一定可以得到天下的政治权力。

大国五年：根据上下文意，这里指面积大实力弱的国家。孟子认为齐景公时的齐国就是这样的国家。

商之孙子等句：见《诗经·大雅·文王》。丽，毛传："数也。"亿，十万，又说万万，形容数量多。侯于周服，倒文取韵，即侯服于周。侯，语气词。服，臣服。肤敏，于省吾《诗经新证》："肤敏，乃黾勉的转语。"祼，音义同"灌"，宗庙祭祀仪式，将一种有浓香气味的酒倒在地上以迎神。京，周朝的国都镐京，在今西安市西南沣河东岸。

孔子曰等句：赵岐注"孔子曰"后两句为孔子的话，不确。仁不可为众也，犹云仁不可众为也，意思是仁者不是一般的人做得了的。这的确是孔子的观点。《论语》中，孔子从不轻许人以仁，只说过"殷有三仁焉"（《论语·微子篇》），他的最得意的弟子颜渊，也只能做到"其心三月不违仁"（《雍也篇》）。孟子在其他地方也说过类似的话："君子之所为，众人固不识也。"后面一句，不是孔子的观点，完全是孟子的思想，甚至就是他常说的话。如《梁惠王章句上》第五章："故曰，仁者无敌。"《公孙丑章句上》第五章："如此，则无敌于天下。"《尽心章句下》第三章："仁人无敌于天下。"第四章："国君好仁，天下无敌焉。"

谁能执热两句：见《诗经·大雅·桑柔》。执，治。热，炎热，比喻人民遭受的苦难。濯，冲凉水澡。马瑞辰《毛诗传笺通释》："执热即治热，亦即救热。言谁能救热而不以濯也。"译文用意译。

〔**译文**〕孟子说:"天下有序,道德水平低的服从道德水平高的,能力一般的服从能力出众的;天下混乱,个子小的服从个子大的,力量弱的服从力量强的。这两种情况,时势使然。顺应时势的生存,违背时势的灭亡。齐景公说:'既不能命令别人,又不接受别人命令,只有绝路一条。'于是流着眼泪把女儿嫁到吴国去。如今弱小的国家跟随强大的国家,却以接受命令为耻,这就好比做弟子的以接受老师的命令为耻一样。如果真以为耻,不如效法周文王。效法周文王,面积大实力弱的国家只需要五年,面积小实力弱的国家只需要七年,自己的一套做法就一定可以在天下行得通了。《诗经》说:'商代的子孙,数量何其多。上帝发了令,做周国臣民。做周国臣民,天意不一定。他们都能干,助祭在镐京。'孔子说过:'为仁不是普通人做得了的。'只要国君全力推行仁政,天下就没有阻挡得了的人。如今你们想要自己的做法在天下行得通,却又不行仁政,这就好比苦于炎热却懒得冲凉。《诗经》说:'谁能拯救火热,却不肯降下甘露?'"

(八)

孟子曰:"不仁者可与言哉? 安其危而利其菑,乐其所以亡者。不仁而可与言,则何亡国败家之有? 有孺子歌曰:'沧浪之水清兮,可以濯我缨;沧浪之水浊兮,可以濯我足。'孔子曰:'小子听之! 清斯濯缨,浊斯濯足矣。自取之也。'夫人必自侮,然后人侮之;家必自毁,而后人毁之;国必自伐,而后人伐之。《太甲》曰:'天作孽,犹可违;自作孽,不可活。'此之谓也。"

〔注释〕菑:音义同"灾"。

沧浪:朱熹:"水名。"

缨:冠系,即系在脖子上以固定帽子的带子。

〔译文〕孟子说:"背弃仁德的人可以劝他弃恶从善吗? 本来危险,他却视为平安;本来会带来灾难,他却认为有利可图,[好像]乐于做这些导致自己灭亡的事情[似的]。如果背弃仁德的人可以劝他弃恶从善,哪里会发生亡国败家的事儿呢? 有个小孩子唱道:'沧浪的水清澈呀,可以洗我的帽缨;沧浪的水浑浊呀,可以洗我的双脚。'孔子说:"弟子们听着! 水清就洗帽缨,水浊就洗双脚。这都是由自己来做选择的。'所以人一定是先自己做错事,然后别人来欺侮他;家一定是先自己有失误,然后别人来毁坏它;国一定是先自己出大事,然后别人来攻击它。《尚书·太甲》说:'天降灾害,还可逃避;自造罪孽,小命不保。'说的就是这个道理。"

(九)

孟子曰:"桀、纣之失天下也,失其民也;失其民者,失其心也。得天下有道:得其民,斯得天下矣;得其民有道:得其心,斯得民矣;得其心有道:所欲与之聚之,所恶勿施尔也。民之归仁也,犹水之就下、兽之走圹也。故为渊驱鱼者,獭也;为丛驱爵者,鹯也;为汤武驱民者,桀与纣也。今天下之君有好仁者,则诸侯皆为之驱矣。虽欲无王,不可得已。今之欲王者,犹七年之病求三年之艾也,苟为不畜,终身不得。苟不志于仁,终身忧辱,以陷于死亡。《诗》云:'其何能淑,载胥及溺。'此之谓也。"

〔**注释**〕**与之聚之**：与，去声（yù），赞成。之，指民。与之，意即顺民心。聚之，聚积所要的。

圹：同"旷"，旷野。

獭：音塔（tǎ），一种哺乳动物，善于游泳和潜水，吃鱼类和水鸟等。

爵：同"雀"。

鹯：音瞻（zhān），鹰鹞类猛禽，锐嘴、钩爪、善飞、性凶，捕食小动物。

三年之艾：赵岐："艾可以为灸人病，干久益善，故以为喻。"于此可见这时艾灸治疗方法已经出现，但陈艾制作不易。

其何能淑两句：见《诗经·大雅·桑柔》，接本篇第七章所引《诗经》句。郑笺："淑，善。胥，相。及，与也。"朱熹《诗集传》："不然，则其何能善哉？相与入于陷溺而已。"

〔**译文**〕孟子说："夏桀和商纣丧失天下，是由于失去了老百姓的支持；他们失去老百姓的支持，是由于民心所向变成了民心相背。得到天下有办法：获得老百姓的支持，就得到了天下；获得老百姓的支持有办法：争取民心所向，就获得了老百姓的支持；争取民心所向有办法：老百姓想要的予以赞成并帮助他们多多获得，他们不想要的就不要强加在他们身上，如此而已。老百姓向往［这种］仁政，就会像水往低处奔涌、兽在旷野奔跑一样。所以驱使鱼儿汇聚在深池的是水獭，驱使鸟儿集合在丛林的是鹯鹰，驱使老百姓归附商汤、周武的是夏桀和商纣。现在诸侯之中如有全力推行仁政的，那么其他诸侯［客观上］都会为他做这种驱使老百姓归服的事儿。纵使不想实现王道，也是做不到的。现在想要实现王道的人，［他的做法，］譬如害了七年的病，寻求三年的陈艾来医治，如果平时准备不足，到死也解决不了问题。如果不执着于推行仁政,一辈子都处在忧患屈辱之中,以至于不是死去就是逃亡。《诗经》说:'那样哪能办好,一起落水死掉。'说的就是这个意思。"

(十)

孟子曰:"自暴者,不可与有言也;自弃者,不可与有为也。言非礼义,谓之自暴也;吾身不能居仁由义,谓之自弃也。仁,人之安宅也;义,人之正路也。旷安宅而弗居,舍正路而不由,哀哉!"

〔注释〕自暴:《韩非子·八说》:"人主轻下曰暴。"则自暴谓自己轻慢自己。礼义之端内在于自身,言非礼义,便是自己说自己的不是。

自弃:仁义之端内在于自身,自己不能居仁由义,便是自己放弃自己。

〔译文〕孟子说:"自我轻慢的人,不能和他说像样的话;自我放弃的人,不能和他做像样的事。说话有悖礼义,便叫做自我轻慢;认为自己无法守仁行义,便叫做自我放弃。仁是人类安定之所,义是人类正确道路。空着安定之所不住,舍弃正确道路不走,可悲啊!"

(十一)

孟子曰:"道在迩而求诸远,事在易而求诸难。人人亲其亲、长其长,而天下平。"

〔注释〕迩:近。

〔译文〕孟子说:"〔人世间的怪事是,〕道路近在眼前却往远处寻找,事情本来好办却往难处去做。〔其实〕每个人只要亲爱自己的父母,尊敬比自己年长的人,天下就太平了。"

(十二)

孟子曰:"居下位而不获于上,民不可得而治也。获于上有道:不信于友,弗获于上矣。信于友有道:事亲弗悦,弗信于友矣。悦亲有道:反身不诚,不悦于亲矣。诚身有道:不明乎善,不诚其身矣。是故诚者,天之道也;思诚者,人之道也。至诚而不动者,未之有也;不诚,未有能动者也。"

〔注释〕获于上:朱熹:"得其上之信任也。"

反身不诚:反,相对于上、民、友、亲,于己身曰反。诚,真心实意。不是指一般的情感,而是指人的本性,即"根于心"之仁、义、礼、智。胡适:"诚即是充分发达个人的本性。"(《中国哲学史大纲》卷上第十篇第一章)

诚者,天之道:楚简《五行》:仁义礼智圣"形于内谓之德之行","德之行五和谓之德","德,天道也"。上文"诚身",略相当于"形于内"之"德之行"。而"诚",替换了"德",使得人性发挥变成天道自然,而不是天命无常。于是,"有性焉,君子不谓命也"的转换得以完成。参见《尽心章句下》第二十四章注释。

〔译文〕孟子说:"做下级的得不到上级的信任,老百姓就难以治理好。获得上级的信任是有方法的:〔要明白,〕得不到朋友的信任,也就得不到上级的信任了。得到朋友的信任是有方法的:〔要明白,]侍奉父母而不能使父母开心,也就得不到朋友的信任了。使父母开心是有方法的:[要明白,]自己的行为不是发自内心,就不能使父母开心。使自己的行为发自内心是有方法的:[要明白,]不清楚善良出于天性,也就不能使自己的行为发自内心了。所以,让人的本性充分发挥,是天定法则;追求发挥自己的本性,是做人准则。人的本性发挥到极致,却不能使别人感动,这是不曾有过的事;不能发挥本性,也就不能感动别人了。"

(十三)

孟子曰:"伯夷辟纣,居北海之滨,闻文王作兴,曰:'盍归乎来! 吾闻西伯善养老者。'太公辟纣,居东海之滨,闻文王作兴,曰:'盍归乎来! 吾闻西伯善养老者。'二老者,天下之大老也,而归之,是天下之父归之也。天下之父归之,其子焉往? 诸侯有行文王之政者,七年之内,必为政于天下矣。"

〔注释〕北海:渤海。

作兴:兴起。同义词连用。

西伯:西部诸侯之长,指周文王。

太公:姓姜名尚,周文王时号"太公望",俗称"姜子牙"。辅佐周文王和周武王克商,封于齐。

〔译文〕孟子说:"伯夷躲避纣王,住在北海海边,听说文王兴盛起来,便说:'何不到那里去! 我听说西伯善待老人家。'太公躲避纣王,住在东海海边,听说文王兴盛起来,便说:'何不到那里去! 我听说西伯善待老人家。'这两位老人,是天下最有声望的老人,都跑到西伯那里去,这等于天下的父亲都向往西伯。天下的父亲都向往西伯,他们的儿子还能去哪?如果诸侯之中有推行文王仁政的,顶多七年,自己的一套做法就可以在天下行得通了。"

(十四)

孟子曰:"求也为季氏宰,无能改于其德,而赋粟倍他日。孔子曰:'求非我徒也,小子鸣鼓而攻之可也。'由此观之,君不行仁政而富之,皆弃于孔子者也,况于为之强战?争地以战,杀人盈野;争城以战,杀人盈城,此所谓率土地而食人肉,罪不容于死。故善战者服上刑,连诸侯者次之,辟草莱、任土地者次之。"

〔**注释**〕**求也为季氏宰等句**:事见《论语·先进篇》和《左传》哀公十一年。求,冉求,孔子弟子。季氏,指春秋时鲁国长期掌握执政实权的季孙氏。宰,家臣之长。

率土地:《诗经·小雅·北山》:"率土之滨,莫非王臣。"毛传:"率,循也。"即经略之义。这里的意思是以经略土地的名义,行戕害人的生命之实。

善战者服上刑等句:朱熹:"善战,如孙膑、吴起之徒。连结诸侯,如苏秦、张仪之类。辟,开垦也。任土地,谓分土授民,使任耕稼之责,如李悝尽地力、商鞅开阡陌之类也。"这里,孟子批判了兵家、纵横家、法家。

〔**译文**〕孟子说:"冉求做季孙氏家的总管,不但不能改善他的行为,反而使田赋比过去增加了一倍。孔子说:'冉求不再是我的学生,你们可以大张旗鼓攻击他。'从这里看出,一个国君,如果不推行仁政,那些帮助他聚敛财富的人,都是被孔子看不起的人,何况那些替他卖力作战的人呢？为了争夺土地而发动战争,杀死的人遍布荒野;为了争夺城池而发动战争,杀死的人遍布全城。这就是为了吞并土地而戕害生命,他们的罪过连判死刑都不足以补偿。所以善于打仗的人应该受最重的惩罚,搞合纵连横[以相攻伐]的人应该受次一等的惩罚,开荒地尽地力[以富国强兵]的人应该受再次一等的惩罚。"

（十五）

孟子曰:"存乎人者,莫良于眸子,眸子不能掩其恶。胸中正,则眸子瞭焉;胸中不正,则眸子眊焉。听其言也,观其眸子,人焉廋哉!"

〔注释〕存:存在。或从《尔雅·释诂》训"察",不确。后有"观",则此"存"指人之真实的存在。

眸子:眼珠子,这里指眼睛。

眊:音貌(mào),模糊,昏暗。

人焉廋哉:廋,音搜(sōu),藏匿。《论语·为政篇》:"视其所以,观其所由,察其所安,人焉廋哉! 人焉廋哉!"注释详《本来的孔子》。从这里可以看出,孔子更讲客观,孟子更讲主观。

〔译文〕孟子说:"人的真实存在,没有什么比眼睛能更好地表现出来,因为眼睛掩盖不了丑恶的东西。心术正直,眼睛就明亮;心术不正,眼睛就浑浊。听一个人说话的时候,观察他的眼睛,他哪里藏得住呢!"

（十六）

孟子曰:"恭者不侮人,俭者不夺人。侮夺人之君,惟恐不顺焉,恶得为恭俭? 恭俭岂可以声音笑貌为哉?"

〔译文〕孟子说:"态度谦恭的人不会欺侮人,行为俭约的人不会掠夺人。欺侮人掠夺人的国君,只怕别人不顺从自己,哪里做得到谦恭和俭约? 谦恭和俭约难道可以光凭声音和笑容表现出来吗?"

（十七）

淳于髡曰:"男女授受不亲,礼与?"

孟子曰:"礼也。"

曰:"嫂溺,则援之以手乎?"

曰:"嫂溺不援,是豺狼也。男女授受不亲,礼也;嫂溺,援之以手者,权也。"

曰:"今天下溺矣,夫子之不援,何也?"

曰:"天下溺,援之以道;嫂溺,援之以手。子欲手援天下乎?"

〔注释〕淳于髡:姓淳于,名髡。齐国最著名的稷下先生之一。齐宣王在临淄稷门(西门)之外建了一个聚集各国名士(人称"稷下先生")的文化中心,对稷下先生"皆赐列第为上大夫,不治而议论"(《史记·田敬仲完世家》)。淳于髡是稷下先生的领袖。髡在齐威王时即已知名。钱穆认为本章两人辩难,时在齐威王时:"两人固同在齐。孟子虽不仕,而好言仕义。淳于之言,非以为劝,乃以为讥也。"(《先秦诸子系年·孟子不列稷下考》)钱说是。孟子与淳于髡问答凡两见,此章与《告子章句下》第六章。

权:本指秤锤,权衡。指不符合基本要求("道")而临机处置须用的做法。

〔译文〕淳于髡问:"男女之间,不亲手递接东西,这是礼制吗?"

孟子说:"是礼制。"

又问:"如果嫂嫂掉落水里,可以用手去拉她吗?"

答道:"嫂嫂快要淹死了,不去拉她,这简直就是豺狼行为。男女之间,不亲手递接东西,是平时的规矩;嫂嫂掉落水里,用手去拉她,是临时的处置。"

又问:"现在天下的人都掉落水里了,您不去拉一把,是什么缘故?"

孟子说:"天下的人掉落水里,只能用王道援救;嫂嫂掉落水里,必须用手援救。您难道要我用手去援救天下的人吗?"

(十八)

公孙丑曰:"君子之不教子,何也?"

孟子曰:"势不行也。教者必以正;以正不行,继之以怒。继之以怒,则反夷矣。'夫子教我以正,夫子未出于正也。'则是父子相夷也。父子相夷,则恶矣。古者易子而教之,父子之间不责善。责善则离,离则不祥莫大焉。"

〔注释〕夷:赵岐:"伤也。"

〔译文〕公孙丑问:"君子不亲自教育自己的儿子,这是什么道理?"

孟子说:"情理上行不通。教育一定要做到中规中矩,中规中矩做不到,接下来就会发脾气。一发脾气,反而伤感情了。[儿子这么想:]'您教育我要中规中矩,您却不是出于中规中矩。'这样父子之间就伤感情了。父子之间伤感情,是件很糟糕的事情。古时候互相交换儿子来教育,[就是因为]父子之间不宜为求好而相责备。为求好而相责备,就会使父子之间产生隔阂。父子之间有了隔阂,那就是最不好的事情喽。"

(十九)

孟子曰:"事孰为大? 事亲为大。守孰为大? 守身为大。不失其身而能事其亲者,吾闻之矣;失其身而能事其亲者,吾未之闻也。孰不为事? 事亲,事之本也;孰不为守? 守身,守之本也。曾子养曾皙,必有酒肉;将彻,必请所与;问有余,必曰有。曾皙死,曾元养曾子,必有酒肉;将彻,不请所与;问有余,曰亡矣,将以复进也。此所谓养口体者也。若曾子,则可谓养志也。事亲若曾子者,可也。"

〔注释〕事亲为大、守身为大:事,指除自身之外的人之事,即《梁惠王章句上》第五章"入以事其父兄,出以事其长上"之事。守,与"事"相对,指自身的事情。身,不仅指自身,即本篇第五章"家之本在身"之"身",还是"反身而诚"后之"身"(参见本篇第十二章)。守身,应理解为"诚身"后之行为,如此方与下文所述曾子养曾皙、曾元养曾子事相合。大,最重要。张栻:"如所谓事君、事天,皆所谓事也;如所谓守家、守国,皆所谓守也。曰事亲为大、守身为大者,非

谓此大彼小也。以是为大,谓所当先者也。"(《南轩先生孟子说》)
文廷式:"'事孰为大? 事亲为大。'言事亲大于事君也。《韩诗外
传》载田过语,是其证。"(《文廷式集·〈孟子注疏〉札记》)田过语
见《韩诗外传》卷七第一章。按:大,张释为"先",乃曲解,当从
文说。

　　曾晳:名点,孔子弟子,曾子之父。

　　曾元:曾子之子。

　　必请所与:赵岐:"问曾晳所欲与子孙所爱者也。"按:与,读为
去声,赞许,满意。撤席在当面,这句话是说曾子一定请示曾晳哪里
吃得满意。赵岐注适于下一句,即"问有余,必曰有",是说曾晳问
厨房里是否有剩余,曾子一定说有,这样就可以分给其他人特别是
小孩子吃。小孩子会感激,老人就会从中得到某种精神上的享受。
养志的意义,就在这里。而曾元不知什么原因,把这一条取消了,所
以只能叫养口体。

　　〔译文〕孟子说:"做事情,什么最重要? 服事父母最重要。对
自己,什么最重要? 保持真心最重要。不失真心而能服事好父母
的,我听说过;失去真心而能服事好父母的,我没有听说过。有谁不
该服事? 服事父母是根本。什么不该守护? 保持真心是根本。曾
子奉养他的父亲曾晳,每餐一定有酒有肉。吃完撤席的时候,一定
请示哪里吃得满意。曾晳若问还有剩余吗,一定说有。曾晳死了,
〔轮到〕曾元奉养曾子,每餐也一定有酒有肉。吃完撤席的时候,不
再请示哪里吃得满意。曾子若问还有剩余吗,便说没有了,预备下
顿给曾子吃。曾元的做法,是满足父亲口腹之欲的做法。至于曾子
的做法,可以说是让父亲心满意足的做法。服事父亲做到像曾子那
样,就可以了。"

（二十）

孟子曰:"人不足与適也,政不足与间也,惟大人为能格君心之非。君仁,莫不仁;君义,莫不义。君正,莫不正,一正君而国定矣。"

〔**注释**〕**人不足与適也**:人,相对于"大人"而言,指一般官员。適,音义同"谪"(zhé),指责,纠责。句意谓一般人不足以指出国君的过错,所以下文才能突出"惟大人为能格君心之非"。

政不足与间也:赵岐本无"与"字,诸本多有此字,朱熹认为当有此字。今据补。间,去声(jiàn),非议。

惟大人为能格君心之非:大人,即"从其大体为大人"(《告子章句上》第十四章)之"大人",指心中存仁又居高位的人。这里与君对言,不包括君,指士之跻身于赵注所谓"辅臣"之人。格,纠正,匡正。非,不仁、不义。

一正君而国定矣:一,一旦。正君,即前文"格君心之非",正的对象就是"不仁""不义"。"君仁,莫不仁",是强调君的重要性。国定,指全国上下"莫不仁""莫不义"就定了。这句话的主语是"大人"。

〔**译文**〕孟子说:"一般人不足以对国君的过错进行指责,也不足以评论政治的得失,只有大德高位的人才能纠正国君不正当的想法。国君有仁,没有人会想入非非;国君有义,没有人会为非作歹。[只要]国君行得正,没有人会走歪门邪道,[所以,]一旦使国君端正了,整个国家的人也就都端正了。"

（二十一）

孟子曰："有不虞之誉，有求全之毁。"

〔注释〕虞：料想。赵岐："度也。"

〔译文〕孟子说："有出乎意料的荣誉，也有估计不到的诋毁。"

（二十二）

孟子曰："人之易其言也，无责耳矣。"

〔注释〕责：责任。指为失言负责。

〔译文〕孟子说："人之所以说话随便，在于不用负责罢了。"

（二十三）

孟子曰："人之患在好为人师。"

〔译文〕孟子说："人的一大毛病，在于喜欢充当别人的老师。"

（二十四）

乐正子从于子敖之齐。

乐正子见孟子。孟子曰："子亦来见我乎？"

曰："先生何为出此言也？"

曰："子来几日矣？"

曰："昔者。"

曰："昔者？则我出此言也，不亦宜乎？"

曰："舍馆未定。"

曰:"子闻之也,舍馆定,然后求见长者乎?"

曰:"克有罪。"

〔注释〕子敖:王驩的字。

昔者:昨天。

〔译文〕乐正子跟随王子敖到了齐国。

乐正子去见孟子。孟子问:"你也来看我吗?"

乐正子说:"老师为什么说出这样的话呢?"

孟子问:"你来了几天了?"

乐正子说:"昨天才来。"

孟子说:"昨天?那么我说这样的话,不也是应该的吗?"

乐正子说:"住的旅馆没有找好。"

孟子问:"你听说过[这样的道理],一定要把住的旅馆找好了,才来求见长辈的吗?"

乐正子说:"这是我的罪过。"

(二十五)

孟子谓乐正子曰:"子之从于子敖来,徒餔啜也。我不意子学古之道而以餔啜也。"

〔注释〕餔啜:音通绰(bū chuò),朱熹:"餔,食也。啜,饮也。"

〔译文〕孟子对乐正子说:"你跟随王子敖来,只是为着吃喝。我没想到你学习古人的道理,竟然是为了吃喝。"

(二十六)

孟子曰:"不孝有三,无后为大。舜不告而娶,为无后也,君子以为犹告也。"

〔**注释**〕**不孝有三**:赵岐:"于礼有不孝者三事,谓阿意屈从,陷义不亲,一不孝也;家贫亲老,不为禄仕,二不孝也;不娶无子,绝先祖祀,三不孝也。三者之中,无后为大。"

君子以为犹告也:对舜不告而娶,旧注多从权变的角度来解释。实则孟子的观点是方法服从目的,目的越重要,方法是否恰当越不重要。

〔**译文**〕孟子说:"不孝顺的表现有三种,其中没有后嗣是最大的。舜没有先禀告父母就娶妻,为的是怕断了香火,君子认为他实际上同禀告了一样。"

(二十七)

孟子曰:"仁之实,事亲是也;义之实,从兄是也;智之实,知斯二者弗去是也;礼之实,节文斯二者是也;乐之实,乐斯二者,乐则生矣。生则恶可已也? 恶可已,则不知足之蹈之手之舞之。"

〔**注释**〕**实**:果实。这里当指果中之实,即果核,形容仁、义、智、礼、乐的基点或出发点。而五者的全部内容,则分别由其基点扩充而成。

〔**译文**〕孟子说:"仁的核心,就是侍奉父母;义的核心,就是顺从兄长;智的核心,就是明白这两者的道理而坚守下去;礼的核心,就是将这两者加以规范和修饰;乐(yuè)的核心,就是乐(lè)于居仁由义,快乐于是产生了。快乐一旦产生,又如何能止得住? 无法止得住,就会不知不觉地手舞足蹈起来。"

（二十八）

孟子曰:"天下大悦而将归己,视天下悦而归己犹草芥也,惟舜为然。不得乎亲,不可以为人;不顺乎亲,不可以为子。舜尽事亲之道而瞽瞍厎豫,瞽瞍厎豫而天下化。瞽瞍厎豫而天下之为父子者定,此之谓大孝。"

〔注释〕瞽瞍厎豫:瞽瞍,瞽音古(gǔ),舜的父亲。《史记·五帝本纪》作"瞽叟",瞎老头儿。事见《告子章句上》第二、四章。以他所做的坏事,似乎又不应是个瞎子,故孔安国谓"有目不能分别好恶,故时人谓之瞽"(《尚书正义·尧典第一》)。厎,音只(zhǐ),致。豫,快乐。

〔译文〕孟子说:"天下的人都心悦诚服,将归附于自己;把天下的人心悦诚服将归附于自己,看得如草芥一般无足轻重,只有舜是这样的。不能得到父母的欢心,就未尽做人的本分;不能满足父母的心愿,就未尽做儿子的本分。舜竭尽所能服事父母,结果他的父亲瞽瞍变快乐了;瞽瞍变快乐了,天下的人就受感化了;瞽瞍变快乐了,天下正常的父子关系也就确定了,这叫做大孝。"

卷八　离娄章句下

（一）

孟子曰："舜生于诸冯，迁于负夏，卒于鸣条，东夷之人也。文王生于岐周，卒于毕郢，西夷之人也。地之相去也，千有余里；世之相后也，千有余岁。得志行乎中国，若合符节。先圣后圣，其揆一也。"

〔注释〕诸冯、负夏、鸣条：传说中与舜有关的地方，大约在今河南省东部至山东省一带。

岐周：即《梁惠王章句下》第五章之"岐下"。周族在这里建立周国。

毕郢：又称"毕""毕程"，在今陕西省咸阳市区东。

符节：古代信物，一般剖为两半，需要证明时，由所执双方各以其半相合。

其揆一也：赵岐："揆，度也。言圣人之度量同也。"

〔译文〕孟子说："舜出生在诸冯，迁居于负夏，死在鸣条，是东方部落的人。周文王出生在岐周，死在毕郢，是西方部落的人。他们活动的地域，相隔一千多里；他们生活的时代，相距一千多年。他们得以实现自己的志向时，在中原地区的做法，几乎一模一样。〔可见,〕古代的圣人和后代的圣人,他们的追求是相同的。"

(二)

子产听郑国之政,以其乘舆济人于溱、洧。孟子曰:"惠而不知为政。岁十一月,徒杠成;十二月,舆梁成,民未病涉也。君子平其政,行辟人可也,焉得人人而济之?故为政者,每人而悦之,日亦不足矣。"

〔注释〕**子产**:春秋时郑国著名政治家公孙侨之字。

乘舆:乘坐的车辆。舆,车箱,这里指车。

溱、洧:均水名。溱,音真(zhēn),发源于今河南省新密市。洧,音委(wěi),发源于今河南省登封市。

惠而不知为政:惠,恩惠。朱熹:"谓施恩小利。"则为政谓施以普遍恩惠。孔子评价子产,曾屡以"惠"字许之,见《论语·公冶长篇》《宪问篇》。高拱:"子产岂不知为政者?但偶逢徒涉,虽以乘舆济之,固非不务为政,日处水滨,而专以乘舆济人也。"又:"或孟子恐人崇尚小恩,有乖大体,乃借此以立论,非真谓子产不知政也。"(《问辨录·孟子》)

岁十一月:指每年的十一月,下文"十二月"同。从《孟子》本文看,"七八月之间"(本篇第十八章)云云,指进入雨季;九、十月仍为河流的丰水期,十一、十二月水位回落,先是可以架独木桥以过行人,后是可以架更宽更结实的桥以过车辆,至来年七、八月桥被水冲毁或人自动撤除,至十一、十二月再修成。

徒杠:杠音刚(gāng)。可通行人的独木桥。《说文》:"桥,水梁也。"段玉裁注:"凡独木者曰杠,骈木者曰桥。"

舆梁：可通车辆的桥。《说文》："梁，水桥也。"

平其政：平均施政或普惠施政的意思。平，有使每个人都得益之义。《易·乾》："云行雨施，天下平也。"正义："天下平者，言天下普得其利而均平不偏陂。"

辟：后作"避"，使人避开。古人以执鞭者开道。

〔译文〕子产在郑国主政，用所乘的车子帮人渡过溱水和洧水。孟子说："这不过是搞小恩小惠，却不懂得搞政治。［如果］在每年的十一月，修成行人过的桥；十二月，修成走车子的桥，老百姓就不会为渡河发愁了。君子普惠施政，自己出外鸣锣开道都可以，哪能做得到帮每一个人都渡河呢？所以负责政治的人，如果一个一个地去讨人欢心，连时间都不够用了。"

（三）

孟子告齐宣王曰："君之视臣如手足，则臣视君如腹心；君之视臣如犬马，则臣视君如国人；君之视臣如土芥，则臣视君如寇仇。"

王曰："礼，为旧君有服。何如斯可为服矣？"

曰："谏行言听，膏泽下于民；有故而去，则君使人导之出疆，又先于其所往；去三年不反，然后收其田里。此之谓三有礼焉。如此，则为之服矣。今也为臣，谏则不行，言则不听，膏泽不下于民；有故而去，则君搏执之，又极之于其所往；去之日，遂收其田里。此之谓寇仇。寇仇，何服之有！"

〔注释〕膏泽下于民:膏,肥肉,肥油。泽,雨露,恩泽。根据上下文意,这里指国君接受臣下的谏言和建议,施行仁政,使恩惠落到老百姓的头上。

又先于其所往:赵岐:"又先至其所到之国,言其贤良。"按:未必言其贤良,但当有所安排。

搏执之:赵岐:"搏执其族亲也。"焦循:"族亲,指其父母、妻子、兄弟而言,故入其家而索之族亲,正释搏字,其义精矣。"

极:穷困。

〔译文〕孟子告诉齐宣王说:"国君看待大臣如同自己的手足,大臣看待国君就如同自己的腹心;国君看待大臣如同狗马,大臣看待国君就如同普通人;国君看待大臣如同泥土和草芥,大臣看待国君就如同强盗和仇敌。"

齐王问:"已经去职的臣下为过去的国君服孝,是一种很有礼节的行为。国君怎样做,臣下才会为他服孝呢?"

孟子说:"臣下的批评国君接受,建议国君听从,恩惠因此落实到老百姓头上;因故不得不离开,国君就派人送他出境,并且派人先到他去的地方做好安排;离开三年还不回来,才收回他的土地和房屋。这个叫做三有礼。这样做,臣下就会为他服孝了。如今做臣下的,批评不被接受,建议不被采纳,恩惠到不了老百姓头上;因故不得不离开,国君就抓了他的家人,又千方百计使他在所去的地方困难重重;离开的那一天,马上收回他的土地和房屋。这种做法,就是强盗和仇敌的做法。对强盗和仇敌一样的国君,还服什么孝!"

(四)

孟子曰:"无罪而杀士,则大夫可以去;无罪而戮民,则士可以徙。"

〔译文〕孟子说："士人没有罪被杀掉,大夫就可以辞去职务;百姓没有罪被杀掉,士人就可以离开这个国家。"

（五）

孟子曰："君仁,莫不仁;君义,莫不义。"

〔注释〕莫:无指代词,接上章之意,指大夫、士。说的仍是君臣关系。

〔译文〕孟子说："国君仁,没有人不仁;国君义,没有人不义。"

（六）

孟子曰："非礼之礼,非义之义,大人弗为。"

〔注释〕非礼之礼:无辞让之心,有辞让之仪者。犹楚简《五行》所云"(礼)不形于内谓之行",而非"形于内"之"德之行"。

非义之义:无羞恶之心,有羞恶之容者。犹楚简《五行》所云"(义)不形于内谓之行",而非"形于内"之"德之行"。

〔译文〕孟子说："似是而非的礼,似是而非的义,大德高位的人是不干的。"

（七）

孟子曰："中也养不中,才也养不才,故人乐有贤父兄也。如中也弃不中,才也弃不才,则贤不肖之相去,其间不能以寸。"

〔**注释**〕中也养不中,才也养不才:中,即"热中"之"中",心也,故曰"中心",指本心,或良心。才,即"非才之罪"之"才",亦即"以为未尝有才焉者"之"才"(《告子章句上》第六章、第八章),指天生资质。养,存养,涵养。这句话的句型很特殊,马建忠有解:"'中''才'两静字,而助以'也'字者,是犹云'子弟之德本中也,而以不中养之;其能本才也,而以不才养之'也。是则'也'字仍有论断其为'中'为'才'之口气。"(《马氏文通·虚字卷之九》)依马说,后文"中也弃不中,才也弃不才",意与此句相反,正是贤父兄指导的结果。弃,抛弃,舍弃。指不以不中为养。以中为养,指"求在我者"。以不中为养,指"求在外者"。参见《尽心章句上》第三章注释。

其间不能以寸:寸,十分为寸,十寸为尺,形容距离非常非常小。句谓人若存养本有的良心、涵养天赋的才质,则"圣人与我同类","人皆可以为尧舜",所谓贤明与不肖的分别,其实是微乎其微的。

〔**译文**〕孟子说:"人本有良心,却往往以外求方式存养;人天赋才质,也往往以外求方式涵养。[结果适得其反。]所以人生之幸,在于有贤良父兄,[指点我们明白。]如果抛弃外求方式而存养本有的良心,抛弃外求方式涵养天赋的才质,那么,所谓贤明与不肖的分别,两者之间的距离就近得不能用分寸来衡量了。"

(八)

孟子曰:"人有不为也,而后可以有为。"

〔**注释**〕人有不为:不为,即今云之"底线"。"不为"做不到,遑论"有为"。张岱:"'有不为'是介然有守,如'非其义,非其道,一介不以取诸人'之意;如'行一不义,杀一不辜得天下,有不为'之意。

时文讲'不为',作心蠖之屈,龙蛇之蛰,遵养时晦者,皆非。"(《四书遇》第463页)

〔**译文**〕孟子说:"人要有所不为,然后才能有所为。"

(九)

孟子曰:"言人之不善,当如后患何?"

〔**译文**〕孟子说:"说人家的不是,要想到以后自己有了这毛病会怎样?"

(十)

孟子曰:"仲尼不为已甚者。"

〔**注释**〕已:太。

〔**译文**〕孟子说:"孔子不做过分的事情。"

(十一)

孟子曰:"大人者,言不必信,行不必果,惟义所在。"

〔**注释**〕言不必信两句:必,含主观追求意。追求形式上的正当,忽略实质上的正当。本章可与《论语·子路篇》载孔子曰"言必行,行必果,硁硁然小人哉"对看(详《本来的孔子》,应改译为"说话一定兑现,行动一定到底,性格固执的小人啊")。

〔**译文**〕孟子说:"大德高位之人,说话不求句句兑现,行动不求样样到底,终究还看正当不正当。"

(十二)

孟子曰:"大人者,不失其赤子之心者也。"

〔注释〕赤子:初生婴儿。张岱:"赤子与孩提不同。赤子才离胞胎,以其身赤,故曰赤子。孩提知爱知敬,已落知能。赤子混沌初剖,块然淳朴,无知无能,一天命之性,老子谓'如婴儿之未孩'者是也。故赤子是未发,孩提是已发。"(《四书遇》第 466 页)未发即"端"之义。

〔译文〕孟子说:"大德高位之人,是没有失去他的先天真诚之心的人。"

(十三)

孟子曰:"养生者不足以当大事,惟送死可以当大事。"

〔注释〕养生者:一般解释为奉养父母。但这里并未指明父母。恐怕也包括帮助鳏寡孤独者。送死,亦当如此解。如《论语·乡党篇》:"朋友死,无所归。曰:'于我殡。'"是说孔子的朋友死了,没有地方归葬,孔子表示丧事自己来办。这是一件难能可贵的事情,故《论语》的编纂者专门记了下来。

〔译文〕孟子说:"赡养活着的人算不上了不得的事情,只有为死者送终才算得上了不得的事情。"

(十四)

孟子曰:"君子深造之以道,欲其自得之也。自得之,则居之安；居之安，则资之深；资之深，则取之左右逢其原，故君子欲其自得之也。"

〔注释〕**深造之以道**：赵岐："造，致也。言君子问学之法，欲深致极竟之以知道意。"道，仁道。

居之安：赵岐："若己所自有也。"俗话"金窝银窝不如自己的狗窝"，说的就是这个道理。孟子以生活之道喻学问之道。

资：积蓄。

左右逢其原：左右，朱熹："身之两旁，言至近而非一处也。"逢，朱熹："犹值也。"原，水源，后写作"源"。

〔译文〕孟子说："君子深入探求真理，就是想他自己领悟到这真理。自己领悟到〔哪怕〕一点，就会掌握得很踏实；掌握得很踏实，就会〔一点一点〕积蓄得很深厚；积蓄得很深厚，就会随时取用而源源不断，所以君子想他自己领悟到真理。"

（十五）

孟子曰："博学而详说之，将以反说约也。"

〔译文〕孟子说："广泛地学习知识，详细地加以解说，反而会回到简约表述的地步。"

（十六）

孟子曰："以善服人者，未有能服人者也；以善养人，然后能服天下。天下不心服而王者，未之有也。"

〔注释〕**以善服人者两句**：意思是人不能有用行善去使人服从

的动机,有这样的动机,人们是不会服从的。

以善养人两句:以仁政养人,才能使天下百姓归服,即"有恒产者有恒心"之义。

〔译文〕孟子说:"用善行使人服从,没有能够使人服从的;用仁政去养育人,才能使天下的人服从。天下人心不服却能实现王道的,是从来没有过的事。"

(十七)

孟子曰:"言无实不祥。不祥之实,蔽贤者当之。"

〔注释〕言无实不祥:无实,空洞。下一句之"实",指结果。常言"清谈误国""空谈误国",可见说空话之不祥。

蔽贤者当之:蔽贤者,指嫉贤妒能的人。当之,指蔽贤得逞。

〔译文〕孟子说:"说空话非常不好。不好的结果,就是让嫉贤妒能的人有机可乘。"

(十八)

徐子曰:"仲尼亟称于水,曰:'水哉,水哉!'何取于水也?"

孟子曰:"原泉混混,不舍昼夜,盈科而后进,放乎四海。有本者如是,是之取尔。苟为无本,七八月之间雨集,沟浍皆盈;其涸也,可立而待也。故声闻过情,君子耻之。"

〔注释〕徐子:赵岐:"徐辟也。"

原泉混混:朱熹:"原泉,有源之水也。混混,涌出之貌。"

科:赵岐:"坎也。"

沟浍:浍,音快(kuài),小沟。则沟为稍大者。赵岐:"大沟小浍。"

闻:读去声(wèn),名誉。

〔译文〕徐辟问:"孔子几次赞叹水,说:'水呀! 水呀!'他所取于水的是什么呢?"

孟子说:"泉水喷涌,夜以继日滚滚向前,不断填满沿途的坑坑坎坎,一直奔流到大海。源头活水就是这个样子,孔子就是取它这一点吧。假如没有源头,七八月间雨量丰沛,大沟小渠都装满了;[等雨水季节过去,]它们干涸起来,站一会儿都看得到。所以名不副实,君子引以为耻。"

(十九)

孟子曰:"人之所以异于禽兽者几希,庶民去之,君子存之。舜明于庶物,察于人伦,由仁义行,非行仁义也。"

〔注释〕几希:赵岐:"无几也。"焦循:"几、希二字叠韵,几训近,希训少,无几即甚近甚少之谓。"焦循解释说,在饮食、男女的天性方面,人和动物没有什么不同。所不同者,"乃人之性善,禽兽之性不善者;人能知义,禽兽不能知义也"。由下文,人之所以异于禽兽者,指仁义。

存之:存,保存。指存于心。之,指"异于禽兽者"。本篇第二十八章:"君子所以异于人者,以其存心也。君子以仁存心,以礼存心。"则人之异于禽兽者,统指仁义礼智。

人伦:人道,即仁道。《论语·微子篇》"而乱大伦"何晏引包咸曰:"伦,道也,理也。"

由仁义行,非行仁义也:赵岐注谓"仁义生于内,由其中而行,非强力行仁义也",义同《尽心章句上》第十三章"尧、舜,性之也"。裘锡圭:"'孟子道性善',认为'仁义礼智根于心','仁义礼智,非由外铄我也,我固有之也'。他主张人们认识自己内心本有仁义礼智四端,'知皆扩而充之';反对人们把仁义礼智当作人为的规范、准则,勉强大家去遵循、履行。他说舜'由仁义行,非行仁义也',这就是说,舜是根据自己仁义的本性去行仁义的,并非去履行一种外在的仁义准则。"(《裘锡圭学术文集·简牍帛书卷》第 387 页)按:裘说是。这种句式,在同时期文献里是比较特别的,可能与失传的子思《五行》有渊源:由仁义行,盖即仁义"形于内谓之德之行";行仁义,盖即仁义"不形于内谓之行"。再往前溯,可能与孔子"道之以政,齐之以刑,民免而无耻;道之以德,齐之以礼,有耻且格"(《论语·为政篇》)的思想有关。参见本书《绪论·孟子与子思》。

〔译文〕孟子说:"人和动物的区别只有那么一点点,普通百姓弃之不顾,君子却保存在心上。舜明了万物之理,洞察人类之道,从仁义本性出发去行动,而不是依据仁义规范去作为。"

(二十)

孟子曰:"禹恶旨酒而好善言。汤执中,立贤无方。文王视民如伤,望道而未之见。武王不泄迩,不忘远。周公思兼三王,以施四事;其有不合者,仰而思之,夜以继日;幸而得之,坐以待旦。"

〔注释〕**旨酒**:美酒。旨,味美。

　　望道而未之见：道，由"视民如伤"知指仁道。未之见，《公孙丑章句上》第一章："且以文王之德，百年而后崩，犹未洽于天下。"朱熹："道已至矣，而望之犹若未见。圣人之爱民深而求道切如此。不自满足，终日乾乾之心也。"前者讲客观，后者说主观，两者结合理解最好。

　　不泄迩，不忘远：赵岐："泄，狎；迩，近也。不泄狎近贤，不遗忘远善；近谓朝臣，远谓诸侯也。"

　　三王：夏、商、周三代开国之君，即禹、汤、文武。在周人的意识里，文王受命，武王克纣，同是开国君王。

　　四事：上举禹、汤、文、武所行之事各一，合为四。

　　〔译文〕孟子说："禹不喜欢美酒，却喜欢有益的话。汤坚持中正，举拔贤才不拘一格。文王看待百姓好像他们总是受了伤害一样，看到仁道施行又仿佛没有见到。武王尊重朝中大臣，惦记外地诸侯。周公想兼学夏、商、周三代开国君主，全面实施他们所推行的四方面做法；如果有不符合当时实际的，抬头琢磨来琢磨去，白天没想好，夜里继续想；好不容易想通了，就坐着等待天亮〔，马上付诸行动〕。"

（二十一）

　　孟子曰："王者之迹熄而《诗》亡，《诗》亡然后《春秋》作。晋之《乘》，楚之《梼杌》，鲁之《春秋》，一也；其事，则齐桓、晋文；其文，则史。孔子曰：'其义，则丘窃取之矣。'"

　　〔注释〕**王者之迹熄而《诗》亡**：王者之迹熄，朱熹："谓平王东迁，而政教号令不及于天下也。"《诗》亡，赵岐："颂声不作，故《诗》

亡。"按:《诗》特别是其中的《雅》《颂》,诗、乐、舞一体,是周王室实行礼乐征伐的载体。自平王东迁,周王的天下共主地位衰落,出现孔子所说的"礼乐征伐自诸侯出"的局面,则《诗》的特殊作用和特定体裁变异而不复为原来的《诗》了。《诗》后来经孔子删订变成《诗经》。

《春秋》作:《春秋》,当时各诸侯国史书的通名。作,兴起,出现。《春秋》所记为齐桓、晋文等霸者之事,正是王者之迹熄的结果。

晋之《乘》等句:杜预《春秋序》:"孟子曰:楚谓之《梼杌》,晋谓之《乘》,而鲁谓之《春秋》,其实一也。"孔颖达疏:"晋谓之《乘》,楚谓之《梼杌》,鲁谓之《春秋》,一也。其言与此小异,是杜足'其实'二字使成文也。"于鬯:"案据杜所引,楚在晋上,多三'谓'字、'而'字。其实古人引文原属无拘,尚未足以援订《孟子》。至孔《正义》,方在校杜之异,则其所引必当依本文,而亦有三'谓'字,则《孟子》原有三'谓'字可知矣。虞世南《北堂书钞·春秋钞》所引亦与孔同。有三'谓'字,其义乃可得而述。乘者,晋人之语也,晋人谓《春秋》为《乘》,即春秋二字之音而为乘也。梼杌者,楚人之语也,楚人谓《春秋》为《梼杌》,即春秋二字之音而为梼杌也。方俗语音其变如此,不为异。双声叠韵之法有未足以相绳者,然大约晋人重读春字,故合而有乘之音;楚人重读秋字,故变而有梼之音;于是鲁人语为最正矣,春秋则曰春秋而已。而其实三国之口音虽异,其皆谓孔子之《春秋》一也。"(《香草校书》卷五十四)于鬯所言有据有理,唯末句误,当作"其皆谓《春秋》一也"。正文从通行本不改,译文从于说。后文依次为"其事""其文""其义",这一句就是"其名"。

其义,则丘窃取之矣:其,指《春秋》。窃,悄悄地。取之,从中获取。孟子认为孔子作《春秋》,这一句即是说孔子赋予《春秋》"天子之事"的意义。《春秋》原本是没有这些意义的,所以说"知我者其惟《春秋》乎,罪我者其惟《春秋》乎"(《滕文公章句下》第九章)。本章说明,先有各国的《春秋》,后来孔子赋予其特定的意义,便有孔子之《春秋》。从这里还可看出,孔子删订《春秋》,并不限于鲁《春秋》。

〔译文〕孟子说:"周王的天下共主地位衰落,《诗》也就消亡了;《诗》消亡了,《春秋》便出现了。晋国叫做《乘》,楚国叫做《梼杌》,鲁国就叫《春秋》,都是同一个名称;所记载的事情,就是齐桓公、晋文公[等称霸]的事情;所用的笔法,就是史家的流水账。孔子说:'《春秋》的意义,我已经自个儿从中获得了。'"

(二十二)

孟子曰:"君子之泽五世而斩,小人之泽五世而斩。予未得为孔子徒也,予私淑诸人也。"

〔注释〕君子之泽五世而斩:泽,恩泽。指贵族之家的爵禄传承及文化传统。五世,即五代。斩,断绝。这句话似乎可以接孔子"禄之去公室五世矣,政逮于大夫四世矣,故夫三桓之子孙微矣"(《论语·季氏篇》)来理解。公元前609年,鲁文公死,大夫东门襄仲杀嫡立庶,"鲁由此公室卑,三桓强"(《史记·鲁周公世家》)。三桓,指孟孙氏、季孙氏、叔孙氏,都是鲁桓公之子庆父、季友、叔牙的后人,三家为世卿。公元前591年,季文子驱逐东门氏,从此以季氏为正卿,会同叔孙氏和孟孙氏共同执掌政权。至第五世季康子之前,三桓已开始衰微,季康子之后无记载,可谓五世而斩。季康子之卒尚在孔子之后十余年,离孟子出生约百年。孟子是孟孙氏的后代。

《万章章句下》第三章孟子提到的孟献子，应是孟孙氏第四代，犹是"百乘之家"。孟献子之后是孟庄子，孔子曾说他"不改父之臣与父之政，是难能也"（《论语·子张篇》）。所以，这里所说的"五世而斩"，当是指贵戚之卿而言。

小人之泽五世而斩：大概孟孙氏在鲁国作为执政的贵戚之卿之一，经历五代之后，就失去了原有地位而逐渐降落到贵族的底层了。可能如孔子一样，最后只是一个士而没有做官的身份了。小人，就是指这种身份的人。孟子的父亲可能就是孟孙氏作为这种身份之后的家族的第五代，因此孟子出生的时候，家境自然是困窘的。本章并非如历代注家所说，是在论述一个大道理，不过是讲述自己的身世而已，否则，下面的话就显得莫名其妙，接不上了。

予未得为孔子徒也：《史记·孔子世家》说孟子的祖上孟懿子和南宫敬叔学礼于孔子，不尽可信。但孟孙氏中人与孔子多有交往是事实。除了称赞"孟庄子之孝"外，孔子还称赞过"（孟）公绰之不欲"（《论语·宪问篇》）、"孟之反不伐"（《雍也篇》）。孔子之后，孟孙氏与孔门的交往仍在继续，如"曾子有疾，孟敬子问之"（《泰伯篇》），孟敬子是孟懿子的孙子。但到孟子时，这个关系断了。孟子出生距孔子之卒百余年，不存在是否学于孔子的问题。这句话的意思是，孔门一脉的人，他都没有资格或条件向他们学习了。《史记·孟子荀卿列传》所说的孟子"受业子思之门人"，当非事实。

予私淑诸人也：淑，借为"叔"，取也。孟子"乃所愿，则学孔子"（《公孙丑章句上》第二章），目标定位是很高的，所谓"观于海者难为水，游于圣人之门者难为言"，但他的学习途径并非"游于圣人之门"，是非正规的，可能与孔子"入太庙，每事问"（《论语·八佾篇》）之类的方法相似，所以称"私淑"。

〔译文〕孟子说:"君子的传统五代以后就断绝了,小人的传统五代以后也断绝了。我没有够上做孔子的门徒,我是私下向人学习来的。"

(二十三)

孟子曰:"可以取,可以无取,取伤廉。可以与,可以无与,与伤惠。可以死,可以无死,死伤勇。"

〔注释〕可以取等句:关于廉洁有三种情况:可以取,可以取也可以不取,不可以取。三种结果:可以取时不取或少取,叫廉洁;可以取也可以不取时取了,有伤廉洁;不可以取时取了,该叫贪污了。中间情况是孟子的着眼点,现在叫"灰色地带"。后几句的逻辑是一样的。

〔译文〕孟子说:"可拿可不拿时拿了,有损廉洁;可给可不给时给了,有损恩惠;可死可不死时死了,有损勇敢。"

(二十四)

逢蒙学射于羿,尽羿之道,思天下惟羿为愈己,于是杀羿。孟子曰:"是亦羿有罪焉。"

公明仪曰:"宜若无罪焉。"

曰:"薄乎云尔,恶得无罪?郑人使子濯孺子侵卫,卫使庾公之斯追之。子濯孺子曰:'今日我疾作,不可以执弓,吾死矣夫!'问其仆曰:'追我者谁也?'其仆曰:'庾公之斯也。'曰:'吾生矣!'其仆曰:'庾公之斯,卫之善射者也。

夫子曰吾生,何谓也?'曰:'庾公之斯学射于尹公之他,尹公之他学射于我。夫尹公之他,端人也,其取友必端矣。'庾公之斯至,曰:'夫子何为不执弓?'曰:'今日我疾作,不可以执弓。'曰:'小人学射于尹公之他,尹公之他学射于夫子,我不忍以夫子之道反害夫子,虽然,今日之事君事也,我不敢废。'抽矢扣轮,去其金,发乘矢而后反。"

〔注释〕逢蒙学射于羿等句:逢,音庞(páng)。羿,相传为夏代诸侯有穷国之君,即后羿。《左传》襄公四年记晋国魏绛说后羿用寒浞为相,被浞收买家众杀掉。杨伯峻推测说逢蒙既为羿的学生,又为他的家众,后来叛变,帮助寒浞杀羿。愈,胜过。

子濯孺子:赵岐:"孺子,郑大夫。"

庾公之斯:赵岐:"庾公,卫大夫。"

端:赵岐:"用心不邪辟。"

乘矢:四支箭。

〔译文〕逢蒙跟随后羿学习射箭,完全掌握了后羿的技巧,他便寻思,天下的人只有后羿比自己强,因此把后羿杀死了。孟子评说道:"这里也有后羿的罪过。"

公明仪说:"好像没什么罪过吧。"

孟子说:"罪过不大罢了,怎能说一点也没有呢?郑国派遣子濯孺子侵犯卫国,卫国派庾公之斯来追击他。子濯孺子说:'今天我的病发作了,拿不了弓,我活不成了。'问替他驾车的人说:'追我的是谁呀?'驾车的说:'是庾公之斯。'他便说:'我死不了!'驾车的问:'庾公之斯是郑国有名的射手,您反而说死不了,这是什么道理呢?'子濯孺子答道:'庾公之斯跟尹公之他学射箭,尹公之他跟我学射箭。尹公之他是个很正派的人,他所选择的学生一定也很正派。'庚公之斯追上了,问道:'先生为什么不拿弓?'子濯孺子说:'今天我的病发作了,拿不了弓。'庚公之斯便说:'学生我跟尹公之他学射箭,尹公之他跟先生学射箭,我不忍心拿先生的技巧反过来伤害先生。但是,今天的事情是国君的事情,我不敢完全不顾。'于是抽出箭来,在车轮上敲击,把箭头去掉,发射四箭后就回去了。"

(二十五)

孟子曰:"西子蒙不洁,则人皆掩鼻而过之。虽有恶人,齐戒沐浴,则可以祀上帝。"

〔注释〕西子:古代著名美女西施。

恶:丑陋。

〔译文〕孟子说:"如果西施身上沾满污秽,人们走过的时候,都会捂着鼻子;纵是面目可憎之人,如果他斋戒沐浴,也可以祭祀上帝。"

(二十六)

孟子曰:"天下之言性也,则故而已矣。故者以利为本,所恶于智者,为其凿也。如智者若禹之行水也,则无恶于智矣。禹之行水也,行其所无事也。如智者亦行其所无事,则智亦大矣。天之高也,星辰之远也,苟求其故,千岁之日至,可坐而致也。"

〔注释〕故:原故。后文"苟求其故"之"故",也是原故的意思,但那是"求"而得来,所以指日月星辰运行的规律,这里未有所"求",只是人云亦云而已。孟子重视"求"的作用,仁、义、礼、智之端为人所固有,但"求则得之,舍则失之"(《告子章句上》第六章)。

　　故者以利为本等句:故者,"故而已矣"之人,与"智者"相对。利,便利。注家多将此句断为两句,"以利为本"及以前,说的是天下言性,之后是孟子自己的观点。从语气及逻辑上,应连为一句读。恶智者之凿,主语也是"故者"。"凿",焦循认为有两义:其一为空,其一为细。从后文"智亦大矣"来看,应为后一义,精细,过于认真。此义适与"故而已矣"相反,而"智亦大矣"为其递进。

　　日至:一般指冬至,因为周正以冬至日为元日,是授时的起点。有时也兼指夏至。

　　可坐而致:冬至是地球北半部离太阳最远的一天,太阳光最为倾斜,所以影子最长。中国古人很早就知道用土圭测定日影的长短来确定冬至点。到战国时,历法已经能够测定,冬至这天,太阳的位置正好在二十八宿中的牛宿,所以只要计算出太阳每年在二十八宿的行度,就可以推算出当年的冬至点。一千年的冬至点,也可以照此一一推算出来。

　　〔**译文**〕孟子说:"天下的人谈论人性,不过人云亦云罢了。人云亦云的人,只图找个方便自己的说法,他之所以讨厌有智慧的人,由于后者较真儿。如果有智慧的人像大禹疏导洪水一样,[天下的人]就不会讨厌智慧了。大禹疏导洪水,就是[千方百计]让洪水[顺流而下,]好像没有什么阻碍。如果有智慧的人也这样顺势而为,那么他的智慧也是伟大的了。[这样,]天再高,星辰再远,只要能够探求它们的规律,以后一千年的每个冬至,可以坐着推算出来。"

（二十七）

公行子有子之丧,右师往吊。入门,有进而与右师言者,有就右师之位而与右师言者。孟子不与右师言。

右师不悦,曰:"诸君子皆与驩言,孟子独不与驩言,是简驩也。"

孟子闻之,曰:"礼,朝廷不历位而相与言,不逾阶而相揖也。我欲行礼,子敖以我为简,不亦异乎?"

〔**注释**〕公行子:赵岐:"齐大夫也。"

右师:指王驩。其事已前见于《公孙丑章句下》第六章。

简:怠慢失礼。

历位:横向越位,指越过别人的位置。

逾阶:纵向越位,比如从后排到前排。阶,丧礼之处,当不指石阶。

〔**译文**〕公行子死了儿子,举行丧礼,右师去吊唁。他一进门,便有人过来同他打招呼。他到了自己的位置,又有人过来同他打招呼。孟子不去同他打招呼。

右师不高兴,说道:"各位大夫都同我说话,就是孟子不同我说话,这是对我怠慢无礼啊。"

孟子听说了这话,便说:"依照礼节,朝臣不左右越位去和人说话,也不前后串位去和人作揖。我是依礼办事,子敖却认为我怠慢失礼于他,这不是很奇怪吗?"

（二十八）

孟子曰:"君子所以异于人者,以其存心也。君子以仁存心,以礼存心。仁者爱人,有礼者敬人。爱人者,人恒爱之;敬人者,人恒敬之。有人于此,其待我以横逆,则君子必自反也:我必不仁也,必无礼也,此物奚宜至哉? 其自反而仁矣,自反而有礼矣,其横逆由是也,君子必自反也:我必不忠。自反而忠矣,其横逆由是也,君子曰:‘此亦妄人也已矣。如此,则与禽兽奚择哉? 于禽兽又何难焉?’是故君子有终身之忧,无一朝之患也。

　　“乃若所忧则有之:舜,人也;我,亦人也。舜为法于天下,可传于后世,我由未免为乡人也,是则可忧也。忧之如何? 如舜而已矣。若夫君子所患则亡矣。非仁无为也,非礼无行也。如有一朝之患,则君子不患矣。”

〔注释〕**存心**:常怀的念头或观点。

横逆:朱熹:“谓强暴不顺理也。”

择:区别。

难:读为去声(nàn),责难。

〔**译文**〕孟子说:“君子和一般人不同的地方,就在于存心不同。君子常怀的是仁,常怀的是礼。仁者关爱别人,有礼者尊敬别人。[总是]关爱别人的人,人们也总是关爱着他;[总是]尊敬别人的人,人们也总是尊敬着他。假定这里有个人,他对我蛮横无理,那么君子一定到自己身上找原因:我一定有对他关爱不到的地方,一定有对他尊敬不到的地方,[要不然,]这种态度怎么来的呢? 他督促自己更加关爱对方了,督促自己更加尊敬对方了,可是那人蛮横无理的态度仍然不变,君子又一定回到自身找原因:我一定对他还不够尽心。他又督促自己对待对方全心全意了,那人蛮横无理依然故我,[这时]君子说:'这是一个狂妄的人罢了。他那么做,又与动物有什么区别呢?对动物又能责备什么呢?'所以,君子有一辈子的忧虑,却没有什么一下子过不去的坎。

"说到君子的忧虑,那是有的:舜是人,我也是人。舜能够做天下人的模范,名声后世永传,我仍然不免是一个乡下人。这是令人忧虑的事情。忧虑了怎么办?尽量向舜学习就是了。至于君子别的忧患就没有了。不合乎仁的事情不做,不合乎礼的事情不做。即使一下子忧患降临,君子也不会感到痛苦。"

(二十九)

禹、稷当平世,三过其门而不入,孔子贤之。颜子当乱世,居于陋巷,一箪食,一瓢饮,人不堪其忧,颜子不改其乐,孔子贤之。孟子曰:"禹、稷、颜回同道。禹思天下有溺者,由己溺之也;稷思天下有饥者,由己饥之也,是以如是其急也。禹、稷、颜子易地则皆然。今有同室之人斗者,救之,虽被发缨冠而救之,可也;乡邻有斗者,被发缨冠而往救之,则惑也,虽闭户可也。"

〔注释〕三过其门而不入:本禹事,见《滕文公章句上》第四章。这里连带禹、稷而称之,反映了传说的痕迹。

颜子当乱世等句:见《论语·雍也篇》第六章,注释参《本来的孔子》。

被发缨冠:被,音义同"披"。被发,指未及束发。缨,帽的带子。这里用做动词。缨冠,指未及系带。赵岐:"同室相救,是其理也,喻禹、稷走赴;乡邻非其事,颜子所以阖户而高枕也。"

〔**译文**〕大禹、后稷处于政治清明的时代,三次经过自己的家门都不进去,孔子称赞他们。颜回处于政治混乱的时代,住在偏僻的巷子里,一个小竹筐装饭,一个瓜瓢盛水,别人都为他愁得受不了,他却自得其乐不改变,孔子赞赏他。孟子说:"大禹、后稷、颜回的处世之道其实是一样的。大禹以为天下的人有遭水淹的,好像是自己使他遭淹的;后稷以为天下的人有挨饿的,好像是自己使他挨饿的,所以他们做事才那样的急迫。大禹、后稷、颜回如果交换位置,他们的做法会是一样的。假如有同屋的人互相斗殴,我去救他,即使披散着头发胡乱戴上帽子去救,也是可以的;如果本地的邻居互相斗殴,也披散着头发胡乱戴上帽子跑去救,那便是糊涂了,就是把门关着,也是可以的。"

(三十)

公都子曰:"匡章,通国皆称不孝焉,夫子与之游,又从而礼貌之,敢问何也?"

孟子曰:"世俗所谓不孝者五:惰其四支,不顾父母之养,一不孝也;博弈,好饮酒,不顾父母之养,二不孝也;好货财,私妻子,不顾父母之养,三不孝也;从耳目之欲,以为父母戮,四不孝也;好勇斗很,以危父母,五不孝也。章子有一于是乎?夫章子,子父责善而不相遇也。责善,朋友之道也;父子责善,贼恩之大者。夫章子,岂不欲有夫妻、子母之属哉?为得罪于父,不得近,出妻屏子,终身不养焉。其设心以为不若是,是则罪之大者。是则章子已矣。"

〔注释〕通国皆称不孝：事见《战国策·齐策》"秦假道韩魏以攻齐章"，详后文注释。张岱："章子之父以隐事杀其母，并逐其子，外人皆不之知，故匡章因父所逐，遂传此不孝之名。"又云："章子甘受其名，而为父隐过，总是其孝处。"（《四书遇》第479章）张说是。此合于孔子"父为子隐，子为父隐，直在其中矣"（《论语·子路篇》）的思想。

四支：即四肢，双手双脚。

从：同"纵"，放纵。

戮：朱熹："羞辱也。"

很：后作"狠"。

子父责善而不相遇：据《战国策·齐策》"秦假道韩魏以攻齐章"，章子的母亲因得罪他的父亲被杀，埋在马栈下。他父亲后来也去世了。他对齐威王说，因为父亲生前未交待他迁葬母亲，他不敢为母迁葬，"不敢欺死父"。齐威王为此以他为应对秦国进攻齐国时的大将，他也因齐威王的信任而打败秦军。全祖望认为孟子"所云责善，盖必劝其父以弗为已甚而父不听，遂不得近，此自是人伦大变，章子之黜妻屏子，非过也"（《经史问答》）。不相遇，不相合，指发生冲突。钱穆以为公都子之问，孟子之答，其事尚在匡章将兵胜秦之前（《先秦诸子系年·孟子在齐威王时先已游齐考》）。匡章将兵胜秦，时在公元前320年，为齐威王末年。这是匡章初为大将，此后直到齐湣王时，参与齐历次对外的重大战役，屡建战功（杨宽《战国史》第381页）。

屏：音丙（bǐng），除去。

〔译文〕公都子说："匡章，全国的人都说他是个不孝之子。先生与他来往，而且还以礼相待，敢问这是为什么？"

孟子说:"民间风俗所谓不孝的事情有五件:懒动手脚,对父母的生活不闻不问,是其一;好下棋,喜喝酒,对父母的生活不闻不问,是其二;吝惜钱财,偏爱妻子、儿女,对父母的生活不闻不问,是其三;纵情声色,使父母蒙受羞辱,是其四;好勇斗狠,让父母担惊受怕,是其五。章子在这五项中有一项吗? 章子不过是儿子对父亲劝善改过而把父子关系搞坏罢了。劝善改过,是朋友相处之道;父子之间劝善改过,是最伤害感情的事儿。章子难道不想有正常的夫妻、母子关系吗? 因为得罪了父亲,不能和他亲近,就把自己的妻子休了,把儿子也赶得远远的,一辈子都不要他们伺候。他觉得不这样做,他的罪过就更大了。这就是章子这个人呢。"

(三十一)

曾子居武城,有越寇。或曰:"寇至,盍去诸?"曰:"无寓人于我室,毁伤其薪木。"寇退,则曰:"修我墙屋,我将反。"寇退,曾子反。左右曰:"待先生如此其忠且敬也,寇至则先去以为民望,寇退则反,殆于不可。"沈犹行曰:"是非汝所知也。昔沈犹有负刍之祸,从先生者七十人,未有与焉。"

子思居于卫,有齐寇。或曰:"寇至,盍去诸?"子思曰:"如伋去,君谁与守?"

孟子曰:"曾子、子思同道。曾子,师也,父兄也;子思,臣也,微也。曾子、子思易地则皆然。"

〔注释〕武成:鲁国地名,在今山东省费县西南。原与吴国接壤,后越灭吴,遂与越国接壤。

为民望:朱熹:"言使民望而效之。"

沈犹行:姓沈犹,名行。赵岐:"曾子弟子也。"

与:读去声(yù),参与,指离开。

负刍:人名。一说为背草的人。

子思:孔子之孙。详见《绪论·孟子与子思》。

〔译文〕曾子居住在武成,遇到越人入侵。有人说:"敌寇来了,何不离开一下?"曾子说:"[好吧,但是]不要让人住进我屋子,破坏了那些树木。"越人退出,曾子说:"把我的院墙和屋子修理修理吧,我要回来了。"越人走了,曾子回到家。身边的人说:"这里的人对待先生,是这样地忠诚和恭敬,敌寇来了就先行离开,给百姓做了个坏榜样,敌寇走了就马上回来,好像不太好吧?"沈犹行说:"这可不是你们所能明白的。我曾经碰到有个叫负刍的作乱,跟随先生的人有七十个,个个都走开了。"

子思住在卫国,遇到齐人入侵。有人说:"敌寇来了,何不离开一下?"子思说:"如果我走开了,国君同谁来守城?"

孟子说:"曾子、子思的处世之道其实是一样的。曾子是老师,是长辈;子思是臣子,是小官。曾子、子思如果交换位置,他们的做法会是一样的。"

（三十二）

储子曰:"王使人瞷夫子,果有以异于人乎?"

孟子曰:"何以异于人哉? 尧、舜与人同耳。"

〔注释〕**储子**:齐人,这时可能为齐相。《告子章句下》第五章说

"储子为相"。

瞷:音见(jiàn),窥探。

〔译文〕储子说:"齐王打发人来窥探先生,真有什么跟别人不一样的地方吗?"

孟子说:"有什么跟别人不一样的地方呢? 尧、舜和其他人也是一样的。"

(三十三)

齐人有一妻一妾而处室者,其良人出,则必餍酒肉而后反。其妻问所与饮食者,则尽富贵也。其妻告其妾曰:"良人出,则必餍酒肉而后反;问其与饮食者,尽富贵也,而未尝有显者来,吾将瞷良人之所之也。"

蚤起,施从良人之所之,遍国中无与立谈者。卒之东郭墦间,之祭者,乞其余;不足,又顾而之他。此其为餍足之道也。

其妻归,告其妾,曰:"良人者,所仰望而终身也,今若此!"与其妾讪其良人,而相泣于中庭。而良人未之知也,施施从外来,骄其妻妾。

由君子观之,则人之所以求富贵利达者,其妻妾不羞也,而不相泣者,几希矣。

〔注释〕良人:丈夫。王念孙:"良与郎,声之侈弇耳。犹古者妇称夫曰良,而今谓之郎也。"(《广雅疏证》卷一)

蚤:同"早"。

施:音迤(yǐ),斜行。

讪:讥评,讽刺,埋怨。

施施:赵岐:"犹扁扁,喜悦之貌。"

〔**译文**〕齐国有这样一家人,一妻一妾住在一起。她们的丈夫每次外出,总是酒足饭饱后回家。他的妻子问他一道吃喝的是些什么人,他说都是有钱有势的人。妻子告诉妾说:"丈夫外出,总是酒足饭饱后回来;问他同些什么人吃喝,全都是有钱有势的人,可是从来没见过有什么显贵人物到我们家里来,我准备悄悄地看看丈夫到底去了什么地方。"

第二天早早起来,她便尾随丈夫一路走。凡城中走过的地方,没有一个人停下来和他说话。最后他来到东郊外的墓地,走近祭扫坟墓的人,乞讨剩余的酒食;不够,又到处张望往别处乞讨。原来这就是他酒足饭饱的办法。

妻子回到家,把情况告诉了妾,说道:"丈夫,本来是我们一辈子倚靠的人,现在他竟然是这样的!"两人便埋怨着她们的丈夫,在庭中哭了起来。可怜那丈夫还不知情,高高兴兴地从外面回来,照样在两个女人面前摆威风。

从君子的角度看这件事,那么现在的人使用的那些追求有钱有势、顺利通达的办法,能不[像这样]使他的妻妾感到羞耻而共同哭泣的,是很少的了。

卷九　万章章句上

（一）

万章问曰："舜往于田，号泣于旻天，何为其号泣也？"

孟子曰："怨慕也。"

万章曰："'父母爱之，喜而不忘；父母恶之，劳而不怨。'然则舜怨乎？"

曰："长息问于公明高曰：'舜往于田，则吾既得闻命矣；号泣于旻天，于父母，则吾不知也。'公明高曰：'是非尔所知也。'夫公明高以孝子之心为不若是恝：我竭力耕田，共为子职而已矣，父母之不我爱，于我何哉？帝使其子九男二女、百官，牛羊仓廪备，以事舜于畎亩之中，天下之士多就之者。帝将胥天下而迁之焉。为不顺于父母，如穷人无所归。天下之士悦之，人之所欲也，而不足以解忧；好色，人之所欲，妻帝之二女，而不足以解忧；富，人之所欲，富有天下，而不足以解忧；贵，人之所欲，贵为天子，而不足以解忧。人悦之、好色、富、贵，无足以解忧者，惟顺于父母可以解忧。人少，则慕父母；知好色，则慕少艾；有妻子，则慕妻子；仕则慕君，不得于君则热中。大孝终身慕父母。

五十而慕者,予于大舜见之矣。"

〔注释〕号泣于旻天:号泣,边哭边说。旻天,上天。《诗经·小雅·小旻》:"旻天疾威,敷于下土。"古人相信天是有意志的。传说舜的母亲早死,父亲瞽瞍糊涂,后母凶悍,后母生的弟弟象顽劣不堪,他们都以除掉舜而后快。

父母爱之等句:这是曾子的话。原话作"父母爱之,喜而弗忘;父母恶之,惧而无怨"。见《礼记·祭义》和《大戴礼记·曾子大孝篇》。《论语·里仁篇》也有事父母"劳而不怨"的话。

长息:赵岐:"公明高弟子。"

公明高:赵岐:"曾子弟子。"

恝:音颊(jiá),赵岐:"无愁之貌。"

胥:皆,尽。

少艾:赵岐:"艾,美好也。"指年轻貌美的女子。

〔译文〕万章问道:"舜到田野里去,对着苍天号哭了起来。他为什么号哭呢?"

孟子说:"[对父母]怨恨,可是又很依恋。"

万章问:"[曾子说过:]'父母喜欢他,高高兴兴,牢记在心;父母厌恶他,操心劳神,无怨无悔。'舜为何怨恨呢?"

答道:"[从前]长息曾经问公明高:'舜到田野去,我已经听您说明怎么回事了;向苍天号哭,是由于父母,我就搞不懂了。'公明高说:'这不是你能懂得的。'公明高认为孝子不能有这样一种自以为是的心理:我竭尽全力耕田,好好尽我做儿子的职责就是了,父母就是不喜欢我,对我来讲有什么呢?帝尧打发他的孩子包括九个儿子、两个女儿,和百官一起,备好牛羊和粮食等东西,到舜耕田的地方去服事他,天下的士人也有很多到那里去的。[最后,]尧把整个天下让给了舜。但由于没有得到父母的欢心,舜便像穷困潦倒的人找不到归宿一样。受到天下士人的爱戴,是谁都希望获得的,却不足以消除忧愁;美丽的女人,是谁都希望获得的,娶了尧的两个女儿,却不足以消除忧愁;财富,是谁都希望获得的,成为天下最富有的人,却不足以消除忧愁;尊贵,是谁都希望获得的,成为天下人的君主,还是不足以消除忧愁。人们的爱戴、美丽的女人、财富和尊贵,都不足以消除忧愁,是因为只有得到父母的欢心才可以做到。人在幼小的时候,就依恋父母;到了情窦初开的年纪,便依恋年轻貌美的姑娘;有了老婆孩子,便依恋老婆孩子;做官以后依恋君主,得不到君主的赏识便心急火燎。只有最孝顺的人才一辈子依恋父母。到了五十岁还依恋父母的,我在伟大的舜身上看到了。”

(二)

万章问曰:“《诗》云,‘娶妻如之何?必告父母’。信斯言也,宜莫如舜。舜之不告而娶,何也?”

孟子曰:“告则不得娶。男女居室,人之大伦也。如告,则废人之大伦,以怼父母,是以不告也。”

万章曰:“舜之不告而娶,则吾既得闻命矣;帝之妻舜而不告,何也?”

曰:“帝亦知告焉则不得妻也。”

万章曰:“父母使舜完廪,捐阶,瞽瞍焚廪。使浚井,出,从而掩之。象曰:‘谟盖都君咸我绩。牛羊父母,仓廪父母,干戈朕,琴朕,弤朕,二嫂使治朕栖。’象往入舜宫,舜在床琴。象曰：'郁陶思君尔。'忸怩。舜曰：'惟兹臣庶，汝其于予治。'不识舜不知象之将杀己与？"

曰："奚而不知也？象忧亦忧，象喜亦喜。"

曰："然则舜伪喜者与？"

曰："否。昔者有馈生鱼于郑子产，子产使校人畜之池。校人烹之，反命曰：'始舍之，圉圉焉；少则，洋洋焉；攸然而逝。'子产曰：'得其所哉！得其所哉！'校人出，曰：'孰谓子产智？予既烹而食之，曰，得其所哉，得其所哉。'故君子可欺以其方，难罔以非其道。彼以爱兄之道来，故诚信而喜之，奚伪焉？"

〔注释〕《诗》云等句：见《诗经·齐风·南山》。

怼：音对（duì），怨恨。

帝之妻舜：帝，指尧。妻，去声（qì），嫁女予人为妻，做动词用。

完廪：完，修补。廪，粮仓。

捐阶：捐，去掉。阶，木梯。

掩：填埋。

谟盖都君：谟，谋。盖，覆盖，活埋。或谓"害"之借，不确。这是当事人的话，不当自说"害"。这只是说的浚井事，完廪事已过。都，《尔雅·释诂》："于也。"君，赵岐："舜有牛羊、仓廪之奉，故谓之君。"从语气看，象因嫉妒而谋财害命。

弤：音底（dǐ），雕弓，据说是帝尧赐给的。

二嫂使治朕栖：治，整理。栖，赵岐："床也。"这是说要娶两位嫂嫂为妻。许多民族早年有一种风俗，如匈奴，"弟兄死，皆取其妻妻之"（《史记·匈奴列传》）。

舜在床琴:琴,弹琴。舜是怎么逃出来的?据《史记·五帝本纪》,"穿井为匿空旁出",即从事先在旁边挖好的秘密通道逃向地面;焚廪时,"乃以两笠自扞而下",即像撑开降落伞式地从屋顶上跳下。但该篇《正义》引《通史》,《索隐》引《列女传》,说二女教舜穿着鸟纹衣服去完廪,化作鸟飞下;穿着龙纹衣服去浚井,变成龙钻出。圣人都有神迹的传说。孟子未言舜是怎么逃出的,显然是相信这事儿,司马迁则做了"雅驯化"改造。

郁陶:陶,音摇(yáo)。《尔雅·释诂》:"郁陶,繇,喜也。"装出惊喜的样子。

忸怩:惭愧,不好意思的样子。

校人:赵岐:"主池沼小吏也。"

圉圉:赵岐:"鱼在水羸劣之貌。"

洋洋:赵岐:"舒缓摇尾之貌。"

攸然:赵岐:"迅走趋水深处也。"

〔译文〕万章问道:"《诗经》说过:'娶妻怎么办?必先告父母。'诚如此诗之言,没有比得上舜的。[可是,]舜却没有事先报告父母就娶妻了,是什么道理呢?"

孟子说:"报告了就娶不成。男女结合,是人类最重要的关系。如果报告了,就会造成男不得娶女不得嫁的后果,还要因此怨恨父母,所以他就不报告了。"

万章说:"舜不报告就娶妻,刚才已经听您说了其中的道理;帝尧把女儿嫁给舜,也不先告诉舜的父母,又是什么道理呢?"

孟子说:"帝尧也知道,先告诉,这婚事就成不了。"

万章说:"舜的父母打发舜去修谷仓,[等舜上了屋顶,]便抽去梯子,他父亲瞽瞍放火烧谷仓。[舜设法逃下来了。]又有一次打发舜去淘井,[等舜到了井下,其他人]出来后,便用土填塞井眼。舜的兄弟象说:'想法子干掉这骑在我们头上的家伙,都是我的功劳。牛羊分给父母,仓库分给父母,干戈归我,琴归我,雕弓归我,两位嫂嫂替我铺床叠被。'于是前往舜的房子,进去之后,却发现舜还活着,坐在床边弹琴。象连忙说:'哎哟! 正想着你呢。'说着露出不好意思的样子。舜[好像没事人似的]说:'我那些手下和老百姓,你帮我管管吧。'我不清楚,舜真的不知道象总是想要害死他吗?"

孟子说:"哪能不知道呢? [不过是]象忧愁,他也忧愁;象高兴,他也高兴。"

万章说:"那么,舜的高兴是假装的吗?"

孟子说:"不。从前有人送活鱼给郑国的子产,子产叫负责池塘的人放养起来。那人却把鱼煮着吃了,向子产报告说:'刚刚放下去,它还要死不活的;一会儿,摇摇尾巴游了起来;迅速地,游得远远的不见了。'子产说:'到了它该去的地方! 到了它该去的地方!'那人出来了,说:'谁说子产聪明啦? 我已经把鱼煮着吃了,他还连连说,到了它该去的地方。'所以对于君子,可以用合乎人情的法子哄哄他,很难用违反道理的方式欺骗他。象既然假装敬爱兄长的样子来了,舜便真诚地相信而高兴起来,为什么是假装的呢?"

(三)

万章问曰:"象日以杀舜为事,立为天子则放之,何也?"

孟子曰:"封之也,或曰放焉。"

万章曰:"舜流共工于幽州,放驩兜于崇山,杀三苗于三危，殛鲧于羽山，四罪而天下咸服，诛不仁也。象至不仁，封之有庳。有庳之人奚罪焉？仁人固如是乎：在他人则诛之，在弟则封之？"

曰："仁人之于弟也，不藏怒焉，不宿怨焉，亲爱之而已矣。亲之，欲其贵也；爱之，欲其富也。封之有庳，富贵之也。身为天子，弟为匹夫，可谓亲爱之乎？"

"敢问或曰放者，何谓也？"

曰："象不得有为于其国，天子使吏治其国而纳其贡税焉，故谓之放。岂得暴彼民哉？虽然，欲常常而见之，故源源而来。'不及贡，以政接于有庳'，此之谓也。"

〔注释〕流共工于幽州：此下至"四罪而天下咸服"，见于《尚书·舜典》。流，放逐。共工，尧的大臣。幽州，又作"幽都"，《史记·五帝本纪集解》引马融注泛称"北裔也"，指北方边远之地。先秦无可实指之幽州（参见顾颉刚、刘起釪《尚书校释译论》第一册第176页）。

放驩兜于崇山：放，流放。驩兜，尧的大臣。崇山，《史记·五帝本纪集解》引马融注泛称"南裔也"，指南方边远之地。先秦此地不能实指（参见上书第177页）。

杀三苗于三危：《舜典》"杀"作"窜"，亦是流放之义。三苗，古代部族名，原在黄河流域。三危，《史记·五帝本纪集解》引马融注泛称"西裔也"，指西方边远之地。先秦此地不能实指（参见上书第178、179页）。

殛鲧于羽山：殛，诛杀。鲧，尧的大臣，禹的父亲。羽山，《史记·五帝本纪集解》引马融注泛称"东裔也"，指东方边远之地。先秦此地不能实指(参见上书第 184 页)。

有庳:庳音避(bì),象所封之地,地址不详。按孟子所述,应离舜都不太远。

天子使吏治其国而纳其贡税焉:与西周乃至春秋时封君在所封之地既有征税权又有行政权不同,战国时代的封君只有征税权,没有行政权。行政权由国君派遣的官吏执掌。孟子的解释,依据的是战国时代的情况。

不及贡,以政接于有庳:注家多以之为《尚书》逸文,不确。这句话是针对"或曰放焉"说的,引的是另一个人的话。

〔**译文**〕万章问道:"象每天都想法子害死舜,等舜做了天子,却仅仅将他流放,为什么呢?"

孟子说:"那是封象为诸侯,有人却说是流放他。"

万章说:"舜放逐共工到幽州,流放驩兜到崇山,驱逐三苗〔之君〕到三危,诛杀鲧于羽山。四人被定罪惩处,天下的人心都服了,因为惩处的对象是没有仁德的人。象是最没有仁德的人,却以有庳之地封他。有庳的百姓有什么罪过〔,要遭受他的暴虐〕呢? 难道有仁德的人是这样的吗:搁别人身上就加以惩处,对自己的弟弟就给予封赏?"

孟子说:"有仁德的人对于他的弟弟,该忿怒时不藏着掖着,有了怨恨也不耿耿于怀,亲近他爱护他就是了。亲近他,就要使他有地位;爱护他,就要使他有财富。封给他有庳,正是让他又有地位又有财富。本人做了天子,弟弟却等同于一个老百姓,称得上亲近他爱护他吗?"

〔万章说:〕"请问,有人说是流放,到底是什么意思呢?"

孟子说:"象不能在他的封地有权管人管事,天子派官员代替他治理国家,收了贡税交给他用,所以有人把这叫做流放。难道该让他[管人管事,使他的]暴虐加在他的老百姓身上吗?[当然不能。]虽然如此,哥哥还是要常常与弟弟相见的,所以象可以不间断到舜这里来。[有人说:]'不必等到规定的朝贡时间,[平时]因为朝政与有庳有关[就可以来了]。'这话算说到位了。"

(四)

咸丘蒙问曰:"语云:'盛德之士,君不得而臣,父不得而子。'舜南面而立,尧帅诸侯北面而朝之,瞽瞍亦北面而朝之。舜见瞽瞍,其容有蹙。孔子曰:'于斯时也,天下殆哉,岌岌乎!'不识此语诚然乎哉?"

孟子曰:"否;此非君子之言,齐东野人之语也。尧老而舜摄也。《尧典》曰:'二十有八载,放勋乃徂落,百姓如丧考妣,三年,四海遏密八音。'孔子曰:'天无二日,民无二王。'舜既为天子矣,又帅天下诸侯以为尧三年丧,是二天子矣。"

咸丘蒙曰:"舜之不臣尧,则吾既得闻命矣。《诗》云:'普天之下,莫非王土;率土之滨,莫非王臣。'而舜既为天子矣,敢问瞽瞍之非臣,如何?"

曰:"是诗也,非是之谓也,劳于王事而不得养父母也。曰:'此莫非王事,我独贤劳也。'故说《诗》者,不以文害辞,不以辞害志。以意逆志,是为得之。如以辞而已矣,《云汉》之诗曰:'周余黎民,靡有孑遗。'信斯言也,是周无遗民也。孝子之至，莫大乎尊亲；尊亲之至，莫大乎以天下养。为天子父，尊之至也；以天下养，养之至也。《诗》曰：'永言孝思，孝思维则。'此之谓也。《书》曰：'祇载见瞽瞍，夔夔齐栗，瞽瞍亦允若。'是为'父不得而子'也？"

〔注释〕咸丘蒙：赵岐："孟子弟子。"

岌岌：朱熹："不安貌也。言人伦乖乱，天下将危也。"

齐东野人：姚永概："齐东近海，海滨之人，喜为怪诞不经之说，故方士多出于燕、齐。"（《孟子讲义》）

尧老而舜摄：摄，代理。《史记·五帝本纪》："于是帝尧老，命舜摄行天子之政，以观天命。"

《尧典》曰等句：见《尚书·舜典》。古本《尚书》中，《舜典》接《尧典》，属后者的一部分。放勋，尧之名，或其称号。徂落，死亡。百姓，百官。考妣，父母。遏密，止之使无声。八音，指金、石、丝、竹、匏、土、革、木等八种材料所做乐器之声。

《诗》云等句：见《诗经·小雅·北山》。率，毛传："循。"

"故说《诗》者"至"是为得之"：文，字句。这里指所引诗句，如上引《北山》、下引《云汉》诗句。辞，篇章。这里指所引的完整篇章，即了解作者之志所需要联系的上下文。如上引《北山》诗句后续云："大夫不均，我从事独贤。"下引《云汉》诗句前有"旱既大甚，则不可推"等句。段玉裁"词"下注云："辞者，说也，从'辭'。辭犹理辜，谓文辞足以排难解纷也。然则辞谓篇章也。"志，作者的本意。赵岐："诗人志所欲之事。"意，读者的领会。赵岐："学者之心意也。"逆，迎合。指读者的领会须与作者的意图相合。这与时兴之随意地断章取义不同。

《云汉》之诗曰等句:见《诗经·大雅·云汉》。黎民,老百姓。
孑遗,遗留。

以天下养:意即以天子的条件奉养。

"《诗》曰"至"维则":见《诗经·大雅·下武》。

《书》曰等句:《尚书》逸文。赵岐:"祗,敬。载,事也。夔夔齐
栗,敬慎战惧貌。"夔,音奎(kuí)。齐,读为"斋"。朱熹:"允,信。
若,顺也。"

是为父不得而子也:俞樾:"'也'读为'耶',乃诘问之辞,正所
以破咸丘蒙之说。"(《古书疑义举例·也耶通用例》)按:俞说是。
孟子引《尚书》说明舜尽人子之礼,"父不得而子"的说法是不对的。
桃应曾问他,假设瞽瞍杀人了,舜该怎么办? 他的答案竟是,"舜视
弃天下犹弃敝屣也,窃负而逃"(《尽心章句上》第三十五章)。孟子
人际观念,以亲亲为本,亲亲大于尊尊。盛德之士,君不得而臣,孟
子有类似观点;父不得而子,他无论如何不会有也不会认同这种
观念。

[译文]咸丘蒙问道:"有一种说法:'德行高尚的人,国君不能
以臣子对待他,父亲不能以儿子看待他。'舜[便是一个例子。他]
面向南站立,尧率领诸侯面向北朝见他,他的父亲瞽瞍也面向北朝
见他。舜看见瞽瞍,露出不安的表情。孔子说:'在这个时候,天下
很不安呐,不安得很啊!'不知道这些话真是如此吗?"

孟子说:"不! 这不是君子说的话,而是临淄东边乡巴佬的说
法。尧老的时候,舜只是代理了天子的事。《尧典》记载:'二十八
年以后,尧才去世,所有的臣子好像死了父母一样悲伤,服丧三年,
老百姓也停止了一切娱乐。'孔子说过:'天下没有两个太阳,人间
没有两个天子。'假若舜在尧死前做了天子,又率领诸侯为尧服丧三

年,这便是同时有两个天子了。"

　　咸丘蒙说:"舜不曾以尧为臣,我已经听您说明白了。《诗经》说:'普天之下,全属天子的土地;四境之内,都是天子的臣民。'舜既已做了天子,请问瞽瞍不算作臣子,是什么道理?"

　　孟子说:"这首诗呢,说的不是这个意思,而是说,作者本人操心天子的事情,以致顾不上奉养父母。他说:'这些事没有一件不是天子的事,唯独我那么的辛劳。'所以解说《诗》的人,不要拘泥字句而误解文义,也不要拘泥文义而误解原义。以切实的领悟去推知作者的本意,就达到目的了。假如拘泥于字句,《云汉》的诗句说:'周朝剩下的百姓,没有一个存留。'相信这句话[的字面意思],是周朝没有存留一个人了[,其实是说严重的旱灾没有一个人躲避得了]。孝子行为的极致,没有超过敬爱父母的;敬爱父母的极致,没有超过以天子的条件来奉养父母的。瞽瞍做了天子的父亲,可说尊贵到了极致;舜以天子的条件来奉养他,可说是奉养的极致了。《诗经》又说:'永远地讲究孝道,孝道是天下的法则。'正是这个意思。《尚书》记载:'舜小心翼翼见瞽瞍,恭恭敬敬的样子,瞽瞍安然顺受。'这难道是'做父亲的不能以儿子看待他'吗?"

（五）

　　万章曰:"尧以天下与舜,有诸?"

　　孟子曰:"否。天子不能以天下与人。"

　　"然则舜有天下也,孰与之?"

　　曰:"天与之。"

　　"天与之者,谆谆然命之乎?"

曰："否。天不言，以行与事示之而已矣。"

曰："以行与事示之者，如之何？"

曰："天子能荐人于天，不能使天与之天下；诸侯能荐人于天了，不能使天子与之诸侯；大大能荐人于诸侯，不能使诸侯与之大夫。昔者，尧荐舜于天而天受之，暴之于民而民受之，故曰，天不言，以行与事示之而已矣。"

曰："敢问荐之于天而天受之，暴之于民而民受之，如何？"

曰："使之主祭，而百神享之，是天受之；使之主事，而事治，百姓安之，是民受之也。天与之，人与之，故曰，天子不能以天下与人。舜相尧二十有八载，非人之所能为也，天也。尧崩，三年之丧毕，舜避尧之子于南河之南，天下诸侯朝觐者，不之尧之子而之舜；讼狱者，不之尧之子而之舜；讴歌者，不讴歌尧之子而讴歌舜，故曰，天也。夫然后之中国，践天子位焉。而居尧之宫，逼尧之子，是篡也，非天与也。《太誓》曰'天视自我民视，天听自我民听'，此之谓也。"

〔注释〕谆谆然命之乎：谆谆然，反复叮咛的样子。根据下文"天不言"，这里是当面交代或授命的意思。

暴：音瀑（pù），朱熹："显也。"

南河：《史记·五帝本纪正义》引《括地志》："河在尧都之南，故曰南河。"据说在今河南省濮阳市。

讼狱：经传多作"狱讼"。《周礼·地官·大司徒》"凡民之不服教而有狱讼者"贾公彦疏云:"狱讼相对,故狱为争罪,讼为争财。若狱讼不相对,则争财亦为狱。"

《太誓》曰等句:为《尚书·太誓》逸文,后采入《伪古文尚书》。

〔**译文**〕万章问:"尧把统治天下的权力传给了舜,有这么回事吗?"

孟子说:"不,天子不能把统治天下的权力传给人。"

又问:"那么,舜拥有了统治天下的权力,是谁传给他的呢?"

答道:"是上天授予他的。"

又问:"上天授予他的,是反复叮咛授命给他的吗?"

答道:"不,上天不发声,以行动和结果来表示意图而已。"

又问:"以行动和结果表示意图,是怎样的呢?"

答道:"天子能够推荐人给上天,不能使上天授予人统治天下的权力;[正如]诸侯能够推荐人给天子,不能使天子授予人统治诸侯国的权力;大夫能够推荐人给诸侯,不能使诸侯授予人大夫的职位。当年,尧推荐舜给上天,上天接受了;让他在百姓面前表现,百姓接受了,所以说,上天不发声,以行动和结果表示意图而已。"

又问:"请问,尧推荐舜给上天,上天接受了他;让他在百姓面前表现,百姓也接受了他,是怎么回事儿?"

答道:"叫他主持祭祀,所有的神明都来享用,这便是上天表示接受了他。叫他主持朝政,朝政处理得井井有条,百姓安居乐业,这便是百姓表示接受了他。上天授予他,百姓授予他,所以说,天子不能够把统治天下的权力授予人。舜辅佐尧一共二十八年,这不是一个人所能做到的,而是上天的意志。尧去世,三年服丧结束,舜躲避尧的儿子到南河的南边去了。可是,天下的诸侯去朝见天子,不到尧的儿子那里,却到舜那里;打官司的,不到尧的儿子那里,却到舜那里;唱赞歌的,不歌颂尧的儿子,却歌颂舜。所以说,这是上天的意志。这样,舜回到首都,坐了朝廷。如果舜自己到尧的宫里住起来,逼迫尧的儿子服从他,这是篡夺,不是上天的授予。《太誓》说:'上天怎么看根据百姓怎么看,上天怎么听根据百姓怎么听。'正是这个意思。"

(六)

万章问曰:"人有言:'至于禹而德衰,不传于贤而传于子。'有诸?"

孟子曰:"否,不然也。天与贤,则与贤;天与子,则与子。昔者,舜荐禹于天,十有七年,舜崩,三年之丧毕,禹避舜之子于阳城。天下之民从之,若尧崩之后不从尧之子而从舜也。禹荐益于天,七年,禹崩,三年之丧毕,益避禹之子于箕山之阴。朝觐、讼狱者不之益而之启,曰:'吾君之子也。'讴歌者不讴歌益而讴歌启,曰:'吾君之子也。'丹朱之不肖,舜之子亦不肖。舜之相尧,禹之相舜也,历年多,施泽于民久。启贤,能敬承继禹之道。益之相禹也,历年少,施泽于民未久。舜、禹、益相去久远,其子之贤不肖,皆天也,非人之所能为也。莫之为而为者,天也;莫之致而至者,命也。匹夫而有天下者,德必若舜、禹,而又有天子荐之者,故仲尼不有天下。继世以有天下,天之所废,必若桀、纣者也,故益、伊尹、周公不有天下。伊尹相汤以王于天下,汤崩,太丁未立,外丙二年,仲壬四年。太甲颠覆汤之典刑,伊尹放之于桐。三年,太甲悔过,自怨自艾,于桐处仁迁义。三年,以听伊尹之训己也,复归于亳。周公之不有天下,犹益之于夏、伊尹之于殷也。孔子曰:'唐、虞禅,夏后、殷、周继,其义一也。'"

〔注释〕**不传于贤而传于子**:传贤还是传子,被视为由部落社会进入国家阶段的标志之一。根据《韩非子·外储说右下》,说禹的儿子启势力养成,率党徒攻击益而夺取了天下,"是禹名传天下于益,而实令启自取之也"。《新序·节士篇》载伯成子高对禹说:"今君赏罚而民欲,且多私,是君之所怀者私也。百姓知之,贪争之端自此始矣。德自此衰,刑自此繁矣。"万章所谓"人有言",可能就是这些说法。

舜之子:据《史记·夏本纪》,舜的儿子名商均。

阳城:地名,在今河南省登封市境内。

箕山之阴:阴,山之北。箕山位于登封市东南。

启:又作"开"。禹的儿子。

太丁未立:赵岐:"汤之大子,未立而薨。"

外丙二年,仲任四年:赵岐:"外丙立二年,仲任立四年,皆大丁之弟也。"

太甲:赵岐:"大丁子也。"

桐:《史记·殷本纪》作"桐宫"。一说其地在今河南省偃师市,当时距亳都不远。

三年:头三年,太甲自新;后三年,太甲听训。

亳:音薄(bó),商代都城,据说太甲时在今河南省偃师市。

其义一也:句谓传贤还是传子,道理(根据)是一样的,无非是

"天与之,人与之"。

　　[译文]万章问道:"有一种说法:'到禹的时候道德就衰微了,天下不传给德才出众的人,只传给自己的儿子。'有这么回事儿?"

　　孟子说:"不,不是这样的。上天授予德才出众的人,就授予德才出众的人;上天授予他的儿子,就授予他的儿子。当年,舜推荐禹给上天,十七年后,舜去世,三年服丧结束,禹躲避舜的儿子到阳城去。可是,天下的百姓跟随禹,就像尧去世后他们不跟随尧的儿子却跟随舜一样。禹推荐益给上天,七年后,禹去世,三年服丧结束,益躲避禹的儿子到箕山的北边。朝见天子的人和打官司的人,都不到益那里,却到启那里去,说:'这可是我们君主的儿子呢。'唱赞歌的人,不歌颂益却歌颂启,说:'这可是我们君主的儿子呢。'尧的儿子丹朱远不如他父亲,舜的儿子也远不如他父亲。[而且,]舜辅佐尧,禹辅佐舜,经过的年岁多,为百姓做好事的时间长。启的德才出众,能够认真继承禹的传统。益辅佐禹,经过的年岁少,为百姓做好事的时间不长。舜、禹和益在[辅佐前任的]时间上差别很大,尧、舜和禹的儿子德才表现相反,都是上天决定的,不是人力所能做到的。没有人去做而做了,叫做天意;没有人招来而来了,叫做命运。一个普通人,要想拥有统治天下的权力,他的道德水平必须像舜、禹一样,而且有天子把他推荐给上天。所以,孔子[并不是两样条件都具备,]便不能拥有统治天下的权力。靠世袭拥有统治天下权力的,后来被上天废弃,一定是像桀、纣那样的。所以,益、伊尹、周公[并没有碰到这样的机会,]便不能拥有统治天下的权力。伊尹辅佐汤做了天下的共主,汤去世,太丁未能继位,外丙在位两年,仲任在位四年。太甲[继位后]破坏了汤的法度,被伊尹流放到桐地。有那么三年,太甲悔恨过错,自我检讨,自我惩戒,在桐地谨守仁德,顺从道义;又有那么三年,时时听从伊尹对自己的教诲,[于是]回到了亳都。周公不能拥有统治天下的权力,与益在夏朝、伊尹在商朝的情况差不多。孔子说过:'唐尧、虞舜以天下让贤,夏、商、周由儿子继位,其中的道理是一样的。'"

(七)

万章问曰:"人有言:'伊尹以割烹要汤。'有诸?"

孟子曰:"否,不然。伊尹耕于有莘之野,而乐尧舜之道焉。非其义也,非其道也,禄之以天下,弗顾也;系马千驷,弗视也。非其义也,非其道也,一介不以与人,一介不以取诸人。汤使人以币聘之,嚣嚣然曰:'我何以汤之聘币为哉?我岂若处畎亩之中,由是以乐尧舜之道哉?'汤三使往聘之。既而幡然改曰:'与我处畎亩之中,由是以乐尧舜之道,吾岂若使是君为尧舜之君哉?吾岂若使是民为尧舜之民哉?吾岂若于吾身亲见之哉?天之生此民也,使先知觉后知,使先觉觉后觉也。予,天民之先觉者也。予将以斯道觉斯民也。非予觉之而谁也?'思天下之民匹夫匹妇有不被尧舜之泽者,若己推而内之沟中,其自任以天下之重如此,故就汤而说之,以伐夏救民。吾未闻枉己而正人者也,况辱己以正天下者乎?圣人之行不同也,或远或近,或去或不去,归洁其身而已矣。吾闻其以尧舜之道要汤,未闻以割烹也。《伊训》曰:'天诛造攻自牧宫,朕载自亳。'"

〔注释〕伊尹以割烹要汤:割烹,指厨子切菜烹饪。要,读平声(yāo),干求,求取。伊尹做厨子以美味佳肴取悦于汤的事,载于《墨子·尚贤篇》《史记·殷本纪》等。

莘:音身(shēn),古国名,故址在今河南省开封市。

弗顾:不回头看,指看了不再看。《说文》:"顾,还视也。"下文"弗视",指不看。递进一层。

系马千驷:前言"天下",这里指千乘之家。系马,指一车所系联之马。驷,四匹马。古代四马驾一车称驷。《说文》:"驷,一乘也。"

币:指帛(丝织品)等礼物,引申指货币。

嚣嚣然:自得其乐的样子。赵岐:"自得之志,无欲之貌也。"

幡然:焦循:"幡然即翻然,翻然即反然。"

内:同"纳"。

《伊训》曰等句:《尚书》逸文,后采入《伪古文尚书》。造,开始。牧宫,夏桀所居之宫。朕载自亳,赵岐:"朕,我也,谓汤也。载,始也。亳,殷都也。汤曰,我始与伊尹谋之于亳,遂顺天而诛也。"

〔译文〕万章问道:"有一种说法:'伊尹通过[自己做厨子,]制作美味佳肴博得汤的赏识。'有这回事儿吗?"

孟子说:"不,不是这么回事儿。伊尹在莘国的田野耕田,乐于钻研尧舜之道。不合于尧舜之道的行为,不合于尧舜之道的主张,就是把天下的财富作为俸禄[让他去做],他都会弃之而去;至于千乘之家的财富,他看都不看。不合于尧舜之道的行为,不合于尧舜之道的主张,一点都不会加在别人头上,也一点都不会从别人那里取得。汤派人拿着礼物去聘请他,他不以为然地说:'我为什么要接受汤的聘礼呢?我难道不是生活在田野之中,就这样以钻研尧舜之道为乐事,是最好的选择吗?'汤又接二连三派人去聘请他。不久,他完全改变了态度,说:'和生活在田野之中,就这样以钻研尧舜之道为乐事相比,我难道不是使现在的君主做尧舜一样的君主,使现在的百姓如同生活在尧舜时代一样,使自己亲眼见到尧舜之道的实现,是更好的选择吗?上天生育这些百姓,就是要让先知先觉的人来使后知后觉的人有所觉悟。我呢,是天生在百姓之中先知先觉的人,我就得以这个尧舜之道使这些百姓有所觉悟。不是我去使他们觉悟,又有谁呢?'伊尹想着天下的老百姓,如果有哪一个没有享受到尧舜般的恩惠,就好像自己把他推落山沟里一样。他这样将天下的重任挑在自己肩上,所以到了汤那里,说服汤去讨伐夏桀,拯救百姓。我没有听说过自己邪门歪道却能匡正别人的,何况使自己遭受羞辱去匡正天下的呢?圣人的做法不尽一致,有的隐居,有的出仕,有的受聘,有的拒绝,但有一样是相同的,就是保持自身品行的高洁。我只听说伊尹以尧舜之道博得汤的赏识,没有听说过他做厨子的事儿。《伊训》[载商汤的话]说:'上天的诛讨,起因于夏桀的宫殿,我们在亳邑谋划而已。'"

(八)

万章问曰:"或谓孔子于卫主痈疽,于齐主侍人瘠环,有诸乎?"

孟子曰:"否,不然也。好事者为之也。于卫主颜雠由。弥子之妻与子路之妻,兄弟也。弥子谓子路曰:'孔子主我,卫卿可得也。'子路以告。孔子曰:'有命。'孔子进以礼,退以义,得之不得曰'有命'。而主痈疽与侍人瘠环,是无义无命也。孔子不悦于鲁、卫,遭宋桓司马将要而杀之,微服而过宋。是时孔子当厄,主司城贞子,为陈侯周臣。吾闻观近臣,以其所为主;观远臣,以其所主。若孔子主痈疽与侍人瘠环,何以为孔了?"

〔注释〕**主痈疽**:主,朱熹:"谓舍于其家,以之为主人也。"痈疽,音雍居(yōng jū),《史记·孔子世家》作"雍渠",为卫灵公宦者。

侍人瘠环:侍人,朱熹:"奄人也。"杨伯峻:"痈疽也是寺人(宦官),而不言者,大概因为其人较被人所知的缘故。古代以与宦官交往为丑事。"

颜雠由:《史记·孔子世家》说孔子到卫国时"主于子路妻兄颜浊邹家"。

弥子:卫灵公宠臣弥子瑕。《吕氏春秋·慎大览》《淮南子·泰族训》记孔子与弥子瑕交往事。

兄弟:包括兄弟、姐妹,犹子包括儿子、女儿。这里是姐妹的意思。

不悦于鲁、卫:前者当指"齐人归女乐,季桓子受之,三日不朝。孔子行"(《论语·微子篇》)之事;后者当指"卫灵公问陈于孔子,孔子对曰:'俎豆之事,则尝闻之矣;军旅之事,未之学也。'明日遂行"(《论语·卫灵公篇》)之事。

遭宋桓司马将要而杀之:《史记·宋微子世家》:"孔子过宋,宋司马桓魋恶之,欲杀孔子,孔子微服去。"宋桓司马,即桓魋(魋音颓tuí),宋国的权臣,宋景公时任司马。要,平声(yāo),拦截。《论语·述而篇》载有孔子的话:"天生德于予,桓魋其如予何?"

司城贞子:据《史记·孔子世家》,为陈国大夫。

陈侯周:陈国国君,名周。

近臣:朱熹:"在朝之臣。"

远臣:朱熹:"远方来仕者。"

[**译文**]万章问道:"有人说,孔子在卫国住在[卫灵公所宠幸的宦官]痈疽家里,在齐国也住在宦官瘠环家里,真有这回事儿吗?"

孟子说:"不,不是这么回事儿。这是好事之徒编造出来的。孔子在卫国住颜雠由家里。弥子的妻子和子路的妻子是姐妹。弥子对子路说:'孔子住我家里,卫国卿相的职位便可以得到。'子路把这话告诉了孔子。孔子说:'听天由命。'孔子进依据礼,退合乎义,做官成还是不成都说'听天由命'。如果住在痈疽和宦官瘠环家里,就既不讲礼义又不听天命了。孔子在鲁国和卫国不得志,又碰上宋国司马桓魋打算拦截并杀死他,只得变换服装悄悄经过宋国。这时候,孔子正处在艰难的境地,住在司城贞子家里,做了陈侯周的臣子。我听说过,观察在朝的臣子,看他所招待的客人;观察外来的臣子,看他所寄居的主人。如果孔子真的住在痈疽和宦官瘠环家里,那还是孔子吗?"

(九)

万章问曰:"或曰,百里奚自鬻于秦养牲者五羊之皮,食牛,以要秦穆公。信乎?"

孟子曰:"否,不然。好事者为之也。百里奚,虞人也。晋人以垂棘之璧与屈产之乘,假道于虞以伐虢。宫之奇谏,百里奚不谏。知虞公之不可谏而去,之秦,年已七十矣。曾不知以食牛干秦穆公之为污也,可谓智乎?不可谏而不谏,可谓不智乎? 知虞公之将亡而先去之,不可谓不智也。时举于秦,知穆公之可与有行也而相之,可谓不智乎? 相秦而显其君于天下,可传于后世,不贤而能之乎? 自鬻以成其君,乡党自好者不为,而谓贤者为之乎?"

〔注释〕百里奚:其人其事,古籍里说法不一。《史记·商君列传》载赵良对商鞅之言,说秦穆公知道百里奚后,"举之牛口之下,而加之百姓之上"。《淮阴侯列传》载韩信对广武君之言,说"百里奚居虞而虞亡,在秦而秦霸,非愚于虞而智于秦也,用与不用,听与不听也"。

鬻:音遇(yù),卖。

食牛:食读去声(sì)。喂牛。

晋人以垂棘之璧与屈产之乘,假道于虞以伐虢:据《左传》僖公五年,晋师借道虞国去灭了虢国,回师的时候又把虞国灭掉了。垂棘、屈,均为晋国地名,今不详所在。

有行:有为。

〔译文〕万章问道:"有人说,百里奚把自己以五张羊皮的价格卖给秦国一个饲养牲畜的人,替人家养牛,用这种方式来博得秦穆公的赏识。这话可信吗?"

孟子说:"不,不是这么回事儿。这是好事之徒编造出来的。百里奚是虞国人。晋国曾用垂棘的美玉和屈地出产的良马,向虞国借路去攻打虢国。虞国的大臣宫之奇谏阻此事,百里奚不去谏阻。他知道虞公不会听劝,于是离开虞国去了秦国,那时他已经七十岁了。他竟然不知道用替人养牛的方式博取秦穆公的赏识是一种龌龊行为,能说他聪明吗? 他知道虞公不会听劝便不去劝谏,能说他不聪

明吗？他预见到虞公将被灭亡便先行离开，不能说他不聪明。当时
他在秦国被推举出来的时候，就知道秦穆公是一位能够共襄大业的
君主，因而辅佐他，能说他不聪明吗？为秦国的卿相，使秦穆公在天
下赢得名望，而且影响到后几代人，不是贤人，能够做到这些吗？出
卖自己去成全他的君主，乡里头一个洁身自爱的人都不肯干，还说
一个贤人肯干么？"

卷十　万章章句下

（一）

孟子曰："伯夷，目不视恶色，耳不听恶声。非其君不事，非其民不使。治则进，乱则退。横政之所出，横民之所止，不忍居也。思与乡人处，如以朝衣朝冠坐于涂炭也。当纣之时，居北海之滨，以待天下之清也。故闻伯夷之风者，顽夫廉，懦夫有立志。

"伊尹曰：'何事非君？何使非民？'治亦进，乱亦进，曰：'天之生斯民也，使先知觉后知，使先觉觉后觉。予天民之先觉者也，予将以此道觉此民也。'思天下之民匹夫匹妇有不与被尧舜之泽者，若己推而内之沟中，其自任以天下之重也。

"柳下惠不羞污君，不辞小官。进不隐贤，必以其道。遗佚而不怨，厄穷而不悯。与乡人处，由由然不忍去也。'尔为尔，我为我，虽袒裼裸裎于我侧，尔焉能浼我哉？'故闻柳下惠之风者，鄙夫宽，薄夫敦。

"孔子之去齐，接淅而行；去鲁，曰：'迟迟吾行也。'去父母国之道也。可以速而速，可以久而久，可以处而处，可以仕而仕,孔子也。"

孟子曰:"伯夷,圣之清者也;伊尹,圣之任者也;柳下惠,圣之和者也;孔子,圣之时者也。孔子之谓集大成。集大成也者,金声而玉振之也。金声也者,始条理也;玉振之也者,终条理也。始条理者,智之事也;终条理者,圣之事也。智,譬则巧也;圣,譬则力也。由射于百步之外也,其至,尔力也;其中,非尔力也。"

〔注释〕横:朱熹:"谓不循法度。"

顽夫廉:顽,注家多训"贪",不确,这里未涉贪义,当即冥顽不化,指在乱世随波逐流的行为。廉,训"廉洁"亦不确,朱熹注谓"有分辨",当从廉有"棱"义引出。则廉与顽对,如同下一句立与懦对。

懦夫有立志:懦夫,指在乱世逆来顺受的人。立志,有了自己的意志的意思,即开始不再屈从别人的意志。

思与乡人处:这句话根据《公孙丑章句上》第九章孟子关于伯夷的话有所补充译出。

接淅:《说文》引作"滰淅",段玉裁谓"接"当是"滰"之误。滰,音匠(jiàng),漉干。淅,淘米。

速而速:而,用法同"则"。《公孙丑章句上》第二章有此四句,"而"皆作"则"。又"处"作"止",义则有所不同,前者指居家不仕,后者指仕而辞官。

圣之时者:时,因时制宜。指孔子不拘泥于圣之一偏,当清则清,当任则任,当和则和。合清、任、和,即"集大成"。至于一偏仍谓圣,朱熹有说:"圣只是做到极至处,自然安行,不待勉强,故谓之圣。"(《朱子语类》卷第五十八)

　　"集大成也者"至"非尔力也"：整个这段话都是解释"圣之时者"。金声，乐钟发出的声音。玉振，玉磬的声音收尾。焦循："近时通解谓：金，镈钟也。声以宣之于先。玉，特磬也。振以收之于后。条理是节奏次弟。金以始此条理，玉以终此条理，所谓集大成也。"参考湖北随州发掘出土的属于战国初年的曾侯乙编钟情况，金不限于指镈钟，而是指一组编钟，由数件至数十件之多；玉，石磬，也不限于特磬，而是指一组编磬，也有数件至数十件之多。金玉（石）配置，是当时乐队的主体，编钟又是其中的核心（参邹衡、谭维四《曾侯乙编钟·钟乐篇》）。所以，集大成不光指一场演奏有始有终，更是指一支大乐队合奏的恢弘气势。"始条理者，智之事"及"智，譬则巧也"，指以钟定音及主导节奏，好比射箭时摆正姿势全神贯注地瞄准，形容孔子"时中"。"终条理者，圣之事"及"圣，譬则力也"，正是朱熹所云"做到极至"之义，也好比射箭射得到百步之外。做得到圣（一偏），只要舍得去做（"尔力"）；时时做得到圣，就不能光凭舍得做，还得靠智（"非尔力"）。从本章来看，"是非之心，智也"，其内涵之一，就是识"时"。又，楚简《五行》有"唯有德者然后能金声而玉振之"，以及"君子集大成"的观点，但既没有明确用来形容孔子，也没有用前者来说明后者。孟子为我所用，将两者结合起来，用以说明"孔子之谓集大成"，形容其为"圣之时者"。

　　〔译文〕孟子说："伯夷这个人，眼睛不看不好的颜色，耳朵不听不好的声音。不是自己的国君不服事，不是自己的百姓不使唤。社会有序就出来做事，社会混乱就退居乡野。为所欲为的政治发生的国度，为所欲为的民众居住的地方，他无法呆在那里。他认为就是与［穿戴不正的］乡亲在一起，也如同穿戴着上朝的礼服礼帽陷进泥坑里或掉到火坑里一样［无法忍受］。当商纣王的时候，他跑到北海海边居住,等待天下的清平。所以听说过伯夷作风的人,随波逐流的便有所不从,逆来顺受的也有了自己的意志。

"伊尹说:'没有什么样的君主不可以服事,没有什么样的百姓不可以使唤。'社会有序就出去做官,社会混乱也照样做官。他说:'上天生养这些百姓,就是要让先知先觉的人使后知后觉的人有所觉悟。我呢,是天生在百姓之中先知先觉的人,我就得以这个尧舜之道使这些百姓有所觉悟。'他想着天下的老百姓,如果有哪一个没有享受到尧舜般的恩惠,就好像自己把他推落山沟里一样。他这样将天下的重任挑在自己肩上。

"柳下惠不以服事不良国君为可耻,不以官小而辞去;做官就尽量发挥自己的才能,一定坚持自己的追求。不被任用,也不抱怨;生活困难,也不发愁。与乡亲相处,高高兴兴不愿离开。[他说:]'你做你的,我做我的,你就是在我身边赤身露体,又哪里能影响得了我呢?'所以听说过柳下惠作风的人,心胸狭小的宽大起来,刻薄寡恩的厚道起来。

"孔子离开齐国,不等把米淘完,漉干就走;离开鲁国,却说:'我们慢慢走吧。'这是离开父母国度的态度。应该快走就快走,应该多干就多干,应该居家就居家,应该出仕就出仕,这就是孔子。"

孟子说:"伯夷,圣人之中清高的人;伊尹,圣人之中有担当的人;柳下惠,圣人之中随和的人;孔子,圣人之中因时制宜的人。孔子可以说是集大成的人。集大成的意思,好比奏乐先敲镈钟起音,最后击玉磬收尾[的整个过程]。先敲镈钟,是音乐节奏的开始;最后击玉磬,是音乐节奏的结束。节奏的开始,是智的体现;节奏的终结,是圣的体现。智好比技巧,圣好比力量。就像在百步以外射箭,射得到有赖于你的力量,射得中就不是光靠你的力量了。"

（二）

北宫锜问曰:"周室班爵禄也,如之何?"

孟子曰:"其详不可得闻也。诸侯恶其害己也,而皆去其籍。然而轲也尝闻其略也:天子一位,公一位,侯一位,伯一位,子、男同一位,凡五等也。君一位,卿一位,大夫一位,上士一位,中士一位,下士一位,凡六等。天子之制地方千里,公、侯皆方百里,伯七十里,子、男五十里,凡四等。不能五十里,不达于天子,附于诸侯,曰附庸。天子之卿受地视侯,大夫受地视伯,元士受地视子、男。大国地方百里,君十卿禄,卿禄四大夫,大夫倍上士,上士倍中士,中士倍下士,下士与庶人在官者同禄,禄足以代其耕也。次国地方七十里,君十卿禄,卿禄三大夫,大夫倍上士,上士倍中士,中士倍下士,下士与庶人在官者同禄,禄足以代其耕也。小国地方五十里,君十卿禄,卿禄二大夫,大夫倍上士,上士倍中士,中士倍下士,下士与庶人在官者同禄,禄足以代其耕也。耕者之所获,一夫百亩;百亩之粪,上农夫食九人,上次食八人,中食七人,中次食六人,下食五人。庶人在官者,其禄以是为差。"

〔注释〕北宫锜:赵岐:"卫人。"

班:规定等级。

不能:达不到。

附庸:受封地小于方五十里的小国之君。本义指小城,《礼记·

王制》:"附于诸侯曰附庸。"郑玄注:"小城曰附庸。附庸者,以国事
附于大国,未能以其名通也。"庸,同"墉",城也。

视:比照。

禄足以代其耕:张岱引章大力云:"下士代耕之义明,然后卿大
夫之义皆明,虽天子、诸侯亦代耕而已。苟为无功于民,则是不耕而
食,于义无处也。故天子、庶人无以相过,而享大奉者有大责也。"
(《四书遇》第494页)

粪:施肥。

〔译文〕北宫锜问道:"周朝制定了爵位和俸禄的等级制度,是
怎样的呢?"

孟子说:"它的详细情况已经无从知道了,因为诸侯厌恶那一套
制度对自己不利,把有关的文献都毁掉了。不过,我也曾经大略听
到些。天子为一级,公一级,侯一级,伯一级,子和男共为一级,一共
五个等级。君主为一级,卿一级,大夫一级,上士一级,中士一级,下
士一级,一共六个等级。天子直接管理的土地纵横各一千里,公和
侯各一百里,伯七十里,子和男各五十里,一共四个等级。土地不够
五十里的国家,不能直接与天子联系,而附属于诸侯,叫做附庸。天
子的卿所受的封地同于侯,大夫所受的封地同于伯,元士所受的封
地同于子、男。大国的封地纵横各一百里,国君的俸禄是卿的十倍,
卿是大夫的四倍,大夫是上士的一倍,上士是中士的一倍,中士是下
士的一倍,下士的俸禄则和在公家当差的平民相同,所得俸禄足以
抵偿他们种地的收获了。次一等的国家封地纵横各七十里,国君的
俸禄是卿的十倍,卿是大夫的三倍,大夫是上士的一倍,上士是中士
的一倍,中士是下士的一倍,下士的俸禄则和在公家当差的平民相
同,所得俸禄也足以抵偿他们种地的收获了。小国封地纵横各五十

里,国君是卿的十倍,卿是大夫的两倍,大夫是上士的一倍,上士是中士的一倍,中士是下士的一倍,下士的俸禄和在公家当差的平民相同,所得俸禄也足以抵偿他们种地的收获了。种地的收获,来自于一户耕种一百亩田;这一百亩田施肥管理的结果,上等的农户可以养活九口人,次一点的可以养活八口人,中等的农户可以养活七口人,次一点的可以养活六口人,下等的农户可以养活五口人。平民在公家当差的,他们的俸禄比照这个分等级。"

(三)

万章问曰:"敢问友。"

孟子曰:"不挟长,不挟贵,不挟兄弟而友。友也者,友其德也,不可以有挟也。孟献子,百乘之家也,有友五人焉:乐正裘,牧仲,其三人则予忘之矣。献子之与此五人者友也,无献子之家者也。此五人者,亦有献子之家,则不与之友矣。非惟百乘之家为然也,虽小国之君亦有之。费惠公曰:'吾于子思,则师之矣;吾于颜般,则友之矣;王顺、长息,则事我者也。'非惟小国之君为然也,虽大国之君亦有之。晋平公之于亥唐也,入云则入,坐云则坐,食云则食;虽疏食菜羹,未尝不饱,盖不敢不饱也。

"然终于此而已矣。弗与共天位也,弗与治天职也,弗与食天禄也,士之尊贤者也,非王公之尊贤。舜尚见帝,帝馆甥于贰室,亦飨舜,迭为宾主,是天子而友匹夫也。用下敬上,谓之贵贵;用上敬下,谓之尊贤。贵贵,尊贤,其义一也。”

〔**注释**〕不挟兄弟而友：赵岐："兄弟，兄弟有富贵者。"焦循："赵氏以挟贵为挟在己身之富贵，挟兄弟为挟兄弟之富贵，兄弟即包上'贵'字而言。"赵注焦说是。本章孟子所阐述者，仍是关于天下"达尊"爵、齿、德三者的关系。他的观点是："朝廷莫如爵，乡党莫如齿，辅世长民莫如德。"（《公孙丑章句下》第二章）这里的"长"即"齿"，后两者相当于"爵"。本章只涉及"爵"的问题。

孟献子：春秋时期鲁国执政大夫公孙蔑，属于著名的"三桓子孙"中孟孙氏的第四代，为孟子的先祖。

费惠公：朱熹："费邑之君也。"费，音币（bì）。《论语·季氏篇》有费邑，春秋时为鲁国执政季氏的采邑，故址在今山东省费县西北。

晋平公：春秋时晋国国君。

亥唐：赵岐："晋贤人也，隐居陋巷者。"

入云："云入"的倒文。后文"坐云""食云"同。

蔬食：蔬，同"疏"，粗。粗粮。

天位：指官职。古人认为上天设位以授职。后文"天职""天禄"义同。

尚：同"上"。其时舜为匹夫，以匹夫见天子，故曰"上"。有以之为"上"之义，即"贵贵"的意思。

甥：女婿。赵岐："尧以女妻舜，故谓舜甥。"

贰室：赵岐："副宫也。"

其义一也：朱熹："贵贵，尊贤，皆事之宜者。然当时但知贵贵，而不知尊贤，故孟子曰'其义一也'。"按：孟子之义，下敬上，上敬下，形式不同，性质一样，就是以德为贵为尊。形式上的平等相待，固然重要，但那是士与士之间的相处之道；王公与士之间，除了平等相待，还应该发挥有德者（即士之贤者）"辅世长民"的作用，如尧对待舜那样："尧之于舜也，使其子九男事之，二女女焉，百官、牛羊仓廪备，以养舜于畎亩之中，后举而加诸上位，故曰，王公之尊贤者也。"（本篇第六章）重点在"举而加诸上位"。

〔译文〕万章问道："请问交友的道理。"

孟子说："不依仗自己年纪大，不依仗自己地位高，也不依仗兄弟富贵去交友。与人交友，交的是对方的德，不应该心存有所依仗的念头。孟献子，一位拥有一百辆兵车的贵族，他有友五人：乐正裘、牧仲，其他三个人的名字我忘记了。献子与这五个人交友，忘记了自己是个贵族。这五个人呢，如果觉得对方是个贵族，就不与他交友了。不仅拥有一百辆兵车的大夫是这样，就是小国的国君也这么做。费惠公说：'我对子思，就以他为老师；对颜般，就与他为友；至于王顺和长息，那不过是服务我的人罢了。'不仅小国的国君是这样，就是大国的国君也这么做。晋平公与亥唐相交，亥唐叫他进去他就进去，叫他坐下他就坐下，叫他吃饭他就吃饭。虽然是糙米饭蔬菜汤，不曾不吃饱，因为不敢不吃饱。

"然而他们只是做到这一步罢了。不和对方一起拥有官位，不和对方一起治理政事，不和对方一起享受俸禄，这是士人尊敬贤者的态度，不是王公尊敬贤者的方式。舜谒见尧，尧招待他这位女婿住在另一处宫殿，也去〔那里〕接受舜的宴请，互为客人和主人，这是天子与普通人交友〔的范例〕。地位低的人尊敬地位高的人，叫做以贵人为贵；地位高的人尊敬地位低的人，叫做以贤人为尊。以贵人为贵和以贤人为尊，它们的性质是一样的〔，都是以德为贵为尊〕。"

（四）

万章问曰："敢问交际何心也？"

孟子曰："恭也。"

曰："'却之却之为不恭'，何哉？"

曰："尊者赐之，曰：'其所取之者义乎？不义乎？'而后受之。以是为不恭，故弗却也。"

曰："请无以辞却之，以心却之。曰：'其取诸民之不义也。'而以他辞无受，不可乎？"

曰："其交也以道，其接也以礼，斯孔子受之矣。"

万章曰："今有御人于国门之外者，其交也以道，其馈也以礼，斯可受御与？"

曰："不可。《康诰》曰：'杀越人于货，闵不畏死，凡民罔不譈。'是不待教而诛者也。殷受夏，周受殷，所不辞也，于今为烈。如之何其受之？"

曰："今之诸侯取之于民也，犹御也。苟善其礼际矣，斯君子受之。敢问何说也？"

曰："子以为有王者作，将比今之诸侯而诛之乎？其教之不改而后诛之乎？夫谓非其有而取之者盗也，充类至义之尽也。孔子之仕于鲁也，鲁人猎较，孔子亦猎较。猎较犹可，而况受其赐乎？"

曰："然则孔子之仕也，非事道与？"

曰："事道也。"

"事道奚猎较也?"

曰:"孔子先簿正祭器,不以四方之食供簿正。"

曰:"奚不去也?"

曰:"为之兆也。兆足以行矣,而不行,而后去,是以未尝有所终三年淹也。孔子有见行可之仕,有际可之仕,有公养之仕。于季桓子,见行可之仕也;于卫灵公,际可之仕也;于卫孝公,公养之仕也。"

〔注释〕交际:朱熹:"谓人以礼仪币帛相交接也。"

御:朱熹:"止也。止人而杀之,且夺其货也。"

《康诰》曰等句:今本《尚书·康诰》作"杀越人于货,暋不畏死,罔弗憝"。伪《孔传》:"杀人颠越人,于是以取货利。暋,强也。自强为恶而不畏死,人无不恶之者。"闵,同"暋",强横。憝,音对(duì),同"憝",嫌恶。

夫谓非其有两句:夫,音扶(fú)。充,满。至,到。尽,极。充类,将"非其有而取之者"的认定范围尽可能扩大。义之尽,"义"的标准的极致。"非其有而取之者盗也"相对于"非其有而取之者不义也"(《尽心章句上》第三十三章),便是"充类至义之尽"的结果。孟子不同意万章简单将诸侯等同于盗。

鲁人猎较:鲁人,指鲁国贵族或高级官员。猎较,赵岐:"猎较者,田猎相较夺禽兽,得之以祭,时俗所尚,以为吉祥。"按:从两人的对话中看出,万章认为猎较与行道是相冲突的。孔子不否认,但认为是权宜之计。孟子赞成孔子的做法,认为尊者有礼之赐是可以接受的,是服务于行道的权宜之计。

先簿正祭器:先,"孔子亦猎较"之前。簿正祭器,用簿书规范祭祀用礼器的种类和数量。

不以四方之食供簿正：四方，指国都之外、国境之内的范围。食，祭品。此句主语缺，非孔子，当为前文"鲁人"中人。于鬯认为此乃倒装句，即"四方之食不以供簿正"。意指道不行，故后接"奚不去也"。其说可参，详《香草校书》卷五十四。

兆：朱熹："犹卜之兆，盖事之端也。"

孔子有见行可之仕三句：张栻："行可之仕，谓其兆可以行者也；际可之仕，谓遇圣人以礼者也；公养之仕，谓养圣人以道者也。遇以礼而养以道者，圣人亦岂得而绝之乎？"（《南轩先生孟子说》卷第五）

卫孝公：《左传》《史记》均无卫孝公其人，当即出公辄，一人而二谥。

〔**译文**〕万章问道："请问，与人打交道该如何用心？"

孟子说："恭敬。"

万章说："〔俗话说：〕'一再推却人家的礼物，属于不恭敬的行为。'为什么呢？"

孟子说："地位尊贵的人赐给自己礼物，自己先琢磨：'他这礼物的来路，是正当的呢？还是不正当的呢？'然后接受了。因为这样想就是不恭敬的，所以不再拒绝。"

万章说："恐怕〔还是得拒绝这礼物，〕不是以言辞拒绝，而是心里不接受。心里说：'这是他从老百姓那里得来的不义之财。'但用婉转的话来拒绝，难道不可以吗？"

孟子说："他的交往合乎规矩，他的接待也合乎礼节，这样，孔子都会接受礼物的。"

万章说："假如现在有一个在国都郊野拦路抢劫的人，他按规矩和我交往,依礼节送我东西,这样就可以接受这种来路不正的东西吗?"

孟子说:"不可以。《康诰》说:'杀死别人,抢了他们的财物,横竖不怕死,老百姓对这种人没有不痛恨的。'可见这种人是不必先教育就可以杀掉的。这种做法,商朝继承夏朝,周朝又继承商朝,没有更改,今天更是厉行的时候。怎么可以接受抢来的东西呢?"

万章说:"如今的诸侯,从老百姓那里获取财物,也和拦路抢劫差不多。假如他把交往的礼节搞得好好的,君子就接受了他的礼物,请问这是什么道理呢?"

孟子说:"你以为若有王者出现,会将现今这些诸侯一律诛杀呢?还是先教育不改悔再诛杀呢?至于说'不是自己所有而去取来归自己的行为就是抢劫',是一种归类范围过大以致衡量标准太高的说法。孔子在鲁国做官的时候,鲁国人在狩猎时争夺猎物,孔子也参与争夺。争夺猎物都可以,何况接受赐予呢?"

万章说:"那么孔子做官,不是为着行道吗?"

孟子说:"是为着行道。"

万章说:"既然为着行道,为什么又争夺猎物呢?"

孟子说:"孔子先以簿书规范祭祀用品,[但是]四方的祭品却没有按规定提供[,所以暂时还需要通过争夺猎物来提供祭品]。"

万章说:"为何不辞官离开呢?"

孟子说:"为了行道,总得做点儿事情。有个好开端,但还是行不通,然后才离开,所以孔子从来不曾在一个国家停留三年之久。孔子做官,或是因为看到他的主张可能会被实行,或是因为受到礼遇,或是因为有国君奉养贤人的制度。对于鲁国的季桓子,是因为看见自己的主张在那里可能会被实行而去做官;对于卫灵公,是因为受到他的礼遇而去做官；对于卫孝公，是因为那时卫国有国君奉养贤人的制度而去做官。"

（五）

孟子曰："仕非为贫也，而有时乎为贫；娶妻非为养也，而有时乎为养。为贫者，辞尊居卑，辞富居贫。辞尊居卑，辞富居贫，恶乎宜乎？抱关击柝。孔子尝为委吏矣，曰：'会计当而已矣。'尝为乘田矣，曰：'牛羊茁壮长而已矣。'位卑而言高，罪也；立乎人之本朝而道不行，耻也。"

〔注释〕抱关击柝：抱，守。关，门闩。柝，音拓(tuò)，巡夜所敲的木梆。《荀子·荣辱篇》杨倞注："抱关，门卒也。击柝，击木所以警夜者。"

〔译文〕孟子说："做官不是因为贫穷，但有时也因为贫穷；娶妻不是为了孝养父母，但有时也为了孝养父母。因为贫穷而做官的，便该不居高位居卑位，不受厚禄受薄俸。不居高位居卑位，不受厚禄受薄俸，处在什么职位才合适呢？看守城门的、巡夜打更的就行。孔子曾经做过管理仓库的小吏，他说：'出入的数字搞对就行了。'也曾经做过管理牲畜的小吏，他说：'牛羊肥壮地长大就行了。'职位卑微却议论国家大事，是有罪的；在人家的朝廷上占有一席之地而道义不能实现，也是可耻的。"

（六）

万章曰："士之不托诸侯，何也？"

孟子曰："不敢也。诸侯失国，而后托于诸侯，礼也。

士之托于诸侯,非礼也。"

万章曰:"君馈之粟,则受之乎?"

曰:"受之。"

"受之何义也?"

曰:"君之于氓也,固周之。"

曰:"周之则受,赐之则不受,何也?"

曰:"不敢也。"

曰:"敢问其不敢何也?"

曰:"抱关击柝者,皆有常职以食于上。无常职而赐于上者,以为不恭也。"

曰:"君馈之,则受之,不识可常继乎?"

曰:"缪公之于子思也,亟问,亟馈鼎肉。子思不悦。于卒也,摽使者出诸大门之外,北面稽首再拜而不受,曰:'今而后知君之犬马畜伋。'盖自是台无馈也。悦贤不能举,又不能养也,可谓悦贤乎?"

曰:"敢问国君欲养君子,如何斯可谓养矣?"

曰:"以君命将之,再拜稽首而受。其后廪人继粟,庖人继肉,不以君命将之。子思以为鼎肉使己仆仆尔亟拜也,非养君子之道也。尧之于舜也,使其子九男事之,二女女焉,百官、牛羊、仓廪备,以养舜于畎亩之中,后举而加诸上位,故曰,王公之尊贤者也。"

〔注释〕托:朱熹:"寄也。谓不仕而食其禄也。"

氓:赵岐:"氓是自他国至此国之民,与寄之义合。"

周：周济，接济。

鼎肉：朱熹："熟肉也。"

摽：音标(biāo)，挥去。

稽首再拜：拜头至地谓之稽首。既跪而拱手，而头俯至于手，与心平，谓之拜。再拜，拜两次。"再拜稽首"是吉拜，表示接受礼物；"稽首再拜"是凶拜，表示拒绝礼物。

台：赵岐："贱官，主使令者。"

将：赠送。

仆仆尔：赵岐："烦猥貌。"

加：加官。

〔**译文**〕万章问："士人不能靠在别国诸侯身上白吃白喝，是什么道理呢？"

孟子说："不敢这样做。诸侯丧失了自己的国家，然后依托别国诸侯过日子，是合于礼的。士人依托别国诸侯过日子，是不合于礼的。"

万章问："国君如果馈送他谷米，可以接受吗？"

答道："可以接受。"

又问："接受是什么道理？"

答道："国君对于外国来的人，本来要周济的。"

又问："周济他接受，赐予他不接受，又是什么道理？"

答道："不敢接受。"

又问："请问，不敢接受是什么道理？"

答道："看守城门的、巡夜打更的，都有一定的职务，因而接受上面的给养；没有一定的职务而接受上面赐予的，被认为不恭敬。"

又问："国君的馈送，他接受，不知道可以经常这样做吗？"

答道:"鲁缪公对于子思,屡次问候,屡次馈送煮好的肉。子思不高兴。最后一次,子思把来人赶出大门,自己朝北面叩头作揖表示拒绝,并说:'今天才知道国君把我当成狗马一样地畜养。'也就打从这时起,不让仆从给子思送礼了。喜欢贤人,不能举用,又不能安排好生活,可以说是喜欢贤人吗?"

又问:"请问,国君打算安排好君子的生活,要怎样做才算安排好了呢?"

答道:"开头以国君的名义送给他,他便作揖叩头接受下来。在这之后,管理仓库的人经常送来谷米,负责厨房的人经常送来肉食,都不再说是国君送的[,这样就不用每次作揖叩头了]。子思认为[以国君的名义送来]煮熟的肉,使得自己一次次作揖叩头拜谢,不是安排君子生活的方式。尧对于舜,派自己的九个儿子服事他,两个女儿嫁给他,各种官属以及牛羊、仓库都齐备,使舜的田野生活得到妥善安排,然后提拔他到很高的职位上,所以说,这是王公尊重贤人的范例。"

(七)

万章曰:"敢问不见诸侯,何义也?"

孟子曰:"在国曰市井之臣,在野曰草莽之臣,皆谓庶人。庶人不传质为臣,不敢见于诸侯,礼也。"

万章曰:"庶人,召之役,则往役;君欲见之,召之,则不往见之,何也?"

曰:"往役,义也;往见,不义也。且君之欲见之也,何为也哉?"

曰："为其多闻也，为其贤也。"

曰："为其多闻也，则天子不召师，而况诸侯乎？为其贤也，则吾未闻欲见贤而召之也。缪公亟见于子思，曰：'古千乘之国以友士，何如？'子思不悦，曰：'古之人有言曰，事之云乎，岂曰友之云乎？'子思之不悦也，岂不曰：'以位，则子，君也；我，臣也，何敢与君友也？以德，则子事我者也，奚可以与我友？'千乘之君求与之友而不可得也，而况可召与？齐景公田，招虞人以旌，不至，将杀之。志士不忘在沟壑，勇士不忘丧其元。孔子奚取焉？取非其招不往也。"

曰："敢问招虞人何以？"

曰："以皮冠。庶人以旃，士以旂，大夫以旌。以大夫之招招虞人，虞人死不敢往；以士之招招庶人，庶人岂敢往哉？况乎以不贤人之招招贤人乎？欲见贤人而不以其道，犹欲其入而闭之门也。夫义，路也；礼，门也。惟君子能由是路，出入是门也。《诗》云：'周道如底，其直如矢；君子所履，小人所视。'"

万章曰："孔子，君命召，不俟驾而行。然则孔子非与？"

曰："孔子当仕有官职，而以其官召之也。"

〔注释〕传质：拿礼物求见，请负责传令的人转达。

旃：音毡（zhān），《说文》："旗曲柄也，所以表士众。"

旂：音齐（qí），《说文》："旗有众铃以令众也。"

《诗》云等句:见《诗经·小雅·大东》。周道,大道。底,当作"厎",后作"砥",磨刀石。

君命召,不俟驾而行:见《论语·乡党篇》。驾,套好马的车。

[译文] 万章问:"请问,士人不去谒见诸侯,是什么道理呢?"

孟子说:"[不曾有过职位的人,]如果居住在国都,就叫做市井之臣;如果居住在乡野,就叫做草莽之臣。他们都叫平头百姓。平头百姓没有送上见面礼列于名下,不敢去谒见诸侯,这是合于礼的。"

万章问:"平头百姓,召唤他去服役,便去服役;国君要同他会面,召唤他,他却不去谒见,为什么呢?"

孟子说:"去服役,是应该的;去谒见,是不应该的。而且国君要同他会面,为的是什么呢?"

万章说:"为的是他见多识广,为的是他品德高尚。"

孟子说:"如果为的是他见多识广,[便当以他为师,]但天子都不能召唤老师,何况诸侯呢? 如果为的是他品德高尚,那我也不曾听说想同贤人相见便召唤他的。鲁缪公屡次去同子思会面,说道:'古代拥有千辆兵车的国君同士人交友,是什么情形?'子思不高兴了,说道:'古代的人有说法,是说国君以士人为师,哪里是说同士人交友呢?'子思的不高兴,难道不是说这个意思:'论地位,那你是君主,我是臣下,哪里敢同你交友呢? 论品德,那你是向我学习的人,怎么可以同我交友呢?'拥有一千辆兵车的国君要求同他交友都做不到,何况召唤他呢? 齐景公田猎,用旌旗召唤猎场管理员,管理员不应召,便准备杀了他。[这管理员做得好!]坚守节操的人不怕死无葬身之地,见义勇为的人不怕丢掉脑袋。孔子[曾经称赞这个人,他]赞许这人哪一点呢? 就是赞许他对于不合礼节的召唤不接受。"

万章问:"请问,召唤猎场管理员该用什么呢?"

孟子说:"用皮帽子。召唤平民用旗,召唤士人用旂,召唤大夫用旌。用召唤大夫的旌去召唤猎场管理员,猎场管理员死也不敢去;用召唤士人的旂去召唤平民,平民难道敢去吗? 何况用召唤不贤的人的方式去召唤贤人呢? 想同贤人会面却不用恰当的方式,就好像要请他进屋却对他关着门。义好比是大路,礼好比是大门。只有君子能够从这条大路行走,由这扇大门进出。《诗经》说:'大道像磨刀石一样平,像箭射出一样直。君子在它上面走,小人瞪着眼睛看。'"

万章说:"孔子,国君有令召见,不等车套好就先步行前往。这样做,孔子错了吗?"

孟子说:"孔子应当是有官职在身,国君用他担任的官职去召唤他。"

(八)

孟子谓万章曰:"一乡之善士斯友一乡之善士,一国之善士斯友一国之善士,天下之善士斯友天下之善士。以友天下之善士为未足,又尚论古之人。颂其诗,读其书,不知其人,可乎? 是以论其世也。是尚友也。"

〔注释〕尚:同"上"。

颂:同"诵"。

〔译文〕孟子对万章说:"一乡的优秀人物就和一乡的优秀人物交友,一国的优秀人物就和一国的优秀人物交友,天下的优秀人物就和天下的优秀人物交友。如果与天下的优秀人物交友还不够的话，就要追论古代的人物了。吟咏他们的诗歌，阅读他们的著作，不了解他们的为人，行吗？这就要研究他们的时代。这就是追溯历史而与古人交友。"

<h2 style="text-align:center">（九）</h2>

齐宣王问卿。孟子曰："王何卿之问也？"

王曰："卿不同乎？"

曰："不同。有贵戚之卿，有异姓之卿。"

王曰："请问贵戚之卿。"

曰："君有大过则谏，反覆之而不听，则易位。"

王勃然变乎色。

曰："王勿异也。王问臣，臣不敢不以正对。"

王色定，然后请问异姓之卿。

曰："君有过则谏，反覆之而不听，则去。"

〔注释〕大过：朱熹："谓足以亡其国者。"

易位：朱熹："易君之位，更立亲戚之贤者。"

以正对：正，正直。这里指如实回答。

〔译文〕齐宣王问关于公卿的事情。孟子说："王所问的是哪一类公卿？"

齐宣王说："公卿难道不一样吗？"

答道："不一样。有和王室同宗族的公卿，有非王族的公卿。"

齐宣王问："请问和王室同宗族的公卿。"

答道："国君若有重大错误，他就要劝谏；如果反复劝谏还不听从，就要国君走人让别人干了。"

齐宣王脸色马上变了。

孟子说："王不要奇怪。王问我,我不敢不把我所知道的如实报告。"

齐宣王的脸色正常了,又请教有关非王族的公卿。

孟子说："国君若有错误,他就要劝谏;如果反复劝谏还不听从,自己就离开。"

卷十一　告子章句上

（一）

告子曰："性犹杞柳也，义犹桮棬也。以人性为仁义，犹以杞柳为桮棬。"

孟子曰："子能顺杞柳之性而以为桮棬乎？将戕贼杞柳而后以为桮棬也。如将戕贼杞柳而以为桮棬，则亦将戕贼人以为仁义与？率天下之人而祸仁义者，必子之言夫！"

〔注释〕**性犹杞柳**：性，人的本性。本篇第三章告子曰"生之谓性"，指天生的资质。第四章告子曰"食、色，性也"，包括生来具有的欲望，即本能。杞柳，一说即榉树。告子认为"性无善无不善"（本篇第六章），是如同杞柳那样的自然材质。

桮棬：音杯圈（bēi quān），杯盘之类的木制用具。

以人性为仁义，犹以杞柳为桮棬：两"为"字相对，都是动词，变成的意思。告子认为人的本性无善无不善，仁义是后天环境影响的产物，就像杞柳从自然材质经过加工变成了杯盘。告子的观点与英国哲学家洛克的白板说接近，而孟子的观点与法国哲学家笛卡尔的天赋观念论为一类。

〔译文〕告子说："人性就像杞柳，仁义就像杯盘。把人性变成仁义(用今语准确地说应该是:把人由无善无不善变成有仁有义),好比把杞柳制成杯盘。"

孟子说:"您能顺着杞柳的本性制成杯盘[,而不损害杞柳]吗?[按您的说法,肯定]要损害杞柳,然后才能做成杯盘。如果要损害杞柳才能做成杯盘,那也要损害人身才能变成仁义么?引导天下的人祸害仁义的,一定是您的这种观点!"

(二)

告子曰:"性犹湍水也,决诸东方则东流,决诸西方则西流。人性之无分于善不善也,犹水之无分于东西也。"

孟子曰:"水信无分于东西,无分于上下乎?人性之善也,犹水之就下也。人无有不善,水无有不下。今夫水,搏而跃之,可使过颡;激而行之,可使在山。是岂水之性哉?其势则然也。人之可使为不善,其性亦犹是也。"

〔注释〕湍水:快速回旋的水。指快速流动的水受阻而呈现旋转的样子。赵岐:"湍者,圜也。谓湍湍滢水也。"焦循:"惟水流回漩,故无分东西,此以无上下者而言,赵氏体告子之意以为训,精矣。"

信:《说文》:"诚也。"

颡:音嗓(sǎng),额头。

激:激,因阻遏而高涨。《说文》:"水碍衺疾波也。"意思是水受阻碍而斜行,激荡起波涛。孟子之义有所不同,似水受阻碍(如水坝)而倒流,可以漫溢上山。比喻人性如湍水,寻找前行的出路而有各种可能。

人之可使为不善,其性亦犹是也:孟子之意,人若扩充人性,不会为不善;之所以为不善,是因为受到外部力量的作用改变了方向,就像水迫于外部力量不再向下(低处)流一样。

〔译文〕告子说:"本性这东西,好比快速回旋的水,从东边决口就向东流,从西边决口就向西流。人性[天生]不分善和不善,好比水并不[天然]分为东流和西流。"

孟子说:"水诚然并不[天然]分为东流和西流,但也没有[天然]分别向上流和向下流吗? [水往低处流。]人性本善,好比水向下流。人没有不是[本性]善良的,水没有不是天然向下流的。今天我们看到水,因为拍打使它跳起来,可以高过额头;堵塞河道使水倒流,可以引上山坡。这难道是水的本性吗? 是某种外在的力量使它这样的。人可以使他做坏事,本性的改变也像这样。"

(三)

告子曰:"生之谓性。"

孟子曰:"生之谓性也,犹白之谓白与?"

曰:"然。"

"白羽之白也,犹白雪之白;白雪之白,犹白玉之白与?"

曰:"然。"

"然则犬之性犹牛之性,牛之性犹人之性与?"

〔注释〕生之谓性:"生"和"性"声近韵同,下文孟子说"白之谓白",是以音同推类。此乃孟子类推辩术之一种。

〔译文〕告子说:"天生的资质叫做性。"

孟子问："天生的资质叫做性,好比一切天然的白色都叫做白吗?"

答道:"正是如此。"

又问:"白羽毛的白如同白雪的白,白雪的白如同白玉的白吗?"

答道:"正是如此。"

孟子说:"那么,狗性犹如牛性,牛性犹如人性吗?"

(四)

告子曰:"食、色,性也。仁,内也,非外也;义,外也,非内也。"

孟子曰:"何以谓仁内义外也?"

曰:"彼长而我长之,非有长于我也;犹彼白而我白之,从其白于外也,故谓之外也。"

曰:"异于白马之白也,无以异于白人之白也? 不识长马之长也,无以异于长人之长与? 且谓长者义乎? 长之者义乎?"

曰:"吾弟则爱之,秦人之弟则不爱也,是以我为悦者也,故谓之内。长楚人之长,亦长吾之长,是以长为悦者也,故谓之外也。"

曰:"耆秦人之炙,无以异于耆吾炙,夫物则亦有然者也,然则耆炙亦有外欤?"

〔注释〕仁,内也:接"食、色,性也",则告子的"仁",指人的本能,体现的是快乐原则。内,指"以我为悦者",即快乐在我。

义,外也:外,指"以长为悦者",即快乐在人。本章告子仁内义外的观点,直接针对的是孟子所说的"亲亲,仁也;敬长,义也"(《尽心章句上》第十五章)。

彼长而我长之:前"长"指年长,后"长"指因彼长而尊敬之。

耆炙:耆,同"嗜"。炙,烤肉。

[译文]告子说:"喜爱美食和美色,属于人的本性[,因为它们带给人快乐]。仁,是内在的,不是外在的;义,是外在的,不是内在的。"

孟子问:"怎么叫做仁是内在的,义是外在的?"

答道:"那人年纪大,我因而尊敬他,尊敬的心并不是我本来就有的;正好比一件东西是白色的,我把它看做是白色的,是就其外表为白色而加以认识的缘故,所以说义是外在的东西。"

又问:"与白马的白不同的白,与白人的白也没有什么不同吗?不知道对年长的马的尊敬,与对年长的人的尊敬,是不是也没有什么不同呢?而且,您说是年长者义呢?还是尊敬年长者义呢?"

答道:"是我的弟弟我就爱他,是秦国人的弟弟我就不爱他,因为这样做使我高兴,所以说仁是内在的。尊敬楚国的长者,也尊敬本国的长者,因为这样做使长者高兴,所以说义是外在的。"

孟子说:"喜欢吃秦国人的烤肉,和喜欢吃自己的烤肉没有什么不同,各种事物都有这样的情形,那么,对吃烤肉的喜爱也是外在的吗?"

(五)

孟季子问公都子曰:"何以谓义内也?"

曰:"行吾敬,故谓之内也。"

"乡人长于伯兄一岁,则谁敬?"

曰:"敬兄。"

"酌则谁先?"

曰:"先酌乡人。"

"所敬在此,所长在彼,果在外,非由内也。"

公都子不能答,以告孟子。

孟子曰:"敬叔父乎? 敬弟乎? 彼将曰:'敬叔父。'曰:'弟为尸,则谁敬?'彼将曰:'敬弟。'子曰:'恶在其敬叔父也?'彼将曰:'在位故也。'子亦曰:'在位故也。庸敬在兄,斯须之敬在乡人。'"

季子闻之,曰:"敬叔父则敬,敬弟则敬,果在外,非由内也。"

公都子曰:"冬日则饮汤,夏日则饮水,然则饮食亦在外也?"

〔注释〕孟季子:其人不详。或说乃孟氏宗族中从学于孟子者。其所持义外观点,如果不是问难,便是属于告子一派。

尸:祭祀时代表死者受祭的活人,后用牌位代替。

〔译文〕孟季子问公都子:"为什么说义是内在的?"

答道:"尊敬从我的内心发出,所以说是内在的。"

又问:"乡里有人比你的大哥年长一岁,那你尊敬谁?"

答道:"尊敬大哥。"

又问:"如果在一块儿饮酒,先给谁斟酒?"

答道:"先给乡里的人斟酒。"

孟季子说:"内心尊敬大哥,因为乡人比大哥年长又向乡人敬礼,可见义毕竟是外在的东西,不是由内心发出的。"

公都子不能回答,便来告诉孟子。

孟子说:"[你可以问他,]尊敬叔父呢? 还是尊敬弟弟呢? 他会说:'尊敬叔父。'你再问:'弟弟若在祭祀中代表先人,那你尊敬谁?'他会说:'尊敬弟弟。'你便说:"为什么又说尊敬叔父呢?'他会说:'这是由于弟弟处在先人受祭的位置上。'你就说:'原因在于所处的位置。[那么,]平常的尊敬对兄长,那一会儿的尊敬就该对乡里的人了。'"

季子听到这话,说:"尊敬叔父是尊敬,尊敬弟弟也是尊敬,可见义是外在的东西,不是由内心发出的。"

公都子说:"人到冬天就喝热水,到了夏天就喝凉水,那么,喜欢喝什么吃什么也是外在的吗?"

(六)

公都子曰:"告子曰:'性无善无不善也。'或曰:'性可以为善,可以为不善。是故文、武兴,则民好善;幽、厉兴,则民好暴。'或曰:'有性善,有性不善。是故以尧为君,而有象;以瞽瞍为父,而有舜;以纣为兄之子,且以为君,而有微子启、王子比干。'今曰性善,然则彼皆非与?"

孟子曰:"乃若其情,则'可以为善'矣,乃所谓善也;若夫'为不善',非才之罪也。恻隐之心,人皆有之;羞恶之心,人皆有之;恭敬之心,人皆有之;是非之心,人皆有之。

恻隐之心,仁也;羞恶之心,义也;恭敬之心,礼也;是非之心,智也。仁、义、礼、智,非由外铄我也,我固有之也,弗思耳矣。故曰:'求则得之,舍则失之。'或相倍蓰而无算者,不能尽其才者也。《诗》曰:'天生蒸民,有物有则。民之秉彝,好是懿德。'孔子曰:'为此诗者,其知道乎! 故有物必有则;民之秉彝也,故好是懿德。'"

〔注释〕性可以为善,可以为不善:这句话是申说告子"性无善无不善"之义,非王充《论衡·本性篇》所云"周人世硕以为性有善有恶",所以赵岐谓"亦由告子之意也"。

有性善,有性不善:赵岐:"或人以为人各有性,善恶不可化移。"即常语"江山易改,本性不移"之意。

乃若其情等句:乃若、若夫,刘淇引本句云:"乃若,发语辞也。若夫,殊上之辞也。"(《助字辨略》卷五)其,指上述告子等关于人性的三种说法。情,实情。可以为善,指"性可以为善"。为不善,"性可以为不善"的略语。才,人性之资质。张岱年:"所谓才,即天赋之可能,亦即生来'可以为善'之因素。"(《中国哲学大纲》第二篇第一章)物性之资质曰"材"。本篇第八章山之"材"与人之"才"分得很清楚。从前后两个半句的对比来看,既然后半句指明"性可以为不善"不能归罪于人性的资质,则前半句的实际意思是,"性可以为善"应归因于人性的资质,即第八章所说的"有才焉者"。

铄:渗透。这里是给予的意思。

《诗》曰等句:见《诗经·大雅·烝民》。"蒸民"作"烝民"。毛传:"烝,众;物,事;则,法;彝,常;懿,美。"郑笺:"秉,执。"

〔译文〕公都子说:"告子说:'人性无所谓善,也无所谓不善。'

有人说:'人性可以变为善,也可以变为不善。所以文王、武王出现,老百姓就趋于善良;幽王、厉王出现,老百姓就趋于横暴。'又有人说:'有的人生来就善良,[一直不变;]有的人生来就不善[,也一直不变]。所以尧做君主,却有象这样的百姓;瞽瞍做父亲,却有舜这样的儿子;纣为侄儿,而且为君主,却有微子启、王子比干[这样的叔父和臣子]。'如今老师说人性本善,那么,他们说的都错了吗?"

孟子说:"关于上面说到的情形,其中只有'[性]可以为善'呢,属于我所说的性善;至于'[性可以]为不善',不能归罪于人性的资质。[为什么呢? 这是因为:]同情心,每个人都有;羞耻心,每个人都有;恭敬心,每个人都有;是非心,每个人都有。同情心,就是仁;羞耻心,就是义;恭敬心,就是礼;是非心,就是智。仁、义、礼、智,不是由外人给予我的,是我本来就具备的,[人性变为不善,]不过是不曾用心思考它们就是了。[只要用心思考,人性就可以变为善。]所以说:'用心思索,就得到它们;一旦放弃,就失去它们。'人与人之间有相差一倍、五倍甚至无数倍的,就是不能充分利用他们的天资的缘故。《诗经》说:'上天生育众百姓,样样事物有法则。百姓秉持不改变,天生爱好这美德。'孔子说:'做这诗的人真懂得道呀!这就是说,凡有事物必有法则;老百姓把握了这不变的道理,也就天生喜爱这美好的品德。'"

(七)

孟子曰:"富岁子弟多赖,凶岁子弟多暴,非天之降才尔殊也,其所以陷溺其心者然也。今夫麰、麦,播种而耰之,其地同,树之时又同,浡然而生,至于日至之时,皆熟矣。虽有不同,则地有肥硗,雨露之养、人事之不齐也。故凡同类者,举相似也,何独至于人而疑之?圣人,与我同类者。故龙子曰:'不知足而为屦,我知其不为蒉也。'屦之相似,天下之足同也。口之于味,有同耆也;易牙先得我口之所耆者也。如使口之于味也,其性与人殊,若犬马之与我不同类也,则天下何耆皆从易牙之于味也?至于味,天下期于易牙,是天下之口相似也。惟耳亦然。至于声,天下期于师旷,是天下之耳相似也。惟目亦然。至于子都,天下莫不知其姣也。不知子都之姣者,无目者也。故曰,口之于味也,有同耆焉;耳之于声也,有同听焉;目之于色也,有同美焉。至于心,独无所同然乎?心之所同然者何也?谓理也,义也。圣人先得我心之所同然耳。故理义之悦我心,犹刍豢之悦我口。"

〔注释〕赖:依赖,凭借。《说文》:"恃,赖也。"朱熹:"赖,借也。丰年衣食饶足,故有所赖借而为善。"后世有"无赖"一词,义与此相反。《说文》"赖"段玉裁注云:"今人云无赖者,谓其无衣食致然耳。"

尔殊:如此不同。王引之:"尔,犹如此也。"引本句云:"言非天之降才如此其异也。"(《经传释词》卷七)

陷溺:陷,掉入陷阱。溺,沉入水中。这里指迷失。

麰麦:麰,音谋(móu),大麦。麦,指小麦。

耰:音忧(yōu),粉碎土块的农具。这里用作动词。

日至:指夏至,为麦熟时节。

硗:音敲(qiāo),土地贫瘠。

易牙:齐桓公的宠臣,古人以为知味者。

子都:古代的美男子,阎若璩以为即郑国大夫公孙阏(《四书释地续》)。

刍豢:刍,用草喂养的动物,如牛、羊。豢,音换(huàn),用谷喂养的动物,如狗、猪。这里指美味的肉食。

[译文]孟子说:"丰收的年份年轻人多半向善,灾荒的年份年轻人多半横暴,不是天生的资质这样不同,是由于不好的年成使他们迷失了本心的缘故。就说大麦和小麦,播了种,耙了地,如果土壤一样,种植的时候一样,就会蓬勃地生长,到了夏至,就都成熟了。即便有所不同,那是因为土壤有肥瘠的差异,雨露的滋润、人工的效果也不一样。所以一切同类的事物,都是大体相同的,为什么一讲到人类就怀疑了呢?圣人,和我一样,都是人。所以龙子说:'即使不知道脚的尺寸去编草鞋,我也知道不会编成草筐。'草鞋的相似,是由于天下人的脚是大体相同的。口对于味道,有相同的嗜好,易牙早就摸准了人们的这一嗜好。假使[每个人的]口对于味道,天生就和其他人不一样,就像狗、马和我们人类本质上不相同一样,那么,天下的人为什么都追随着易牙的口味呢?一讲到口味,天下的人都期望做到易牙那样,这说明天下人的味觉是大体相同的。耳朵也是如此。一讲到声音,天下的人都期望做到师旷那样,这说明天下人的听觉是大体相同的。眼睛也是如此。一讲到子都,天下的人没有不知道他英俊的。不认为子都英俊的,好比是没有长眼睛的人。所以说,口对于味道,有相同的嗜好;耳朵对于声音,有相同的听觉;眼睛对于容貌,有相同的美感。谈到心,就独独没有相同之处吗?心的相同之处是什么呢?是理,是义。圣人早就掌握了人们内

心相同的理、义。所以理、义使我内心喜悦,如同美味佳肴使我感到可口一样。"

<h1 style="text-align:center">(八)</h1>

孟子曰:"牛山之木尝美矣,以其郊于大国也,斧斤伐之,可以为美乎? 是其日夜之所息,雨露之所润,非无萌蘗之生焉,牛羊又从而牧之,是以若彼濯濯也。人见其濯濯也,以为未尝有材焉,此岂山之性也哉? 虽存乎人者,岂无仁义之心哉? 其所以放其良心者,亦犹斧斤之于木也,旦旦而伐之,可以为美乎? 其日夜之所息,平旦之气,其好恶与人相近也者几希。则其旦昼之所为,有梏亡之矣。梏之反覆,则其夜气不足以存;夜气不足以存,则其违禽兽不远矣。人见其禽兽也,而以为未尝有才焉者,是岂人之情也哉? 故苟得其养,无物不长;苟失其养,无物不消。孔子曰:'操则存,舍则亡;出入无时,莫知其乡。'惟心之谓与?"

〔注释〕牛山:位于齐国国都临淄南部的一座山。

郊:杨伯峻:"此作动词用,谓'居其郊'也。"

大国:指临淄。国指国都。临淄是当时的大都市。

息:滋生,生长。

萌蘗:萌,草木发的芽。蘗,音涅(niè),树木被砍伐后再生的枝芽。

濯濯:赵岐:"无草木之貌。"

虽存乎人者两句:赵岐:"存,在也。言虽在人之性,亦犹山之有草木,人岂无仁义之心邪?”

良心:朱熹:“良心者,本然之善心,即所谓仁义之心也。”

其日夜之所息等句:平旦之气,朱熹注谓“未与物接之时,清明之气也”。好恶,好仁即仁,恶不仁即义。与人相近,和下文“违禽兽不远”对言,此“人”不是指别人,而是与“禽兽”相对之人,这里就是指“良心”,即人之所以为人者。这句话颇令人费解。“平旦之气”与人的良心之间的关联何在? 唐文治的一段话可资参考:“《复》者,善气之始息也。先儒谓孟子所谓‘平旦之气’,发前人所未发,而不知其实本于《复》卦。盖《复》卦于时为冬至,一阳初生,四时之气最善者也,此主一岁之消息而言。小之为一日,于时为子,平旦之气最善者也,此主一昼夜之消息而言也。后人所谓‘朝气’,即生气、善气也。阳气善,所以能生万物,而人之善念,即萌于阳气之动,与天地之生机息息相通。……《系辞传》曰:‘刚柔者,昼夜之象。’又曰:‘通乎昼夜之道而知。’孟子之学说,盖本于《易》理。”(《周易消息大义·复卦大义》)

旦昼:焦循:“犹云明日。”

梏:音故(gù),木制手铐之类的刑具。指对人的拘束、压迫。

乡:通“向”。

〔译文〕孟子说:“牛山的树木曾经是很茂盛的,因为它们处在大都市的郊外,斧子、砍刀经常光顾,还能保持茂盛吗? 当然,它们日日夜夜在生长着,雨水露珠在滋润着,不是没有新枝嫩叶生长出来,但紧跟着放羊牧牛,所以变成那样光秃秃的了。人们看见它光秃秃的样子,便以为它不曾有过森林,这难道是山的本来面貌吗?[同样的道理,]就是在每个人身上,难道没有仁义之心吗? 有的人之所以丧失他的良心,也好似斧子、砍刀对于树木一样,天天去砍伐,还能保持原本的好模样吗? 白天黑夜的休养生息,他在天亮时积累下来的清明之气,使他对仁义的爱好和对不仁不义的厌恶,距离良心的恢复近了一点点。可是一到第二天白天,所作所为使之遭到拘束而泯灭了。这种拘束反复出现,那么他那天亮时的清明之气在夜里的积累就不能完成;清明之气不能形成,[丧失的良心就无法恢复,]和禽兽就相距不远了。别人看他[简直]是禽兽,便以为他不曾有过仁义的资质,这难道是人的本来情形吗? 所以,如果得到应有的滋养,没有什么不能生长;如果失去应有的滋养,没有什么不会消亡。孔子说:'抓住就存在,放弃就失去;进出不一定,无人知何去。'这是指人心来说的吧?"

(九)

孟子曰:"无或乎王之不智也。虽有天下易生之物也,一日暴之,十日寒之,未有能生者也。吾见亦罕矣,吾退而寒之者至矣,吾如有萌焉何哉? 今夫弈之为数,小数也;不专心致志,则不得也。弈秋,通国之善弈者也。使弈秋诲二人弈,其一人专心致志,惟弈秋之为听;一人虽听之,一心以为有鸿鹄将至,思援弓缴而射之,虽与之俱学,弗若之矣。为是其智弗若与? 曰:非然也。"

〔注释〕或:同"惑",赵岐:"怪也。"

寒之者至:赵岐:"谓左右佞谄顺意者多。"

弈:围棋。

数:赵岐:"技也。"

鸿鹄:天鹅。

缴：音灼(zhuó)。本为生丝线,这里指系着生丝线的箭。

〔译文〕孟子说:"国君的不明智,没什么奇怪的。纵是天下生命力旺盛的植物,日晒一天,阴冷十天,没有能够活下去的。我和国君相见的机会太少了,我离开国君后小人们就包围了他,我对于国君为善的萌芽有多大帮助呢?譬如下围棋,只是个小技艺,如果不能够专心致志,那也学不好。弈秋,是全国公认的下棋高手。假设让他教两个人下棋,其中一个人专心致志,只听弈秋的讲授;另一个人虽然张着耳朵,心里却老想着有群天鹅快要飞来,准备拿弓箭去射它们,纵然和那人一道学习,他的成绩却不如人家。是因为他的才智不如人家吗?当然不是的。"

（十）

孟子曰:"鱼我所欲也,熊掌亦我所欲也,二者不可得兼,舍鱼而取熊掌者也。生亦我所欲也,义亦我所欲也,二者不可得兼,舍生而取义者也。生亦我所欲,所欲有甚于生者,故不为苟得也;死亦我所恶,所恶有甚于死者,故患有所不辟也。如使人之所欲莫甚于生,则凡可以得生者,何不用也?使人之所恶莫甚于死者,则凡可以辟患者,何不为也?由是则生而有不用也,由是则可以辟患而有不为也,是故所欲有甚于生者,所恶有甚于死者。非独贤者有是心也,人皆有之,贤者能勿丧耳。一箪食,一豆羹,得之则生,弗得则死,嘑尔而与之,行道之人弗受;蹴尔而与之,乞人不屑也。万钟则不辩礼义而受之,万钟于我何加焉?为宫室之美、妻妾之奉、所识穷乏者得我与?乡为身死而不受,今为宫室之美为之;乡为身死而不受,今为妻妾之奉为之;乡为身死而不受,今为所识穷乏者得我而为之。是亦不可以已乎? 此之谓失其本心。"

〔**注释**〕豆:一种盛食物的器皿,形似高脚盘。

嘑尔:嘑,同"呼"。无礼对人吆喝的样子。

蹴:音促(cù),踩踏。

得:通"德",感戴。

乡:通"向",以往。

本心:朱熹:"谓羞恶之心。"

〔**译文**〕孟子说:"鱼是我想要的,熊掌也是我想要的,如果两者不能同时得到,自然是放弃鱼而要熊掌。生是我想要的,义也是我想要的,如果两者不能同时得到,自然是放弃生而要义。生本是我想要的,我想要的还有比生更重要的,所以我不干苟且偷生的事儿;死本是我厌恶的,我厌恶的还有比死更糟糕的,所以有的祸患我不躲避。如果人们想要的没有比生更重要的,那么,一切可以求得生存的方法,哪有不使用的呢? 如果人们厌恶的没有比死更糟糕的,那么,一切可以避免祸患的事情,哪有不干的呢? 这样看来,有求得生存的方法却不使用,有可以避免祸患的事情却不去做,说明人们想要的有比生更重要的,人们厌恶的有比死更糟糕的。这种信念不仅仅贤人有,人人都有,不过贤人能够不丧失就是了。一筐饭,一碗汤,得到就能活下去,得不到就会饿死,呼三喝四地施舍给人,路过的人[就是饥肠辘辘]都不会接受;用脚踩过施舍给人,乞丐也不屑于要。至于一万钟的俸禄,不问是否合于礼义就接受了,一万钟对我有什么好处呢? 为着住宅华美、娶妻养妾和我所认识的贫苦人感激我吗?过去宁肯死也不接受,现在却为着住宅华美而接受了;过去宁肯死也不接受,现在却为着娶妻养妾而接受了;过去宁肯死也不接受,现在却为着所认识的贫苦人对自己感激而接受了。这些就停止不了吗?这就叫做丧失了自己本来的心。"

(十一)

孟子曰:"仁,人心也;义,人路也。舍其路而弗由,放其心而不知求,哀哉!人有鸡犬放,则知求之,有放心而不知求。学问之道无他,求其放心而已矣。"

〔注释〕仁,人心也:仁根于心,所以有时说"恻隐之心,仁之端也"(《公孙丑章句上》第六章),有时直接说"恻隐之心,仁也"(《告子章句上》第六章)。

〔译文〕孟子说:"仁,就是人本有的心;义,就是人必经的路。放弃必由之路而不走,丢掉本来之心而不知道寻找,真是可悲呀!有的人,鸡和狗走失了,都知道去寻找,本来之心丢掉了,却不知道去寻找。求学问道没有别的目的,就是寻找那颗被丢掉了的心罢了。"

(十二)

孟子曰:"今有无名之指屈而不信,非疾痛害事也,如有能信之者,则不远秦楚之路,为指之不若人也。指不若人,则知恶之;心不若人,则不知恶,此之谓不知类也。"

〔注释〕无名之指:人的第四根手指,大概是手指中最不常用者。信:音义同"伸"。

类:通过比较而后知道大小、轻重。《吕氏春秋·恃君览·达郁》:"得其细,失其大,不知类耳。"

〔**译文**〕孟子说:"现在有人,他的无名指弯曲了伸不直,不过不是太痛苦,也不妨碍做事,但如果有人能够使它伸直如常,他还是会不顾秦国或楚国那么远,〔而去求治,〕因为他的手指不如人家正常。手指不如人家,就知道讨厌;良心不如人家,却不知道讨厌,这个叫做不懂得权衡轻重。"

(十三)

孟子曰:"拱把之桐、梓,人苟欲生之,皆知所以养之者,至于身,而不知所以养之者。岂爱身不若桐、梓哉?弗思甚也!"

〔**注释**〕**拱把之桐、梓**:指小树。赵岐:"拱,合两手也。把,以一手把之也。"桐梓,梧桐树和楸树。下一章的"梧槚",也是指这两种树,当时视作好木料。

弗思甚也:意同本篇第六章"弗思耳矣"。本章孟子所说养身,重点还是说养心。下章便讲养身应区别体之大小、贵贱。

〔**译文**〕孟子说:"一两把粗的桐树、梓树,人们如果想使它们生长起来,都知道如何去养护,至于他们自身,却不知道如何去养护。难道爱惜自身还不如爱惜桐树、梓树吗?太不用心思考了!"

(十四)

孟子曰:"人之于身也,兼所爱。兼所爱,则兼所养也。无尺寸之肤不爱焉,则无尺寸之肤不养也。所以考其善不善者,岂有他哉? 于己取之而已矣。体有贵贱,有小大。无以小害大,无以贱害贵。养其小者为小人,养其大者为大人。今有场师,舍其梧、槚,养其樲、棘,则为贱场师焉。养其一指而失其肩背,而不知也,则为狼疾人也。饮食之人,则人贱之矣,为其养小以失大也。饮食之人无有失也,则口腹岂适为尺寸之肤哉?"

〔注释〕**体有贵贱,有小大**:从下章看,人体之贵而大者,心之官;贱而小者,耳、目、口、鼻、四肢等器官。

梧槚:梧,梧桐。槚,音嫁(jià),楸树。

樲棘:樲,音二(èr),酸枣。棘,荆棘。

狼疾:同"狼藉"。

口腹岂适为尺寸之肤哉:适,只,但。赵岐:"口腹岂但为肥长尺寸之肤邪,亦为怀道德者也。"

〔译文〕孟子说:"人对于自己的身体,哪一部分都珍惜。哪一部分都珍惜,哪一部分就都保养。没有一尺一寸的地方是不珍惜的,也就没有一尺一寸的地方是不保养的。所以考察某人善于还是不善于保养自己,难道有别的方法吗? 只需看他所注重的是哪一部分罢了。身体有高贵的部分,也有低贱的部分;有重要的部分,也有卑微的部分。不要因为卑微的部分而损害重要的部分,不要因为低贱的部分而损害高贵的部分。注重保养卑贱部分的人就是小人,注重保养贵重部分的人就是大人。现在有一位园艺师,放弃梧桐、楸树,专心种植酸枣、荆棘,他就是一位低贱的园艺师。如果一个人只是保养他的一根手指而不顾肩头、背脊,自己还不明白,那就是个糊涂蛋。喜欢吃吃喝喝的人,人们往往轻视他,因为他只保养卑贱的部分而失去了贵重的部分。如果喜欢吃吃喝喝的人并没有失去贵重的部分,那么,吃饱肚子难道只是为了保养身体吗?”

(十五)

公都子问曰:“钧是人也,或为大人,或为小人,何也?”

孟子曰:“从其大体为大人,从其小体为小人。”

曰:“钧是人也,或从其大体,或从其小体,何也?”

曰:“耳目之官不思,而蔽于物。物交物,则引之而已矣。心之官则思,思则得之,不思则不得也。此天之所与我者。先立乎其大者,则其小者不能夺也,此为大人而已矣。”

〔注释〕钧:同“均”。

大体:即上章所言体之贵者大者,指心。

小体:即上章所言体之贱者小者,指耳、目、口、鼻、四肢等器官。

蔽于物:蔽,犹“当”,指局限于对外物的感知,如耳之于声、口之于味等。《字汇·田部》:“当,蔽也。”《荀子·解蔽篇》:“凡人之患,蔽于一曲而暗于大理。”“蔽于一曲”,即偏知一曲。对于大理来说,则是被一曲所蒙蔽。

心之官则思:官,器官。孟子时代(及其后很长一个历史时期)的人,都以心脏而非大脑为思考的器官,且认为在身体器官中起主宰作用。《管子·心术上》:“心之在体,君之位也;九窍之有职,官之分也。”楚简《五行》:“耳、目、鼻、口、手、足六者,心之役也。”荀子认为“耳、目、鼻、口、形,能各有接而不相能也,夫是之谓天官。心居中虚,以治五官,夫是之谓天君”(《荀子·天论篇》)。《五行》的“六者”、荀子的“五官”与孟子同(“形”在孟子为“四肢”,见《尽心章句下》第二十四章），孟子所言"小体"指此。本章只说到耳、目，乃以略为详之文法。《黄帝内经·素问》："心者，君主之官也，神明出焉。"直到19世纪30年代，王清任提出"灵机记性不在心在脑"的观点(《医林改错》上卷《脑髓说》)，人们还一时不能接受(其实早在汉代，《春秋元命苞》就有"脑之为言在也，人精在脑"的说法。《尔雅·释诂》："在，察也。"这是说人的头脑才是精神所在。但这是与谶纬神学混杂在一起的知识，在历史上没有形成任何影响)。今天人人皆知"脑之官则思"，但仍以"心"指思想器官，"想心思"与"动脑筋"并行不悖，表述上多以"心"为"脑"。思，略相当于"理性"概念。不思，非不知，略相当于"感觉"概念。《荀子·王制篇》："水火有气而无生，草木有生而无知，禽兽有知而无义，人有气有生有知亦且有义，故最为天下贵也。"当时的认识，思和不思，理性和感觉，乃人与禽兽之别。

思则得之：之，指大体，即心。得之，指觉悟到心中所有之仁义礼智之端，即人的本性。为什么思考就会得到？思考是心的官能，思即思心，或叫"心思"，而"君子所性，仁、义、礼、智根于心"(《尽心章句上》第二十一章)。孟子所定义之"人性"，即仁、义、礼、智根植于心，所以"尽其心者，知其性也"(同上篇第一章)。

〔译文〕公都子问："同样是人，有的成为大人，有的成为小人，是什么原因？"

孟子说："受自己贵重器官主宰的，成为大人；受自己卑贱器官主宰的，成为小人。"

又问："同样是人，有的受自己贵重器官的主宰，有的受自己卑贱器官的主宰，又是什么原因？"

答道："耳朵和眼睛这类器官不会思想，只有对外物的直接感受。一与外物接触，便被牵着鼻子走了。心这个器官是用来思考的,思考了就会觉悟到人的本性,不思考就觉悟不到人的本性。这都是上天赋予自己的官能。先确立起理性的主宰地位,感觉就不能取而代之了,这样就成为大人了。"

（十六）

孟子曰:"有天爵者,有人爵者。仁义忠信,乐善不倦,此天爵也;公卿、大夫,此人爵也。古之人修其天爵,而人爵从之。今之人修其天爵,以要人爵;既得人爵,而弃其天爵,则惑之甚者也,终亦必亡而已矣。"

〔注释〕天爵:天授爵位,指天子之位。天子是"天与之"(《万章章句上》第五章)。这里形容贵重,指仁义。义同《公孙丑章句上》第七章"夫仁,天之尊爵也"。仁义乃天授予人,又为"大体"之"大"且"贵"者(本篇第十四章),故称"天爵"。

人爵:人授爵位。《尽心章句下》第十四章:"得乎天子为诸侯,得乎诸侯为大夫。"诸侯、大夫皆为人授者,故曰人爵。

忠信:《滕文公章句上》第四章:"教人以善谓之忠。"《尽心章句下》第二十五章:"有诸己之谓信。"都是指对于仁、义的态度。忠、信非与仁、义并列之词,而是对后者起修饰作用。《郭店楚墓竹简·忠信之道》:"忠,仁之实也;信,义之期也。"

〔译文〕孟子说:"有天授爵位,有人授爵位。仁义,忠实不渝地坚守,乐于行善而不知疲倦,这是天授爵位;公卿、大夫,不过是人授爵位。古代的人修养仁义,公卿、大夫的职位就跟着来了。如今的人[表面上]修养仁义,只是为了获取公卿、大夫的职位;得到公卿、大夫的职位后,便放弃了仁义。这样糊涂得厉害,最终也一定会统统丧失的。"

（十七）

孟子曰:"欲贵者,人之同心也。人人有贵于己者,弗思耳。人之所贵者,非良贵也。赵孟之所贵,赵孟能贱之。《诗》云:'既醉以酒,既饱以德。'言饱乎仁义也,所以不愿人之膏粱之味也;令闻广誉施于身,所以不愿人之文绣也。"

〔**注释**〕弗思耳:即本篇第十五章"不思则不得"之意。

赵孟:晋国正卿赵盾,字孟。

《诗》云等句:以下两句见《诗经·大雅·既醉》。

不愿人之膏粱之味也:愿,羡慕。膏,肥肉。粱,精细的小米。

文绣:杨伯峻:"古代衣服有等,必须有爵命的人才能着文绣之服。"

〔**译文**〕孟子说:"希望得到尊贵的地位,这是人人都有的想法。其实每个人都拥有尊贵,[他不自知,是因为]没有用心思考罢了。别人给予的尊贵,不是内在的尊贵。赵孟所尊贵的,赵孟也能使之卑贱。《诗经》说:'美酒已喝醉,美德已备足。'这是说具备了充足的仁义,也就不羡慕别人的美味佳肴了;众所周知的好名声在身上,也就不羡慕别人的锦衣绣裳了。"

（十八）

孟子曰:"仁之胜不仁也,犹水胜火。今之为仁者,犹以一杯水救一车薪之火也;不熄,则谓之水不胜火。此又与于不仁之甚者也,亦终必亡而已矣。"

〔注释〕与:朱熹:"犹助也。"

〔译文〕孟子说:"仁战胜不仁,就像水扑灭火。如今行仁的做法,如同拿一杯水去救一车柴草的火;火没有熄灭,就说水是灭不了火的。这种说法实际上大大地助长了不仁,到头来连一点点仁都不会剩下。"

（十九）

孟子曰:"五谷者,种之美者也;苟为不熟,不如荑稗。夫仁,亦在乎熟之而已矣。"

〔注释〕荑稗:音提拜(tí bài),即"稊稗",类似禾谷的草类植物,结实很小,平时做饲料,荒年也可食用。

〔译文〕孟子说:"五谷是主要粮食作物,如果不成熟,还不如[成熟的]稊米和稗子。我所说的仁,就在于使它成熟罢了。"

（二十）

孟子曰:"羿之教人射,必志于彀,学者亦必志于彀。大匠诲人,必以规矩,学者亦必以规矩。"

〔注释〕必志于彀:彀,音够(gòu)。朱熹:"志,犹期也。彀,弓满也。"拉满弓,力道足,代表教人射箭的标准高。下文的"规矩",也当以极圆极方代表木工的高标准。

〔译文〕孟子说:"羿教人射箭,一定做到拉满弓,学习的人也一定要做到拉满弓;顶级的木工带徒弟,一定做到极方极圆,学习的人也一定要做到极方极圆。"

卷十二　告子章句下

（一）

任人有问屋庐子曰："礼与食孰重？"

曰："礼重。"

"色与礼孰重？"

曰："礼重。"

曰："以礼食，则饥而死；不以礼食，则得食，必以礼乎？亲迎，则不得妻；不亲迎，则得妻，必亲迎乎？"

屋庐子不能对。明日之邹，以告孟子。

孟子曰："于答是也何有？不揣其本而齐其末，方寸之木可使高于岑楼。金重于羽者，岂谓一钩金与一舆羽之谓哉？取食之重者，与礼之轻者而比之，奚翅食重！取色之重者，与礼之轻者而比之，奚翅色重！往应之曰：'紾兄之臂而夺之食，则得食；不紾，则不得食，则将紾之乎？逾东家墙而搂其处子，则得妻；不搂，则不得妻，则将搂之乎？'"

〔注释〕任：古国名，在今山东省济宁市。

屋庐子：朱熹："名连，孟子弟子。"

于答是也何有：与《论语·雍也篇》"于从政乎何有"同一句法。何有，犹言何难。

不揣其本而齐其末，方寸之木可使高于岑楼：揣，揣度，度量。本，树干，比喻岑楼的主体。末，树梢，比喻岑楼顶端，即方寸之木。方寸之木，指岑楼顶上的小块木板。岑楼，朱熹："楼之高锐似山者。"这句话是说要从整体上衡量轻重，犹如不看主干只看末梢，以为一小块木板比整座楼房都要高耸。指比较要恰当，才能合理判断大小轻重。一钩金与一车羽，食之重与礼之轻，色之重与礼之轻，均属比较不当。下文"往应之曰"云云，则是孟子教屋庐子换了一个比较的说法，能够说明"礼重，食色轻"（赵岐注语）。

一钩金：一个带钩金饰，当时重为三分之一两。

奚翅：翅，同"啻"。阮元："注云'若言何其重也'，正谓食色之重者。后人添'不'字，遂不可解矣。"（《孟子注疏校勘记》）

紾：音枕（zhěn），扭折。

处子：处女，指未婚女子。

〔译文〕任国有人问屋庐子道："守礼和吃饭哪样重要？"

答道："守礼重要。"

又问："娶妻和守礼哪样重要？"

答道："守礼重要。"

又问："如果因为守礼而吃不到饭，甚至饿死；不守礼找饭吃，反而吃得到，那一定要守礼吗？如果遵守亲迎的礼节，娶不到老婆；不遵守亲迎的礼节，反而会得着老婆，那一定要按照礼节来吗？"

屋庐子不知怎么回答。第二天去邹国，把这话告诉了孟子。

孟子说："回答这些问题有什么难的？不度量主干而只看末梢，便以为最后那一块小木板比整座楼都高。金子比羽毛贵重，难道说的是三钱多重的金子比一车子羽毛还贵重吗? 拿吃饭的极端重要部分与礼节的无足轻重部分相比较,吃饭何其重要! 拿娶妻的不可或缺部分与礼节的无足轻重部分相比较,娶妻何其重要! 你这样去答复他吧:'扭折哥哥的胳臂,抢夺他的食物,就得着吃的;不去硬抢,就得不着吃的,那会去硬抢吗? 爬过邻居的墙去搂抱他家的女孩子,就得着妻子了;不去搂抱,就得不着妻子,那会去搂抱吗?'"

(二)

曹交问曰:"人皆可以为尧舜,有诸?"

孟子曰:"然。"

"交闻文王十尺,汤九尺,今交九尺四寸以长,食粟而已,如何则可?"

曰:"奚有于是? 亦为之而已矣。有人于此,力不能胜一匹雏,则为无力人矣;今曰举百钧,则为有力人矣。然则举乌获之任,是亦为乌获而已矣。夫人岂以不胜为患哉? 弗为耳。徐行后长者谓之弟,疾行先长者谓之不弟。夫徐行者,岂人所不能哉? 所不为也。尧舜之道,孝弟而已矣。子服尧之服,诵尧之言,行尧之行,是尧而已矣。子服桀之服,诵桀之言,行桀之行,是桀而已矣。"

曰:"交得见于邹君,可以假馆,愿留而受业于门。"

曰:"夫道若大路然,岂难知哉? 人病不求耳。子归而求之,有余师。"

〔注释〕曹交:赵岐注谓"曹君之弟"。江永:"春秋之末,曹已为宋所灭,曹交非曹君之弟。或是曹国之后,以国为姓。或是邹君之族人。邹本邾国,邾本姓曹,故曰'交得见于邹君,可以假馆',盖欲于其同宗之为君者假馆也,语气便有挟贵之意。"(《群经补义》)按:为邹君之族人义长。其语气有挟贵之意,故孟子没有答应他的请求。

食粟而已:朱熹:"言无他材能也。"按:义似同上篇第十四章孟子所云"饮食之人"。

一匹雏:《孟子》言鸡之数量无量词,如《滕文公章句下》第六章"月攘一鸡",《尽心章句上》第二十二章"五母鸡",则匹不应当为量词。王念孙引孙奭《孟子音义》,谓"疋"(《广韵》谓为"匹"的俗字)当作"尐",两字相似,后人传写误(《广雅疏证》卷第二上)。《方言》:"尐,小也。"赵岐注谓"一小雏"。

乌获:古代的大力士。

夫人岂以不胜为患哉:夫人,那人,指"有人于此"之"人"。不胜,即"力不能胜一匹雏"。焦循:"赵氏之意,以孟子胜一匹雏比人之为尧舜,谓人之为尧舜,非如为乌获必能举乌获之任。人之为尧舜,第如举一匹雏,人人不患其不胜,特患其不为。"

弟:同"悌",敬兄,引申为敬长。

〔**译文**〕曹交问道:"人人都可以做尧舜那样的人,有这话吗?"

孟子说:"有的。"

又问:"我听说周文王身高一丈,商汤身高九尺,我现在有九尺四寸多高,只会吃饭混日子,要怎样才可以做尧舜那样的人呢?"

答道:"这有什么为难的? 只要去做就行了。有人在这方面,仿佛自己连提起一只小鸡的力气都没有,实在是无能无力。如今说举得起三千斤的重量,才算是有力气的人。那么,举得起乌获所能举的重量的,才称得上是乌获那样的人了。[这种情况下的无能无力,是不奇怪的。]至于有人为提不起一只小鸡而发愁,难道有这样的道理吗? 他只是不去做罢了。慢点儿走,跟在年长者的后面,就叫做敬长;快点儿走,抢在年长者的前面,就叫做不敬长。那种慢点儿的走法,难道是人做不到的吗? 只是他不做就是了。尧舜之道,不过就是事亲和敬长罢了。你穿尧一样的衣服,说尧一样的话,做尧一样的事,就是尧一样的人了。你穿桀一样的衣服,说桀一样的话,做桀一样的事,就是桀一样的人了。"

曹交说:"我见得着邹君,可以向他借个住处,情愿留下来跟着您学习。"

孟子说:"尧舜之道就像宽阔的路一样,难道很难了解吗? 人的毛病只在于不去寻求罢了。你回去自己寻求吧,老师多得很。"

(三)

公孙丑问曰:"高子曰:'《小弁》,小人之诗也。'"

孟子曰:"何以言之?"

曰:"怨。"

曰:"固哉,高叟之为诗也! 有人于此,越人关弓而射之,则己谈笑而道之,无他,疏之也。其兄关弓而射之,则己垂涕泣而道之,无他,戚之也。《小弁》之怨,亲亲也。亲亲,仁也。固矣夫,高叟之为诗也!"

曰:"《凯风》何以不怨?"

曰:"《凯风》,亲之过小者也;《小弁》,亲之过大者也。亲之过大而不怨,是愈疏也;亲之过小而怨,是不可矶也。

愈疏,不孝也;不可矶,亦不孝也。孔子曰:'舜其至孝矣,五十而慕。'"

〔注释〕高子:本书"高子"凡数见,赵岐注不尽一致,从本章称"高叟"看,可能为年龄与孟子相仿的从学者(梁惠王亦称孟子"叟")。

《小弁》:诗在《诗经·小雅》。弁,音盘(pán)。《诗序》:"《小弁》,刺幽王也。太子之傅作焉。"毛传:"幽王取申女,生太子宜咎。又说褒姒,生子伯服,立以为后,而放宜咎。"

《凯风》:诗在《诗经·邶风》。《诗序》:"《凯风》,美孝子也。卫之淫风流行,虽有七子之母,犹不能安其室,故美七子能尽其孝道,以慰母心,而成其志耳。"《诗经》时代,与秦汉以后风俗不同,人母再嫁,还说不上"于先君无妻道,于七子无母道"(阎若璩《四书释地又续》语)。

不可矶:矶,水中的石头。人的感情如流水,水中有石,如同感情有了隔阂。赵岐注谓"过小耳,而孝子感激,辄怨其亲",就是通常说的闹情绪。

〔译文〕公孙丑问道:"高子说:'《小弁》是小人所作的诗。'[是吗?]"

孟子反问道:"为什么这么说呢?"

答道:"诗篇充满幽怨。"

孟子说:"太死板了,高老先生讲诗!假设这里有个人,越国的人[曾经]张弓射他,他可以有说有笑地讲述这事。[他之所以不在乎,]没有别的原因,他和越国人之间的关系是疏远的。若是他的哥哥[曾经]张弓射他,他就会声泪俱下地讲述这事。[他之所以特别在乎,]没有别的原因,他和哥哥是亲人。《小弁》的幽怨,属于亲爱父母之类。而亲爱父母,就是仁爱。太死板了啊,高老先生讲诗!"

又问:"《凯风》为什么没有幽怨呢?"

答道:"《凯风》,反映的母亲过错小。《小弁》,反映的父亲过错大。父母的过错大,却不抱怨,这是更疏远的表现;父母的过错小,却去抱怨,这是闹了不该闹的情绪。更疏远父母,属于不孝;闹父母的情绪,也属于不孝。孔子说:'舜是最孝顺的人啊,五十岁还依恋父母。'"

(四)

宋牼将之楚,孟子遇于石丘,曰:"先生将何之?"

曰:"吾闻秦、楚构兵,我将见楚王说而罢之。楚王不悦,我将见秦王说而罢之。二王,我将有所遇焉。"

曰:"轲也请无问其详,愿闻其指。说之将何如?"

曰:"我将言其不利也。"

曰:"先生之志则大矣,先生之号则不可。先生以利说秦、楚之王,秦、楚之王悦于利,以罢三军之师,是三军之士乐罢而悦于利也。为人臣者怀利以事其君,为人子者怀利以事其父,为人弟者怀利以事其兄,是君臣、父子、兄弟终去仁义,怀利以相接,然而不亡者,未之有也。先生以仁义说秦、楚之王,秦、楚之王悦于仁义,而罢三军之师,是三军之士乐罢而悦于仁义也。为人臣者怀仁义以事其君,为人子者怀仁义以事其父,为人弟者怀仁义以事其兄,是君臣、父子、兄弟去利，怀仁义以相接也，然而不王者，未之有也。何必曰利？"

〔注释〕宋牼：牼，音坑（kēng）。宋国人，战国时期的著名学者之一。又称宋钘、宋荣。钱穆考证说，两人此时相遇，孟子已逾七十，宋牼年近五十（《先秦诸子系年·宋钘考》）。荀子以墨翟、宋钘并称，冯友兰认为他是墨家的一个支流，宣扬墨家的"兼爱""非攻"，主张"寡欲""见侮不辱""宽容"，追求"天下之安宁，以活民命"等（《中国哲学史新编》第二册第100页）。

石丘：地名，所在不详。

秦、楚构兵：构，连接。构兵，兵相交，指打仗。秦楚交战，可能指楚怀王十七年（公元前312年）两国间的战争。时在齐国攻破燕国两年之后。燕人叛齐，孟子去齐，遂有与宋牼相遇之事。

〔译文〕宋牼打算到楚国去，孟子在石丘遇见他，问道："先生打算到哪里去？"

答道："我听说秦国和楚国打仗，我打算去谒见楚王，劝说他罢兵。如果楚王不听，我打算去谒见秦王，劝说他罢兵。这两位国君，总会有一个听我的。"

孟子说："我也不想问得太详细，只想知道您的大意。您将怎样去劝说呢？"

答道："我打算说明打仗是不合乎他们的利益的。"

孟子说："先生的目的很伟大，先生的说法却不合适。先生用利益来劝说秦王和楚王，秦王和楚王见有利可图而高兴，于是停止军事行动。三军官兵之所以乐于罢兵，也是见有利可图而高兴。做臣子的为了利益去侍奉他的国君，做儿子的为了利益去侍奉他的父亲,做弟弟的为了利益去侍奉他的哥哥,这样,君臣、父子、兄弟都抛弃了仁义,为了利益走到一起,这样做不导致灭亡的,是没有的事情。先生若是用仁义来劝说秦王和楚王,秦王和楚王因为喜欢仁义,于是停止了军事行动。三军官兵之所以乐于罢兵,也是因为喜欢仁义。做臣子的为了仁义去侍奉他的国君,做儿子的为了仁义去侍奉他的父亲,做弟弟的为了仁义去侍奉他的哥哥,这样,君臣、父子、兄弟都抛弃了利益,为了仁义而走到一起,这样做不能实现王道,也是没有的事情。为什么一定要宣扬利益呢?”

(五)

孟子居邹,季任为任处守,以币交,受之而不报。处于平陆,储子为相,以币交,受之而不报。

他日,由邹之任,见季子;由平陆之齐,不见储子。屋庐子喜曰:“连得间矣。”问曰:“夫子之任,见季子;之齐,不见储子,为其为相与?”

曰:“非也。《书》曰:‘享多仪,仪不及物曰不享,惟不役志于享。’为其不成享也。”

屋庐子悦。或问之,屋庐子曰:“季子不得之邹,储子得之平陆。”

〔注释〕季任为任处守:赵岐:“任君季弟也。任君朝会于邻国,季任为之居守其国也。”

得间:间,间隙。犹今言“得空”。指有机会请教。其时弟子从学于老师,往往需要碰到老师就事论事来阐发事理而有所得。屋庐子喜,是因为有机会发问请教;屋庐子悦,是因为从孟子的回答中明白了道理。

《书》曰等句：见《尚书·洛诰》。享，进献。多，推重。仪不及物，礼仪与礼物相比不足。孟子用来说明储子有条件但没有亲身去平陆看望他，是尚贤的礼仪不周，心意不够。

[译文]孟子住在邹国的时候，季任留守任国，[代理国政，]送礼物来和孟子结交，孟子接受了礼物，没有回报。孟子住在平陆的时候，储子做齐国的卿相，也送礼物来和孟子结交，孟子接受了礼物，也没有回报。

过了一段时间，孟子由邹国到任国，拜访了季任；由平陆到临淄，却没有去拜访储子。屋庐子高兴地说："我又找到请教的机会了。"便问道："老师到任国，拜访了季任；到临淄，没有拜访储子，是因为储子只是卿相吗？"

答道："不是的。《尚书》说：'享献以礼仪为重，礼仪不足，礼物虽多，也不是真正的享献，因为送礼的人并没有把心意用上。'这是因为对方礼仪并没有到位的缘故。"

屋庐子高兴得很。有人问他，他说："季任不方便亲身去邹国，[送上礼物意思就到了。]储子却是可以亲自去平陆的，[为什么只是送上礼物呢？]"

（六）

淳于髡曰："先名实者，为人也；后名实者，自为也。夫子在三卿之中，名实未加于上下而去之，仁者固如此乎？"

孟子曰："居下位，不以贤事不肖者，伯夷也；五就汤，五就桀者，伊尹也；不恶污君，不辞小官者，柳下惠也。三子者不同道,其趋一也。一者何也? 曰,仁也。君子亦仁而已矣,何必同?"

曰:"鲁缪公之时,公仪子为政,子柳、子思为臣,鲁之削也滋甚。若是乎,贤者之无益于国也!"

曰:"虞不用百里奚而亡,秦穆公用之而霸。不用贤则亡,削何可得与?"

曰:"昔者王豹处于淇,而河西善讴;绵驹处于高唐,而齐右善歌;华周、杞梁之妻善哭其夫,而变国俗。有诸内,必形诸外。为其事而无其功者,髡未尝睹之也。是故无贤者也,有则髡必识之。"

曰:"孔子为鲁司寇,不用。从而祭,燔肉不至,不税冕而行。不知者以为为肉也,其知者以为为无礼也。乃孔子则欲以微罪行,不欲为苟去。君子之所为,众人固不识也。"

〔注释〕**名实**:赵岐:"名者,有道德之名也。实者,治国惠民之功实也。"

三卿:或指司马、司徒、司空,或指上卿、亚卿、下卿,当从后一说。

公仪子:当为公仪休,姓公仪名休。据《史记·循吏传》,公仪休为鲁相,"奉法循理","使食禄者不得与下民争利"。

子柳:赵岐:"子柳,泄柳也。"

鲁之削也滋甚:鲁穆公时,鲁国与齐国之间发生多次战争,多以鲁国兵败地削为结果。详见《史记·六国年表》。

王豹：卫国善讴者。

河西：卫国都城朝歌，淇水从其西边过，黄河从其东边过。河西指卫国境内地。

绵驹：高唐善歌者。

高唐：齐国西部边邑。从北面往南面看，西在右，故为"齐右"。

华周、杞梁之妻善哭其夫，而变国俗：赵岐："二人，齐大夫，死于戎事者，其妻哭之哀，城为之崩，国俗化之，则效其哭。"

燔肉不至：燔，又作"膰"，音烦（fán）。燔肉，祭祀用的烤肉或熟肉。依礼，祭祀完毕，必以燔肉分赐从祭官员，否则为失礼。

不税冕而行：税，音义同"脱"。似祭毕即分燔肉，故赵岐注云孔子"反归其舍，未及税解祭之冕而行，出适他国"。

欲以微罪行：在孟子看来，孔子行的原因，既不是"为肉"，也不是"为无礼"，而是为"不用"。微罪，指燔肉不至。找个理由罢了。

〔**译文**〕淳于髡说："在乎声名和功业的人，是为了别人；不在乎声名和功业的人，是为了自己。先生身为齐国的卿相，在辅佐国君与惠泽臣民两方面的声名和功业都还没有建立，就离开了，仁人原来是这样的吗？"

孟子说："自己职位低，[品德高尚，]不愿服事品行低下的人的，是伯夷这个人；五次到商汤那里去，又五次到夏桀那里去的，是伊尹这个人；不厌恶品行不端的国君，不拒绝微不足道的职位的，是柳下惠这个人。这三人的处世方式不一样，目的却是一样的。一样的是什么呢？应该说，就是仁。君子追求的无非是仁，何必要处事方式一样呢？"

淳于髡说："当鲁缪公的时候，公仪子主持国政，泄柳和子思都在朝为官，鲁国却不断地被削弱。像这种情况，说明贤人没有带给国家什么好处。"

孟子说:"虞国不用百里奚,因而灭亡;秦穆公用百里奚,因而称霸。不用贤人就会亡国,仅仅是削弱的问题吗?"

淳于髡说:"过去王豹住在淇水边,河西的人擅长讴吟;绵驹住在高唐,齐国西部的人擅长歌唱;华周、杞梁战死,他们的妻子痛哭,引起国人效仿。人有内在的贤德,必定会表现出外在的效果来。从事某项工作,却没有应有的业绩,我不曾看到过这种情形。所以现在没有贤人,如果有,我一定会知道他。"

孟子说:"孔子做鲁国的司寇,实际不用他。跟随国君去祭祀,祭肉不见送来,他马上就离开了。不知道内情的人以为他是计较祭肉,知道内情的人以为他是不满失礼。至于孔子,无非是想找个理由离开,不想被人看作随便出走。君子的所作所为,一般人原本是不理解的。"

(七)

孟子曰:"五霸者,三王之罪人也;今之诸侯,五霸之罪人也;今之大夫,今之诸侯之罪人也。天子适诸侯曰巡狩,诸侯朝于天子曰述职。春省耕而补不足,秋省敛而助不给。入其疆,土地辟,田野治,养老尊贤,俊杰在位,则有庆,庆以地。入其疆,土地荒芜,遗老失贤,掊克在位,则有让。一不朝,则贬其爵;再不朝,则削其地;三不朝,则六师移之。是故天子讨而不伐,诸侯伐而不讨。五霸者,搂诸侯以伐诸侯者也,故曰五霸者,三王之罪人也。五霸,桓公为盛。葵丘之会诸侯,束牲载书而不歃血。初命曰,诛不孝无易树子，无以妾为妻。再命曰，尊贤育才，以彰有德。三命曰，敬老慈幼，无忘宾旅。四命曰，士无世官，官事无摄，取士必得，无专杀大夫。五命曰，无曲防，无遏籴，无有封而不告。曰，凡我同盟之人，既盟之后，言归于好。今之诸侯皆犯此五禁，故曰今之诸侯，五霸之罪人也。长君之恶其罪小，逢君之恶其罪大。今之大夫皆逢君之恶，故曰今之大夫，今之诸侯之罪人也。”

〔注释〕**五霸**：周平王东迁后，周王室势力衰微，中原地区先后出现五位替代周王主持会盟征伐的诸侯之长。赵岐："五霸者，大国秉直道以率诸侯，齐桓、晋文、秦缪、宋襄、楚庄是也。"

三王：指夏、商、周三代之开国君主。赵岐："三王，夏禹、商汤、周文王是也。"

庆：赏赐。

掊克：掊音剖，上声（pǒu）。搜刮，聚敛。

葵丘之会诸侯：事在鲁僖公九年、齐桓公三十五年（公元前651年）。葵丘，宋地，在今河南省兰考县。会，盟会，以天子的名义申明禁令，如下文五命。《礼记·曲礼》孔颖达疏："盟者，杀牲歃血誓于神也。盟法：先凿地为方坎，杀牲于坎上，割牲左耳盛以珠盘，又取血盛以玉敦。用血为盟书，成乃歃血而读书。"

束牲载书而不歃血：束牲，牲为牛，不杀以陈。载书，书即盟书，载指置于牲体之上。歃血，以口微吸牲血。相对上述《礼记·曲礼》孔疏所云盟法，这种盟约方式大大简化了，说明齐桓公的威信高，诸侯不敢背约。

诛不孝无易树子：意思是诛不孝可以，但不要动辄以此名义废掉已立的世子。赵岐:"树,立也。已立世子,不得擅易也。"

士无世官:赵岐:"仕为大臣,不得世官。"

无专杀大夫:专,专擅。朱熹:"无专杀大夫,有罪则请命于天子而后杀之也。"

无曲防:曲,杨伯峻:"有'无不''遍'之义。"(《孟子译注》)防,拦水的堤坝。意思是不得到处建筑堤防,使邻国受水旱之害。后世有云:"左堤强则右堤伤,左右俱强则下方伤。"(《后汉书·显宗孝明帝纪》)

无有封而不告:朱熹:"无有封而不告者,不得专封国邑而不告天子也。"告,赵岐注谓"告盟主",不确。盟约是以天子名义申明禁令,自是告天子。至于齐桓公实际上是否都做得到,那是另一回事。

长君之恶:长,长长之义,顺也。指对国君的恶行听之任之。下文"逢"则有助长的意思。

〔译文〕孟子说:"[当年的]五位霸主,是三代圣王的罪人;如今的诸侯,是五位霸主的罪人;如今的大夫,是诸侯的罪人。天子前往诸侯国叫巡狩,诸侯朝见天子叫述职。[天子前往诸侯国,]春天巡视耕种情况,对生产条件差的农户予以补助;秋天巡视收获情况,对生活条件差的农户予以救济。如果进入某诸侯国的疆界,[看到]土地已经开辟,田野得到整治,老人被赡养,贤人受尊重,杰出的人才有官位,就要予以奖赏,赏给土地。如果进入某诸侯国的疆界,[看到]土地任其荒芜,老人被遗弃,贤人遭忽视,搜刮钱财的人占据官位,就要予以责罚。[诸侯朝见天子,]一次不去,就贬低爵位;两次不去,就削减土地;三次不去,就兴师问罪。所以天子用武力讨罪而不是攻伐,诸侯用武力攻伐而不是讨罪。五位霸主,就是挟持一部分诸侯攻伐另一部分诸侯的人。所以说五位霸主,是三代圣王的罪人。五位霸主之中，齐桓公是最了不起的。葵丘那一次会集众诸侯盟誓，献上活牲，把盟书置于其上，都不用歃血。第一条盟约说，不要以谴责不孝的名义废掉已立的世子，不要立妾为妻。第二条盟约说，尊重贤人，培育人才，来表彰有德的人。第三条盟约说，恭敬老人，爱护幼小，不怠慢来宾和旅客。第四条盟约说，做官不世袭职位，公家的职务不兼任，举用士子一定要取贤才，不要擅自杀戮大夫。第五条盟约说，不要到处建筑堤防，不要阻止邻国购买粮食，不要有所封赏而不报告。[最后]说，所有我们参与盟会的人，订立了盟约之后，都恢复旧日的友好。如今的诸侯都违反了这五条禁令，所以说，如今的诸侯，是五位霸主的罪人。对国君的恶行听之任之，这罪过还算小；对国君的恶行推波助澜，这罪过就大了。如今的大夫都助长国君的恶行，所以说，如今的大夫，是诸侯的罪人。”

（八）

鲁欲使慎子为将军。孟子曰：“不教民而用之，谓之殃民。殃民者，不容于尧舜之世。一战胜齐，遂有南阳，然且不可。”

慎子勃然不悦曰：“此则滑釐所不识也。”

曰：“吾明告子。天子之地方千里，不千里，不足以待诸侯。诸侯之地方百里，不百里，不足以守宗庙之典籍。周公之封于鲁，为方百里也，地非不足，而俭于百里。太公之封于齐也，亦为方百里也，地非不足也，而俭于百里。今鲁方百里者五，子以为有王者作，则鲁在所损乎？在所益乎？徒取诸彼以与此，然且仁者不为，况于杀人以求之乎？

君子之事君也,务引其君以当道,志于仁而已。"

〔**注释**〕慎子:名滑釐,赵岐:"善用兵者。"

南阳:即汶阳,在泰山之南,汶水之北。本为鲁地,后渐为齐国所夺。

待诸侯:朱熹:"谓待其朝觐聘问之礼。"

宗庙之典籍:宗庙所藏先祖传下来的有关宗族大事的文书。如《尚书·多士》:"惟殷先人,有册有典,殷革夏命。"是说殷先王传下来的册书、典籍记载着殷取代夏的历史。

〔**译文**〕鲁国打算任命慎子做将军。孟子说:"不训练老百姓就让他们去打仗,这叫做祸害百姓。祸害百姓的人,是无法在尧、舜的时代生存的。即使一次战斗打败齐国,就得到了南阳,这样仍然是不可以的。"

慎子顿时不高兴地说:"你这话却是我不明白的。"

孟子说:"我给你讲清楚。天子的土地方圆一千里,如果不到一千里,便没有足够的力量应对诸侯。诸侯的土地方圆一百里,如果不到一百里,便没有足够的力量守住祖先留下的事业。周公当初被封于鲁,正是方圆一百里那么大,而且土地并不是不够用,实际占有却少于一百里。太公当初被封于齐,也正是方圆一百里那么大,而且土地并不是不够用,实际占有却少于一百里。如今鲁国有五个方圆百里那么大,你以为假如有王者出现,那么鲁国的土地是在减少之列呢?还是在增加之列呢?就是不用什么代价取得一国的土地给予另一国,仁人都不会干,何况要通过杀人来夺取呢?君子服事国君,一定要引导他走正路,一心一意追求仁而已。"

（九）

孟子曰:"今之事君者皆曰:'我能为君辟土地,充府库。'今之所谓良臣,古之所谓民贼也。君不乡道,不志于仁,而求富之,是富桀也。'我能为君约与国,战必克。'今之所谓良臣,古之所谓民贼也。君不乡道,不志于仁,而求为之强战,是辅桀也。由今之道,无变今之俗,虽与之天下,不能一朝居也。"

〔注释〕乡:音义同"向"。

〔译文〕孟子说:"如今辅佐国君的人都说:'我能够替国君开拓土地,充实府库。'如今人们口中的好臣子,却是古代人们所说的残害老百姓的人。国君不向往道,不追求仁,却想替他增加财富,这等于给夏桀增加财富。[又说:]'我能够替国君找到同盟国,打仗一定胜利。'如今人们口中的好臣子,却是古代人们所说的残害老百姓的人。国君不向往道,不追求仁,却想替他打胜仗,这等于帮助夏桀。顺着今天的路子走下去,不去改变时代风气,纵然把天下送给他,他也是一天都坐不稳的。"

（十）

白圭曰:"吾欲二十而取一,何如?"

孟子曰:"子之道,貉道也。万室之国,一人陶,则可乎?"

曰:"不可,器不足用也。"

曰:"夫貉,五谷不生,惟黍生之;无城郭、宫室、宗庙、祭祀之礼,无诸侯币帛饔飧,无百官有司,故二十取一而足也。今居中国,去人伦,无君子,如之何其可也? 陶以寡,且不可以为国,况无君子乎? 欲轻之于尧舜之道者,大貉小貉也;欲重之于尧舜之道者,大桀小桀也。"

〔注释〕白圭:似是《韩非子·内储说下》"白圭相魏"之白圭。《韩非子·喻老》:"白圭之行堤也,塞其穴……是以白圭无水难。"与下章事合。

貉:音墨(mò),同"貊",指北方游牧地带。赵岐:"貉在北方,其气寒,不生五谷,黍早熟,故独生之也。"

尧舜之道:这里指十分抽一的税率。

大貉小貉:轻于十分抽一税率,程度也会不尽相同,较轻的是小貉,更轻的是大貉。

大桀小桀:重于十分抽一税率,程度也会不尽相同,较重的是小桀,更重的是大桀。

〔译文〕白圭说:"我打算将税率改为二十抽一,怎么样?"

孟子说:"您的办法,是貉地的办法。如果拥有一万户人口的国家,只有一个人制作瓦器,可以吗?"

答道:"不可以,瓦器会不够用。"

孟子说:"貉地,各种谷类不能生长,只生长黄米;没有城墙、房屋、祖庙和祭祀的讲究,没有诸侯之间的礼尚往来,没有各种衙门和官员,所以二十抽一就够用了。如今处在中原地区,如果取消人际往来,不要管事的官员,那怎么能行呢? 做瓦器的太少,尚且影响一个国家的生活,何况没有管事的官员呢? 想要比尧舜的十分抽一税率还轻的,或是大貉,或是小貉;想要比尧舜的十分抽一税率还重的,或是大桀,或是小桀。"

(十一)

白圭曰:"丹之治水也愈于禹。"

孟子曰:"子过矣。禹之治水,水之道也,是故禹以四海为壑。今吾子以邻国为壑。水逆行谓之洚水。洚水者,洪水也,仁人之所恶也。吾子过矣。"

〔注释〕丹之治水:丹,白圭的名。治水,建堤防以遏水害。徐中舒认为尚有以水攻为战争工具之义。魏国由于地势低下,所受到的水攻祸害最烈。白圭治水,当在其仕魏之时。"孟子之见白圭亦当在其游梁之时。"(《徐中舒历史论文选辑·古代灌溉工程原起考》)

四海:《孟子》书中,提到的具体海名,有北海、东海,未见南海和西海。古人有称大的水体为海者。这里当为泛指。又,书中其他地方屡称"四海"者,与"四方"的意思差不多。

〔译文〕白圭说:"我治理水患比大禹还强。"

孟子说:"您这话不对。大禹治理水患,是顺着水的自然流向进行疏导,所以大禹以四海为水的去处。如今您[只顾防护自己,]以邻国为水的去处。大水横冲直撞叫做洚水,洚水就是洪水,[所以让水冲到邻国去,]是仁人所厌恶的。您说的话错了。"

(十二)

孟子曰:"君子不亮,恶乎执?"

〔**注释**〕亮:同"谅",诚信。

〔**译文**〕孟子说:"君子不讲诚信,如何坚持原则?"

(十三)

鲁欲使乐正子为政。孟子曰:"吾闻之,喜而不寐。"

公孙丑曰:"乐正子强乎?"

曰:"否。"

"有知虑乎?"

曰:"否。"

"多闻识乎?"

曰:"否。"

"然则奚为喜而不寐?"

曰:"其为人也好善。"

"好善足乎?"

曰:"好善优于天下,而况鲁国乎? 夫苟好善,则四海之内皆将轻千里而来告之以善;夫苟不好善,则人将曰:'訑訑,予既已知之矣。'訑訑之声音、颜色距人于千里之外。士止于千里之外,则谗谄面谀之人至矣。与谗谄面谀之人居,国欲治,可得乎?"

〔**注释**〕鲁欲使乐正子为政:根据《梁惠王章句下》第十六章,乐正子报告鲁平公孟子的到来,鲁平公打算见孟子,没想到给一个叫臧仓的嬖人破坏了。这从一个侧面说明孟子评价乐正子"好善",但在"强""知虑""闻识"方面欠缺是符合实际的。结果可能是,乐正子并没有到为政的岗位上。

四海之内皆将轻千里而来告之以善：四海之内，由下文"士止于千里之外"可知，指四海之内的士人。轻千里，不怕千里之远。告之以善，指报告自己的善言善行，包含"愿立于其朝"（《公孙丑章句上》第五章）之意。

訑訑：訑音宜（yí）。不屑的语气。

谗谄：谗，说别人的坏话。谄，说对方的好话。

〔译文〕鲁国打算叫乐正子治理国政。孟子说："我听说了这事儿，高兴得睡不着。"

公孙丑问："乐正子做事干练吗？"

答道："不。"

又问："虑事周全吗？"

答道："不。"

再问："见多识广吗？"

答道："不。"

又问："既然这样，您为什么高兴得睡不着呢？"

答道："他这人立身处世秉持善良。"

再问："秉持善良就够了吗？"

答道："秉持善良，对于治理天下都绰绰有余，何况是鲁国呢？如果秉持善良，那四面八方的有识之士都会不远千里来向他表达善言善行；如果不秉持善良，那人们就会［模仿他的口气］说：'呵呵，我已经知道了。'呵呵的声音和脸色就会把人们拒绝于千里之外。有识之士止步于千里之外，阿谀奉承的人就会乘虚而入。和阿谀奉承的人在一起，国家要治理好，做得到吗？"

（十四）

陈子曰:"古之君子何如则仕?"

孟子曰:"所就三,所去三。迎之致敬以有礼;言,将行其言也,则就之。礼貌未衰,言弗行也,则去之。其次,虽未行其言也,迎之致敬以有礼,则就之。礼貌衰,则去之。其下,朝不食,夕不食,饥饿不能出门户,君闻之,曰:'吾大者不能行其道,又不能从其言也,使饥饿于我土地,吾耻之。'周之,亦可受也,免死而已矣。"

〔**注释**〕陈子:赵岐注以为即陈臻。

〔**译文**〕陈子说:"古代的君子要怎样的条件才出来做官?"

孟子说:"就职的情况有三种,离职的情况也有三种。迎请时恭敬有礼,有所建言打算采纳,便就职;还是那么礼貌相待,建言却不再实行了,便离开。其次,虽然没有采纳他的建言,还是恭敬有礼地迎请,便就职;礼貌有所降低,便离开。最下的,早上没有吃的,晚上也没有吃的,饿得走不出屋门,国君知道了说:'我往大了说不能实行他的主张,又不能听从他的建言,使他在我的地盘上饿肚皮,我为此感到耻辱。'于是接济他。这也可以接受,免于死亡罢了。"

（十五）

孟子曰:"舜发于畎亩之中,傅说举于版筑之间,胶鬲举于鱼盐之中,管夷吾举于士,孙叔敖举于海,百里奚举于市。故天将降大任于是人也,必先苦其心志,劳其筋骨,饿其体肤,空乏其身,行拂乱其所为,所以动心忍性,曾益其所不能。人恒过,然后能改;困于心,衡于虑,而后作;征于色,发于声,而后喻。入则无法家拂士,出则无敌国外患者,国恒亡。然后知生于忧患而死于安乐也。"

〔注释〕**傅说举于版筑之间**:说,音悦(yuè)。据《史记·殷本纪》,傅说是殷帝武丁从在傅险(今山西省平陆县东)干苦力活的刑徒中寻找出来,任命为宰相的。版筑,一种打土墙的方法。用两版相夹,填土其中,夯实后撤版成墙。

胶鬲举于鱼盐之中:《国语·晋语》:"妲己有宠,于是乎与胶鬲比而亡殷。"韦昭注:"胶鬲,殷贤臣也,自殷适周,佐武王以亡殷也。"不详举于鱼盐之中为在殷时事还是适周后事。从其他几位都是被贤君所举看,当为后者。

管夷吾举于士:管夷吾即管仲。士,狱官之长。据《左传》庄公九年,在齐国君位的争夺战中,管仲的原主人公子纠失败被杀,自己则被囚禁,旋由鲍叔举荐,被齐桓公任命为相。

孙叔敖举于海:赵岐:"孙叔敖隐处,耕于海滨,楚庄王举之以为令尹。"《荀子》《吕氏春秋》说他曾为期思(今河南省固始县)之"鄙人"。

百里奚举于市:百里奚卖身得价五张羊皮的事,孟子认为是好事之徒捏造的(详《万章章句上》第九章),因此这里的"市",就不是有的注家以为的奴隶市场,而可能是一般的买卖场所,或与贩牛有关的集市(百里奚养牛,也可能贩牛)。

空乏:指资财缺乏。这里是使动用法。

行拂乱其所为:行,行为。拂,违背。乱,扰乱。所为,指想要做的。即所行皆非所愿之意,今语称万事不如意。

忍性:赵岐注谓"坚忍其性,使不违仁"。仁为人性所固有,赵氏得之。

曾益:曾,同"增"。益,义同"增"。

人恒过等句:这句话至"而后喻",转入另一层意思,是指那些被举之人或天降大任的人被举或降任之后,他们还会有不断犯错和改正的过程。衡,通"横",梗塞。征于色,解决了困于心的问题后显示在气色上。发于声,解决了衡于虑的问题后表现在谈吐上。喻,指自己喻,非指他人喻。

法家拂士:法家,犹《公孙丑章句上》第一章"故家",自身有法度传承的世家大族,是诸侯国政治上的重要支撑力量。贵戚之卿甚至有罢黜国君的权利。拂,音避(bì),通"弼",匡正过失。《新书·保傅》:"洁廉而切直,匡过而谏邪者,谓之拂。"士是当时各国争取的新兴力量,其最高职位即是孟子所说的"异姓之卿",其处世法则是"君有过则谏,反覆之而不听则去"(《万章章句下》第九章)。战国时期国君势力上升,渐成专制君主,世家力量对之犹有所制衡,拂士唱唱建设性的反调也是必要的,对于国君是一种"忧患"因素。本章分三层意思,落脚到对国君的劝说上。

〔**译文**〕孟子说:"舜是从田野中被起用的,傅说被重用前是筑墙的,胶鬲被重用前是贩卖鱼和盐的,管夷吾被重用前还在监狱官手上,孙叔敖被重用前在海边干活,百里奚是从集市里提拔上来的。所以上天要把重大使命下托给某人,一定先要让他意志遭受煎熬,精疲力尽,饥肠辘辘,穷困潦倒,百事不顺,这样撞击他的心灵,磨砺他的本性,大大提升他的能力。一个人,总会犯错误,犯了错就改正;内心困惑,苦苦思索,然后才豁然开朗;显现在脸上,表露于话中,最后才清楚明白。[一个国家,]内部没有讲究法度的世家和坚持原则的士子,外部没有敌对的国家和忧患的影响,就会经常处于被灭亡的境地。由此可知,[无论是个人还是国家,]在应对忧患中生存,在耽于安乐中死亡。"

(十六)

孟子曰:"教亦多术矣,予不屑之教诲也者,是亦教诲之而已矣。"

〔**译文**〕孟子说:"教育的方法也是多种多样的,我不屑于去教诲这种做法,恰恰也是一种教诲呢。"

卷十三　尽心章句上

（一）

孟子曰："尽其心者，知其性也；知其性，则知天矣。存其心，养其性，所以事天也。殀寿不贰，修身以俟之，所以立命也。"

〔注释〕尽其心者，知其性也：尽，竭尽，用尽。其，泛指人，指每个人自己。尽其心者，句义同"既竭心思焉"（《离娄章句上》第一章）。孟子所定义之"人性"根植于心，觉悟其心，即觉悟其性。参见《告子章句上》第十五章注释。

知天：孟子认为"心之官则思，思则得之，不思则不得也，此天之所与我者"（同上篇第十五章），所以，尽心、知性与知天，是一回事。

殀寿不贰：殀，音义同"夭"，短命。赵岐："虽见前人或殀或寿，终无二心，改易其道。"

修身以俟之：修身，含存心、养性两者。朱熹："修身以俟死，则事天以终身也。"句义同下章"尽其道而死"。

立命：立于命，即得天命以立身。子曰："天生德于予，桓魋其如予何！"（《论语・述而篇》）可作注脚。

〔译文〕孟子说："用尽自己的心思，就懂得了自己的本性。懂得了自己的本性,就懂得了天命。保持自己的本心,涵养自己的本性,是对待天命的最好方式。不管是短命还是长寿,我都不三心二意,只是存养心性以待天命,这是安身立命的最好方式。”

(二)

孟子曰:“莫非命也,顺受其正,是故知命者,不立乎岩墙之下。尽其道而死者,正命也;桎梏死者,非正命也。”

〔**注释**〕岩墙:将要倒塌的高墙。指危险之地。

正命、非正命:张栻:“凡穷达、贵贱、祸福、死生,在君子、小人均曰命也。然君子则循其性,由其道,而听天所命焉,所谓顺受其正,谓正命也。若小人则不由其道,不循其性,行险侥倖,入于罟擭陷阱之中而不知,所谓非正命也。(《南轩先生孟子说》卷七)

〔**译文**〕孟子说:“没有一样不是天命所致,顺应天命便是人间正道,所以懂得天命的人,不会站在有倒塌危险的高墙之下。一生遵循仁义之道的人,享有正常的生命;身陷囹圄死掉的人,他的生命是不正常的。”

(三)

孟子曰:“求则得之,舍则失之,是求有益于得也,求在我者也。求之有道,得之有命,是求无益于得也,求在外者也。”

〔**注释**〕求则得之,舍则失之:求,指求之于心。《告子章句上》第六章:“仁、义、礼、智,非由外铄我也,我固有之也,弗思耳矣,故曰求则得之,舍则失之。"这是孟子求仁的方法。

求在外者:指求于自己的心之外。

〔译文〕孟子说:"追求就得到,放弃就失去,这样的追求有助于得到,因为追求的对象在我的内心。追求有路子,得到与否听天由命,这样的追求无助于得到,因为追求的对象在我的心之外。"

(四)

孟子曰:"万物皆备于我矣,反身而诚,乐莫大焉。强恕而行,求仁莫近焉。"

〔注释〕**万物皆备于我矣**:备,具备。"备于我"与"反身"相对,则备于我之"万物"在"我"之外,犹各色物品陈列在"我"面前。或理解为"一切我都具备",这是受宋儒"浑然与物同体"释义的影响。参见本篇第四十六章注释。

反身而诚:反身,返回自身。诚,实。指内心所实有者,即上章"求在我者"。

乐莫大焉:"诚"即"君子所性",是最大的快乐。参见本篇第二十一章。

恕:朱熹:"推己以及人也。"

〔译文〕孟子说:"万物全都展现在我的面前了,回头看到自己内心所有,才是最大的快乐。坚持不懈地推己及人,是实现仁道的最佳途径。"

(五)

孟子曰:"行之而不著焉,习矣而不察焉,终身由之而不知其道者,众也。"

〔译文〕孟子说:"做一件事,并没有明确意识到在做什么;习惯做这样的事,也没有搞清楚自己为什么这样做;一辈子就这样走下去,到头了都不知道自己走的什么路,这就是芸芸众生。"

（六）

孟子曰:"人不可以无耻。无耻之耻,无耻矣。"

〔注释〕无耻之耻,无耻矣:前两"耻",羞耻。后一"耻",耻辱。赵岐:"人能耻己之无所耻,是为改行从善之人,终身无复有耻辱之累矣。"

〔译文〕孟子说:"人不能没有羞耻。以没有羞耻为羞耻,就不会受到耻辱了。"

（七）

孟子曰:"耻之于人大矣:为机变之巧者,无所用耻焉;不耻不若人,何若人有?"

〔注释〕不耻不若人,何若人有:朱熹:"但无耻一事不如人,则事事不如人矣。"

〔译文〕孟子说:"羞耻对于人关系可大了:以机谋变诈取巧的人,完全用不着羞耻;应当羞耻却不以为耻,这方面不如别人的话,还有什么能赶得上别人?"

（八）

孟子曰:"古之贤王好善而忘势,古之贤士何独不然?

乐其道而忘人之势,故王公不致敬尽礼,则不得亟见之。见且由不得亟,而况得而臣之乎?"

〔注释〕不得亟见之:亟,音器(qì),屡次。指不能够想见就见到,即不随便受召唤的意思。

〔译文〕孟子说:"古代的贤明天子喜爱善人而不问身家,古代的贤明士人何尝不是这样?专注于自己的主张而忘却别人的权势,所以王公不对他表示敬意并礼数周到,就不能够想见他就见到他。相见尚且不能随意,何况要他作为臣下呢?"

(九)

孟子谓宋句践曰:"子好游乎?吾语子游。人知之,亦嚣嚣;人不知,亦嚣嚣。"

曰:"何如斯可以嚣嚣矣?"

曰:"尊德乐义,则可以嚣嚣矣。故士穷不失义,达不离道。穷不失义,故士得己焉;达不离道,故民不失望焉。古之人得志,泽加于民;不得志,修身见于世。穷则独善其身,达则兼善天下。"

〔注释〕宋句践:句,音勾(gōu)。人名,其事不详。

游:朱熹:"游说也。"

嚣嚣:赵岐:"自得无欲之貌。"

〔译文〕孟子对宋句践说:"您喜欢游说吗?我告诉您游说应有的态度。别人了解我,我悠然自得;别人不了解我,我也悠然自得。"

宋句践问:"怎样做才可以悠然自得呢?"

答道:"尊崇德,热爱义,就可以悠然自得了。所以士人穷困时不失掉义,得意时不偏离道。穷困时不失掉义,所以士人自得其乐;得意时不偏离道,所以老百姓不会失望。古代的人,能够施展抱负,就为百姓做好事;不能够施展抱负,也要存心养性活在世上。穷困就自己完善自己,通达就让全天下的人都过得好。"

(十)

孟子曰:"待文王而后兴者,凡民也。若夫豪杰之士,虽无文王犹兴。"

〔注释〕凡民:赵岐:"无自知者。"

〔译文〕孟子说:"要等到文王出现,才起而向善的,是普通百姓。至于出类拔萃的人士,纵是没有文王出现,也能起而向善。"

(十一)

孟子曰:"附之以韩魏之家,如其自视欿然,则过人远矣。"

〔注释〕附:增加。

韩魏之家:家,大夫曰家。赵岐:"晋六卿之富者也。"

自视欿然:欿音坎(kǎn)。欿然,不自足的样子。段玉裁《说文解字注》:"《孟子》假欿为坎,谓视盈若虚也。"焦循:"百乘之家,益之自外;仁义之道,根之于心。但视外所附,则见其富贵;自视其中之所有,故欿然知不足也。"

〔译文〕孟子说:"即使给他加上韩、魏两家那么多的财富,如果他看到的是自身德性的不足,他就远远超出一般的人了。"

(十二)

孟子曰:"以佚道使民,虽劳不怨。以生道杀民,虽死不怨杀者。"

〔注释〕**以佚道使民**:佚道,使百姓安乐之道。使民,指役使民众从事修桥补路、挖河筑堤等保障性公共工程。

以生道杀民:生道,使百姓生存之道。杀民,指杀掉百姓之中危害其他人生命的人。

虽死不怨杀者:这句话的主语仍是"民",但不是被杀之民。死,这里有"见其生不忍见其死"之义,即死总不是好事。

〔译文〕孟子说:"为了百姓的生活安定去役使他们,他们虽然辛劳也不会抱怨。为了百姓的生命安全去杀掉危害他们的人,虽然死人不是好事,但人们不会抱怨动手的人。"

(十三)

孟子曰:"霸者之民驩虞如也,王者之民皞皞如也。杀之而不怨,利之而不庸,民日迁善而不知为之者。夫君子所过者化,所存者神,上下与天地同流,岂曰小补之哉?"

〔注释〕**驩虞**:同"欢娱"。

皞皞:同"浩浩",指如同晴朗的天空一样平淡如常。后文"上下与天地同流",是说天地每时每刻、无声无息地运转,人们几乎感受不到,即皞皞如也。

庸:功。

过:经过。这里指行动。焦循:"过之义为动为行,所过者化,犹云所行者化也,所动者化也。"

小补:指霸主的小恩小惠。焦循:"然则小补谓霸者之民所由驩虞也:有阙则望补者切,有灾则思救者殷,而弥缝之,匡救之,恩泽暴见,民所以乐也。王者裁成辅相,则不待其阙而先默运之,不使有阙;不待其灾而豫防御之,不使有灾,此所以神,所以不知。且补阙者,益于此或损乎彼,支于左或绌于右,一利兴而一害即由此起,故为小补。"即大迹无形、小迹有痕之义。

〔**译文**〕孟子说:"霸主的百姓兴高采烈,王者的百姓平平淡淡。[为什么呢? 王者的百姓对]杀掉危害他们的人,固然不抱怨,给他们带来好处,也不知道是谁的功劳;他们每天都往好的方面进步,却不知道是谁促成的。君子[也应该这样,他]的行动所及当如春风化雨,成效所在当与神明贯通,融入到天地的运转之中,这岂是小恩小惠可以相比的?"

(十四)

孟子曰:"仁言不如仁声之入人深也,善政不如善教之得民也。善政民畏之,善教民爱之。善政得民财,善教得民心。"

〔**注释**〕仁言:教导仁爱的话语。赵岐:"政教法度之言。"

仁声:表现仁爱的音乐。赵岐:"乐声雅、颂也。"

〔**译文**〕孟子说:"仁爱的教训不如仁爱的音乐使人感动,良好的政治不如良好的教育受人欢迎。良好的政治为百姓所敬畏,良好的教育为百姓所喜爱。良好的政治收获百姓的贡赋,良好的教育赢得民心向往。"

(十五)

孟子曰:"人之所不学而能者,其良能也;所不虑而知者,其良知也。孩提之童无不知爱其亲者,及其长也,无不知敬其兄也。亲亲,仁也;敬长,义也。无他,达之天下也。"

〔**注释**〕良能:专指生来具备、不学而能者,如"亲亲"。

良知:专指生来具备、不虑而知者,如"敬长"。良能、良知,都是指本能的状态,不是自觉的状态。自觉的状态,需要"思","思则得之,不思则不得也"。

孩提之童:两三岁的小孩儿。赵岐:"孩提,二三岁之间,在襁褓知孩笑可提抱者也。"

〔**译文**〕孟子说:"每个人不用学习就做到的,是他的良能;不用思考就明白的,是他的良知。两三岁的孩子没有不知道亲爱他的父母的,到他长大了,没有不知道敬爱他的兄长的。亲爱父母,就是仁;敬爱兄长,就是义。[之所以这么说,]没有别的原因,走遍天下都是这样。"

(十六)

孟子曰:"舜之居深山之中,与木石居,与鹿豕游,其所以异于深山之野人者几希。及其闻一善言,见一善行,若决江河,沛然莫之能御也。"

〔译文〕孟子说："舜居住在深山之中,周围全是树木和石头,来来往往的不是鹿就是猪,他与生活在那里的山野之人几乎一样。但等到他听到一句善言,看到一桩善行,〔就马上采用过来,〕好像江河决了口子,浩浩荡荡,没有什么力量阻挡得了。"

(十七)

孟子曰:"无为其所不为,无欲其所不欲,如此而已矣。"

〔译文〕孟子说:"不要叫人去做自己都不想做的事情,不要叫人追求自己都不想要的东西,这样就可以了。"

(十八)

孟子曰:"人之有德、慧、术、知者,恒存乎疢疾。独孤臣孽子,其操心也危,其虑患也深,故达。"

〔注释〕疢疾:疢,音趁(chèn),病。朱熹:"犹灾患也。"

孽子:非嫡妻所生的儿子,也叫庶子。嫡子继位,往往庶子遭排斥,甚至人身安全都受威胁。

达:通行的解释有两义:一是显达,一是明达。当为后者。朱熹:"达,谓达于事理,即所谓德慧术知也。"

〔译文〕孟子说:"人之所以拥有道德、智慧、能力、知识,常常由于他处于忧患之中。正是那势力孤单的臣子、地位低下的庶子,他们提心吊胆,他们担惊受怕,所以能够看穿想通许多问题。"

(十九)

孟子曰:"有事君人者,事是君则为容悦者也;有安社稷臣者，以安社稷为悦者也；有天民者，达可行于天下而后行之者也；有大人者，正己而物正者也。”

〔注释〕**有事君人者两句：**容，容貌。指君之容。此类人，即忠臣，为四类人中最低者。

安社稷臣者：指将社稷安危放在首位的大臣。所谓"社稷次之，君为轻"，即是将君王的利益置于社稷之后。两种有矛盾时怎么办？"诸侯危社稷则变置"（《尽心章句下》第十四章）。这种人当属贵戚之卿。孟子曾对齐宣王说过贵戚之卿是怎么回事："君有大过则谏，反覆之而不听，则易位。"（《万章章句下》第九章）

天民：这里是"天民之先觉者"（《万章章句上》第七章）的省称。指伊尹、傅说一类出身士、平民甚至奴隶阶层的杰出人物。

大人：孟子理想中的为政者，即仁道的践行者。赵岐注谓"大丈夫"。这类人跟天民的区别，是前者正己以正人，即伊尹所说的"使先知觉后知，先觉觉后觉"，也即孟子所言"吾未闻枉己而正人者也"之"正人者"（同上章）；后者正己而人自正，即本章所说的"正己而物正者也"。以上四种人，都是指为臣者，而且层次依次上升，大人是最高的。

〔译文〕孟子说："一种是侍奉君主的人，那是一旦为君主服务就一心一意使君主高兴的人；一种是安定国家的大臣，那是以安定国家为志趣的人；一种是先知先觉的人，那是他的主张能行于天下的时候去行动的人；还有一种是可称之为大丈夫的人，那是其身正万事万物随之而正的人。"

（二十）

孟子曰："君子有三乐，而王天下不与存焉。父母俱存,兄弟无故,一乐也;仰不愧于天,俯不怍于人,二乐也;得天下英才而教育之,三乐也。君子有三乐,而王天下不与存焉。"

〔注释〕**王天下不与存焉**:意即王天下不在三乐之中。王天下为王者之事,则君子指士君子。

兄弟无故:兄弟之间没有不好的事情。焦循:"赵氏以无他故解无故,谓兄弟相亲好也。"

〔译文〕孟子说:"君子有三大乐趣,实现王道并不在其中。父母健在,兄弟和谐,是第一种乐趣;抬头不愧于天,低头不愧于人,是第二种乐趣;得到天下的优秀人才加以培养,是第三种乐趣。君子有这三种乐趣,实现王道并不在其中。"

(二十一)

孟子曰:"广土众民,君子欲之,所乐不存焉;中天下而立,定四海之民,君子乐之,所性不存焉。君子所性,虽大行不加焉,虽穷居不损焉,分定故也。君子所性,仁义礼智根于心,其生色也睟然,见于面,盎于背,施于四体,四体不言而喻。"

〔注释〕**中天下**:在天下的中央。周人克商之后,其所树立的天下中心观念,在地理上指今河南省洛阳市所在的地方。《逸周书·作雒解》:"乃作大邑成周于土中。""土中"即天下之中,成周在今洛阳市区。根据何尊铭文,周武王伐纣之后,决定"宅兹中国,自之乂民",即在洛阳盆地这个当时中原的中心地带统治天下。周成王时一度建都成周,后为东都(参唐兰《何尊铭文解释》,《文物》1976 年第 1 期)。孟子的天下中心观念,当来自于此。本章接上章申说之。

大行:即《公孙丑章句上》第一章"武王、周公继之,然后大行"之"大行"。

仁义礼智根于心等句:根于心,指恻隐之心、羞恶之心、辞让之心、是非之心等仁义礼智"四端"。"根于心"的说法,《孟子》全书唯此一处,似与楚简《五行》仁义礼智圣"形于内"的思想有关,"内"指心之官及心之思。睟然,睟音遂(suì),朱熹:"清和润泽之貌。"似也同于楚简《五行》"玉色则形"。但"盎于背,施于四体",与后者气势大有不同,应与孟子思想中援入稷下黄老学派的气论不无关系。参见本篇第三十九章注释。

〔译文〕孟子说:"广大的土地、众多的人口,是君子所希望拥有的,但是他的乐趣并不在此;在天下的中央就位,安定四面八方的百姓,是君子所乐于做到的,但是他的本性并不在此。君子的本性,纵然理想实现也不会增强一分,纵然一筹莫展也不会减弱一毫,因为本分已经确定不易。君子的本性,也就是仁、义、礼、智,植根在他的心中,产生的气色温润光鲜,显现在脸上,洋溢于肩背,扩散到四肢,四肢不用说话就能表明一切。"

(二十二)

孟子曰:"伯夷辟纣,居北海之滨,闻文王作兴,曰:'盍归乎来! 吾闻西伯善养老者。'太公辟纣,居东海之滨,闻文王作兴,曰:'盍归乎来! 吾闻西伯善养老者。'天下有善养老,则仁人以为己归矣。五亩之宅,树墙下以桑,匹妇蚕之,则老者足以衣帛矣。五母鸡,二母彘,无失其时,老者足以无失肉矣。百亩之田,匹夫耕之,八口之家足以无饥矣。所谓西伯善养老者,制其田里,教之树畜,导其妻子使养其老。五十非帛不暖,七十非肉不饱。不暖不饱,谓之冻馁。文王之民无冻馁之老者,此之谓也。"

〔译文〕孟子说:"伯夷躲避纣王,住到北海边,听说文王兴盛起来,便说:'何不到那里去! 我听说西伯是善待老人家的。'太公躲避纣王,住在东海边,听说文王兴盛起来,便说:'何不到那里去! 我听说西伯是善待老人家的。'天下有善待老人的人,仁人就把他作为自己的归宿了。五亩地的宅院,在院墙下栽培桑树,主妇养蚕缫丝,老年人就有条件穿丝棉衣了。五只母鸡,两只母猪,不要耽搁养殖的时间,老年人就肯定不会没有肉吃了。百亩耕地,男子去耕种,八口人的家庭就肯定不会饿肚子了。说西伯善待老人,无非是说他规定了每户人家的耕地和宅院面积,教导民众栽种和养殖,引导老婆和孩子赡养老人。五十岁没有丝棉衣穿就不暖和,七十岁没有肉吃就营养不良。穿的不暖和,吃的没营养,叫做挨冻受饿。文王的百姓中没有挨冻受饿的老人,说的就是这个意思。"

(二十三)

孟子曰:"易其田畴,薄其税敛,民可使富也。食之以时,用之以礼,财不可胜用也。民非水火不生活,昏暮叩人之门户求水火,无弗与者,至足矣。圣人治天下,使有菽粟如水火。菽粟如水火,而民焉有不仁者乎?"

〔注释〕易其田畴:易,治也。这里是整治的意思。畴,《一切经音义》引《国语》贾氏注云:"一井为畴,九夫为一井。"句谓完善百姓的耕地制度。

菽:大豆,当时老百姓的主要粮食。这里"菽粟连称,把大豆看得比粟还重要,因为大豆可以春夏两季播种,在不同气候和不同土壤条件下都可生长,抗旱力强,并可以利用高地山沟和其他空隙地方播种,产量较多"(杨宽《战国史》第75页)。

〔译文〕孟子说:"整治他们的耕地,减轻他们的赋税,可以使百姓富裕;取食讲究时节,消费依照礼节,财物是用不尽的。百姓的日常生活总有水和火,傍晚到别人家里讨水火,没有不给予的,因为挑水担柴很容易。圣人治理天下,要使拥有的粮食像水火那样取用便利。粮食如同水火一样取用便利,百姓哪有不仁爱的呢?"

(二十四)

孟子曰:"孔子登东山而小鲁,登泰山而小天下,故观于海者难为水,游于圣人之门者难为言。观水有术,必观其澜;日月有明,容光必照焉。流水之为物也,不盈科不行;君子之志于道也,不成章不达。"

〔注释〕**东山**:当指蒙山(参阎若璩《四书释地》"东山"条),位于曲阜东面,在今山东省蒙阴县西南,其主峰为当时鲁国境内第一高峰。泰山主峰则为当时齐国第一高峰。

观水有术等句:此句言观。澜,赵岐:"水中大波也。"容光,赵岐:"小隙也。"

流水之为物也等句:此句言游。不盈科不行,即《离娄章句下》第十六章"盈科而后进,放乎四海"之义。成章,《说文》:"乐竟为一章。"引申指事物发展到成熟阶段。

〔译文〕孟子说:"孔子登上东山眺望,觉得鲁国小了;登上泰山眺望,觉得天下也小了。所以,对于看过大海的人,河水就不值得看了;对于在圣人那里学习过的人,别人的教导就很难入耳了。欣赏水景有方法,一定要看那壮阔的波澜;太阳和月亮的光辉,没有什么地方照耀不到。流水这东西,一定会把沿路的沟沟坎坎灌满,奔向大海;君子追求仁道,不积累到足够的程度,不能通达圣人之门。"

(二十五)

孟子曰:"鸡鸣而起,孳孳为善者,舜之徒也;鸡鸣而起,孳孳为利者,跖之徒也。欲知舜与跖之分,无他,利与善之间也。"

〔注释〕跖:春秋时的大盗。

〔译文〕孟子说:"鸡一叫就起床,孜孜不倦行善的人,是舜的追随者;鸡一叫就起床,孜孜不倦求利的人,是跖的追随者。要清楚舜和跖的区别,不看别的,就看求利还是行善。"

(二十六)

孟子曰:"杨子取为我,拔一毛而利天下,不为也。墨子兼爱,摩顶放踵利天下,为之。子莫执中,执中为近之。执中无权,犹执一也。所恶执一者,为其贼道也,举一而废百也。"

〔注释〕摩顶放踵:赵岐:"摩突其顶,下至于踵。"突,即秃。放,至也。犹云从头到脚,拔光全身的毛发。与拔一毛不为形成强烈对比。

子莫:赵岐:"鲁之贤人也。"

执中:秉持中间做法。指在杨子的做法和墨子的做法中间取其一点,从孟子批评"执中无权"来看,并非是等距离的一点,否则有机械之病(即"执一")。

执一:执着一点。即不时。时即"孔子圣之时者"之时。孟子说过:"天下之本在国,国之本在家,家之本在身。"(《离娄章句上》第五章)杨子的毛病,不在于为我(身),而在于仅仅为我;墨子的毛病,不在于兼爱(天下),而在于光讲兼爱;子莫若是在这两者之间兼顾多个层面则可,若是执着其中一点,就与杨子、墨子差别不大了。此即"执中无权,犹执一也"之义。

〔译文〕孟子说:"杨子做什么都是为他自己,为了天下人的利益,拔掉他的一根汗毛,他都是不干的。墨子主张爱所有的人,为了天下人的利益,拔光他全身的汗毛,他都是会干的。子莫主张中间路线,这就靠近了仁义之道。但如果坚持中间路线不知变通,还是属于执着于一点。之所以反对执着于一点,因为它只顾及那一点而所有其他方面都废弃了,这就损害了仁义之道。"

(二十七)

孟子曰:"饥者甘食,渴者甘饮。是未得饮食之正也,饥渴害之也。岂惟口腹有饥渴之害?人心亦皆有害。人能无以饥渴之害为心害,则不及人不为忧矣。"

〔注释〕**不及人:**指富贵不及别人。

〔译文〕孟子说:"饥饿的人觉得吃什么都好吃,干渴的人觉得喝什么都好喝。这就不能得到饮食的正常滋味,饥渴妨害了他的味觉。难道只有口腹受到饥渴妨害这种事吗?人心也受到这样的妨害。如果人们能够使自己的心避免饥渴之类的妨害,那么,赶不上别人,就不必忧心忡忡了。"

(二十八)

孟子曰:"柳下惠不以三公易其介。"

〔译文〕孟子说:"柳下惠不因为有大官做就改变他的操守。"

(二十九)

孟子曰:"有为者辟若掘井,掘井九轫而不及泉,犹为弃井也。"

〔注释〕轫:同"仞",七尺为一仞。

〔译文〕孟子说:"有作为的人,好比掏井,掏到六七丈深还不见泉水,[就此停住,]就等于掏了一口废井[,所以要坚持到底]。"

(三十)

孟子曰:"尧、舜,性之也;汤、武,身之也;五霸,假之也。久假而不归,恶知其非有也?"

〔注释〕性之:即《离娄章句下》第十九章"(舜)由仁义行"之义。详见该章注释。

〔译文〕孟子说:"尧、舜实行仁义,是出自本性;汤、武实行仁义,是身体力行;五霸实行仁义,不过是假借名义。但名义借得久了,总不放弃,怎知他不是真的拥有了?"

(三十一)

公孙丑曰:"伊尹曰:'予不狎于不顺。'放太甲于桐,民大悦。太甲贤,又反之,民大悦。贤者之为人臣也,其君不贤,则固可放与?"

孟子曰:"有伊尹之志,则可;无伊尹之志,则篡也。"

〔注释〕予不狎于不顺:狎,习惯。不狎,不能容忍。顺,合理。不顺,悖理。《左传》隐公三年:"君义、臣行、父慈、子孝、兄爱、弟敬,所谓六顺也。"这句话既指出了放太甲的理由,又指明了先放后反民大悦即为"顺"。放太甲于桐事,见《万章章句上》第六章。这里所引伊尹的话,未必如许多注家说的来自于《尚书》。

〔译文〕公孙丑说:"伊尹说过:'我不能容忍悖理的事情。'〔于是〕把太甲放逐到桐邑,老百姓大为高兴;太甲变好了,又恢复他的王位,老百姓又大为高兴。贤人作为臣子,君王不好,就应该放逐他吗?"

孟子说:"有伊尹那样的动机,就可以;没有伊尹那样的动机,便是篡夺了。"

(三十二)

公孙丑曰:"《诗》曰:'不素餐兮。'君子之不耕而食,何也?"

孟子曰:"君子居是国也,其君用之,则安富尊荣;其子弟从之,则孝悌忠信。'不素餐兮',孰大于是?"

〔注释〕不素餐兮:《诗经·魏风·伐檀》诗句。毛传:"素,空也。"

〔译文〕公孙丑说:"《诗经》说:'不白吃饭呀。'君子不种庄稼有饭吃,是什么道理?"

孟子说:"君子居住在一个国家,国君使用他,就会民安、国富、君尊、臣荣;少年子弟跟他学习,就会孝顺父母、尊敬兄长、忠于国家、取信朋友。[说什么]'不白吃饭呀',还有比这更重要的吗?"

(三十三)

王子垫问曰:"士何事?"

孟子曰:"尚志。"

曰:"何谓尚志?"

曰:"仁义而已矣。杀一无罪,非仁也;非其有而取之,非义也。居恶在? 仁是也;路恶在? 义是也。居仁由义,大人之事备矣。"

〔注释〕王子垫:赵岐:"齐王子,名垫。"

尚志:尚,兼有崇尚与奉为至上两义。志,联系尚之义,有理想甚至最高理想的意思,有异于普通的志向。孟子这么说,是因为王子垫所问,实际上是问士以何为职业追求。可与孟子"无恒产而有恒心者,为士为能"的思想互参。士尚志,孔子已经加以明确并重视:"苟志于仁矣,无恶也。"(《论语·里仁篇》)"志士仁人,无求生以害人,有杀生以成仁。"(《卫灵公篇》)子思认为士当志在使仁、义、礼、智、圣形成于内心且时时践行之:"五行皆形于内而时行之,谓之君子;士有志于君子道,谓之志士。"(《郭店楚墓竹简·五行》)

〔译文〕王子垫问道:"士人是干什么的?"

孟子说:"献身理想。"

又问:"什么叫献身理想?"

答道:"始终不渝坚守仁和义。杀一个无罪的人,是不仁;拿了不是自己所有的,是不义。立身之本何在? 在仁;必由之路何在? 在义。坚守仁,奉行义,大丈夫的事情就是这些了。"

(三十四)

孟子曰:"仲子,不义,与之齐国而弗受,人皆信之,是舍箪食、豆羹之义也。人莫大焉亡亲戚、君臣、上下。以其小者信其大者,奚可哉?"

〔注释〕仲子:即陈仲子,详《滕文公章句下》第十章。

豆羹:用大豆叶子做的蔬菜汤。

人莫大焉亡亲戚、君臣、上下:焉,于。亡,同"无"。指陈仲子避兄离母等事。这是当时也是古代的普遍观念,如景子曰:"内则父子,外则君臣,人之大伦也。"(《公孙丑章句下》第二章)孔子时代也是这样,如子路曰:"长幼之节,不可废也;君臣之义,如之何其废之? 欲洁其身而乱大伦。"(《论语·微子篇》)与下章"舜视弃天下犹弃敝蹝也"合看,则其义自明。

〔译文〕孟子说:"陈仲子,如果是不义的,就是把齐国交给他,他也是不会接受的,别人也相信他会这么做。[但是,]他这种行为,只是不取[不该得的]一筐饭、一碗汤的小义。人的不义,没有比不要亲人、君臣、尊卑更严重的。因为他有小义,就相信他大节不亏,怎么可以呢?"

(三十五)

桃应问曰:"舜为天子,皋陶为士,瞽瞍杀人,则如之何?"

孟子曰:"执之而已矣。"

"然则舜不禁与?"

曰:"夫舜恶得而禁之? 夫有所受之也。"

"然则舜如之何?"

曰:"舜视弃天下犹弃敝蹝也。窃负而逃,遵海滨而处,终身䜣然,乐而忘天下。"

〔注释〕桃应:赵岐:"孟子弟子。"

视弃天下犹弃敝蹝:蹝,音洗(xǐ),草鞋。本章体现孟子以家为国和天下之本,以及事亲为大的观念。孔子尚无此种明确观念,孔子之后孟子之前儒家已有类似观念,如《郭店楚墓竹简·六德》:"为父绝君,不为君绝父。"

䜣:同"欣"。

〔译文〕桃应问道:"舜做天子,皋陶做法官,假设瞽瞍杀了人,该怎么处理?"

孟子说:"把他抓起来就是了。"

"那么,舜不阻止吗?"

答道:"舜怎么阻止得了? 那样做是有依据的。"

"那么,舜该怎么办呢?"

答道:"舜把放弃天子之位看成丢掉破草鞋一样。偷偷地背着父亲逃走,沿着海边住下来,一辈子快乐得很,乐得忘了当过天子的事儿。"

(三十六)

孟子自范之齐,望见齐王之子,喟然叹曰:"居移气,养移体,大哉居乎! 夫非尽人之子与?"

〔注释〕自范之齐:范,齐邑,在今河南省范县。齐,指齐都临淄。

齐王之子:钱穆认为乃齐宣王:"然则称齐王之子者,时威王新死未葬,宣王初立,故变文称之也。"(《先秦诸子系年·孟子自梁返齐考》)这是说孟子由梁经范至齐,在齐威王去世之年。按:认为此齐王之子乃齐宣王,有道理。观下章以鲁君相拟,说明"居相似也",正合齐威王新死、齐宣王继位但尚未即位的情形,可知赵岐注谓"王庶子"非是。又,齐威王去世在前320年,为孟子初见梁惠王之年,则由梁经范至齐说不确。反之,孟子自范之齐,正逢齐威王新死,之前居齐有年,不曾见过齐威王,值此新旧交替,更恐难有作为,于是去齐至梁。又,孟子以前当见过做王子的齐宣王(但未有交往),所以当其准备即位之时的形象,与以前相比改变("移")很大,令孟子深感"居"(地位)之重要。也许这次留下的深刻印象,为他对梁襄王失望("望之不似人君")之后返回齐国埋下伏笔。

居:从下章"王子宫室、车马、衣服多与人同,而王子若彼者,其居使之然也"看,居并不是指宫室,也不是指一般说的环境,而是地位。

〔译文〕孟子从范邑到齐都,远远地望见了齐王的儿子,长叹一口气,说:"地位改变气质,[就像]营养改变体质,地位真是重要呀!他充其量不也是人的儿子吗?"

(三十七)

孟子曰:"王子宫室、车马、衣服多与人同,而王子若彼者,其居使之然也。况居天下之广居者乎? 鲁君之宋,呼于垤泽之门。守者曰:'此非吾君也,何其声之似我君也?'此无他,居相似也。"

〔注释〕垤泽:垤,音叠(dié)。宋城门名。

〔译文〕孟子说:"王子的住所、车马和衣服多半同别人一样,但王子是那样的特别,这是他的地位导致的。何况那总是以天下为己任的人呢? 鲁君到宋国去,在宋国的城门下呼喊,守门的说:'这不是我的国君呀,为什么他的声音是那么的像我们的国君呢?'这没有别的原因,两个国君地位差不多。"

(三十八)

孟子曰:"食而弗爱,豕交之也;爱而不敬,兽畜之也。恭敬者,币之未将者也。恭敬而无实,君子不可虚拘。"

〔注释〕交:接,犹喂养。

将:奉送。

恭敬而无实:有恭敬的形式(奉送礼物),没有恭敬的内容(真心对待,当指国君对士)。

虚拘:枉自拘束。指对方没有真心相待,自己为表面的恭敬所惑,倒真心对待对方了。赵岐:"何可虚拘致君子之心。"

〔译文〕孟子说:"给人饭吃但没有感情,等于喂猪;有感情却不尊敬,无异于畜养狗马。恭敬之心,在礼物奉送之前就该具备。如果恭敬只有礼物奉送的形式,没有真心的对待,君子不可以全抛一片心。"

(三十九)

孟子曰:"形色,天性也,惟圣人然后可以践形。"

〔注释〕形色,天性也:形,体之形,指人的外表。色,形之色,指人的外表的颜色。犹今云"气色",气在内,色在外。本篇第二十一章孟子曰:"君子所性,仁义礼智根于心,其生色也睟然,见于面,盎于背,施于四体,四体不言而喻。"面、背、四体,形也。见、盎、施,色也。天性,仁义礼智为"君子所性",所性,即所禀受于天者,是为天性。

惟圣人然后可以践形:践,践履。指天性生色于形体之实在状态,犹步履之踏实。见于面,盎于背,施于四体,即是践形。圣人,本篇下第二十四章"大而化之之谓圣",为人格之等第五。形色天性,亦是"充实而有光辉"且"化之"的某种体现。过去形容伟人"红光满面,神采奕奕",引起的心理反应是高度崇拜,其理近是。

〔译文〕孟子说:"人的体貌温润光鲜,无不是天性的表露。只有到了圣人这个层次,才能切实做到。"

(四十)

齐宣王欲短丧。公孙丑曰:"为期之丧,犹愈于已乎?"

孟子曰:"是犹或紾其兄之臂,子谓之姑徐徐云尔。亦教之孝弟而已矣。"

王子有其母死者,其傅为之请数月之丧。公孙丑曰:"若此者何如也?"

曰:"是欲终之而不可得也。虽加一日愈于已,谓夫莫之禁而弗为者也。"

〔注释〕齐宣王欲短丧:齐宣王打算做出守孝一年的规定。赵岐注谓他请公孙丑问孟子对此的意见。孔子时,弟子宰我曾提出三年之丧时间太长的问题,主张一年就可以了,孔子予以了批驳(见《论语·阳货篇》)。钱穆认为此事接第三十六章孟子自范之齐,威王新死,未及周年,欲短丧指欲短齐威王的丧期(《先秦诸子系年·孟子自梁返齐考》)。这个说法不确切。如已定三年之丧,就不会轻率地在未满一年时改行一年之丧。倒可能是齐威王的三年丧期结束后,根据变化了的形势,齐宣王才决定正式将普遍的丧期改为期之丧。时间当在前317年。孟子此时已经从魏国返回齐国。

期:音鸡(jī),一周年。

愈于已:胜过实际缩短了的守孝时间。已,并非指完全不守孝,而是指已经缩短了的守孝时间,从下文来看,就是数月。

王子有其母死者等句:王子指齐王的庶子。他的母亲死后,按有关规定,举行完葬礼就不再守丧了。其傅请数月之丧,是按照当时社会普遍实行的丧期提出的。孟子对此予以赞赏,虽然远达不到他认为应坚持的三年之丧。这是与齐宣王欲短丧进行对比。

〔译文〕齐宣王打算缩短守孝的时间。公孙丑说:"为父母守孝一年,不是胜过实际缩短的丧期吗?"

孟子说:"这个做法,好比有人扭折他哥哥的胳膊,你只是对他说姑且慢一点儿慢一点儿。得让他明白[真正的]孝悌之道才行啊。"

齐王的儿子有死了母亲的,他的师傅替他请求多守孝几个月。公孙丑说:"像这样的事儿,怎么样?"

孟子说:"这是王子想多守孝几个月,居然不被允许。比起实际缩短的丧期,哪怕多一天都是好的,我这话是针对那些没有被禁止却自己不去守孝的人说的。"

(四十一)

孟子曰:"君子之所以教者五:有如时雨化之者,有成德者,有达财者,有答问者,有私淑艾者。此五者,君子之所以教也。"

〔**注释**〕财:朱熹:"财与材同。"

私淑艾:艾,同"刈",割取,与"淑"即"叔"同义词连用。义同《离娄章句下》第二十二章之"私淑",但一者为教,一者为学。

〔译文〕孟子说:"君子教导的方法有五种:有像雨季到来普遍灌溉的,有侧重培养品德的,有着力挖掘天赋的,有只是答疑解惑的,还有个别传授的。这五种,就是君子教导的方法。"

(四十二)

公孙丑曰:"道则高矣美矣,宜若登天然,似不可及也。何不使彼为可几及而日孳孳也?"

孟子曰:"大匠不为拙工改废绳墨,羿不为拙射变其彀率。君子引而不发,跃如也。中道而立,能者从之。"

〔注释〕彀率:音够律(gòu lǜ)。朱熹:"弯弓之限也。"

跃如:即将射出的样子。

中道而立:君子引而不发时挺身站立的样子。中道,正对标靶的中间位置。

〔译文〕公孙丑说:"道实在是又高又美啊,好像登天一样,似乎是不可企及的。为什么不使它变成人们有希望达到因而每天都为之努力呢?"

孟子说:"伟大的工匠不会为拙劣的工人降低绳墨的标准,[就如同]羿不会为拙劣的射手减小张弓的幅度。君子[教人射箭,]张满了弓,并不发射,做出马上要射出的样子。他挺立在正对靶心的位置,有能力的射手便有样学样。"

(四十三)

孟子曰:"天下有道,以道殉身;天下无道,以身殉道。未闻以道殉乎人者也。"

〔注释〕殉:以死相从。

以道殉乎人:朱熹:"以道从人,妾妇之道。"本章体现了孟子对于道的态度,与他曾经说过的"行天下之大道,得志,与民由之;不得志,独行其道。富贵不能淫,贫贱不能移,威武不能屈"(《滕文公章句下》第二章)是一致的,而与孔子"天下有道则见,无道则隐"(《论语·泰伯篇》)有所不同。

〔译文〕孟子说:"天下政治清明,推行仁道一辈子;天下政治黑暗,宁死不屈守仁道。没有听说过以仁道屈从别人的意志的。"

（四十四）

公都子曰："滕更之在门也，若在所礼，而不答，何也？"

孟子曰："挟贵而问，挟贤而问，挟长而问，挟有勋劳而问，挟故而问，皆所不答也。滕更有二焉。"

〔注释〕滕更：赵岐："滕君之弟，来学于孟子者也。"

滕更有二焉：滕更作为滕君之弟，可能有挟贵、挟故的问题。

〔译文〕公都子说："滕更在您门下的时候，似乎该对他以礼相待，可是您却不回答他的问题，为什么呢？"

孟子说："凭着高贵的身份发问，自负有才能发问，居于长者发问，觉得有功劳发问，以为是老交情发问，都是我所不愿回答的。滕更占了其中的两条。"

（四十五）

孟子曰："于不可已而已者，无所不已。于所厚者薄，无所不薄也。其进锐者，其退速。"

〔注释〕已：赵岐："弃也。"

〔译文〕孟子说："对于不该放弃的事放弃了，就没有什么事是不能放弃的。对于应该厚待的人薄待了，就没有谁是不能薄待的。往前走得快的人，后退起来也快。"

（四十六）

孟子曰："君子之于物也，爱之而弗仁；于民也，仁之而弗亲。亲亲而仁民,仁民而爱物。"

〔注释〕爱之而弗仁:仁必爱,但指爱人("仁者爱人"),不是爱物。

仁之而弗亲:亲自然也是爱,但指爱家人特别是父母("亲亲")。

亲亲而仁民,仁民而爱物:亲亲,爱人之始。仁民,爱人之尽。爱物,爱人之用。三者关系,不可不辨。前两者,同为社会关系的主体。后者,是社会(人类)的客体。人禽之辨,不过人物之辨之大端。

〔译文〕孟子说:"君子对于万物,爱惜却不仁爱;对于老百姓,仁爱却不亲爱。君子亲爱父母,因而仁爱百姓;仁爱百姓,因而爱惜万物。"

(四十七)

孟子曰:"知者无不知也,当务之为急;仁者无不爱也,急亲贤之为务。尧舜之知而不遍物,急先务也;尧舜之仁不遍爱人,急亲贤也。不能三年之丧而缌、小功之察,放饭流歠而问无齿决,是之谓不知务。"

〔注释〕急亲贤之为务:赵岐:"仁者务爱贤也。"本章之旨,是讲政务的轻重缓急。

不遍物:赵岐:"不遍知百工之事。"百工,即百官。

缌、小功:缌,音丝(sī),细麻布。指穿细麻布做的丧服,服丧三个月。小功,服丧五个月。

放饭流歠:放,放纵。饭,吃。流,义与"放"同。歠,音绰(chuò),喝。赵岐:"于尊者前赐饭,大饭长饮,不敬之大者。"

齿决:决,焦循:"犹断也。"指用牙齿把肉食咬断。湿肉可以这么吃,干肉这么吃就不太礼貌,应该用手扯下来吃。

〔**译文**〕孟子说:"智者没有什么是不能知道的,眼下的事情先操心;仁者没有谁是不可以爱的,亲近贤人是急务。以尧、舜的智慧,也不是什么事情都要知道,而是先操心最重要的事情;以尧、舜的仁德,也不是什么人都得去爱,而是急于亲近贤人。不能实行三年的丧礼,却对缌麻三月、小功五月的丧礼下功夫;只管放开吃、痛快喝,却在是否用牙齿咬断肉食上挺讲究,这叫做不知事情的轻重。"

卷十四　尽心章句下

（一）

　　孟子曰：“不仁哉梁惠王也！仁者以其所爱及其所不爱，不仁者以其所不爱及其所爱。”

　　公孙丑问曰：“何谓也？”

　　“梁惠王以土地之故，糜烂其民而战之，大败，将复之，恐不能胜，故驱其所爱子弟以殉之，是之谓以其所不爱及其所爱也。”

　　〔注释〕糜烂：糜，破碎。烂，腐烂。形容死亡的惨状。

　　大败，将复之等句：大败，指公元前354年魏国与齐国的桂陵之战。齐军以田忌为将、孙膑为军师，采取“围魏救赵”的策略，在桂陵（今河南省长垣市西北）邀击魏军。魏军大败，主将庞涓被擒。将复之，指公元前341年魏国以太子申、庞涓为主将，率十万大军攻齐。齐军以田忌、田朌为将，孙膑为军师，采用“减灶诱敌”的计策，在马陵（今河南省范县西南）伏击魏军。魏军主力被歼，太子申被擒，庞涓自杀。驱其所爱子弟以殉之，就是指使用太子申为将（参杨宽《战国史》第373页）。

　　〔译文〕孟子说：“梁惠王真是不仁哪！仁人把对他所爱的人的

爱扩展到他所不爱的人,不仁的人却把对他所不爱的人的坏扩展到他所爱的人。”

公孙丑问道:“这话是什么意思?”

答道:“梁惠王为了争夺土地,毫不顾惜百姓的生命去打仗,被打得大败,预备再战,怕不能得胜,便驱使他所爱的子弟和百姓一起战死,这就叫把对他所不爱的人的坏扩展到他所爱的人。”

(二)

孟子曰:“《春秋》无义战。彼善于此,则有之矣。征者,上伐下也,敌国不相征也。”

〔译文〕孟子说:“《春秋》所记载的战争没有一场是符合道义的战争。某某国君比某某国君好一点,那是有的。所谓征讨,指上一级讨伐下一级,同等级的国家之间是不能互相征讨的。”

(三)

孟子曰:“尽信《书》,则不如无《书》。吾于《武成》,取二三策而已矣。仁人无敌于天下,以至仁伐至不仁,而何其血之流杵也?”

〔注释〕《武成》:《尚书》篇名,记载的大概是周武王战胜商纣王的事。后佚失,再出《武成》为伪古文。黄宗羲以孟子此处所言与传世《古文尚书·周书·武成》相关内容比较,一为“武王杀之”,一为“商人自杀”,“则知孟子所见之《武成》非孔安国古文之《武成》也,古文之伪,此亦一证”(《孟子师说》卷下)。

策:书写的竹简。

〔**译文**〕孟子说:"完全相信《尚书》,就不如没有《尚书》。我对于《武成》一篇,所取不过两三支竹简的记载而已。仁人在天下没有敌手,[像周武王那样]无比仁爱的人去讨伐[像商纣王那样]极为不仁的人,怎么会使血流得那么多,把木棒都漂起来了呢?"

(四)

孟子曰:"有人曰:'我善为陈,我善为战。'大罪也。国君好仁,天下无敌焉。南面而征,北狄怨;东面而征,西夷怨,曰:'奚为后我?'武王之伐殷也,革车三百两,虎贲三千人。王曰:'无畏! 宁尔也,非敌百姓也。'若崩厥角稽首。征之为言正也,各欲正己也,焉用战?"

〔**注释**〕陈:后作"阵"。

若崩厥角:崩,山崩。若崩,形容众人一起下跪叩头的声势。厥,同"蹶",落地。角,额角。

〔**译文**〕孟子说:"有人宣称:'我善于布阵,我善于作战。'殊不知这是大罪。只要国君全力推行仁政,将会天下无敌。[就如商汤,]征讨南方,北方的人抱怨;征讨东方,西方的人抱怨,都说:'为什么把我们撇到后面?'又如周武王讨伐殷商,率领兵车三百辆、勇士三千人前往。武王[告诉那里的百姓]说:'不要害怕,我是来安定你们的,不是同你们为敌的。'百姓便轰隆隆额角触地叩起头来。征的意思是正,百姓都希望[有像汤、武那样的人]来矫正他们国家的不仁,哪里用得着战争呢?"

(五)

孟子曰:"梓匠轮舆能与人规矩,不能使人巧。"

〔译文〕孟子说:"木工和车工能传授制作车辆的法则,却不能使人就此具备高明的技巧。"

(六)

孟子曰:"舜之饭糗茹草也,若将终身焉。及其为天子也,被袗衣,鼓琴,二女果,若固有之。"

〔注释〕**饭糗茹草**:饭,用作动词。糗,音揂,上声(qiǔ),炒米之类的干粮。茹,吃。

袗衣:赵岐:"袗,画也。被画衣,黼黻絺绣也。"

果:《说文》作"婐",音我(wǒ),指女侍。

〔译文〕孟子说:"舜吃干粮、啃野菜的时候,好像一辈子只会这样过。他做了天子之后,穿华服,弹乐器,尧的两个女儿在旁侍候,又好像本来就是这样子。"

(七)

孟子曰:"吾今而后知杀人亲之重也:杀人之父,人亦杀其父;杀人之兄,人亦杀其兄。然则非自杀之也,一间耳。"

〔注释〕**一间耳**:间,读去声(jiàn),间隔。赵岐:"间一人耳,与自杀其亲何异哉。"

〔译文〕孟子说:"我今天才知道杀人家亲人的严重性:你杀了人家的父亲,人家也会杀你的父亲;你杀了人家的哥哥,人家也会杀你的哥哥。这样看来,虽然不是自己杀了父亲和哥哥,[但他们的被杀,]与自己动手差不多。"

（八）

孟子曰:"古之为关也,将以御暴;今之为关也,将以为暴。"

〔**译文**〕孟子说:"古代设立关卡,目的是抵御外来侵略;今天设立关卡,目的是侵犯百姓利益。"

（九）

孟子曰:"身不行道,不行于妻子;使人不以道,不能行于妻子。"

〔**译文**〕孟子说:"自身不行道义,道义在妻子儿女身上都行不通;使唤别人不合于道义,连妻子儿女都不会听从。"

（十）

孟子曰:"周于利者,凶年不能杀;周于德者,邪世不能乱。"

〔**注释**〕周:朱熹:"足也,言积之厚则用有余。"

〔**译文**〕孟子说:"生活物质备足的人,灾荒年头不会饿死;道德修养充分的人,邪恶世道不会乱来。"

（十一）

孟子曰:"好名之人,能让千乘之国;苟非其人,箪食、豆羹见于色。"

〔**注释**〕好名之人：赵岐："好不朽之名者。"《论语·卫灵公篇》："君子疾没世而名不称焉。"贵族时代的君子，视名誉重于利益。

〔**译文**〕孟子说："追求名誉的人，能够把拥有千辆兵车的国君之位让给别人；如果是不看重名誉的人，哪怕让给别人一筐饭、一碗汤，脸色也会变得难看。"

（十二）

孟子曰："不信仁贤，则国空虚；无礼义，则上下乱；无政事，则财用不足。"

〔**注释**〕空虚：人才缺乏。指国家因此衰弱不堪。更为严重的后果，如《告子章句下》第六章孟子所言："不用贤则亡。"

〔**译文**〕孟子说："不信任仁人和贤人，国家就会衰弱不堪；没有礼义，上下关系就会紊乱；没有像样的政务管理，财力就不够用。"

（十三）

孟子曰："不仁而得国者，有之矣；不仁而得天下者，未之有也。"

〔**译文**〕孟子说："不仁却做了国君的，有这样的事儿；不仁却赢得天下人拥戴的，不曾有这样的事儿。"

（十四）

孟子曰："民为贵，社稷次之，君为轻。是故得乎丘民而为天子,得乎天子为诸侯,得乎诸侯为大夫。诸侯危社稷,则变置。牺牲既成,粢盛既洁,祭祀以时,然而旱干水溢,则变置社稷。"

〔注释〕**民为贵**:贵,高贵。《万章章句下》第三章:"用下敬上,谓之贵贵。"张岱:"对君轻而言,宜曰'民为重',而乃曰'贵',予夺之权,自民主之,非'贵'而何?"(《四书遇》第562页)

丘民:丘,聚居单位。指众百姓。

诸侯危社稷则变置:社稷,土神和谷神,赐予国家最重要的财富,也代表国家。诸侯祭社稷,表示以服务国家为己任,若不利于国家,则要被撤换。行使撤换权力者,孟子明说是贵戚之卿(见《离娄章句下》第九章)。但在这里,应该指天子。孟子时周天子已名存实亡,所以这段话是他的一种王道设想。

〔译文〕孟子说:"百姓最贵重,土神谷神在其次,君主排老三。这是因为得到广大百姓的拥护,就可以做天子;得到天子的认可,就可以做诸侯;得到诸侯的认可,就可以做大夫。若是诸侯危害土神谷神,就要改立别人;牛羊既已肥壮,粮食又已饱满,并按时用于祭祀,但还是遭受干旱和洪水,那就要毁了社坛稷坛再建新的。"

(十五)

孟子曰:"圣人,百世之师也,伯夷、柳下惠是也。故闻伯夷之风者,顽夫廉,懦夫有立志;闻柳下惠之风者,薄夫敦,鄙夫宽。奋乎百世之上,百世之下,闻者莫不兴起也。非圣人而能若是乎?而况于亲炙之者乎?"

〔注释〕故闻伯夷之风者等句:见《万章章句下》第一章。

〔译文〕孟子说:"圣人,人类一百代的引路人,伯夷和柳下惠是这样的人。所以听说过伯夷作风的人,随波逐流的便有所不从,逆来顺受的也有了自己的意志;听说过柳下惠作风的人,心胸狭小的宽大起来,刻薄寡恩的厚道起来。他们的作为,在百代以前,百代以后,听到的人没有不感动奋发的。如果不是圣人,能有这样的影响吗?〔听到就感动奋发,〕何况那些亲自接受圣人熏陶的人呢?"

(十六)

孟子曰:"仁也者,人也。合而言之,道也。"

〔注释〕仁也者,人也:冯友兰:"就是说,'仁'这种道德品质,只可在人中体现。"(《中国哲学史新编》第二册第77页)

〔译文〕孟子说:"所谓仁,就是人。说仁不离人,说人不离仁,就是道。"

(十七)

孟子曰:"孔子之去鲁,曰:'迟迟吾行也。'去父母国之道也。去齐,接淅而行,去他国之道也。"

〔注释〕去他国之道也:本章除此句之外,与《万章章句下》第一章同。

〔译文〕孟子说:"孔子离开鲁国,说:'我们慢慢走吧。'这是离开父母国度的态度。离开齐国,不等把米淘完,漉干就走,这是离开其他国家的态度。"

（十八）

孟子曰：“君子之戹于陈、蔡之间，无上下之交也。”

〔注释〕君子之戹于陈、蔡之间：戹，同“厄”。指孔子被陈国和蔡国大夫派人围困于野，至于绝粮的事。详《史记·孔子世家》。

〔译文〕孟子说：“孔子被围困在陈国和蔡国之间，是由于与两国的君臣都没有交往。”

（十九）

貉稽曰：“稽大不理于口。”

孟子曰：“无伤也。士憎兹多口。《诗》云：‘忧心悄悄，愠于群小。’孔子也。‘肆不殄厥愠，亦不殒厥问。’文王也。”

〔注释〕貉稽：姓貉名稽，赵岐注谓“仕者也”。

理：条理。不理，指不顺。

《诗》云等句：见《诗经·邶风·柏舟》。毛传：“愠，怒也，悄悄，忧貌。”郑笺：“群小，众小人在君侧者。”句谓孔子遇到许多小人，造成烦恼，只能听之任之。

肆不殄厥愠两句：见《诗经·大雅·绵》。《诗集传》：“殄，绝。”毛传：“愠，恚。陨，坠也。”郑笺：“小聘曰问。”句谓周文王与对方未消除彼此之间的厌恶，却还要打交道。孟子两引《诗》，说明两类情况。

〔译文〕貉稽说：“我在人家嘴里不是好人。”

孟子说:"没有关系。士人讨厌这种说三道四。《诗经》说:'烦恼挥之不去,小人总是恼你。'说的是孔子。又说:'厌恶之心未消,往来聘问不停。'说的是周文王。"

(二十)

孟子曰:"贤者以其昭昭使人昭昭,今以其昏昏使人昭昭。"

〔译文〕孟子说:"[过去的]贤人,以自己的明明白白,教导别人明明白白。如今的所谓贤人,自己糊里糊涂,却想教导别人明明白白。"

(二十一)

孟子谓高子曰:"山径之蹊间,介然用之而成路。为间不用,则茅塞之矣。今茅塞子之心矣。"

〔注释〕山径之蹊间:山径,较开阔的山岭。赵岐:"山之领。"蹊,音义同"徯"(xī)。《礼记·月令》:"塞徯径。"郑玄注:"徯径,禽兽之道也。"间,指杂乱的禽兽之道之间。

介然用之:介然,专一的样子。用之,犹行之。焦循:"盖山领广阔,原可散乱而行,纵横旁午,不相沿践,今介然专行一路,特而不散,自画而不乱,此蹊间所以能成路。"

为间:即"有间",隔一段时间。

〔译文〕孟子对高子说:"山岭上野兽来来往往的地方,人沿着一条路线走来走去就变成了路。一段时间不走,茅草就把路堵塞了。现在茅草把你的心堵塞了。"

（二十二）

高子曰：“禹之声，尚文王之声。”

孟子曰：“何以言之？”

曰：“以追蠡。”

曰：“是奚足哉？城门之轨，两马之力与？”

〔注释〕追蠡：追，音堆（duī）。蠡，音礼（lǐ）。赵岐：“追，钟钮也。蠡，欲绝之貌。”意指传世乐器里，禹时的乐钟由于使用的多，悬挂用的钮鼻子都快断了，而文王时的钟钮状况尚好。张岱引赵希鹄云：“追，琢也。今画家滴粉令凸起，犹谓之追粉。蠡，剥蚀也。追蠡，言禹之钟款文追起处剥蚀也。赵岐注非。”（《四书遇》第566页）可备一说。

两马之力：城门范围逼仄，只容一车两马相错而过，年深月久，其下车迹凹深，固非一时两马之力所致。比喻禹时的乐钟，并非只是禹时所用，后人也接着用。禹的年代比文王的年代久远，乐钟也就用得更厉害，坏得也更快，并不能说明禹时的音乐高于文王时的音乐。本章文义，如赵岐“章指”所言：“前圣后圣，所尚者同，三王一体，何得相逾？”

〔译文〕高子说：“禹的音乐高于文王的音乐。”

孟子说：“为什么这么说？”

答道：“禹时的钟钮用得都快断了［，文王时的钟钮要好得多］。”

孟子说：“这一点哪够说明问题呢？城门下两道深深的车辙，难道只是两匹马的力量造成的吗？”

（二十三）

齐饥。陈臻曰:"国人皆以夫子将复为发棠,殆不可复。"

孟子曰:"是为冯妇也。晋人有冯妇者,善搏虎,卒为善,士则之。野有众逐虎,虎负嵎,莫之敢撄。望见,冯妇趋而迎之。冯妇攘臂下车。众皆悦之,其为士者笑之。"

〔**注释**〕棠:地名,在今山东省青岛市即墨区。

士则之:则,效法。贵族时代的士,既为文士,也为武士,尚勇而急公好义。冯妇卒为善,而再作冯妇为士人笑话,说明战国时代的士,越来越多属于单纯的文士了,而且社会地位慢慢高于武士了,后世重文轻武盖由此始。孟子之意,再作冯妇虽为人所笑,自己还是要复为发棠的,就像冯妇一样。

〔**译文**〕齐国发生饥荒。陈臻说:"人们都以为老师会再次劝齐王打开棠邑的粮仓赈济灾民,大概不可以再这样做了。"

孟子说:"再这样做,就成冯妇了。晋国有个叫冯妇的人,敢于空手与老虎搏斗,后来变得成熟稳重了,〔不再干与老虎搏斗的事儿,〕一帮士人都效法他。〔有一次,〕野外有许多人追逐老虎,老虎背靠着山角,没有人敢上前。他们远远看见冯妇,冯妇赶紧驱车迎上前去。冯妇捋起袖子,伸出胳膊,走下车来〔,与老虎搏斗〕。他这样做,在场的人都喜欢,可是作为士的那些人却看做笑话。"

（二十四）

孟子曰:"口之于味也,目之于色也,耳之于声也,鼻之于臭也,四肢之于安佚也,性也;有命焉,君子不谓性也。仁之于父子也,义之于君臣也,礼之于宾主也,智之于贤者也,圣之于天道也,命也;有性焉,君子不谓命也。"

〔注释〕**口之于味也等句**:"口之于味也"至"性也",即告子"生之谓性""食、色,性也"(《告子章句上》第三、四章)之义。性也,对应于下文"君子不谓性也",省略了"某某谓之",某某,既可指告子,也可指其他人,因为可能除孟子之外,当时人们都持有告子的观点。味,气味,这里指美味。色,颜色,这里指美色。声,声音,这里指美声、乐音。臭,音嗅(xiù),气味,这里指香气。

有命焉,君子不谓性也:有命焉,有天命于此。命,即下文"命也",指仁、义、礼、智这些"君子所性"。性,天性,人所禀受于天者,即《郭店楚墓竹简·性自命出》所说的"性自命出,命自天降",亦即《中庸》所说的"天命之谓性"。由此,前述人们认为的"性"便被排除在孟子所言"性"(天性、人性)的范畴之外,不能再叫做"性"了。参见《尽心章句上》第二十一章注释。

圣之于天道也:本句,通行本作"圣人之于天道也"。朱熹引"或曰",谓"圣人"之"人"为衍字。庞朴最早根据汉帛《五行》肯定朱注,并指出:"孟轲在这里所谈的,正是'仁义礼智圣'这'五行'。"(《马王堆帛书解开了思孟五行说之谜》,《文物》1977年第10期)今据改。按:"智之于贤者,圣之于天道",意思基本同于简帛《五行》的表述:"闻君子道,聪也;闻而知之,圣也。圣人知天道也。""见贤人,明也;见而知之,智也。"在《孟子》书中,这样的表述是独特的,因而留下了《五行》的明显痕迹。

有性焉,君子不谓命也:前一相同句式,是从"命"到"性",将原有的"性"排除在孟子所言的"性"范畴之外。此一句式,是从"性"到"命",却不是起排除功能,而是起转换功能:将"性"从属于"命",转换为"性"是主体("命"只是神秘的来源和根据,甚而至于"莫之为而为者,莫之致而致者",完全非人格化了,即"天不言")。转换的方法,便是将《五行》"德之行五和谓之德"的"天道"与"四行和谓之善"的"人道"结合起来,并以"人道"融摄"天道",人道彰显,天道则隐而不显。于是,"圣"被剔出,被孟子赋予最高人格意义,而不再作为"德"之一目。《孟子》书中,除这里之外,未再见以仁、义、礼、智、圣并列者,而以仁、义、礼、智所谓"四德"为说,或突出只讲仁、义。从此,"仁义礼智圣"这"五行"便在历史文献中消失了。《荀子·非十二子》批判子思、孟子,只留下"五行"字样。参见本书《绪论·孟子和子思》。

〔译文〕孟子说:"口喜欢美味,眼睛喜欢美色,耳朵喜欢美声,鼻子喜欢香气,手足喜欢舒坦,这些出自天性;有天命在此,君子不把它们叫做天性。仁规定父子关系,义规定君臣关系,礼规定宾主关系,智对于明察贤人,圣对于把握天道,这些来自天命;有天性在此,君子就不把它们叫做天命。"

(二十五)

浩生不害问曰:"乐正子何人也?"

孟子曰:"善人也,信人也。"

"何谓善?何谓信?"

曰:"可欲之谓善,有诸己之谓信,充实之谓美,充实而有光辉之谓大,大而化之之谓圣,圣而不可知之之谓神。

乐正子,二之中、四之下也。"

〔注释〕**浩生不害**:姓浩生名不害,赵岐注谓"齐人也",余不详。

可欲之谓善:合理的欲望就是善。怎样才是合理的? 赵注用的是孔子的逻辑:"己之所欲,乃使人欲之,是为善人。己所不欲,勿施于人也。"本章美、大、圣、神四层面,即浩然之气的表现。参《公孙丑章句上》第二章注释。康有为认为本章六层面为"孟子立人格之等"(《孟子微·贵耻第十四》)。本章接上章,"圣"的性质已由"天"转换为"人",但尚留神圣的光晕。

〔译文〕浩生不害问道:"乐正子是怎样的人?"

孟子说:"一个善人,一个信人。"

"什么叫做善? 什么叫做信?"

答道:"合理的欲望叫做善,善内在于自身叫做信,让自身充实完满叫做美,充实完满而又温润光鲜叫做大,大而润泽万物叫做圣,圣而妙不可知叫做神。乐正子具备善、信品质,处于美、大、圣、神之下。"

(二十六)

孟子曰:"逃墨必归于杨,逃杨必归于儒。归,斯受之而已矣。今之与杨、墨辩者,如追放豚,既入其苙,又从而招之。"

〔注释〕**今之与杨、墨辩者等句**:苙,音利(lì),猪圈。赵佑:"此节乃孟子自明我今之所以与杨、墨辩者,有如追放豚然,惟恐其不归也。其来归者,既乐受之,使入其苙,未归者,又从而招之。言望人之弃邪反正,无已时也。苙既处之有常,招又望之无已,如是,则不

咎其往之意具见。招字非但无取别音,并不烦别义耳。"(《四书温故录·孟子》)

〔译文〕孟子说:"脱离了墨子一派,必定归于杨朱一派;脱离了杨朱一派,必定回到儒家来。既然回来了,就接受他算了。我今天同杨、墨两家辩论,好像追逐走失了的小猪一般,回来的已经入了圈,没有回来的还要招引回来。"

(二十七)

孟子曰:"有布缕之征、粟米之征、力役之征。君子用其一,缓其二。用其二而民有莩,用其三而父子离。"

〔译文〕孟子说:"赋税有三种:布帛、谷米和人力。君子只征收其中一项,其他两项暂缓。如果同时征收两项,百姓就会有饿死的;如果同时征收三项,父亲和儿子就要离散了。"

(二十八)

孟子曰:"诸侯之宝三:土地、人民、政事。宝珠玉者,殃必及身。"

〔注释〕人民:相当于官民。

〔译文〕孟子说:"诸侯应珍视的东西有三样:土地、人民、政治。珍视珠宝、美玉的,灾祸必定降临到他的身上。"

(二十九)

盆成括仕于齐。孟子曰:"死矣盆成括!"

盆成括见杀。门人问曰:"夫子何以知其将见杀?"

曰:"其为人也小有才,未闻君子之大道也,则足以杀其躯而已矣。"

〔注释〕**盆成括**:姓盆成名括,余不详。

君子之大道:焦循:"君子明足以察奸而仁义行之,智足以成事而谦顺处之,是为大道也。"

〔译文〕盆成括在齐国做官。孟子说:"盆成括要死了!"

盆成括被杀。孟子的学生问道:"老师怎么知道他会被杀?"

答道:"他做人爱耍小聪明,不曾了解君子的大道理,便足以招来杀身之祸。"

(三十)

孟子之滕,馆于上宫。有业屦于牖上,馆人求之弗得。或问之曰:"若是乎,从者之廋也?"

曰:"子以是为窃屦来与?"

曰:"殆非也。"

"夫予之设科也,往者不追,来者不拒,苟以是心至,斯受之而已矣。"

〔注释〕**上宫**:上等的馆舍,当是滕君招待贵宾的地方。在这样的地方,自己的弟子居然被怀疑偷了人家的麻鞋,故记之。从馆人的话推测,孟子带着一帮弟子住在这里有些日子了。

业屦:尚在编织的麻鞋。

夫予之设科等句:夫予,朱注本作"夫子",今据阮元《孟子注疏校勘记》改。此句反映孟子亦秉持孔子"有教无类"(《论语·卫灵公篇》)的教育思想。

〔译文〕孟子到了滕国,住在上宫。有一双没有织成的麻鞋在窗台上不见了,旅馆的人寻找不到。有人问孟子道:"跟随您的人,连这样的东西也藏起来了?"

孟子说:"您以为他们是为偷鞋来的吗?"

答道:"大概不是的吧。"

孟子说:"我开设课程呢,学生走了不挽留,来了也不拒绝,只要是奔着听课来的,就都接收下来了。"

(三十一)

孟子曰:"人皆有所不忍,达之于其所忍,仁也;人皆有所不为,达之于其所为,义也。人能充无欲害人之心,而仁不可胜用也;人能充无穿逾之心,而义不可胜用也;人能充无受尔汝之实,无所往而不为义也。士未可以言而言,是以言餂之也;可以言而不言,是以不言餂之也,是皆穿逾之类也。"

〔注释〕达之于其所忍:原来可忍之事,现在不可忍,即是仁的扩充。

穿逾:穿,墙上打洞。逾,越墙。代指偷偷摸摸的行为。

尔汝:朱熹:"盖尔汝人所轻贱之称。"

餂:音忝(tiǎn),赵岐:"取也。"

〔译文〕孟子说:"人都有不忍加害于人的心,原来忍心的现在不忍心了,就是仁;人都有不喜欢做的事情,原来喜欢做的事情现在不喜欢做了，就是义。人能够不断扩充不想害人的心，仁就用之不尽了；人能够不断扩充不肯偷偷摸摸的心，义就用之不尽了；人能够不断扩充不受别人轻贱的行为，无论去哪里都不会不合于义了。士人不可以说话的时候说话，这是希望以言语打动人得点好处；可以说话的时候又不说话，这是希望以沉默打动人得点好处，这些都属于偷偷摸摸一类的行径。"

（三十二）

孟子曰："言近而指远者，善言也；守约而施博者，善道也。君子之言也，不下带而道存焉；君子之守，修其身而天下平。人病舍其田而芸人之田，所求于人者重，而所以自任者轻。"

〔注释〕守约而施博：赵岐："约守仁义，大可以施德于天下。"守约，指坚守仁义或仁、义、礼、智几条原则。施博，将仁或仁义行于天下。此取孔子"博施于民而能济众"（《论语·雍也篇》）之意。

不下带而道存焉：不下带，指心胸的位置。带，束腰之带。张载："言不下带，是不大声也。人发声太高则直自内出，声小则在胸臆之间。不下带者，气自带以上也。"（《张载集》第331页）这句话解释"言近指远"。言近就不是说话浅近，而是贴近心性；指远也不是笼统的意义深远，而是尽心、知性、知天、事天（《尽心章句上》第一章）。赵岐注谓"近言正心，远可以事天"，近之。

芸人之田：芸，同"耘"，除草。帮助别人的田除草，是担心别人的田种不好，却忽视了自家的田，比喻忽视了自身的问题。

〔译文〕孟子说:"说话不离心性,而指向却在天上,这是善于说话;所守无非仁义,所用却在天下,这是善于行动。君子的说话,总是围绕自己的心,仁道就在其中;君子的持守,总在修养好自身,天下就得到太平。一般人的毛病在于放弃自己的田不种,去帮助别人的田除草。他过于着急别人的问题,却忽视了自己的问题。"

(三十三)

孟子曰:"尧舜,性者也;汤武,反之也。动容周旋中礼者,盛德之至也。哭死而哀,非为生者也。经德不回,非以干禄也。言语必信,非以正行也。君子行法以俟命而已矣。"

〔注释〕性者:出自本性。性,指人性,即人的天生属性中除去动物性者。

经德不回:经,行。回,回转。句谓行仁德坚定不移。

法:自然法则,即本性所要求者。

俟:等待。

〔译文〕孟子说:"尧和舜,事事出自本性;商汤和周武,事事复归本性。动作仪容无不合乎礼节的人,达到了完满的道德。为死者哭得悲哀,不是做给生者看的。推行仁德坚定不移,不是为着谋求官职。说话一定诚信,并非是要表现行为端正。君子奉行自然法则以待天命罢了。"

(三十四)

孟子曰:"说大人则藐之,勿视其巍巍然。堂高数仞,榱题数尺,我得志,弗为也。食前方丈,侍妾数百人,我得志,弗为也。般乐饮酒,驱骋田猎,后车千乘,我得志,弗为也。在彼者,皆我所不为也;在我者,皆古之制也,吾何畏彼哉?"

〔注释〕说大人则藐之:说,音税(shuì),游说。大人,赵岐:"谓当时之尊贵者也。"藐,远。犹今云保持一定距离,即不要太近乎。焦循:"盖说大人则藐之,当释藐为远,谓当时之游说诸侯者,以顺为正,是狎近之也。所以狎近之者,视其富贵而畏之也。不知说大人宜远之。远之者,即下皆古之制,我守古先王之法,而说以仁义,不曲拘其所好,是远之也。以为心当轻藐,恐失孟子之旨。"

堂高:赵岐:"经传称堂高者,皆指堂阶而言。"

榱题:榱,音崔(cuī),椽子。题,椽子头。当指大堂正门前的屋檐部分。

古之制:指尧舜之道。

〔译文〕孟子说:"游说位高权重的人,得和他保持一定距离,不要把他看得高不可攀。大堂矗立在几丈高的台子上,屋檐伸出几尺宽,我如果得志,不会这么干。饭菜摆了好大一桌,侍候吃饭的女子就有数百人,我如果得志,不会这么干。纵情饮酒作乐,策马猎杀野兽,跟随的车辆无数,我如果得志,不会这么干。他所干的,都是我不愿干的;我所干的,都是古人的章法,我为什么要敬畏他呢?"

(三十五)

孟子曰:"养心莫善于寡欲。其为人也寡欲,虽有不存焉者,寡矣;其为人也多欲,虽有存焉者,寡矣。"

〔注释〕欲:指口、目、耳、鼻、四肢之感性欲望。

存焉:存心。焉,指心。意即"仁、义、礼、智根于心"(《尽心章句上》第二十一章)。

〔译文〕孟子说:"保养自己的心,没有比减少感官欲望更好的办法。平时若减少了感官欲望,虽然也有仁、义、礼、智从心里丧失的情况,但不会多;平时若感官欲望很多,虽然也有仁、义、礼、智在心里保持着,却是极少的了。"

(三十六)

曾晳嗜羊枣,而曾子不忍食羊枣。公孙丑问曰:"脍炙与羊枣孰美?"

孟子曰:"脍炙哉!"

公孙丑曰:"然则曾子何为食脍炙而不食羊枣?"

曰:"脍炙所同也,羊枣所独也。讳名不讳姓,姓所同也,名所独也。"

〔注释〕羊枣:一说为黑色小圆枣,一说其实是一种小柿子。

脍炙:切块后烤的肉。

〔译文〕曾晳喜欢吃羊枣。[他去世后,]曾子不忍心再吃羊枣。公孙丑问道:"烤肉和羊枣哪一种好吃?"

孟子说:"烤肉呗!"

公孙丑又问:"那么,[曾晳肯定也喜欢吃烤肉,]曾子为什么不吃羊枣吃烤肉?"

孟子说:"烤肉是大家都喜欢吃的,羊枣只是曾皙喜欢吃的,[所以曾子不忍心吃羊枣。]就好比父母的名应该避讳,姓却不必避讳,因为姓是大家共同的,名是个人独有的。"

(三十七)

万章问曰:"孔子在陈曰:'盍归乎来! 吾党之小子狂简,进取,不忘其初。'孔子在陈,何思鲁之狂士?"

孟子曰:"孔子不得中道而与之,必也狂、狷乎! 狂者进取,狷者有所不为也。孔子岂不欲中道哉? 不可必得,故思其次也。"

"敢问何如斯可谓狂矣?"

曰:"如琴张、曾皙、牧皮者,孔子之所谓狂矣。"

"何以谓之狂也?"

曰:"其志嘐嘐然,曰古之人、古之人。夷考其行,而不掩焉者也。狂者又不可得,欲得不屑不洁之士而与之,是獧也,是又其次也。孔子曰:'过我门而不入我室,我不憾焉者,其惟乡原乎! 乡原,德之贼也。'"

曰:"何如斯可谓之乡原矣?"

"曰:'何以是嘐嘐也? 言不顾行,行不顾言,则曰古之人、古之人。''行何为踽踽凉凉? 生斯世也,为斯世也善,斯可矣。'阉然媚于世也者,是乡原也。"

万子曰:"一乡皆称原人焉,无所往而不为原人,孔子以为德之贼,何哉?"

曰:"非之无举也,刺之无刺也,同乎流俗,合乎污世,居之似忠信,行之似廉洁,众皆悦之,自以为是,而不可与入尧舜之道,故曰德之贼也。孔子曰:'恶似而非者:恶莠,恐其乱苗也;恶佞,恐其乱义也;恶利口,恐其乱信也;恶郑声,恐其乱乐也;恶紫,恐其乱朱也;恶乡原,恐其乱德也。'君子反经而已矣。经正,则庶民兴;庶民兴,斯无邪慝矣。"

〔注释〕盍归乎来等句:《论语·公冶长篇》所载略有不同:"子在陈曰:'归与!归与!吾党之小子狂简,斐然成章,不知所以裁之。'"狂简,进取心强,志向大。初,指当初在一起时,或者就是上次离开时。

孔子不得中道而与之等句:这里直接引述孔子的话,与《论语·子路篇》所载基本相同:"子曰:'不得中行而与之,必也狂狷乎!狂者进取,狷者有所不为也。'"狷,音绢(juàn),拘谨。狷者有所不为,指不为不善,即洁身自好。

琴张:赵岐:"子张也。"

牧皮:赵岐:"行与二人同,皆事孔子学者也。"

嘐嘐:嘐音消(xiāo)。赵岐:"志大言大者也。"

夷考其行,而不掩焉者也:夷,平,平和。掩,覆,覆盖。焉,指所言。句谓不受狂放者的影响去考察他们的行为,他们做的比说的多。

乡原,德之贼也:《论语·阳货篇》载有孔子这句话。甘霖:"乡,乡里。原,知人情而顺之以求合。盖当时用'乡原'指乡里那种善解人意,总是顺着人家的意思说话,不讲是非曲直,只求与人相安无事的人。这种人,往往被视为好人,孔子则斥之为'德之贼'。"
(《本来的孔子》)

踽踽凉凉:踽,音举(jǔ)。朱熹:"踽踽,独行不进之貌。凉凉,薄也,不见亲厚于人也。"

阉然:阉,掩藏。指不表现自己的是非态度。

恶似而非者等句:《论语·阳货篇》载有类似的话:"子曰:'恶紫之夺朱也,恶郑声之乱雅乐也,恶利口之覆邦家者。'"莠,狗尾巴草,一种禾本科杂草。郑声,当时的流行音乐。紫,红、蓝混合而成的颜色,当时时尚的颜色。朱,大红色,属正色。夺,胜过。

〔译文〕万章问道:"孔子当年在陈国说:'为什么不回去呢! 我在家乡的那帮年轻人狂放有大志,勇往直前,我忘不了他们那时的样子。'孔子在陈国,为什么想念鲁国那些狂放的人?"

孟子说:"孔子得不到行为适中的人相处,也一定和那狂放的人、拘谨的人相交罢! 狂放的人勇于进取,拘谨的人洁身自好。孔子难道不想行为适中的人吗? 不能一定得到,所以只想次一等的了。"

"请问,什么样子才可叫做狂放呢?"

答道:"像琴张、曾皙、牧皮那个样子,就是孔子所说的狂放了。"

"为什么说他们狂放呢?"

答道:"他们的志向溢于言表,总是说古人如何如何、古人如何如何,客观地考察他们的行为,有言过其实的地方。这种狂放的人如果也得不到,就想和耻于不廉洁的人相处,这就是拘谨的人,这是再次一等的。孔子说:'从我家大门经过不进屋,我不感到遗憾的人,恐怕只有好好先生罢! 好好先生,是败坏道德的人。'〔这种人是最下等的。〕"

又问:"什么样子才可叫做好好先生呢?"

"[好好先生批评狂放的人]说:'为什么这样张扬呢?说话的时候不管做得到做不到,行动的时候又不管曾经说过什么,只念叨古人如何如何、古人如何如何。'[又批评拘谨的人说:]'为什么显得落落寡合呢?生在这个时代,适应这个时代,过得去就可以了呀。'无是无非,以求人们喜欢他的人,就是好好先生。"

万章说:"全乡的人都说他是个好人,他也处处表现出是一个好人,孔子却把他看做败坏道德的人,为什么呢?"

答道:"这种人,要指摘他,却说不出他有什么明显的过错,要责骂他,也没有什么好责骂的,流行风气他融入,污乱时势他顺从,为人好像忠诚老实,做事好像清正廉洁,大家都喜欢他,他也心安理得,但实际上背离了尧舜之道,所以说他是败坏道德的人。孔子说过:'讨厌似是而非的东西:讨厌狗尾巴草,担心它与禾苗混为一体;讨厌头头是道,担心它把义搞乱了;讨厌伶牙俐齿,担心它把诚信搞乱了;讨厌郑国的音乐,担心它把典雅音乐破坏了;讨厌紫色,担心它夺去了大红色的光彩;讨厌好好先生,担心他败坏了道德。'君子不过是使事物回到正常的轨道上来罢了。常道常正,民众就会积极向上;民众积极向上,就没有邪恶了。"

(三十八)

孟子曰:"由尧、舜至于汤,五百有余岁。若禹、皋陶,则见而知之;若汤,则闻而知之。由汤至于文王,五百有余岁。若伊尹、莱朱,则见而知之;若文王,则闻而知之。由文王至于孔子,五百有余岁。若太公望、散宜生,则见而知之;若孔子,则闻而知之。由孔子而来至于今,百有余岁。去圣人之世,若此其未远也;近圣人之居,若此其甚也,然而无有乎耳? 则亦无有乎耳?"

〔注释〕莱朱:辅佐汤的贤臣。据说伊尹是汤的右相,莱朱是汤的左相。

散宜生:辅佐周文王的贤臣。

见而知之、闻而知之:见而知之,赵注谓指"辅佐"之人。闻而知之,赵注谓指"追而遵之,以致其道"之人。这样的说法,《孟子》全书仅此一见,似来自楚简《五行》:"见而知之,智也;闻而知之,圣也。"古时见不如闻,后世闻不如见。孟子用这句话,在于圣与智之别,隐然以圣自指。

由孔子而来至于今:赵岐:"至今者,至今之世,当孟子时也。"下面的话,讲孟子自己。

无有乎耳等句:乎耳,语气词。则亦,赵岐:"言则亦者,非实无有也。"所谓"私淑诸人",于此可以明了,孟子是说他利用"去圣人之世,若此其未远也;近圣人之居,若此其甚也"的条件,通过各种渠道和方式学习孔子之道,实是对孔子既有所见又有所闻的人。本章孟子的话,可能是孟子的"绝笔"之言,乃将"平治天下"的希望寄托于后来者。可与《公孙丑章句下》第十三章对读。此章编在书末,此句缀在章末,良有以也。

〔译文〕孟子说:"从尧、舜的时代到汤的时代,经历了五百多年。[对尧、舜的事情,]禹和皋陶这些人,由于看得清楚而了解;汤一辈人,由于听得明白而知晓。从汤的时代到周文王的时代,经历了五百多年。[对汤的事情,]伊尹和莱朱这些人,由于看得清楚而了解;周文王一辈人,由于听得明白而知晓。从周文王的时代到孔子的时代,经历了五百多年。[对周文王的事情,]太公望和散宜生这些人,由于看得清楚而了解;孔子一辈人,由于听得明白而知晓。从孔子到今天,过去了一百多年。距离圣人的时代,像这样的不远;距离圣人的家乡,像这样的靠近,虽然如此,看得清楚而了解孔子、听得明白而知晓孔子的人没有了吗? 这样的人真的没有了吗?"

征引书目

《孟子注疏》（附阮元《孟子注疏校勘记》），十三经注疏本，中华书局，1980

苏辙《孟子解》，《苏辙集》，陈宏天、高秀芳点校，中华书局，1990

朱熹《孟子集注》，《四书章句集注》，中华书局，1983

张栻《南轩先生孟子说》，《张栻集》，杨世文点校，中华书局，2015

许谦《读孟子丛说》，四部丛刊本

何异孙《十一经问对》，四库全书本

高拱《问辨录》，《高拱论著四种》，流水点校，中华书局，1993

张岱《四书遇》，朱宏达点校，浙江古籍出版社，2014

周广业《孟子四考》，皇清经解本

焦循《孟子正义》，沈文倬点校，中华书局，1987

黄宗羲《孟子师说》，四库全书本

刘沅《孟子恒解》，《十三经恒解》笺解本，谭继和、祁和晖笺解，巴蜀书社，2016

魏源《孟子年表考》，《魏源集》，中华书局，1983

姚永概《孟子讲义》，陈春秀校点，黄山书社，2014

蒋伯潜《新刊广解四书读本·孟子》，商周出版公司，2011

杨伯峻《孟子译注》,中华书局,1960

钱穆《孟子要略》,《四书释义》(新校本),九州出版社,2010

邓秉元《孟子章句讲疏》,华东师范大学出版社,2011

杨逢彬《孟子新注新译》,北京大学出版社,2017

《二程集》,王孝鱼点校,中华书局,2004

《张载集》,章锡琛点校,中华书局,1978

《朱熹集》,郭齐、尹波点校,四川教育出版社,1996

黎靖德《朱子语类》,王星贤点校,中华书局,1986

《王廷相集》,王孝鱼点校,中华书局,1989

《日知录集释》(校注本),黄汝成集释,栾保群校注,浙江古籍出版社,2013

王夫之《四书稗疏》《四书笺解》,《船山全书》,岳麓书社,1996

毛奇龄《逸讲笺》,四库全书本

江永《群经补义》,皇清经解本

赵佑《四书温故录》,续修四库全书本,上海古籍出版社,2002

孙奕《履斋示儿编》,侯体健、况正兵点校,中华书局,2014

孔广森《经学卮言(外三种)》,张诒三点校,中华书局,2017

阎若璩《四书释地》《四书释地续》《四书释地又续》《四书释地三续》《孟子生卒年月考》,皇清经解本

王引之《经义述闻》,皇清经解本

宋翔凤《四书释地辨证》,皇清经解本

全祖望《经史问答》,皇清经解本

《经史答问校证》,朱骏声撰,樊波成校证,华东师范大学出版社,2010

俞樾《群经平议》,续修四库全书本,上海古籍出版社,2002

俞樾《古书疑义举例》,《古书疑义举例五种》,中华书局,2005

于鬯《香草校书》,中华书局,1984

《文廷式集》,汪叔子编,中华书局,2018

《曾国藩全集》,唐浩明修订,岳麓书社,2012

王国维《观堂集林》,中华书局,1959

《尚书正义》,十三经注疏本,中华书局,1980

陈梦家《尚书通论》,中华书局,1985

顾颉刚、刘起釪《尚书校释译论》,中华书局,2005

《周易正义》,十三经注疏本,中华书局,1980

唐文治《周易消息大义》,高峰点校,华东师范大学出版社,2012

朱熹《诗集传》,赵长征点校,中华书局,2017

马瑞辰《毛诗传笺通释》,陈金生点校,中华书局,1989

程俊英、蒋见元《诗经注析》,中华书局,1991

于省吾《诗经新证》,中华书局,1982

《周礼注疏》,十三经注疏本,中华书局,1980

孙诒让《周礼正义》,王文锦、陈玉霞点校,中华书局,2013

孙希旦《礼记集解》,沈啸寰、王星贤点校,中华书局,1989

《春秋左传正义》,十三经注疏本,中华书局,1980

杨伯峻《春秋左传注(修订本)》,中华书局,1981

《论语注疏》,十三经注疏本,中华书局,1980

皇侃《论语义疏》,高尚榘点校,中华书局,2013

甘霖《本来的孔子:〈论语〉新解》,中华书局,2018

徐元诰《国语集解》,王树民、沈长云点校,中华书局,2002

何建章《战国策注释》,中华书局,1990

司马迁《史记》,中华书局,1982

班固《汉书》,中华书局,1962

范晔《后汉书》,中华书局,1965

王先谦《荀子集解》,沈啸寰、王星贤点校,中华书局,1988

王先慎《韩非子集解》,钟哲点校,中华书局,1998

梁启雄《韩子浅解》,中华书局,2009

黎翔凤《管子校注》,梁运华整理,中华书局,2004

《尉缭子》,徐勇注译《尉缭子　吴子》,中州古籍出版社,2010

许维遹《吕氏春秋集释》,中华书局,2009

石光瑛《新序校释》,中华书局,2009

何宁《淮南子集释》,中华书局,1998

汪荣宝《法言义疏》,中华书局,1987

向宗鲁《说苑校证》,中华书局,1987

黄晖《论衡校释》,中华书局,1990

梁启超《墨子学案》,《饮冰室合集》,中华书局,2015

胡适《中国哲学史大纲》卷上,商务印书馆,1919

冯友兰《中国哲学史》,中华书局,1961

冯友兰《中国哲学史新编》,人民出版社,第二册,1984;第五册,1988

张岱年《中国哲学大纲》,中国社会科学出版社,1982

萧公权《中国政治思想史》,《萧公权全集》之四,联经出版事业股份有限公司,1982

罗素《西方哲学史》,商务印书馆,2005

钱穆《先秦诸子系年》,商务印书馆,2001 年。

吕思勉《吕著中国通史》,《吕思勉全集》,上海古籍出版社,2016

杨宽《战国史》,上海人民出版社,2016

杨宽《古史新探》,上海人民出版社,2016

杨宽《战国史料编年辑证》,上海人民出版社,2016

徐中舒《徐中舒历史论文选辑》,中华书局,1998

顾颉刚《顾颉刚古史论文集》,中华书局,2011

蒙文通《儒学甄微》,《蒙文通全集》,蒙默编,巴蜀书社,2015

容肇祖《容肇祖集》,齐鲁书社,1989

许倬云《西周史》,生活·读书·新知三联书店,2012

张光直《中国青铜时代》,生活·读书·新知三联书店,2013

楚简《五行》,荆门市博物馆《郭店楚墓竹简》,文物出版社,1998

庞朴《竹帛〈五行〉篇校注及研究》,万卷楼图书有限公司,2000

魏启鹏《简帛〈五行〉笺释》,万卷楼图书有限公司,2000

李零《郭店楚简校读记》(增订本),中国人民大学出版社,2009

陈来《竹简〈五行〉篇讲稿》,生活·读书·新知三联书店,2012

汉帛《五行》,《长沙马王堆汉墓简帛集成》,裘锡圭主编,中华书局,2014

邹衡、谭维四主编《曾侯乙编钟》,金城出版社,2015

杨荫浏《中国古代音乐史稿》,人民音乐出版社,1981

白云翔《先秦两汉铁器的考古学研究》,科学出版社,2005

王清任《医林改错》,穆俊霞、张文平校注,中国医药科技出版社,2011

《尔雅》,中华书局,2016

《释名》,中华书局,2016

陆德明《经典释文》,上海古籍出版社,2013

段玉裁《说文解字注》,中华书局,2013

《玉篇》,《宋本玉篇标点整理本》,王平、刘元春、李建廷编著,上海书店出版社,2017

黄生、黄承吉《字诂义府合按》,刘宗汉点校,中华书局,1984

王念孙《广雅疏证》,钟宇讯点校,中华书局,2004

王引之《经传释词》,岳麓书社,1984

章锡琛《马氏文通校注》,中华书局,1954

季旭升《说文新证》,艺文印书馆,2004

王泗源《古语文例释》,中华书局,2014

裘锡圭《裘锡圭学术文集》,复旦大学出版社,2015